马可波罗行纪

【意】马可·波罗 著　沙海昂 注　冯承钧 译

经典力量

上海书店出版社
SHANGHAI BOOKSTORE PUBLISHING HOUSE

马可·波罗肖像

（收藏于巴蒂亚亲王旧藏画馆）

法国国立图书馆藏《马可波罗行纪》手抄本 Fr. 2810 中彩绘插图 Fol. 1r

（画面为马可·波罗的父亲尼古刺和叔父玛窦离开孔士坦丁堡往游世界）

法国国立图书馆藏《马可波罗行纪》手抄本 Fr. 2810 中彩绘插图 Fol.5r
（画面为尼古剌和玛窦跪见忽必烈大汗并呈转教皇的礼物）

法国国立图书馆藏《马可波罗行纪》手抄本 Fr. 2810 中彩绘插图 Fol. 33r
（画面为忽必烈征讨诸父乃颜之大战）

法国国立图书馆藏《马可波罗行纪》手抄本 Fr. 2810 中彩绘插图 Fol.45r

（局部，画面为大汗看着官吏们用树皮做成的纸币购买商贾们携来的货物）

法国国立图书馆藏《马可波罗行纪》手抄本 Fr. 2810 中彩绘插图 Fol. 51r

（画面为商贾们正在黄河边的哈强府大城交易）

出版说明

《马可波罗行纪》在我社出版有年，先是单行本，继而收入"世纪文库"丛书，后即以文库本行世，而其售罄卜市全今亦有年。作为一本沟通东西方文化的"奇书"，这本游记自诞生以来，已然见证了各个时代的收藏家、整理者、校勘家以及翻译和考释者为之付出的卓绝的努力。如果说，在其层见纷出的百多个抄本中，我们可以将1824年由巴黎地理学会收入《游记与回忆录汇编》第1卷内出版的收藏于巴黎国家图书馆的 Fr. 1116 号抄本（即本书所称地学会本），以及幸赖意大利人剌木学所主编的"航海和旅行"丛书中收录的意大利文刊本（即本书所称剌木学本）所保存的许多毁于大火中的抄本作为代表的话，或者，如果说颇节、玉耳、戈尔迭、伯希和及穆勒堪称为本书校注考订的最优秀的代表的话，那么，冯承钧的中译本因其博洽的注释和审慎的考订，无疑也是本书最优秀的中译本之一了。

回顾马可·波罗游记从前的诸种版本，可以发现，前辈学人往往将校订、翻译、注释合而为一，这不仅仅是因为，离开校订，像《马可波罗行纪》这样异文纷出的书根本无法翻译，而且，如果仅仅是翻译，也可能让不熟悉马可·波罗所处时代背景和当时社会风俗的读者如坠五里雾中。而冯承钧的中译本，与现在大多数比较规范的译本不同，也是这样一本集翻译、校订和注释于一体的译本。

冯承钧选择的底本是法国学者沙海昂出版于20世纪20年代的注释本，以其征引富赡，且于中文资料多有引录。但他也不满意沙海昂的某些考释，最主要的一条就是，沙海昂以为本书主人公马可·波罗即是中国史籍中的元忽必烈朝枢密副使孛罗，冯氏序及附录伯希和文中已有辨误，而沙氏跋文中也自承其误，冯氏为与持此观点的中译本区别而将 Marco Polo 别译为我们现在习知的"马可·波罗"，以示其与孛罗非为

1

一人，故凡沙氏注释中有涉及彼枢密副使者，虽则沙氏文意以为一人，仍以"孛罗"别之。 除此之外，本书还有其他译名不统一的情况，如第五一章"鸭儿看州"，注释中作"叶尔羌"；第五二章"忽炭州"，注释中则忽而作"忽炭"，忽而变为"于阗"，又变而为"和阗"。 推测是因为这些地方在中国史籍中本就因年代先后而存在不同的译名，正文中的"鸭儿看""忽炭"根据的是《元史》时候的译名，而"叶尔羌""和阗""于阗"则是明清以后的译名，冯承钧在翻译时除开自己所写的考释之文，一般是根据某条史料所在的历史阶段确定其译名的，所以本书在注释条引史料时译名可能会有差别，请读者知悉。

译文中提到的人名和地名，按照我们现在通行的做法，是将其用中文译出，然后为免混淆，用括号将原文注明于后，但是作为一本翻译于近百年前的老书，书中又涉及太多冷僻而古怪的人名和地名，故而读者可以发现，本书的译文中往往交杂着人名与地名的外文原文。 不仅如此，因为最初编排上的问题，这些夹杂的外文上作为法语重要识别标志的开音符、闭音符、长音符和分音符在本书中偶有失落现象，当然其中也包括其他语言中的变音符号，因为书中所引录的人名地名的外文并不一定就是本书原文的法文，也可能是马可·波罗所游历的某些国家自己的文字原文。 因学识所限，不管是从前还是现在的编校人员都无法一一识别出这种缺失而为之补缀，若有读者慧眼卓识，摭拾一二，希不吝赐教，敝社将感怀不尽。 所可以为引玉者，则书中"黄土"之法文应为 lœss，却全作 loess。 另外，本书外文单词中连接符短横使用之多也令人咋舌。 当我们翻阅西亚地区的地图集，我们的确会发现，有许多地名中间存在着短横连接的情况，这可能是阿拉伯语的特点，但是本书似乎会在两个独立的单词间加上连接符，就像外文行文中将某几个单词共同指代的内容作为一个整体来进行讨论时那样，不过外文这样写是为了避免歧义，明确这两个词是一个整体，在译文中这样书写似乎无甚必要。 同样的还有在正文中以括号注出的一些外文原文，可以看到它们通常是复数形式，这是因为它们在原来的外文行文中是复数，不过译文括号说明中依然保留复数似乎也无甚必要。

　　关于本书的体例，不必为贤者讳，读者在阅读中或许会觉得有一些混乱，这跟马可波罗游记诸种版本自身的混乱状态不无关系，但是仅仅从注译的角度来说，我们似乎无法完全分清哪些是沙海昂本原就有的，哪些是冯承钧后来所添加修改的。我们可以将每一章正文后的注释看作是沙海昂原本就有的，当然其中个之冯承钧以"钧案"作补充说明的部分，甚至有整条注释都为"钧案"的情况（第四卷为多），也就是说，冯承钧是有添加正文注释的，至于有无删改，不得而知。正文之后以楷体排列的校订文字（主要出现在第二、三卷，大部分是补入的剌木学本的异文）很难说究竟是出自沙海昂抑或冯承钧之手，如果是沙海昂所作，为何有些章节（如第一六九章）直接出注引录剌木学本异文，而不像这样另作校订文字？难道真的是因为校注比较随性而对体例不大在意吗？此外，这些异文还有许多种排列方式，有直接条列其文的，也有按序号排列的，序号又或者作（一）、（二）、（三）……或者作（甲）、（乙）、（丙）……从第一五一章之重章可以看出，剌木学本因为是综合多种抄本的刊本，其文本似乎本就是以（一）（二）（三）排列的，这样说来以汉字序号排列的异文应该是照搬自剌木学本，而甲乙之类的天干序号，考虑到正文中如注释号般插入了序号位置（只有一章正文中没有天干注号，推测是脱去了），这种类似出注的引录异文方式应是出自本书的校订者，为了标示异文在正文中的位置或者说显示其为某段正文的异文。

　　接下来让人比较困惑的是第二卷的注释问题，我们发现，作为校订内容的异文中也可以有同正文一样的阿拉伯注号，而且这些注号可能同正文的注号重复，也可能出现新的顺延的注号，比如说，正文注释只到[5]，而异文则可以有注释[6]。而且，正文本身可能就有重复注号好几个（第一五○章有三个注号[6]），而异文的注号可能是不连续的，甚至还有以天干注来注释正文注释中的引文，而这段天干注又有需要注释的内容，然后就出现了地支注的情况。这只能说，不必太过苛责前

3

人，从前的书本就没有现在这么讲究体例规范，异文存在注号是为了方便读者查找与正文相应内容的考释，如果正文有些内容异文没有，那么异文就自然不会有那一段的注号，而如果异义出现了正文所没有的内容，校订者需要对之进行考释，那么自然就会有新的注号出现。而重复的注号则是因为这条注释是结合这三个地方进行说明的，当然我们现在通行的做法是在最后一个词条的句末出注，对于注释或者校勘记中需要再注释的内容，现在也会有更规范的做法，不过要知道，我们所阅读的毕竟是一本近百年前的老书，在注释和校订文字中，我们也会发现像是"钧案：本条原缺"这样的话，可见连冯承钧作翻译的时候，此书就已有缺文，更何况如今。

凡此种种，请读者知悉见谅，若有辨误考订之类的高见，希与敝社联系。仔细想想，距离马可·波罗游记诞生，已经过去了七个世纪；距离冯承钧这本《马可波罗行纪》译本问世，也有八九十个年头了，我们或者可以希望，能有一本更完美的译本出现，将许多迷霭重重的问题一一厘清，那么，不管是译成此书甫十年即下市的冯承钧，还是异域的马可·波罗，都可以感到欣慰了。

上海书店出版社

2021 年 4 月

前　言

在中西文化交流史上，七百多年前来到中国的意大利旅行家马可·波罗(Marco Polo，1254~1324)无疑是位先驱者，其所著《游记》家喻户晓，被称为世界一大"奇书"。今天，马可·波罗及其《游记》的研究，已经成为一门国际性、综合性的学科——马可·波罗学。

马可·波罗出生于威尼斯商人家庭。1271年11月，在他十七岁那年，随从他的父亲尼哥罗(Nicholo)与叔父玛菲(Maffeo)自家乡启程，在地中海东岸阿迦城登陆后，沿着古代的丝绸之路东行，经两河流域、伊朗全境，越帕米尔高原，经过艰辛的旅程，于1275年5月到达中国的上都(今内蒙古多伦县境内)，此后又到大都(北京)。他得到元世祖忽必烈的信任，在元朝任职，从此留居中国达17年之久。在此期间，曾奉使云南、江南等地，游历几遍中国。后因伊利汗国阿鲁浑遣使向元室求婚，他奉命护送公主出嫁，于1291年初从福建泉州离开中国，由海路去波斯。完成使命后，于1295年回到故乡威尼斯。马可·波罗回国后，在1296年威尼斯与热那亚的一次海上战争中被俘，被囚禁在热那亚的监狱中。在狱中，他口述了在中国和东方诸国的见闻，由同狱的难友比萨人鲁思悌谦(Rustichello da Pisa)笔录成书，这即是举世闻名的《马可·波罗游记》，也称《东方闻见录》。

《游记》的主要内容是关于马可·波罗在中国的旅行纪实，兼及途径西亚、中亚和东南亚等一些国家和地区的情况。全书以纪实的手法，叙述了他在中国各地包括西域、南海等地的见闻，记载了元初的政事、战争、宫廷秘闻、节日、游猎等，尤其详细记述了元代大都的经济文化和民情风俗，以及西安、开封、南京、镇江、扬州、苏州、杭州、福州、泉州等各大城市和商埠的繁荣景况。众所周知，在元帝国时期，欧洲有不少旅行家、商人来过中国，他们回国后大都写有行纪，而

1

记载最详、影响最大的莫过于《马可·波罗游记》。它第一次较全面地向欧洲人介绍了发达的中国物质文明和精神文明,将地大物博、文教昌明的中国形象展示在世人面前。从这个意义上说,马可·波罗作为中西文化交流的先驱者,是当之无愧的。

《马可·波罗游记》问世后,先后在法国、意大利以至在欧洲诸国流传,极大地扩大了欧洲人对东方世界的眼界和对中国的认识,丰富了他们对外部世界的知识,并在 15 世纪激起西方航海家对东方的向往,进而推动了由海路来东方的探险活动,对以后新航路的开辟、地理大发现都产生了深远的影响。如著名的探险家哥伦布就很爱读马氏《游记》,《游记》对富庶东方的描述,使他非常钦慕中国的文明富裕,并从中受到巨大的鼓舞和启示,激起了他冒险远航的决心。1492 年他率船队进行第一次探险时,便携带着西班牙国王致中国皇帝的国书,要到中国和印度来。至今西班牙塞维尔市哥伦布图书馆中所存他的遗物中尚有拉丁文译本的《游记》一册。

《游记》首次向西方打开了神秘的东方世界的大门,然而直到 19 世纪 30 年代以后,这部与中国极有关系而又与中国人隔膜长达五六百年的“奇书”才渐为国人所知晓。据现有的材料,中文文献中介绍马可·波罗和他的《游记》,约始于鸦片战争前夕。1837 年,在德国传教士郭实腊(K. F. A Gutzlaff)主编的《东西洋考每月统记传》(Eastern Western Monthly Magazine)上载有《欧罗巴列国之民寻新地论》,最早提到元初“意大里国有二商贾赴于北京”,受到忽必烈大帝的厚待、归国后“其人细详中国之事,令西洋人仰而异之”,可惜文中没有提到他们的名字。1853 年英国伦敦会所属英华书院在香港出版了中文月刊《遐迩贯珍》(Chinese Serial),在这一年 10 月 1 日第 3 号刊载的《西国通商原委》一文中,比较详细地讲述了马可·波罗来华的事迹:“当日抵中土首出之人名马歌坡罗,泰西各国皆称之为游行开荒之祖。……马歌坡罗抵元,元帝授以官禄,十余年间屡任要职显秩,旋返本国,随将身所阅历笔之于书,记述成帙,当时阅者多以为诞,未之信也，迄今稽之，始知凡所记载均非夸谬。" 1854 年上海墨海书馆出版的英人慕维廉（William Muirhead）《地理全志》（Universal Geography）卷十"地史论"中，对此也有稍详的介绍和评价。 此后在 1874 年上海出版的《申报》第 542 号上刊有求知子的《询意国马君事》，北京同文馆出版的《中西闻见录》第 21 号上有映堂居士写的《元代西人入中国述》。 后来洪钧著《元史译文证补》，其中也引用了《游记》的材料，但他并不懂外文，只是靠译人据域外史料摘引片断译文。至 20 世纪初以后，《游记》在中国才有正式的译本出现。

《游记》共有五种译本：第一个汉译本为清末魏易、林纾合译，起先逐日刊登在汪康年主办的《京报》上，1913 年由北京正蒙书局出版，名为《元代客卿马哥博罗游记》。 此后张星烺曾翻译亨利·玉尔（Henry Yule）和科迭（Henri Cordier）合订的英文译注本，但 20 年代仅出版了《马哥孛罗游记导言》和第一卷，以后未再续出。 第三种即冯承钧据法国沙海昂（A. H. Charigon）法文译注本翻译的《马可波罗行纪》，1936 年由商务印书馆出版。 同年，李季据美国曼纽尔·科姆罗夫（Manuel Komoroff）编订的英文本译出的《马哥孛罗游记》出版。1937 年张星烺又出版了他根据拜内戴托（L. F. Benedetto）意文本的英译本重译的全文，新译本仍名《马哥孛罗游记》。 在以上的几种汉文译本中，以冯承钧译本较为审慎完备，被公认为具有较高的学术水平，在 1949 年前印过三次，以后又由中华书局重印过，因而流传也最为广泛。 此次重印的，便是这一冯译本。

这里需要把译者冯承钧先生及冯译的情况介绍一下。

冯承钧（1887~1946），字子衡，湖北夏口（今武昌）人，是我国近代著名的史学家和杰出的翻译家。 他学识渊博，治学严谨，精通法、英、德、意、比、拉丁、梵、蒙、藏诸种文字，以毕生精力从事著述和翻译，在蒙元史、中国南洋交通史、中外文化交流史等学科领域作出了不少开拓性、奠基性的贡献。 一生著译达百余种，大多由商务印书馆出版。 顾颉刚先生在《当代中国史学》一书中，曾把他列为"近四十年最大的史地译家"。

他青年时曾游学欧洲，1903 年被派往比利时学习，1905 年入比利时列日国立大学念法学预科。受孙中山革命思想的影响，曾参加过留法学生中的革命团体。1907 年入法国巴黎大学攻读法律，四年后获法学学位，旋转入法兰西学院从事研究工作。在巴黎期间，曾用中文指导西方的汉学研究者，由此结识了伯希和、沙畹、鄂卢梭等一些著名的法国汉学家。留欧八年间，冯氏受到西方近代学术思想的熏陶和科学方法的训练，对其以后的学术研究产生了深刻的影响。

1911 年辛亥革命爆发后，他受国内形势的感染，毅然归国，返回武昌，担任革命后湖北都督府秘书。1913 年赴京任新国会众议院一等秘书。自 1914 年起，转任北京教育部高等教育司秘书，此后历任专门教育司第三科佥事、科长。在教育部任职的同时，1920 年后还先后在北京大学、中国大学、法政大学、北京高等师范执教，致力于蒙元史、西北史地、南洋交通史、中外文化交流史的研究和教学工作。1929 年，因患风瘫，遂弃职居家，专事著述。健康稍复后，担任中华教育文化基金董事会（即美国庚款委员会）编译委员会的长期编译。1932 至 1938 年该会拨专款资助他翻译中外交通史和蒙元史的汉学名著，出版了多种译作。抗战时期，他因病困居北平，治学未辍。抗战胜利后，各大学从西南迁回北平，他又再度出任临时大学史学教授，不幸积劳成疾，于 1946 年 2 月 9 日以肾炎不治逝世。所著有《中国南洋交通史》、《西域地名》、《成吉思汗传》、《元代白话碑》、《景教碑考》、《历代求法翻经录》等书，翻译了《多桑蒙古史》、《马可波罗行纪》、《蒙古史略》、《交广印度两道考》、《郑和下西洋考》、《苏门答剌古国考》等外国汉学名著数十种，并撰译了大批专题论文，多收入《西域南海史地考证译丛》一至九编及《西域南海史地论著汇辑》。

冯承钧先生的学术眼界相当开阔，他是我国较早提出"民族文化交流史"研究的学者，对中外文化之相互交流、相互渗透有着相当深刻的认识，他指出："研究一国之文化，应旁考与其国历史有关系诸民族的事迹，缘历史种族皆不免有文化之互相灌输也。因文化之互相灌输，所以一国的历史，可以补他国的不足。"（《法住记及所记阿罗汉考·译序》）基于这种"文化之互相灌输"的认识，他翻译介绍了大量西方汉学家关于这方面的研究成果，构成了其学术贡献的重要方面，《马可·波罗游记》便是其中重要的一种。他在蒙元史研究中，鉴于《游记》是参证元史的一部重要域外著作，而此书"在旧译本中既无完本善本"，便决定将它重新译出，以为元史和中外关系史的研究提供详尽、准确的资料。

比较旧译，冯译的一大优点是在版本的选择上较为审慎完备。《游记》问世以来，各种抄本、译本不下百种，大致可分为原写本、改订本、合订本三类。各本间相互歧异甚多，西方学者在这方面做了不少工作，而以1938年出版的伯希和、穆勒合译的注本最为后出也为最好。冯氏在翻译时，伯氏的译注本尚未出版，他以各版本间互有长短，难于取舍，故采取了将各种重要版本的写法衷辑校勘，择其立说较优者为底本，而于附注中并存异说的办法。经比照对勘，他选择当时较为完备的法国沙海昂所编定的新注本为底本。沙氏将诘聱难读的旧法文转为新法文体，并参考了除拜内戴托之外的诸重要版本，注释详细，能采诸本之长；又因他1899年来华后，曾任京汉路工程师、北洋政府交通部顾问等职，通晓中文，在注释校订中利用了中国史籍中的资料，因而具有他本所没有的一些优点。在译书时，冯氏还尽量搜集、参考了当时所能见到的诸重要版本，如地学本、颇节（G. Pauthier）本、剌木学（Ramusio）本、玉尔-科迭本、拜内戴托本等。

冯译的另一重要特点是翻译与考证辨误相结合。他在书中不仅充分发挥了自己一流的翻译水平，而且融入了其潜心研究的成果。如关于马可·波罗其人及其在汗廷的地位、任务，学术界历来颇多争议。法国汉学家颇节考证马可·波罗就是《元史》所载元世祖忽必烈时的枢密副使孛罗，也就是出使波斯不归、后协助拉施都丁修史的那个孛罗，1865年出版

5

时并特为加上一个汉文书名《忽必烈枢密副使孛罗本书》。此后西方学者多从此说。沙海昂注本受此影响，沿而不改。中国学者李季、李思纯均持此说。张星烺的两个译本也都名为《马哥孛罗游记》，并作长篇考证，认定马可·波罗与孛罗同为一人。冯氏在《行纪》译序中，参考了伯希和的研究成果，对此问题进行了详细的考辩。他列举三证，指出：考《元史》本纪，至元七年，以御史中丞孛罗兼大司农；至元十二年，以大司农、御史中丞孛罗为御史大夫；至元十四年，以御史大夫、大司农、宣慰使兼领侍仪司事孛罗为枢密副使。认为"仅据《元史》本纪之文，已足证此种考证之伪"，《元史》"记载此孛罗拜官始末甚详，则不得为至元九年初至上都之孛罗，彰彰明矣"。又据程钜夫《雪楼集》、《拂林忠献王碑》及拉施都丁《史集》等书，证明至元二十一年偕爱薛奉使之宗王阿留浑所后留波斯不归者应为同一孛罗，而与《游记》作者马可·波罗毫不相干。从而确定马可·波罗绝不是元枢密副使孛罗，澄清了这一沿误已久的重要问题。冯译并摒弃了"马哥孛罗"的旧译，改称"马可波罗"，从此这一新译名一直沿用至今。

在译书过程中，冯氏还注重取中外史籍互相比对，考订史实，往往以"钧案"的形式附注于后，以求做到融会贯通。由于《游记》成书时的疏误和版本流传中的混乱，书中的人名地名、道里方向错讹间出，名称的考订成为"马可·波罗学"中的重要问题。有时一名考释之误，还可能累及全局。沙海昂原本中有不少舛误，冯氏在译作中，除文字的校勘、词句的释文外，还作了许多详细的史地考证，在附注中予以说明。删削了沙氏注释中一些杂芜、牵合的部分，对沙氏原书中错误的注释，尽可能一一予以订正，作出比较正确的解释；沙氏注释未详或应注未注之处，亦为之补注不少。这需要多方面丰富的专业知识，决非普通的译书匠所能办到。其中许多注释材料，是他多年研究的心得，显示了其深厚的学术功底。因此，其译著本身就是专门家的研究工作。这就大大提高了《行纪》的史料价值。

冯氏译文以直译为主，他的翻译文质相兼，力求做到无违原本，语言质朴平实，较好地保存了原书风味，加以注释博洽，考订审慎，因而深受学界推重。 其后，虽有张星烺、李季等几个译本，但诸本中仍数冯译较为审慎和完善，在学术界和读者的影响也最大。 其译作经历了时间的考验，迄今仍是我们研读《马可·波罗游记》一书译述水平较高，译注内容较为丰富，具有较大参考价值的一种译本。

邬国义

1999 年 6 月于华东师范大学

序

马可波罗书的中文译本，我所见的有两本。初译本是马儿斯登（Marsden）本，审其译文，可以说是一种翻译匠的事业，而不是一种考据家的成绩。后译本是玉耳、戈尔迭（H. Yule-H. Cordier）本，译文虽然小有舛误，译人补注亦颇多附会牵合，然而比较旧译，可以说是后来居上。惟原书凡四卷，此本仅译第一卷之强半，迄今尚未续成全帙。

马可波罗书各种文字的版本，无虑数十种，戈尔迭在他的《马可波罗纪念书》中业已详细胪列，大致可以分为三类：一类原写本，如颇节（Pauthier）本之类是；一类改订本，如剌木学（Ramusio）本之类是；一类合订本，如玉耳本之类是。版本既多，各有短长，很难于中加以取舍。不过我以为能将各重要版本的写法衷辑校勘，详加注释，其余似可不成问题。

我近来很想缩小研究范围，专在元史一方面搜集材料，所以大胆地译了一部多桑书。马可波罗书也是参证元史的一部重要载籍，旧译本中既无完本善本，我也想将其转为华言。相传此书是初用法文写成，而现存之诸法文本所用的文体，几尽是旧文体，很难畅读。本书注者沙海昂既将颇节本转为新文体，而出版时又在1924年至1928年间，可以说是一部比较新的版本。除开别奈代脱（Benedetto）本晚出（亦在1928年出版）沙氏未能参考外，他参考的重要版本为数不少。这是我翻译此本的重要理由。

沙海昂原法国籍，清末国籍法颁布，首先归化中国，入民国任交通部技正有年，是一铁道专家，于公余之暇从事考据。这部注释可以说是一种好事者（amateur）的成绩，也不是一种纯粹考据家的作品，所以也免不了若干舛误，而于材料亦昧于鉴别。可是现在的汉学名家，是决不肯牺牲许多年的光阴，来做这种吃力不讨好的事业的。本书叙言开始引证烈缪萨（A. Rémusat）的一段话，就是使人望而却步的一个大原因。 既然不能求各方面的专门家通力合作，一个人学识无论如何渊博，终归要出漏洞的。 伯希和对于此书虽然颇多指摘（参看《西域南海史地考证译丛》），然而要知道，"蜀中无大将，廖化作先锋"，况且沙氏的成绩不能说毫无优点。 他将颇节本革新，使人能通其读，又将各方面的注释采摭甚繁，虽然不免有珠玉沙砾杂陈之病，可能辑诸注释家众说之长，使后来研究的人检寻便利，这是他本所未有的。

此书既然有些缺点，所以我的译本取其所长，弃其所短。 好的注释一概转录，牵合附会之文则不惜删削。 删削的大致以第五十九章以后为多。 我原来计算第一卷的译文有十二万字，后经我删削者有六分之一，但仅限于不得不删的文字。 此外只须其微有裨于考证，虽所引的是《辞源》之文，仍予采录。 此外我仍用前译多桑书的译法，凡地名、人名有旧译者，尽先采用，考订未审者则录其对音。

沙氏沿袭颇节的错误，仍以马可波罗是元代枢密副使孛罗，致使华文译本有以孛罗为本书标题者。 伯希和对此辩之甚详。 我以为不用多说，仅据《元史》本纪之文，已足明此种考订之伪。 考《元史》，至元七年以御史中丞孛罗兼大司农卿，至元十二年以大司农御史中丞孛罗为御史大夫，至元十四年以大司农御史大夫宣慰使兼领侍仪司事孛罗为枢密副使，记载此孛罗拜官始末甚详，则不得为至元九年初至上都之波罗，彰彰明矣。 又考程钜夫《雪楼集·拂林忠献王神道碑》及剌失德丁书，至元二十一年偕爱薛奉使至宗王阿鲁浑所，后留波斯不归中国者，应亦为同一孛罗，亦与此波罗毫不相涉。 所以我名其人曰马可波罗，而不名之曰马哥孛罗。

现在马可波罗书的威权，当首数伯希和。 戈尔迭从前撰玉耳本补注时，曾大得伯希和之助。 沙氏注此本时，可惜有若干篇伯希和的考订文字未曾见着。 读此书者必须取伯希和诸文参看。 第一卷校勘既毕，特志数语于端。

1935 年 2 月 20 日冯承钧命儿子先恕笔受讫

2

目录

第一卷　马可波罗自地中海岸赴大汗忽必烈驻夏之上都沿途所经之地及传闻之地

目录

第二卷　记大汗忽必烈及其宫殿都城朝廷政府节庆游猎事，自大都西南行至缅国记沿途所经诸州城事，自大都南行至杭福泉州记东海沿岸诸州事

目录

5

目录

第三卷　　日本，越南，东印度，南印度，印度洋沿岸及诸岛屿，东非洲

7

第四卷　君临亚洲之成吉思汗系诸鞑靼宗王之战，亚洲北地

目录

9

叙　言

　　"校勘一部马可波罗（Marco Polo）书，不是一件容易的事业。　要作这种事业，必须确知中世纪的地理，东方的历史，此时代旅行家的行纪，当时同现在鞑靼人（Tartares）、印度人同其他亚细亚民族使用的语言，以及他们的风俗，同世人不大认识的出产。　既确知矣，尚须加以适当的批评，细密的鉴别。　这些事无论一个人学识如何博洽，用力如何勤挚，很难兼而有之。"（见烈缪萨〔Abel Rèmusat〕撰《亚洲杂纂新编》第一册 382 页）

　　这些话绝对不错。　我们作此事时，业已有这种感想，必须一个博学的人，才能够注释马可波罗书。　这是我们所欠缺的。　从前有几个朋友劝我们将这部"世界奇异书"刊行一种新版本，我们颇受这种事业的诱惑。　可是我们所认识的马可波罗书，同众人所认识的一样。　我们曾经读过，赞赏过，并承认过，颇节（G. Pauthier）、玉耳（H. Yule）、戈尔迭（H. Cordier）同其他学者对于他们所研究的不少问题所刊布的那些博识的注解，我们老实以为关于这个旅行家的研究，业已详尽无余。我们所以要必须尝试，是因为这个物搦齐亚（Vénitie）人的行纪，在意大利文、英文、德文书中，不难用贱价买得一本；乃在法文书中，要觅取一部可读的马可波罗书，除开沙尔通（E. Charton）的译文（《古今旅行家》第二册）外，必须觅求贵价而难得的版本，像伯尔日隆（Bergeron）版本之类（《12 世纪、13 世纪、14 世纪、15 世纪中的亚洲行纪》，1735 年海牙 La Haye 本），或是像几乎不能见的 1556 年的译本之类（《东印度有名州城的地志，同其居民的风俗法律志，……》，物搦齐亚贵人马可波罗撰）。　所可惜者，法文书中并无一部适应大众的读本，像 1907 年蓝克（Hans Lemke）博士采玉耳同颇节的注释所刊布的德文本之类。　所以只能见着伯尔日隆译文的那些重刊本，而这种刊本不附注

1

释，同旧法文的原译本一样难读。 如此看来，外国人在他们的译本中不难读马可波罗书，而我们既难读旧法文本，只能见着一些引文，而且是些脱漏不完全的引文。

这皆是驱使我们执笔的理由。 我们意思仅在翻译一部业已注释而易读的本子，将其文体略为更新，可是仍将它的朴直而意味深长的文格保存。 当然我们选择的是 1867 年注释丰赡的颇节本，同时并利用玉耳同戈尔迭最近的注释。 版本之选择，并无其他理由，因为纵在今日，如果要指定马可波罗书的一部善本，虽然我们偏向剌木学（Ramusio）本，仍不免承认 1824 年的巴黎地理学会本，具有最初笔录的风味，较之马可波罗本人改订的那些本子，易于了解。 复次，剌木学本虽然详备（因为世人拟此本是马可波罗的最后补订本），似乎有些后来窜入之文。 可是各本皆有它的好处，必须互相参校。 我们并不想规仿玉耳的尝试，将诸本合并为一本，因为各本对于一事时常叙述各异。 比方第七十三章，有些本子说阔里吉思（George）国王是天德（Tenduc）君主长老约翰（Prêtre-Jean）以后的第六个君主，有些本子仅说他是长老约翰的曾孙，其说皆有理由，未便取舍也。

我们的工作，一直到行近东突厥斯单（Turkestan）的时候，很顺利，可是到了此地，才知道困难；到了中国本部，又见许多游移不定的名称之考订，未免虚构；这些名称的考订，不能仅据欧洲人的撰述，必须考证中国的载籍。

幸而现代的中国学者研究到中世纪的情形、注意到中亚细亚的历史同蒙古人之侵略，他们曾将马可波罗书译释。 这是些新的贡献，可惜我们不能知道利用。 但是我们常在可能限度中引证其考证之文。 其中有一人，是张君星烺，曾研究过波罗在中国所执的政治任务，其研究成绩已刊布于《地学杂志》中，他正在预备一部马可波罗书的刊本，可是不知在何日出版。

波罗此种政治任务，此时未便说明，后在结论中述之，因为有不少点，学者尚未发表意见，远东法国学校校长鄂卢梭（L. Aurousseau）君将别有一种研究也。 比方读剌失德丁（Rachid-eddin）的序文，足以使人惊异者，据说剌失德丁修史时，曾得一名 Polo（钧案：此误。 以后所言波罗的政治任务并误。 伯希和对此已有纠正，可参观本书附录《〈马可波罗行纪〉沙海昂译注正误》一文。 沙海昂后在本书第三册后亦自纠其误，并悔误采中国学者无根附会之说）者之助，此人来自契丹（Cathay），在本国曾为大元帅及丞相，"他认识突厥诸部的历史及起源，尤其是蒙古族的历史及起源，非他人所可及"。

马可波罗回西方时，曾止于波斯宫廷，必曾见过剌失德丁。 只取其所记东方鞑靼历史诸章审之，其细节同剌失德丁本人的记载很符，此点毫无疑义。 核对年代，好像可以参证波罗曾为剌失德丁合撰人之说，因为剌失德丁书成于 1307 年，乃奉合赞汗（Khan Ghazan）之命而撰（合赞汗在位始 1294 终 1303 年，又据别一说，始 1295 终 1304 年），其撰人初为医师也。 总之，剌失德丁所志此波罗丞相之大元帅的官号，恰与《元史》本纪所载枢密副使的官号相符。 元朝只有皇太子能作枢密使，若是再考此人参与阿合马案件的情形，颇节所考马可波罗即是《元史》枢密副使孛罗一说，竟可确定。

又若马可波罗所记忽必烈（Koubilai）讨伐蒙古诸叛王，同诸叛王互相争战的事迹，表示他完全知悉他们的争端、他们的兵额。 如果他在军职中未占一个重要位置，他如何能知这些消息？ 若是说他在预备远征日本一役里面未曾画策，日本人决不能将他视作忽必烈征伐日本计划的主谋。 现在只说事实，忽必烈远征失败预备报复之际，正是马可波罗被任为扬州总管继续在职三年之时。 这个地位本身已很重要，尤其重要者，其驻所就是预备远征日本的主要根据地。 所以 1277 年徙扬州行省于杭州之时，原在扬州设置的一切机关，仍旧构成一种特别行政机关，直隶中央政府。

在这种境况中，以如是重要的地位委任马可波罗，足证他颇受大汗的宠任。 又如他所记远征日本舰队的情形，以及他所闻此国的资力，又足证明他注意此国颇为深切。

这些波罗的政治任务，虽然在马可笔下泄露若干暗示，可是很保存秘密，如果有日检寻中国载籍，更有发现，尤足加增我们对于这个先到中国而将此国完全表示吾人的前辈之敬服。 我们所应承认者，所有住在此国的外国人，或者无有一人能在少数篇页之中，将我们所亲见的事实、此国的历史、其地理、其外交、内地及四裔的一切种族、其政府、其资力、其居民之宗教风俗，等等，记载如是详悉。 马可波罗在建设近代地理方面，已经是他的母国物搦齐亚自豪的人，并是西方的光荣。 顾因其曾在中国占有重要位置，牺牲大好年华，故此人殆渐为中国所夺去。 等待数百年后，他的名字将与荷马儿（Homcre）、赫罗多忒（Herodote）、孔子诸大有恩于人类之人并垂不朽。

我们很想在一种科学训练的精神之中，对于中国名称之罗马字的译写，采用远东法国学校所用维西叶尔（A. Vissière）的译写方法。 然而我们尚未见根据这种方法所编纂的字典。 而且《马可波罗行纪》中所著录的地名极多，泰半皆见夏之时（Richard）神甫的《中国地志著录》，所以我们对于一切地名，尽先采用此书的写法。 不见于此书的地名，则用德拜思（Debesse）神甫《汉法字汇简编》的写法。 这两个著作家虽然同道，写法亦有不一致的地方。 既然无有一种完善的罗马字写法，与其各人用各人的写法，何不采用一种呢？ 所以我们颇惜未能遵循远东法国学校的前例，对于其用罗马字译写的汉字，有不足的不得不加以补充。

尤使这件问题愈趋复杂者，这些地名，不久多为不适用的地名。自从中华民国建设以来，不仅改府为道、改州为县，而且常将行政区域的名称变更，如同从前朝代更易之例。 然则应将欧洲一切载籍中所用的地名完全抛弃，改用新名欤？ 此事我们不能为之，宁可遵守马可波罗的先例，保存旧名，况且有些旧名尚在流行。

此书关涉问题甚夥，编撰尚未完全告成，我们不宜在一篇叙言中觊缕。 我们对于奖励我们的人皆表感谢，尤其对于我们东方语言学校的旧师长维西叶尔同戈尔迭二人表示感谢。 我们的注释成绩不甚劣者，并出二师之赐。 此国尊师，重于他国，成语有云："请业者均受陶熔。"吾人之言，亦若是也。

马可波罗赠谢波哇藩主迪博
（Thibau de Cépoy）钞本原序

此书是上帝赦宥的[1]谢波哇藩主迪博骑尉阁下求之马可波罗阁下而得的钞本。 马可波罗是物搦齐亚（Venice）城的市民，曾经久居数国，熟知其风俗习惯。 彼欲使世人悉知其所见之事，并为尊重法兰西国王王子伐罗洼（Valois）伯爵沙儿勒（Charles）殿下起见，以此书赠给谢波哇藩主（是为其书撰成以后之第一钞本），愿由此富有经验的贤明之人携归法国，出示各地。[2]谢波哇藩主迪博阁下既将此本携归法国后，其长子若望（Jean）以父殁，承袭为谢波哇藩主，[3]遂以此携归法国之第一钞本，呈献于国人所敬偎的伐罗洼殿下。 自是以后，其友人有求者，曾以此本付之传钞。[4]

此本即是马可波罗阁下赠与谢波哇藩主之第一钞本；适在谢波哇藩主奉伐罗洼殿下及其妻皇后陛下之命，为孔士坦丁堡（Constantinople）帝国各部之总代理人，行抵物搦齐亚之时。[5]

作于我辈救世主耶稣基督降生后之 1307 年之 8 月。

[1] 观此语，足见这篇序文撰在谢波哇藩主死后，刻在后面所言此藩主子传钞的那些原钞本之卷首。

[2] 此语又足证明马可波罗从东亚归来数年后，颇希望其书流传于法国。 所以他最初编纂此书时，不用他母国的语言，而用法国的语言。

[3] 谢波哇（昔 Cépoy，今 Chépoy，属 Oise 郡 Breteuil 乡）藩主迪博，是法兰西国王 Philippe le Bel 的一个最有名的骑尉。 先在 1275 年事此国王，后事 Robert d'Artois，奉命镇守 St. Omer 堡。1296 年时，曾随之赴 Gascogne 抵御英人。 嗣后改事伐罗洼伯沙儿勒，被派到孔士坦丁堡。 迪博于 1306 年 9 月 9 日自巴黎首途，路

过物搦齐亚城，马可波罗以其写本之一钞本赠之。迪博殁年在 1311 年 5 月 22 日至 1312 年 3 月 22 日之间(见 J. Petit 撰《中世纪》224 至 239 页)。

[4]此本显是根据马可波罗所赠原钞本的初次钞写本。由是可见呈献于沙儿勒殿下之本，不是马可波罗的原钞本。其原钞本仍留在迪博长子处，于是才有其他传钞本。这些传钞本现存者有四本，三本现藏巴黎国民图书馆，一本现藏瑞士 Berne 都城图书馆。1865 年颇节所据之本，就是后一钞本，我们所据的，就是颇节的钞本。不过我们只将其词句更新而已，至其简朴文体暨其风味，仍旧保存之。

[5]伐罗洼伯沙儿勒，是 Philippe le Bel 之弟，曾娶 1261 年被废的孔士坦丁堡皇帝 Baudoin II 之女为妻。其妻既然承袭孔士坦丁堡皇后的尊号，沙儿勒欲主张他得之于其妻的权利，所以派遣他一个亲信人谢波哇藩主迪博巡历东方，研究当地的实在情形，以备不久侵略之需。

第一卷

马可波罗自地中海岸赴大汗忽必烈驻夏之上都沿途所经之地及传闻之地

引　言

　　欲知世界各地之真相,可取此书读之。君等将在其中得见所志大阿美尼亚(Grande Arménie)、波斯(Perse)、鞑靼(Tartarie)、印度(Inde)及其他不少州区之伟大奇迹,且其叙述秩次井然,明了易解:凡此诸事,皆是物搦齐亚贤而贵的市民马可波罗君所目睹者,间有非彼目睹者,则闻之于确实可信之人。所以吾人之所征引,所见者著明所见,所闻者著明所闻,庶使本书确实,毫无虚伪。有聆是书或读是书者,应信其真。盖书中所记皆实,缘自上帝创造吾人始祖阿聃(Adam)以来,历代之人探知世界各地及其伟大奇迹者,无有如马可波罗君所知之广也。故彼以为,若不将其实在见闻之事笔之于书,使他人未尝闻见者获知之,其事诚为不幸。余更有言者,凡此诸事,皆彼居留各国垂二十六年之见闻。迨其禁锢于吉那哇(Gênes)狱中之时,乃求其同狱者皮撒(Pise)城人鲁思梯谦(Rusticien)诠次之,时在基督降生后之 1298 年云。[1]

　　[1] 马可波罗书最初编纂之时代及处所,由是可以确定。惟其书所用之语言,在此文中尚悬而未决。第今业已证明其所用之语言,即是当时欧洲流行最广之法兰西语。

　　此小引,即吾人后此所谓马可波罗本人的“改订原文”,与最初小引不同。最初小引前有一冒头,历称阅览此书之诸皇帝、国王、公爵、侯爵、伯爵、骑尉、男爵。此冒头在其他诸本中多载有之。

第一章　波罗弟兄二人自孔士坦丁堡往游世界

　　马可君之父尼古剌(Nicolas),同尼古剌之弟玛窦(Matteo),自物搦

3

齐亚城负贩商货，而至孔士坦丁堡。兹二人乃华胄，谨慎而贤明。基督降生后之 1260 年，[1] 实在博丹（Baudoin）[2] 为孔士坦丁堡皇帝之时，此兄弟二人商议后，决定赴黑海[3] 营商，于是购买珍宝，自孔士坦丁堡出发，遵海而抵速达克（Soudak）。[4]

[1] 据后此第九章云，此两弟兄在 1269 年归物搦齐亚，见幼年的马可已有十五岁。由是可知马可出生于 1254 年。如再据剌木学本，马可之出生，在此弟兄二人自物搦齐亚出发以后。则可位置其出发时间，在 1253 至 1254 年之间。又考后章注[3]，他们行抵乎勒伽（Volga）河畔之时，应在 1261 年，则若干写本说他们在 1260 年从孔士坦丁堡出发，其说或者不误。1254 年至 1260 年之间，他们必在孔士坦丁堡无疑（玉耳书第一册 3 页）。

[2] 博丹二世君临孔士坦丁堡之富浪（Franc）帝国，始 1228，迄 1261 年。后为帕烈斡罗格（Michel Paléologue）所废。此帕烈斡罗格朝，后在 1453 年为突厥朝之摩诃末二世（Mahomet II）所灭。

[3] 法文本名此海曰 Mar-maiour，曰 Mar-maor，曰 Marmors。拉丁文本名此海曰 Mare magnum，或曰 Mare majus。此言并作"大海"，皆为古代 Pont-Euxin 之后称。然昔亦名之曰 Mare Maurum、vz. Nigrum，此言"黑海"。惟此名或适用于今之黑海（Mer Noire），或适用于今之波罗的海（Baltique），非专有所指也。阿剌壁（Arabe）史家阿不非答（Aboulféda）说此名在当时很普通。

[4] 其名亦作速达黑（Soudagh），城名也，在克里米亚（Crimée）半岛之南端，今尚存在。蒙古人侵略半岛以前，是为黑海中希腊商业之一要港。马可波罗同时人卢布鲁克（Rubruquis）曾有记云："凡由土耳其（Turquie）运往北方诸地之商货，皆集于此，而由斡罗思（Russie）运往土耳其之商货，亦然。"

蒙古人攻取此地以后，曾在克里木（Krim）城广为贸易。克里木，即东方人名克里米亚半岛之称。盖其或以城名全地，或以全城之名名一城也(颇节书6页注二)。

此城迄于1204年孔士坦丁堡富浪人之侵略时,臣属希腊帝国。惟至1223年同1239年蒙古人两次侵略以后,终脱离富浪帝国藩属。约在13世纪中叶时,物搦齐亚人设一商馆于此。1287年改商馆为领事馆。1323年教皇若望二十二世(Jean XXII)曾因基督教徒被逐于速达克城外,改基督教堂为回教礼拜寺等事,命人诉之于撒莱(Sarai)城月即伯汗(Khan Uzbek)所。14世纪上半叶时,阿剌壁旅行家伊本拔秃塔(Ibn-Batouta)之行纪,曾隐言其事,并说速达克为世界四大港之一。1365年时,吉那哇人夺据速达克,建设壁垒,其遗迹今尚可见。有若干阿剌壁人所撰之地志,名阿卓夫(Azof)海曰速达克海。马可波罗之伯父,亦名马可波罗,于1280年之遗嘱中,曾以速达克城中之房屋一所,赠给方济各会(Franciscain)教士;惟限以其收益付其尚居此屋之子女。1260年波罗弟兄二人经过此城时,此屋或者业已属之(玉耳书第一册4页,颇节书6页注二,Elis. Reclus《俄属亚细亚》842页)。

第二章　波罗弟兄二人之离速达克

他们到了克里米亚以后,商量不如仍往前进,于是从速达克首途。骑行多日,遂抵一个鞑靼君主驻所。此鞑靼君主名称别儿哥汗(Barka-khan),其主要汗牙有二,一名撒莱,[1]一名不里阿耳(Bolghar)。[2]别儿哥颇喜他们弟兄二人之来,待遇优渥。他们以所赍珍宝悉献于别儿哥,别儿哥乐受之,颇爱其物,乃偿以两倍以上之价。

他们留居汗牙一年后,别儿哥同东鞑靼君主旭烈兀(Houlagou)[3]之大战发生。彼此战斗很烈,末了西鞑靼君主败衄。

双方死亡之人不少。因有此次战事,凡经行道路之人,皆有被俘之虞。波罗弟兄二人所遵之来途,危险尤大。若往前进,倒可安然无事。 他们既不能后退，于是前行。

他们从不里阿耳首途，行抵一城，名称兀迦克（Ou-kak），[4]是为别儿哥所领国土之尽境。 他们渡孚勒伽大河，[5]经行沙漠十有七日，沿途不见城市村庄，仅见鞑靼人的畜皮帐幕同牧于田野之牲畜。[6]

[1] 撒莱在孚勒伽河之下流，处阿思塔剌罕（Astrakhan）之西北。 此河东支名阿黑图巴（Aktouba），与现在的 Enotayevsk 同其纬度，现在仅存废址，名 Selitrennoyé Gorodok，距阿思塔剌罕之上流一百一十公里，此城乃别儿哥（Bereké）所建。 别儿哥者，成吉思汗（Gengis-khan）之孙，而拔都（batou）之弟也。 城在盐质平原之上，无城墙，同钦察（Kiptchak，斡罗思南部）汗之其他官殿具有墙壁楼橹者不同。 城大，内有浴场。 撒莱（Sarai），蒙古语犹言官廷（戈尔迭《马可波罗书补注》第一册 5 页注二）。

此处所言之别儿哥汗，在 1257 至 1265 年间君临钦察，是为其族皈依回教者之第一人。 14 世纪时，伊本拔秃塔曾言撒莱城城市庄丽，人口繁庶。 城甚大，骑行过城，需时半日。 城中有蒙古人（Mongols）、阿兰人（Alains）、乞儿吉思人（Kirghiz）、薛儿客速人（Cireassiens）、斡罗思人（Russies）、希腊人（Grecs），尚有回回商人居在他们有墙壁的坊区之内。 ……撒莱后为一个拉丁总主教同一个希腊总主教之驻所。 方济各会（Franciscain）之修道院在城中者不止一处。 1322 年时，教皇若望二十二世设置一主教区于迦发（Kaffa，在克里米亚），指定所辖之地，东尽撒莱，西抵瓦儿纳（Varna）。 此城在 1395 至 1396 年间，帖木儿（Tamerlan）二次侵入钦察时被毁。 百年后又为斡罗思人所削平（玉耳书第一册 5 页）。

[2] 不里阿耳“在今迦赞（Kazan）之南一百三十三公里，孚勒伽河左岸，距河六公里。 其遗迹尚存，曾经俄国学者数人研究，今迦赞省 spask 区之 Uspenskoye 村一名 Bolgarskoye（Bolgare）村所在之遗迹是已。”（布来慈奈德〔Bretschneider〕撰《中世纪寻究》

第二册82页）

　　此大不里阿耳之古都，昔为欧亚商业之中心。 阿剌壁著作家视其儿在北方有人居之地之尽境，曾述其地气候之寒，夏夜之短，及附近之有古生物牙。 其输出品，除上述之牙外，尚有皮、蜡、蜜、榛实、革等物，亚洲全部尚名斡罗思之革为不里阿耳。 伊本拔秃塔在其旅行中曾至其地，谓其地距"黑暗地域"有四十日程。 马可波罗在其书卷末已曾言及此黑暗地域。 盖彼之前，921 年时，报达（Bagdad）宫廷遣使至不里阿耳，有一阿剌壁著作家随行，曾言见有北极曙光也（玉耳书第一册6 至 7 页）。

　　1225 年蒙古人取此城，1395 年帖木儿尽毁之。 今尚见有城墙、城壕、壁垒、回教礼拜寺塔、官殿基础之遗迹，并为阿剌壁式。 考其建筑之时，在 10 世纪至 14 世纪之间，尤以 12 及 13 世纪营建者为最夥。 距今百五十年前，Pallas 所见者不止百数，今日仅存十分之一。 农民常在其地拾有陶器、货币、首饰等物。 不里阿耳繁盛之时，位在孚勒伽河畔。 今河流则在其西六公里。 盖因河流之变迁，徙于不里阿耳之西。 今迦赞河流之变迁亦同，根据传说，其支流迦马（Kama）河亦曾西徙。 则不里阿耳城昔在两河交流之处，亦有其可能（Elis. Reclus《俄属亚细亚》761 页）。

　　最初居留大不里阿耳之人种，似为芬种（Finnois）、斯拉夫种（Slaves）、突厥种（Turcs）之混合种。 希腊著作家 Nicephore Gregoras 云，其名盖出于诸种所处之大河孚勒伽，缘 Volga 者，即是希腊语 Boulga 之正确读法也。

　　撒莱、不里阿耳两城是西鞑靼（即钦察）诸汗之驻所，同中国、波斯等地诸汗有一南方驻冬之所及一北方驻夏之所情形相类。

　　[3] 马可波罗在其书末重言此次别儿哥同旭烈兀之战。 此二人皆是成吉思汗之孙。 多桑（d'Ohsson）位置此战于 1262 年之 11 月（《蒙古史》第三册380 页）。 波罗弟兄二人之留居别儿哥所既

有一年，则其到达之年，应在1261年中。如此看来，其自孔士坦丁堡出发之时，应位于1260年时。东鞑靼乃指波斯，西鞑靼乃指钦察或斡罗思南部。马可波罗书对于西方，曾用ponent一字，而其所用针位之名，颇与他书不同。

[4] Oukak 一作Oukek，别儿哥所属极西之一城也。阿不菲答谓此城在孚勒伽右岸，处撒莱、不里阿耳两城之中间，距此二城各有十五程，在今Saratov之南。今有村名曰Ouvek，即其故址。蒙古占据以前无Oukek之称，疑创建于是时。14世纪时，其地有方济各派修道院一所。帖木儿侵略时，此城毁于兵燹。16世纪末年，尚见有石堡、城市、古墓之遗迹，今则久已消灭矣（玉耳书第一册9页）。

[5] 马可波罗书拉丁文本及意大利文本，名此河曰Tigeri，亦作Tigry，亦作Tigris。注释家因此发生误会，久于兹矣。马儿斯登（Marsden）等疑是注入咸海（Aral）之锡尔河（Sir daria），质言之古之药杀水（Iaxartes）。后经颇节证明此名Tigre之河，即是流经撒莱城之河，只能为孚勒伽河也。其所以使马儿斯登发生误会者，乃因剌木学本及若干拉丁文本，以为Tigris河是世上四天堂之一。此语皆不见于法文本，应是窜入之文。至若以Tigre之名适用于孚勒伽河者，殆因有若干传说以为孚勒伽河潜行地下，至美索波塔米亚（Mésopotamie）流出地面为达曷水（Tigre）。玉耳引一教会史家Nicéphore Callistus之说，谓达曷水自天堂来，流行里海之下而出为达曷水。此说与后此（第一百三十七章末注）关于黄河之说相类，其说亦谓黄河发源于葱岭（Pamirs），为塔里木（Tarim）河，至蒲昌海（Lob-nor）潜行地下，至甘肃边境出为黄河。

[6] 自孚勒伽抵不花剌（Boukhara），需六十日。此经行沙漠之十七日，仅代表一部分之行程。伊本拔秃塔则云，自撒莱抵不花剌经行五十八日，而在末段经行沙漠之时，则有十八日云。

8

第三章　波罗弟兄二人经过沙漠而抵不花剌城

他们经过此沙漠以后，抵一城，名不花剌（Boukhara）。城大而富庶，在一亦名不花剌（Boukharie）之州中。其王名称八剌（Borak）。此城是波斯全境最要之城。他们抵此城时，既不能进，又不能退，遂留居此不花剌城三年。[1]

他们居留此城时，有东鞑靼君主旭烈兀遣往朝见世界一切鞑靼共主的大汗[2]之使臣过此。使臣看见此物搦齐亚城的弟兄二人，颇以为异。因为他们在此国中，从未见过拉丁人。遂语此二人曰："君等若信我言，将必享大名而跻高位。"他们答云，愿从其言。使臣复曰："大汗从未见过拉丁人，极愿见之。君等如偕我辈往谒大汗，富贵可致。且随我辈行，沿途亦安宁也。"

[1] 不花剌，名城也。在今阿母河（Amou daria）昔乌浒河（Oxus）之北不远，是为不花剌州之都会。有时人称此州曰俄属突厥斯单，或"突厥蛮（Turcomans）之地"。

海屯（Haython）亦谓不花剌为一富庶大城，属波斯，然自有其语言（《东方史》第七章）。范别利（Vambéry）云，迄于成吉思汗侵略之时，昔人曾视不花剌、撒麻耳干（Samarkand）、巴里黑（Balk）等城属于波斯。

八剌是察合台（Djagatai）之曾孙，忽必烈命其袭位为君主。其国境自巴达哈伤（Badakchan）抵撒麻耳干及不花剌。君临时，始1264年，迄1270年。波罗弟兄二人既在1262年终离孚勒伽河，留居不花剌城既止于1265年，则必亲见八剌之即位。

不花剌一名"贵城"，一名"回教之罗马"，一名"寺院城"。当时在东方诸城中为文化之中心。不花剌传说有云："大地之上，他处光明自上而下，然在不花剌，则自下而上，摩诃末

（Mahomet）升天时，曾亲见之。"虽屡经成吉思汗之残破，不久即见恢复。 在 14 世纪时，尚为文化之中心，与极西回教国 Séville、Grenade、Cordoue 三城之境况同。 然在今日则衰微矣。 一方因教育之守积习，学校仅授成语，学术衰败。 一方因回教信仰仅存外表，处宗教信仰之下，盛行虚伪淫靡之风（范别利撰《一矫装教士之中亚行纪》157 至 183 页，Elis. Reclus《俄属亚细亚》506 至514 页）。

［2］此大汗即是创设君临中国八十年的元朝之忽必烈，他是拖雷（Tolei）之子，而成吉思汗之孙。 1259 年，其兄蒙哥（Mangou）死于合州城下。 他袭位为大汗，并为契丹（Cathay）或中国北方的君主。

玉耳曾云，聆使者之言，使臣似为大汗使臣之还自旭烈兀所者。 据剌失德丁书，旭烈兀殁年，忽必烈之使臣撒里苔（Sartak）自波斯还。 则波罗弟兄所见之使臣，疑即其人。 因为他们自不花剌首途时，即在 1265 年也。 脱此说不误，后来取宋之伯颜（Bayan）亦与他们同行，盖伯颜亦在撒里苔随从之列也（玉耳书第一册10 页）。

马儿斯登曾言波罗常作富浪人（Francs），而不作拉丁人（Latins）。 但在彼时，欧罗巴人之在亚细亚洲，实以佛郎机（Frangi）之名而显。

第四章　波罗弟兄二人从使臣言往朝大汗

波罗弟兄二人遂预备行装，随从使臣首途。 先向北行，继向东北行，骑行足一年，始抵大汗所。 他们在道见过不少奇异事物，兹略。 盖马可亦曾亲见此种事物，后在本书中别有详细之叙述也。

第五章　波罗弟兄二人抵大汗所

他弟兄二人抵大汗所以后，颇受优礼。 大汗颇喜其至，垂询之事甚夥。 先询诸皇帝如何治理国土，如何断决狱讼，如何从事战争，如何处理庶务。 复次询及诸国王、宗王及其他男爵。[1]

[1] 波罗弟兄离去孔士坦丁堡已有六年，于东罗马帝国之事变必未获知之。 时物搠齐亚人所拥戴的富浪皇帝博丹，已被吉那哇人所拥戴的希腊皇帝帕烈斡罗格所代。 当时君临法国者是圣路易（Saint Louis），君临英国者是亨利三世（Henri III），罗马教皇是格肋孟多四世（Clément IV）。

马可波罗书中所称男爵（baron），盖指中世纪时之封建诸侯，虽隶诸皇帝国王，然在其自有领地中，尚有一种主权（颇节书11 页注）。

第六章　大汗询及基督教徒及罗马教皇

已而大汗详询关于教皇、教会及罗马诸事，并及拉丁人之一切风俗。 此弟兄二人贤智而博学，皆率直依次对答。 盖彼等熟知鞑靼语言也。[1]

[1] 旧译鞑靼作 Tartare，非是，应作 Tatare。 颇节诸写本及与马可波罗同时的东方著作中，皆作如是写法。 因为蒙古人之初次侵入欧洲，时人畏之甚，致使此 Tartare 写法流传，今在法国诸州尚以此名指恶人也。

第七章　大汗命波罗弟兄二人使教皇所

全世界同不少国土的鞑靼皇帝忽必烈汗，聆悉波罗弟兄二人所言拉丁人一切事情以后，甚喜。自想命他们为使臣，遣往教皇所（Apostolle）。[1]于是力请他们同其男爵一人为使臣，同奉使往。他们答言，愿奉大汗之命如奉本主之命无异。由是大汗命人召其男爵一人名豁哈塔勒（Cogatal）一人来前。命他预备行装，偕此弟兄二人往使教皇所。豁哈塔勒答言，必竭全力而行主命。

已而大汗命人用鞑靼语作书，交此弟兄二人及此男爵，命他们赍呈教皇，并命他们面致其应达之词。此类书信之内容，大致命教皇遣送熟知我辈基督教律，通晓七种艺术[2]者百人来。此等人须知辩论，并用推论，对于偶像教徒及其他共语之人，明白证明基督教为最优之教，他教皆为伪教。如能证明此事，他（指大汗）同其所属臣民，将为基督教徒，并为教会之臣仆。此外并命他们将耶路撒冷（Jérusalem）救世主墓上之灯油携还。[3]

大汗命他三个使臣、鞑靼男爵、尼古剌波罗、玛窦波罗三人，赍呈教皇书的内容如此。

［1］法文之 Apostolle，拉丁语作 Apostolicus，乃中世纪时法国著作家常称教皇之称。

［2］七艺者，即中世纪时的博士习知之文法、论理学、修辞学、算数、几何学、音乐、天文学等七种学术，并非指中国之七艺。况且中国只有六艺，曰礼、乐、射、御、书、数（颇节书 13 页注三）。

［3］此书信极其重要，因为召来之博士百人如能证明罗马教为最优宗教，而其他一切宗教为伪教，忽必烈将偕其人民皈依也。马可波罗所言忽必烈致教皇的这封书信，久不为人所识。最近闻

由伯希和(Pelliot)在教廷档案中发现。

法国档库中亦保存有波斯、蒙古汗致法国国王菲力帛(Philippe le Bel)之二书。一封是阿鲁浑(Argoun)在1289年命Buscarel赍呈者。一封是阿鲁浑子完者都(Oldjaitou)之致书，所题年月是1305年5月。二书皆是用畏吾儿(Ouigour)文写蒙古语，烈缪萨(《考古研究院纪录》第七及第八册)曾模写其文。颇节后在其马可波罗书附录第五篇及第六篇中，已有所订正。烈缪萨所译之第一书，见后文第十七章注[1]。

1922年10月25日研究院五院开大会时，伯希和曾报告其发现有13世纪时之蒙古文件数通，其重要与致菲力帛之二书相等。其中有大汗贵由(Gouyouk)命卜兰迦儿宾(Jean du Plan Carpin)赍呈教皇意诺增爵四世(Innocent Ⅳ)之波斯文答书，又有旭烈兀子波斯汗阿八哈(Abaga)1268年致罗马书。马可波罗后在本书第十八章中，言其赍有忽必烈致教皇、法兰西国王、英吉利国王、西班牙国王及其他基督教界诸国王书。此种珍贵史料，迄今尚未发现，汉学家卫里(Wylie)曾在英国档库检寻，毫无所得。

可是吾人不应忘者，成吉思汗系诸君主，对于宗教，悉皆表示一种宽容，或一种冷淡态度。虽有皈依回教者，鲜用虐待异教方法。其未皈依回教者，得谓无一人不蒙有皈依基督教之谣传。西方曾视成吉思汗为一信奉基督教的侵略家。此外对于察合台、旭烈兀、阿八哈、阿鲁浑、伯都(Baidou)、合赞、撒里荅(Sartak)、贵由、蒙哥、忽必烈及其嗣君一二人，皆有皈依基督教之传说。其中仅有一二人或者稍涉嫌疑，其余皆无根据也(玉耳书第一册14页注三)。

第八章　大汗以金牌赐波罗弟兄二人

大汗畀以使命以后，又赐彼等以金牌。[1]其上有文曰，使臣三人所

13

过之地,必须供应其所需之物,如马匹及供保护的人役之类。使臣三人预备一切行装既毕,遂辞大汗首途。

彼等骑行不知有若十日,鞑靼男爵得病不能前进,留止于一城中,病愈甚。波罗弟兄二人乃将他留在此城养病,别之西行。所过之地皆受人敬礼。凡有所需,悉见供应,皆金牌之力也。[2]

如是骑行多日,抵于阿美尼亚之剌牙思(Layas),[3]计在途有三年矣。[4]因为气候不时,或遇风雪,或遇暴雨,兼因沿途河水漫溢,所以耽搁如是之久。

[1]金牌发源于宋。蒙古皇帝时代,凡使臣皆持有一种相类牌符,上勒发给牌符的君主之名称、使命之目的等事,命人服从,违者死罪。惟牌符之种类,以金牌为最高。

[2]当时亚洲全境几尽属成吉思汗诸孙统治,而奉忽必烈为共主。所以其使臣在在受人敬重(颇节书 15 页注二)。

[3]剌牙思或阿牙思(Ayas),为 Alexandrette 湾西利亚(Syrie)海滨之一海港,今日只存荒村而已。

[4]前在第五章注[1]中,曾言波罗弟兄于 1266 年抵大汗所,其归途既须三年,则其抵剌牙思同阿迦(Saint Jean d'Acre)两城之时,应在 1269 年矣(并参照后章注[2])。

大汗接见波罗弟兄之地,应在上都,其遗址现在多伦(Dolon nor)西北(参照第十三章注[1])。

第九章　波罗弟兄二人之抵阿迦城

他们从剌牙思首途,抵于阿迦(Acre),[1]时在 1269 年之 4 月。及至,闻教皇已死,[2]他们遂往见驻在埃及(Egypte)全国之教廷大使梯博(Thibaud de Plaisance)。既见,告以奉使来此之意。大使闻之,既惊且喜,以此事为基督教界之大福大荣。

于是大使答波罗弟兄曰，君辈既知教皇已死，则应等待后任教皇之即位，然后履行君辈之使命。

他们见大使所言属实，遂语之曰，此后迄于教皇即位以前，我们拟还物搦齐亚省视家庭。乃自阿迦首途，抵奈格勒朋（Negrepont）。[3]复由奈格勒朋登舟，而抵物搦齐亚。既抵物搦齐亚，尼古剌君闻其妻死，遗一子，名马可（Marco），年十五岁。[4]此人即是本书所言之马可波罗。弟兄留居物搦齐亚二年，等待教皇之即位。

[1] 阿迦即古之 Ptolémaïs，十字军在亚细亚沿岸最后仅存之堡垒也。终于 1291 年失陷。

[2] 格肋孟多四世，以 1268 年 11 月 29 日卒于 Vicence。按波罗兄弟二人初至阿迦及与梯博（一作 Tedaldo Visconti，即后来当选为教皇之格烈果儿十世〔Grégoire X〕）会晤之年，迪博诸钞本中有一本作 1269 年，是亦诸校订人采用之年。较之鲁思梯谦所言之年（1260），同迪博其余八本所记之年（1250 同 1260）为可取。然亦不能保其确实不误。Plaisance 城之长老 M. G. Tononi 曾言诸编年史位置梯博赴圣地之时，在圣路易赴 Tunis（1270 年 7 月 2 日）之后，又据别一文件，1269 年 12 月 28 日，梯博尚在巴黎。如此看来，波罗等两次至阿迦之时，应俱在 1271 年中，疑在是年 5 月 9 日梯博抵圣地，同是年 11 月 28 日新教皇西行之时之间（Langlois《法国文学史》卷首 35 页马可波罗条）。

[3] 奈格勒朋是希腊 Eubée 岛西岸之一城名，其与陆地相隔，仅有一桥之远。

[4] 地理学会法文本作十二岁，曾经颇节考订其为印刷之误，因原写本及其他一切旧本皆作十五岁也。剌木学本作十九岁，殆因此本第一章谓波罗弟兄自孔士坦丁堡出发之年是 1250 年，剌木学遂改作十九岁欤。兹暂以十五岁一说为是，则马可波罗应出生于 1254 年。然则应将第一章所志孔士坦丁堡出发之 1250 年，改作 1260 年矣（颇节书 17 页注五，玉耳以为 1260 年一说较为近真）。

诸法文旧本并未言马可波罗之出生在其父行后。地理学会本仅作"见其妻死，遗一子，名马可，年十五岁"。但剌木学本则言此子在其父出外时诞生，其他诸本出了 Pépin de Bologne 本者，所言并同。

第一○章　波罗弟兄二人携带尼古剌子马可往朝大汗

他们弟兄二人等候许久，教皇尚未选出。于是互相商量，以为回去复命大汗时，未免太迟。于是他们携带马可，从物搦齐亚出发，径赴阿迦，见着那个大使，告以这种情形。并请他允许他们往耶路撒冷去取圣墓灯油，俾能复命于大汗。[1]

大使许之。他们遂自阿迦赴耶路撒冷，取了圣墓灯油，重还阿迦。复见大使，语之曰："教皇既未选出，我们想回到大汗所，因为我们耽搁时间业已过久了。"大使答曰："君等既想归去，我亦乐从。"于是命人作书致大汗，证明此弟兄二人业已奉命来此。惟无教皇，故其使命未达。

[1] 戈尔迭引斡罗思著作家 Daniel（1106 至 1107）之《斡罗思人东方行程》云，救世主坟墓中有大灯五盏，日夜常明（戈尔迭《马可波罗书补注》第一册 20 页注）。

第一一章　波罗弟兄二人携带马可从阿迦首途

他们弟兄二人得到大使的书信以后，从阿迦首途，拟往复命大汗。行到剌牙思，不久听说大使梯博业已当选为教皇，号格烈果儿。[1]他们大喜，会大使遣使者至剌牙思，告此弟兄二人云，奉教皇命，不必再往前进，可立回阿迦谒见教皇。 于是阿美尼亚[2]国王以海舶一艘，载此弟兄二人赴阿迦。

　　[1] 格烈果儿十世于 1271 年 9 月 1 日当选为教皇。 缘教廷枢机员（cardinaux）对于当选之人意见未能一致，所以前教皇死有二年，后任尚未选出。 相传其间有数人以为大使梯博已死，所以选之为教皇。 当时的选举会意见既难一致，曾决定组织十六人委员会，付以全权。 委员会成立之日，由英国籍枢机员 Jean de Toleto 之提议，选出梯博为教皇（玉耳书第一册 21 页注）。

　　[2] 指小阿美尼亚，时此国以昔思（Sis）为都城，而剌牙思即其国之一重要海港。 此国王族有名海屯（Haython）者，于 1307 年在 Poitiers 之一修道院中，口授《东方史》，命 Nicolas Falcon 笔记之。 此书吾人将数引之。

第一二章　波罗弟兄二人还谒教皇
格烈果儿十世

　　他们到了阿迦以后，卑礼晋谒教皇。 教皇以礼待之，并为祝福。 嗣命宣教士二人往谒大汗，履行职务。 此二人皆为当时最有学识之人。 一名尼古勒（Nicole de Vicence），一名吉岳木（Guillaume de Tripoli）。 教皇付以特许状及致大汗书。 他们四人接到书状以后，教皇赐福毕，遂携带尼古剌君之子马可，辞别教皇，从阿迦至剌牙思。

　　他们到了剌牙思以后，适闻巴比伦（Babylone）算端（soudan、sultan）奔多达里（Bondokdari）[1]统领回教大兵侵入阿美尼亚，大肆蹂躏，行人大有被杀或被俘之虞。 此二宣教士惧甚，不敢前进，乃以所有书状交给尼古剌、玛窦二君，与之告别，回投圣堂卫护会长（Maitre du Temple）所。[2]

［1］ "巴比伦"乃当时西方著作家名埃及算端都城开罗（Caire）之称。 埃及之巴比伦，已早见古代史地书著录。 罗马帝 Anguste 时代，已有罗马军一队驻守于此。 今日旧开罗城旁有城名 Baboul 者，就是巴比伦古名遗存于今之遗迹。

奔多达里乃 1259 至 1276 年君临埃及的算端比巴儿思（Bibars）之别号。 "考埃及玛木鲁克（Mameluks）朝时代，侍臣中有官名奔多达儿（Bondokdar），其职可当法国昔日之弩士长，今（1697 年）之炮兵大臣。 埃及算端比巴儿思原为奴，后被解放，其旧主任此职，故以此名为别号。"

"1269 年时，他想重再攻取阿迦城，然不克，仅躏其地而还，考其用兵之年，皆在 1271 年中。"（D'Herbelot《东方丛书》，奔多〔Bondok〕及比巴儿思条）

比巴儿思在位时所欲履行之两大政策，即在鞑靼人之讨伐，及西利亚境内基督教徒之驱逐，所以时常用兵。 波罗那个胆小的同伴吉岳木之遗著，曾说奔多达儿 "之用兵不弱于恺撒（Jules César），残忍不弱于涅隆（Néron）"。 当时正在残破阿勒波（Alep）、安都（Antioche）两地，所以道途危险，波罗等不能不由阿美尼亚高原绕道而至额弗剌特（Euphrate）河。

［2］当时圣堂卫护会会长是 Thomas Bérard（1256 至 1273），然此时代圣堂卫护会士在东方之举动，世人不甚详悉。 其在小阿美尼亚境内，好像据地不少，声势很大。 马克利齐（Makrizi）书引有一事，可以证之。 1285 年，奔多达儿之嗣位算端满速儿（Mansur）围攻马儿迦卜（Markab）城时，曾见阿美尼亚之圣堂卫护会首领来营，代表昔思国王（指小阿美尼亚国王）同圣堂卫护会会长乞和。 时圣堂卫护会长是 Guillaume de Beaujen（1273 至 1291）（戈尔迭《马可波罗书补注》第一册 24 页注四）。

第一三章　尼古剌玛窦马可三人赴大汗所

他们弟兄二人携带马可首途，骑行久之，经冬及夏，抵大汗所。时大汗所驻之城曰上都，[1]大而且富。至若他们来往途中所见所闻，后在本书中详细叙述，兹不赘言。他们归程已费时三年有半，[2]因为气候不时，同天气严寒，所以耽搁如是之久。大汗听说他的使臣尼古剌波罗同玛窦波罗二人归来，命别的使臣迎之于四十日程之外。他们来去并受沿途敬礼，凡有所需，悉皆供应。

[1] 蒙古朝诸帝驻夏之所，乃由忽必烈建筑者。他每年在此驻夏三月，城在蒙古高原之侧，滦河或上都河沿岸，距今多伦西北四十公里，今日仅存废迹。

[2] 波罗弟兄父子三人自阿迦出发之时，最早应在 1271 年 9 月杪。则其到达上都必在 1275 年夏季。此三年半的时期，亦见巴黎地理学会 1824 年刊行之本著录，诸注释家多采用之。

第一四章　尼古剌玛窦马可觐见大汗

他们弟兄二人携带马可到此大城以后，遂赴宫廷觐见君主。时其左右侍臣甚众，他们三人跪见，执礼甚卑。大汗命他们起立，待遇优渥，询问他们安好及别后之事。

他们答复沿途无恙，于是呈递其所赍之教皇书状。大汗甚喜。已而进呈圣墓灯油，大汗亦甚欢欣。及见马可在侧，询为何人，其父尼古剌答曰："是为我子，汗之臣仆。"大汗曰："他来甚好。"

此后之事毋庸细说。读者只须知道大汗宫中大宴以庆其至，宫中诸人皆礼款之，他们偕诸侍臣留居朝中。

19

第一五章　大汗遣马可出使

尼古剌君之子马可，嗣后熟习鞑靼的风俗语言，[1]以及他们的书法，同他们的战术，精练至不可思议。他人甚聪明，凡事皆能理会，大汗欲重用之。所以大汗见他学问精进、仪态端方之时，命他奉使至一程途距离有六个月之地。[2]

马可慎重执行他的使命，因为他从前屡见使臣出使世界各地，归时仅知报告其奉使之事，大汗常责他们说："我很喜欢知道各地的人情风俗，乃汝辈皆一无所知。"大汗既喜闻异事，所以马可在往来途中注意各地之事，以便好归向大汗言之。

　　[1]有作"数种语言"者。案：在忽必烈朝中所用之语言，有侵略者之蒙古语，有被侵略者之汉语，复有仕于蒙古朝不少外国人之畏吾儿语、波斯语，甚至有阿剌壁语，别又有西夏语或唐古惕（Tangout）语，凡语言六种。马可波罗自言能写四种语言，然未确指为何种语言。颇节以为他研究过汉语，玉耳则以为他不特不会写汉字，而且不会说汉语，不然，必不致说苏州训若"地"，杭州训若"天"等类之伪说（见第一百五十章注[5]）。此评未免过严。他所偏重的，固然不必是汉语，然而不能说他完全不明。因为他旅行此国很久，且担任些重要职务，如其曾任扬州总管三年。不能说他对于汉语毫无所知。

　　他同时的人，波斯汗合赞，据人说，所知道的蒙古语、阿剌壁语、波斯语较熟悉，客失迷儿（Kachmir）语、土番（Tibet）语、汉语次之，亦略知富浪语（中世纪的法兰西语）。

　　[2]波罗在此处所隐喻者，就是在本书第一百十七章及以后诸章所述出使云南一事。

第一六章　马可之出使归来

马可奉使归来，谒见大汗，详细报告其奉使之事。言其如何处理一切，复次详述其奉使中之见闻。大汗及其左右闻之咸惊异不已，皆说此青年人将必为博识大才之人。自是以后，人遂称之曰"马可波罗阁下"（Messire Marc Polo），故嗣后在本书中常以此号名之。

其后马可波罗仕于大汗所垂十七年，[1] 常奉使往来于各地。他人既聪明，又能揣知大汗之一切嗜好，于是他颇习知大汗乐闻之事。每次奉使归来，报告详明。所以大汗颇宠爱之。凡有大命，常派之前往远地，他每次皆能尽职。所以大汗尤宠之，待遇优渥，置之左右，致有侍臣数人颇妒其宠。

马可波罗阁下因是习知世界各地之事尤力。尤专事访问，以备向大汗陈述。

[1] 若定波罗至上都之时，在 1275 年夏季，复益以留仕大汗所之十七年，则至 1292 年夏间矣。自他们在中国出发，至他们归抵物搁齐亚之 1295 年，其间相距尚有三年。

第一七章　尼古剌玛窦马可之求大汗放还本国

他们弟兄二人同马可留在大汗所的时间，前此已经说过。后来他们想归本国，数请于大汗，并委婉致词。然大汗爱之切，欲置之左右，不许其归。

会东鞑靼君主阿鲁浑[1] 之妃卜鲁罕（Bolgana）死，遗命非其族人不得袭其位为阿鲁浑妃。因是阿鲁浑遣派贵人曰兀剌台（Oulatai）、曰阿卜思哈（Apousca）、曰火者（Coja）三人，携带侍从甚盛，往大汗所，请赐故妃卜鲁罕之族女为阿鲁浑妃。

三人至大汗所，陈明来意。大汗待之优渥，召卜鲁罕族女名阔阔真（Cogatra）者来前。此女年十七岁，颇娇丽，入汗以示三使者，三使者喜，愿奉之归国。

会马可阁下出使自印度还，[2]以其沿途所闻之事，所经之海，陈述于大汗前。三使者见尼古剌、玛窦、马可皆是拉丁人，而聪明过人，拟携之同行。缘其计划拟取海路，恐陆道跋涉非女子所宜，加以此辈拉丁人历涉印度海诸地，熟悉道路情形，尤愿携之同往。

他们于是请求大汗遣派此三拉丁人同行，盖彼等将循海道也。大汗宠爱此三拉丁人甚切，前已说过。兹不得已割爱，许他们偕使者三人护送赐妃前往。

[1]阿鲁浑之君临波斯，始1284年，迄1291年。他是忽必烈之从孙，而波斯侵略者旭烈兀之后人。本书第二章中已著其名。旭烈兀是成吉思汗之孙，而蒙哥及忽必烈之弟。其用蒙古语作书致法兰西国王菲力帛者，即是此阿鲁浑。其书略曰："法兰西国王，汝遣使来言，伊勒汗（Ilkhan）进兵埃及之时，吾人将自此起兵与之会合。我闻此言，信天之助，乃约定将在虎儿年冬末月（1291年1月）起兵，于春初一月十五日前后（约在2月20日前后）尝于大马司（Damas）城下。设汝践约，如期出兵。设吾人赖天之助，夺取耶路撒冷，吾人即以此地畀汝。第若不以兵来会，将使吾人出兵无益，似乎不合。若彼此两方有一方不准备与他方合兵，试问此事有何益欤。……牛儿年（1289）夏初一月之后半月之第六日写来。"（烈缪萨译文）

[2]观此文，足知马可波罗末次出使是往印度。"马可波罗所称之印度，并非今日英属印度，盖仅指马来群岛（苏门答剌、爪哇等岛），或者包括有菲律宾（Philippines），兼包括有今日越南半岛（Indochine）在内，因为本书曾言其已至其地也。"（马儿斯登本马可波罗书附注）案：马儿斯登本译自意大利文，出版于1818年。

第一八章　波罗弟兄同马可别大汗西还

大汗见他们弟兄二人同马可阁下将行，乃召此三人来前，赐以金牌两面，许其驰驿，受沿途供应。并付以信札，命彼等转致教皇、法兰西国王、英吉利国王、西班牙国王及其他基督教国之国王。复命备船十三艘，每艘具四桅，可张十二帆。关于此类船舶者，后再叙述，因言之甚长也。

船舶预备以后，使者三人、赐妃、波罗弟兄同马可阁下，遂拜别大汗，携带不少随从及大汗所赐之两年粮食，登船出发。航行有三月，抵南方之一岛，其名曰爪哇（Java）。[1]岛上奇物甚众，后再详细言之。已而从此岛解维，航行印度海十八月，抵其应至之地。他们所见异物不少，后此言之。

他们到了目的地后，听说阿鲁浑已死。[2]所以将其护送之妃交于其子合赞。他们入海之时，除水手不计外，共有六百人，几尽死亡，惟八人得免。此是实情，非臂言也。他们见君临其国者，是乞合都（Chiato），[3]乃以护送之妃付之，并完成他们的一切使命。他们弟兄二人同马可既将大汗护送此妃的使命执行，于是告别，重复首途。[4]他们临行前，阔阔真赐以金牌四面，两面是鹰牌，一面是虎牌。一面是净面牌，上有文云："此三使者沿途所过之地，应致敬礼，如我亲临，必须供应马匹，及一切费用，与夫护卫人役。"于是他们所过之地，所得供应甚丰，卫骑常有二百。

他们骑行多日，始达特烈比宗德（Trébizonde），已而抵孔士坦丁堡，复由此经奈格勒朋而归物搦齐亚，时在基督降生后之 1295 年也。

以上皆是引言，以后则为马可阁下所见种种事物之记录。[5]

[1] 此岛第一百六十五章别有说明，此章名此岛曰小爪哇，即苏门答剌（Sumatra）是已。

23

[2] 阿鲁浑殁于 1291 年 3 月 7 日，其弟乞合都为监国，后在 1295 年 4 月 23 日被缢杀。波罗等自中国出发以后，以至行抵波斯之时，应位置于此两时期之间。顾检后文，他们航行及维舟之时，自福建海岸达于波斯，合计有两年又两月，由是可见其在中国出发之时，应在 1292 年初。（颇节说）

[3] 乞合都是阿鲁浑弟，其名通写作 Kaikhatou，马可波罗将其变为意大利式，故作 Chiato。阿鲁浑死，其子合赞适镇呼罗珊（Khorassan），故乞合都监国。

[4] 地理学会所刊行之 1824 年法文本，即世人视为马可波罗书之最古本，在此处有文一段，后来删除。删者应是马可波罗本人，盖其文过于誉扬自己，其中涉及蛮子国王（南宋）公主之事。其文如下：

"尚有别事足为此三使者荣者。因为玛窦阁下、尼古剌阁下、马可阁下三人地位很高，所以大汗将王妃阔阔真同蛮子国王的女儿一并托付他们，送到东靼鞑君主阿鲁浑所。由是他们携带不少随从，耗去不少费用，从海上送往。

"此二贵女年幼而美，对于此护送的三使者，视同父亲一样。送到以后，阔阔真遂为现在君临此国（波斯）的合赞之妃，酬报他们无所不至。三使者别时，阔阔真恋恋不舍，致为流涕。"（地理学会本 5 页及 16 页）

[5] 在引言之后，同《马可波罗行纪》本文之前，我们对于本书同马可波罗的本传，似应补充数语。因为根据后来所言的情形，马可波罗口授之语，有补充之必要也。

他们离开物搦齐亚，计有二十六年。此二十六年中，几尽与亚洲人共处。归国之时，致不为亲戚故旧所认识。其亲属以为他们久死于外，遂占居他们的故宅。他们费了若干时间，才能将故宅索还。剌木学（是初译此书为意大利文本之一人）曾在序文中说，此三个物搦齐亚人衣服外貌与鞑靼人无异，语言几不可解。因为他们几将本国的语言忘却，谈话时口音既异，且掺杂有些外国名词。

然而不久他们恢复欧洲人的习惯，颇受物搦齐亚社会的欢迎。尤其是城中有人传说这些奇形异服来自世界极端的人，携回财宝甚多，并说他们衣褶之中缝有宝石不少。宾朋过访者，他们曾将从亚洲携回而欧洲人所不识的奇珍异物出示。由是世人视之为富豪，名其居宅曰"百万家私人之官"，别号马可波罗曰"百万家私的马可"。

波罗等回到物搦齐亚不久，有一队吉那哇国的舰队出现于答勒马惕（Dalmatie）沿岸，妨害物搦齐亚的商业。当时这两个意大利的强国，互嫉其商业之发达，时常冲突，这是世人业已知道的事实。物搦齐亚立时组织一种舰队，马可波罗为爱国心所驱使，亦以己资置一海舶，自己驾驶，加入舰队之列。

1296年时，吉那哇、物搦齐亚两国的舰队大战于剌牙思湾中（钧案：剌牙思湾中之战，在1294年，时马可波罗尚未归国。此处所言之战，殆是1298年Curzola之战，伯希和别有考）。物搦齐亚战船被吉那哇人所毁或捕获者，有二十五艘。马可波罗所驾之船，亦在被获之列。他本人被俘，禁于吉那哇狱中六年，好像未受虐待，因为他旅行的名声远播，不少吉那哇人同外国人亦有所闻，常往狱中访问他旅行亚洲的异事。因为亚洲在当时竟可说是欧洲人未识之地。

到了1298年时，马可波罗必是因为厌于答复，遂将其行纪口授之于皮撒城的一个文人鲁思梯谦，用法兰西语完全笔录下来。这就是中世纪的钞录人所称之"世界奇异书"。后来各国注释家所录者，亦是此本。

马可的父亲与叔父，仍留居物搦齐亚城中，满望波罗远征归来，为之缔婚。及见其被擒，乃设法营救，又恐怕他死于狱中，后继无人，于是弟兄商议续娶。尼古剌波罗年虽老，然甚强健，遂决定他续娶一妻。

四年以后，马可波罗因为他的行纪远播，声名洋溢于全欧，吉那哇人不索赎金，将他释还。 他回到物搦齐亚故宅之时，看见三个幼弟，因为其父续娶之妻，已生三子也。 马可贤孝，仍与他们同居，不生芥蒂。 他本人亦娶妻，生有二女。 他后为物搦齐亚城大议会的会员，而在1324年殁于此城。 考他在1323年1月9日用拉丁文所作的遗嘱，他曾由中国携带一个鞑靼仆人归来。 遗嘱将他解放，并付以微资。 历史中一个著名的旅行家之终局如此。

现在再说他口授之书。 他向同时人的叙述，皆节录于此书之中。 我们业经知道此书是用何种语言记录。 当时法兰西语，就是欧洲的文学用语，凡有学问之人皆解之，并能言之。 马可波罗采用此语之理由或者在此。 因为他想将此书广为流传，并使众人皆解也。 复据巴里（Paulin Paris）可信的论证，尤其是颇节的佳作，法兰西语本之优于拉丁语、意大利语等本，其事毫无可疑。

马可波罗书出版以后，即经几种语言翻译，颇为人所嗜读。 但是很少有人信为实录。 世人以为这个物搦齐亚人，曾仿许多旅行家，将他所见的事物故意夸张粉饰。 成见之深及普及，致使马可波罗的亲友亦具有此种见解。 所以马可波罗临危时，他们为"解救他的灵魂"起见，曾哀求他否认其书，至少也要将世人所认为纯属虚构的部分否认。 马可波罗在此临终之时，曾郑重声明，他不但没有言过其实，而且"他所见的异事尚未说到一半"。 所以他书中对于长城、印刷、中国若干学问艺术之进步，总之，他认为他人过于难解的事情，皆无说明，恐怕他人不信其言，反疑全书为伪也。

此时代民众之怀疑不信，亦无足异。 因为当时仅知鞑靼人之破坏同残忍，将他们看作微具人面的野人一样。 乃在马可波罗书中，说有一鞑靼皇帝，具有一个壮丽的朝廷，许多灿烂的宫殿，还有贵人高官等等，与夫繁殖数百万人口的大城。 当然不足取信于人。 只有诗人同小说家采取大汗同契丹国的事实，来粉饰他们的诗文。 当时有人以为亚洲中央有一大君主，名称曰汗（**Cham**），是一个基督教

徒。 及马可波罗书出，世人益信其真。 已而因圣路易（Saint Louis）
及其后人同旭烈兀、阿鲁浑等之缔交，暨十字军等事，广播此说于欧
洲，由是备受折磨的马可波罗书，遂将此说固定。

　　但是知识日广，马可波罗书所记述的那些国家，不免日渐阐明。
较博洽的考据家，曾作进一步的考证，根据马可波罗书，绘出波斯湾
东亚细亚诸国同非洲东岸的地图。 由是从前对于印度洋误会甚久的
讹说，以及古代载籍中的奇异名称，遂一扫而空之。 自是在一世界
地图上，开始得见鞑靼、中国、日本、印度海诸岛、非洲极端这些名
称。 其后马可波罗所遵之陆道，因帖木儿之侵入，同元朝之灭亡而
杜绝。 于是有人想循海道，自欧洲径航西方，觅取日本同契丹的海
岸。 哥伦布（Christophe Colomb）冒险航海发现陆地之时，马可波罗
的行纪尚忆而未忘。 所以他在今日古巴（Cuba），昔称 Hispaniola 岛
上登陆之时，他自以为所到之地，就是马可波罗书中的日本国
（Zipangu）。

　　马可波罗影响之大，不仅限于地理范围，在当时外交里面，影响
或者更为重要。 忽必烈既信任他，他亦忠于所事，所以他居间为忽
必烈同欧洲诸国图谋一种接近，图谋一种极有利于全基督教界的
联盟。

　　鞑靼人同回教徒，是当时两个极大的强国。 双方皆是侵略者，
皆为基督教界之劲敌。 前者在东方使欧洲恐怖，后者虽然势力已
衰，尚统治西班牙、葡萄牙、非洲北部、地中海诸岛、西利亚一部那
些富庶的区域。

　　应使此二强敌互相牵制，这就是当时诸教皇的卓识政策。 波罗
等始终不忘他们也是基督教徒，所以热心为推行这种政策的人员。
他们曾告诉忽必烈，说西境有一好战的民族，不予讨伐，必将为患。
若与教皇及欧洲诸国王结合，讨伐此回教民族，于双方皆有裨益。
波罗弟兄初次奉使回国的目的，即在为大汗同教廷缔结一种条约。
此次交涉，同后来与旭烈兀、阿鲁浑等交涉的结果，则使蒙古人与回

教徒发生一种长期战争。双方争斗之时，欧洲始能从中取利，将回教徒驱逐于西班牙之南方。

可是波罗等之干涉，不能为十字军保有侵略之地，其地终归敌人所有。顾使此二强敌互争，而不使之结合，其足为欧洲诸国解除一种大患，甚至使其不致灭亡，要不能谓非此种干涉之功也。

第一九章　小阿美尼亚

阿美尼亚确有两处，一名大阿美尼亚，一名小阿美尼亚。[1]小阿美尼亚国王善治其国，而臣属于鞑靼。国中有城堡不少，百物丰饶，兼为大猎禽兽之地。惟地颇不洁，而不适于健康。昔日其国贵人以好勇尚武著名。然在今日，贫贱可怜，勇气毫无，只善饮酒。其国海岸有一城，名刺牙思，[2]商业茂盛，内地所有香料、丝绸、黄金及其他货物，皆辐辏于此。物搦齐亚、吉那哇与夫其他各国之商人，皆来此售卖其国出产，而购其所需之物。凡商人或他种人之欲赴内地者，皆自此城发足。

[1] 案：大阿美尼亚同小阿美尼亚之区别，始于脱烈美（Ptolémée）及其后之诸地理家。中世纪时，小阿美尼亚国境大致包括陶鲁思（Taurus）山南迦帕朵思（Cappadoce）同西里西亚（Cilicie）一部分之地，东抵额弗剌特河，南至巴勒司丁（Palestine）。

[2] 刺牙思名见本书第八章著录，其地低，多沼泽，近西里西亚之质浑（Jihon）河口。自从商业移转于阿历山岱特（Alexandrette）海湾对岸之阿历山岱特港以后，此港遂废。

第二〇章　突厥蛮州

突厥蛮州（Turcomanie）之人，凡有三种。一种是崇拜摩诃末之突厥蛮，其人粗野，自有其语言，[1] 居于山中及牧场丰富之地。 盖此辈以牧畜为生，其地产良马，名曰突儿罕（Turquans）。 别二种人是阿美尼亚人及希腊人，与突厥蛮杂居城堡中，为商贾或工匠。 盖彼等制造世界最精美之毛毡，兼制极美极富之各色丝绸，所制甚多。 又制其他布匹亦夥。其要城曰科尼亚（Konieh）、曰西瓦思（Sivas）、曰凯撒里亚（Césarée），[2]此外尚有其他城市，及主教驻所不少，言之甚长，未便在此处叙述。 其人隶属鞑靼，为其藩臣。

现在既述此州毕，请言大阿美尼亚。

[1] 此小亚细亚之地，可当今之阿那脱里亚（Anatolie）州全境。今日居其地者，是突厥农民，虽不甚接待外人，然并非蛮野，如世人之所云也。 其地现尚产名马、大尾羊，与马可波罗时代相同。 输出甘草，及一种有类橡实，名曰 vallonée 之出产。 其人居于村中，环以墙寨，以猛犬守之。 据曾与其人同处者言，其人亦间有和蔼可亲者。

[2] 科尼亚是报达铁路线经过之一要城，有支路可通思迷儿纳（Smyrne）。 西瓦思是圣不莱思（Saint - Blaise）殉难之地，城在一富庶山谷中，多蔷薇，其出产由黑海南岸之三逊（Samsoun）港输出。 凯撒里亚大致处此两城之中间，在昔日迦帕朵思境内诸山之下。

第二一章　大 阿 美 尼 亚

大阿美尼亚是一大州，其境始于一城，名曰阿儿赞干（Arzingan），[1]世界最良之毛织物产于此。 境内有最美之浴场同最良之喷泉。 居民是阿美尼亚人，臣于鞑靼。 境内有城堡不少，其最贵重者，首数阿儿赞干。 此城有其大主教。 其次二城，一名阿儿疾隆（Arziron），一名阿儿疾利（Arziri），[2] 其地构成一极大之国。[3] 每届夏日，东方鞑靼全军驻夏于此，缘境内牧地甚良，可以放牧也。 惟冬季酷寒，彼等不居其地，所以一届冬季，即徙居天暖有良好牧地之所，君辈应知诺亚（Noé）避洪水之大舟，即在此大阿美尼亚境内一高山之上。[4]其南境迄于东方，与毛夕里（Mossoul）国相接，[5]毛夕里国居民是雅各派（Jacobites）及景教派（Nestoriens）之基督教徒，后此别有说明。 其北境与谷儿只（Géorgie）人相接。 此谷儿只人，后章言之。 其与谷儿只人接境之处，有一泉，喷油甚多，同时竟可盛满百船。 然其油不可食，只供燃烧，并为骆驼涂身诊治癣疥之用。 人自极远之地来此以取此油，盖其地全境附近之地仅燃此油也。[6]

兹置大阿美尼亚不言，请言谷儿只。

［1］阿儿赞干，即额儿赞章（Erzendjan），处额弗剌特河上流，额儿哲鲁木（Erzeroum）州内。 曾为地震所毁，1784 年重建。Vincenzo Lazari（《马可波罗行纪》283 页）云：“马儿斯登谓阿儿赞干浴场，未见东方著作家著录。 然阿美尼亚土人告余云，其境火山地颇有矿泉，此城附近土地饶沃，风景优美。”

［2］阿儿疾隆，即今之额儿哲鲁木，同在额弗剌特河上流，额儿赞章城之上。 阿儿疾利，即今之阿儿吉失（Ardjich），毁于 19 世纪中叶，今只存为完（Van）湖北岸之一乡村。

［3］根据马可波罗所言之境界，大阿美尼亚西迄陶鲁思山，东抵里海，南至美索波塔米亚，北接谷儿只及高加索（Caucase），止于昔之铁门，今之打耳班（Derbent）。

［4］马可波罗以为诺亚所乘之舟，尚遗存于一大山之上，固诞妄不经。 然亦有证其说者，阿美尼亚史家海屯云：“阿美尼亚有一世界最高之山，俗名阿剌剌惕（Ararat），其巅有诺亚大舟。 于洪水之后，初泊于此。 此山终年积雪，冬夏常然。 从来无人能登此山。 远望山巅，有物黑色，人言即是诺亚大舟。”（海屯《东方史》第九章）

［5］毛夕里，古美索波塔米亚境内之一城也。 处达曷（Tigre）

水右岸，为景教总主教驻在之所。现尚有景教徒甚夥，其奉雅各派之西利亚人亦众。（颇节说）

[6] 石油在阿美尼亚全境皆有，然最重要之矿脉，在里海西岸之巴库（Bakou）。谓百船可以同时盛油，马可波罗并未言过其实。盖巴库诸油井出产，自1901年以来，每年超过一千万吨也。

第二二章　谷儿只及其诸王

谷儿只（Géorgie）有一国王，名称大卫蔑里（David Melic），法兰西语犹言大卫国王（Roi David），[1] 臣属鞑靼。古昔国王诞生，右臂皆有一鹰痕为记。国人皆美，[2] 勇敢善射，战斗殊烈。信奉希腊派之基督教，蓄短发如书记生。亚历山大（Alexandre）西征未能通过之地，即是此州。盖其道路狭险，一方滨海，一方傍大山，不能通战骑。其道长逾四里由（lieue，钧案：每里由约合华里十里），所以少数人守之可御重兵。亚历山大曾建一垒，极其坚固，俾此地之人不能来侵，名此垒曰铁门。亚历山大之书所言困鞑靼人于两山之间，即此地也。惟其人实非鞑靼，乃为一种名称库蛮（Comans）之民族，与夫其他众多部落。盖当此时代，尚无鞑靼也。[3]

其地多城堡，产丝甚富，制种种金锦丝绸，极丽。产世界最良之秃鹫。百物丰饶，人民以工商为业。全州皆山，山道甚狭，凭险以守，所以鞑靼从来未能完全臣服此地。[4]

此地有一修道院，世人名之曰圣烈庸纳儿（Saint Léonard）。有一奇迹，兹为君等述之。礼拜堂附近山下有一大湖，全年大小鱼皆无。惟至斋节（caréme）之第一日，世人取世界最美之鱼于此湖中。全斋节内，止于复活节前之土曜日，产鱼不绝。至此日后，以至下一斋节，不复有鱼。每年如此，诚为灵异。前此所言滨山之海，名称岐剌失兰（Gelachelan），[5] 广约七百哩（milles），与他海相距有十二日程。额弗剌特大河注入此海。^[6]别有数河亦然。 海之周围皆山，近来不久，有吉那哇商人运船置此海中，以供航行。^[7]有丝名曰岐里（ghellé），即从此来。^[8]

既言大阿美尼亚之北境，今请言东境与南境间之其他边地。

[1] 巴黎地理学会 1824 年刊本，谓谷儿只国王始终名称大卫。 案：Bagratides 朝之诸王，自称系出《圣经》中之大卫国王。此朝建立于纪元后 786 年，迄于 1801 年并入斡罗思之时，其名大卫之国王凡有九人。（戈尔迭说）

玉耳曾言 1876 年时，此朝有一后裔，在彼得格剌德（Petrograde），服务斡罗思军队，号 Bagration 郡王。

[2] 此国妇女之美，业经诸旅行家证实。 马可波罗之后，1619 年时，Pietro Della Valle（《行纪》第二册 3 页）曾云亚细亚妇女以此国为最丽。 迄于近代，土耳其宫廷常选取谷儿只妇女以充后宫。

[3] 马可波罗此段记载，盖指高加索山下里海边之打耳班（Derbent）关，疑即拖烈美地志中之 Sarmates 诸关，塔西特（Tacite）书中之 Claustra Caspiorum。 阿剌壁地理家名之曰众门之门（Bab-al-abouab），突厥人名之曰铁门（Demira Capour）。 欧洲人常名此处曰打耳班关，缘其地有打耳班寨，故以为名。 打耳班，波斯语犹言关，今属斡罗思，在巴库之西北，梯弗利思（Tiflis）之东北，距里海四公里。

卢不鲁克（Rubruquis）在马可波罗前，曾有著录。 据说翌日至铁门，此城为亚历山大所筑。 海在城东，山海之间有一小平原，其城即建于此。 西接大山，除此外无他通道。 盖山高无路可通，别一方则为海水，只能经过此城。 城有铁门，故以为名。 城广约半里由，高山之上有一堡垒，其广约有一掷石之远。 其壁极坚，无壕，而有数塔，以石砌之。 鞑靼曾堕此塔与壁。 附近之地，风景极佳，在昔视若一种地上天堂。

据本地之传说，亚历山大建筑此城，并筑大墙，抵于黑海，用以保护波斯，而防粟特人（Scythes）之侵入。此墙延至高加索山南腹，东方人名之曰"亚历山大之墙"（Sadd-i-Iskandar）。惟近代人则以此墙先由 Antiochus 之一后人所筑，后为 Cosroës Nouchirevan（纪元6世纪时之波斯王，在位迄于579年）重修。据克剌普罗特（Klaproth）之考订，Nouchirevan 筑打耳班寨，落成于542年。然在此前，其父与彼曾在高加索墙上建筑楼橹三百六十所，此墙亘延至于阿兰（Alains）关。

此种壁垒遗迹延长甚远，竟有高至一百二十尺者。Moynet 在《世界一周》第一册122页以后，曾说自打耳班起，循此墙壁行二十七俄里。"此墙自打耳班直线径向西，不因高岭深涧而中断。间有楼橹，大小不一。疑是置防戍兵粮之所。戍将居此，战时于此集军队，并与其他各楼通声息。"

"此墙在打耳班形式皆同，视地之高低而变其高度。在危坡之上，则砌若梯形，以小石合黏土、石灰筑之。诸楼矗立墙上，所可异者，无桥弧，与埃及三角塔之情形相同。"

Reclus（《俄属亚细亚》160页）云："如信土人之说，此墙在今日战略上毫无重要。然沿高加索，自此海达于彼海，楼橹耸立，此墙在当时至少可以防护东高加索山下之平原也。"中世纪时欧洲旅行家之首先著录此墙者，是 Benjamin de Tolède。后经帖木儿之破坏，此墙半毁。

玉耳（马可波罗书第三版第一册第四章53至57页注三）曾旁考载籍，证明此墙即是昔日峨格（Gog）同马峨格（Magog）两部落有名之壁垒。据云："马可波罗隐喻之故事，在中世纪时所撰关于亚历山大之小说中见之。昔亚历山大驱逐不少食人民族于山中，并祷天祈将此民族困于山内。祷甫毕，诸山移而相接，各山相距仅有数尺之远。于是亚历山大熔铸铁门或铜门以锢诸山口，将此二十二部落及其酋长封锁于其中。此种部落名曰峨特（Goth）、马峨特(Magoth)，……相传此种部落有日破关而出。 Oethicus 之《宇宙论》（即世人误以为圣热罗木〔St. Jérome〕曾经节录之书，其撰年最晚应在纪元 4 世纪时）云，突厥人出于峨格、马峨格二种，嗜食人肉秽物，不识酒盐小麦，将于反基督之日，出现于里海诸关以外之草原，蹂躏各地。 则鞑靼人之侵入欧洲，世人不免拟为此种预言之实践。 日耳曼皇帝菲烈德力二世（Frédéric Ⅱ）致英吉利国王亨利三世（Henri Ⅲ）书曾云，此辈是背叛摩西（Moïse）法律而奉金牛的十部落之后裔，即是亚历山大封锁于里海山后之民族，云云。 由此鞑靼出于峨格、马峨格二族之说，遂有人将亚历山大之墙壁与中国长城混而为一。 是以在 1375 年之迦塔朗（Catalane）地图上，将其徙于亚洲之东北端。"（玉耳说）

马可波罗时代之库蛮，即今之突厥蛮，西起黑海、东抵天山一带之草原沙漠，皆其居地。

〔4〕历代居住高加索山之居民，始终热烈保守其独立。 蒙古侵略之地虽广，尚未能将其完全征服。 今日斡罗思人亦感觉有相当抵抗。

〔5〕马可波罗引证本地传说之湖鱼灵异以后，复言上述之海，及其北之铁门。 里海亦有种种名称，与他海同。 其名视附近之地而异。 在巴库附近则名巴库海，在岐兰（Ghilan）附近则名岐兰海。 土名岐剌失兰，犹言岐兰湖或岐兰湾也。 汉代的中国人因此海在西，故名之曰西海。（颇节说）

〔6〕中世纪之地理学家未详其水道之名称，皆以地上天堂之四河流位置于此地，所以谓孚勒伽河曰额弗剌特河、曰达曷水。 马可波罗未曾详考，遂沿其误。

〔7〕关于吉那哇人运船入里海一节，亦一异闻也（殆由连接 Don 河、孚勒伽河之运河而入）。 所言此海之广袤七百哩，以言宽广诚不误，若言周围则非。 至若里海之种种名称，在中世纪时甚夥。 马可波罗在后一章中名之曰撒莱（Sarai）海，Vincent de

Beauvais 又名之曰 Mare Servanicum，斡朵里克（Odoric）又名之曰巴库海，亦名之曰巴思浑（Bascon）海。巴思浑盖为阿卜思浑（Absecon）之讹，乃里海东南角之一岛名及一小城名，移以名全海者也。（戈尔迭说）

[8]岐里丝即是里海西南岸岐兰州中之出产，其色深黄，久已著名，尤以意大利语名 seta ghella 而显。（Baldelli 说）

第二三章　阿美尼亚东南界之毛夕里国

别一边界，东南之间，有毛夕里（Mossoul）国。国甚大，人有数种。兹为说明如下：

其一种是崇拜摩诃末之阿剌壁人（Arabes）。其他与之有别，是聂思脱里派（Nestoriens）同雅各派（Jacobites）之基督教徒。他们有一总主教，名曰阿脱里克（Atolic）。[1]此总主教任命大主教、道院长以及其他一切司教，遣派至各地，至印度，自报达至于契丹，如同罗马教皇派遣人员至拉丁诸国者无异。君等应知此地之一切基督教徒为数甚夥，皆是雅各派同聂思脱里派，与罗马教皇教会所统治者有别。盖其对于几种信条尚在误解之中也。此地之一切金锦同丝绸名曰毛夕里纱（Musselines）。[2]有许多名曰毛夕里商（Mossolins）之商人，从此国输出香料、布匹、金锦丝绸无算。

尚有别种人名曰曲儿忒人（Kurdes），[3]居住此国山中，或奉基督教，或奉回教，皆意欲劫掠商人者也。

兹置毛夕里不言，请述报达大城。

[1]阿脱里克，盖为迦脱里哥（Katholikos）之阿剌壁语的省写。迦脱里哥，犹言永远普及。此总主教原驻谢留西亚（Seleucie），旋驻报达，迄于1268年。后徙额儿比勒（Irbil）、毛夕里，终驻兀儿米牙（Ourmiah）。聂思脱里派同雅各派时常相混，今

聂思脱里派几尽消灭，惟尚有雅各派总主教二人。一驻报达附近之 Zapharan 修道院、一驻 Etchmiadzin 地方。（戈尔迭说）

[2]此种毛夕里纱，中国人昔已识之。布莱慈奈德（《中世纪寻究》122 页）曾引《长春真人西游记》，说 1221 年丘处机西行时，见"庶人则以白么斯六尺许盘于其首"，此么斯必指毛夕里纱无疑。

[3]曲儿忒人现在土耳其所属亚细亚境中，为数尚众，是为最好蠢动之人民。土耳其人及波斯人从来未能完全将其征服，时常与之战争。

第二四章　报达大城及其陷落

报达（Bagdad）是一大城，世界一切回教徒之哈里发（Caliphe）居焉，同罗马之为基督教教皇之驻所者无异。有一极大河流通过此城，由此河可至印度海。此海距报达十八日程，所以有极多商人运载货物往来河上，至一城名曰怯失（Kise），[1]由此入印度海。河上报达、怯失之间尚有一大城，名曰弼斯啰（Bassora）。[2]树林围绕，出产世上最良之海枣。报达城纺织丝绸金锦，种类甚多，是为纳石失（Nasich）、紫锦同不少别种奇丽织物。此城乃是其地最贵最大之城。[3]

纪元 1255 年时，东鞑靼君主名称旭烈兀者，是今大汗之弟，曾率大军进攻报达，夺据之。[4]是役奇难，盖报达城中有骑兵十万，步兵尚未计焉。取此城时，见有哈里发藏宝之一塔，满藏金银宝物，任何别地宝藏从无此藏之富。旭烈兀见财宝之多，不胜惊异。命人召哈里发至，而语之曰："哈里发，汝可告我聚积多金之理，欲聚此财何用。汝不知我为汝敌率大军而夺汝之遗业欤？曷不散此财以赐战士武人而保汝身兼保汝城。"

哈里发默然不知所答。于是此君主语之曰："哈里发，汝既爱财宝之甚，我欲以此财宝供汝食，俾之属汝。"语毕，将哈里发闭置于藏宝塔中，禁人给与饮食。 复语之曰："哈里发，汝既爱之切，今汝可尽量食汝之财宝，任汝所欲，盖汝不复有他物可食也。"

由是哈里发困顿塔中四日，以至于死。 所以为彼之计，与其如是困顿而死，不如先以财宝散给臣民以防其国也。 自是以后，报达及别地不复再有哈里发。[5]

兹请言上帝在报达城对于基督教徒所为之一极大灵奇。

[1] 怯失城名，是同名的岛上之首府。 岛在波斯湾口，乃瓮蛮（Oman）国之都城也。 马可波罗殆未至其地得诸耳闻，否则必不致言河流至于怯失。 盖怯失岛距阿剌壁河（Chattel-Arab）口甚远。 约经波斯湾距离四分之三也。 此小岛现已荒废，今名 Kaïs。

[2] 弼斯啰在达曷、额弗剌特二水交流处下流八十公里，与海之距离称是，今尚以两岸之海枣树著名。

[3] 报达（Bagdad）在中世纪写作 Baldac，昔有数种金锦丝绸，名称曰 baldachini 者，即以地名。 法兰西语之 baldaquins，即由此名转出，惟其义扩张及于君主之宝盖，同若干贵人之伞盖。 纳石失（钧案：此名见《元史·舆服志》）亦为同出一地之丝锦，视所用金纬或棉纬之多少而异其名。 紫锦（cramoisi）乃一种紫色织物，其颜料乃取诸一种胭脂虫名曰 kermès 者。 中世纪时一种布名 quermesis 者亦本于此。 然在今日，紫色颜料则采自另一种胭脂虫名曰 cochenille 者也。

[4] 蒙古人之取报达，事在 1258 年 2 月 5 日；哈里发之降，事在同月 10 日。（戈尔迭说）

此最后之哈里发，名称牟思塔辛（Mostassim），历代哈里发所据之宝藏，悉为战胜者所得。 阿美尼亚某史家云，大食朝（Abassides）君临报达垂五百年，贪黩无厌，吸收世界之财宝甚众。 兹皆吐出，报达城抄掠凡七日，蒙古人载捕获品四千担而去。

烈缪萨《亚洲杂纂新编》第一册 179 页，译刘郁《西使记》

37

云："丁巳岁（1257）取报达。国南北二千里，其王曰哈里发。其城有东西城，中有大河。西城无壁垒，东城固之以甓。王师至城下，一交战，破胜兵四十余万。哈里发以舸走，获焉。其国俗富庶为西域冠，宫殿皆用沉檀、乌木、降真为之。壁皆砌以黑白玉，金宝、珍贝，不可胜计。所产大珠曰太岁、弹兰石、瑟瑟、金刚钻之类，带有直千金者。"

[5] 当时诸史家，尤其是 de Joinville 所志大食朝末主之亡，其言皆同。

第二五章　报达之移山灵迹

报达、毛夕里之间有一哈里发，1225 年前后时驻在报达。深恨基督教徒，日夜思维，如何能使其国之基督教徒改从其教，抑尽杀之。常与其教之长老同谋进行之策。盖诸人亦皆敌视基督教徒，而世界上之一切回教徒对于基督教徒意见甚深，乃事实也。

有日此哈里发与诸长老在我辈之福音书中发现一文曰，一基督教徒之信心虽如芥子大，而其力可以移山。此诚实事也。此辈见此文之后，遂大欢欣，盖此为强迫一切基督教徒改教或尽杀其人之良策。如是哈里发同时召集境内之一切基督教徒，其数甚众，及诸人至，乃以福音书此段文字命其读之。读既毕，哈里发询此文是否实言。诸基督教徒答曰尽实。哈里发曰："汝辈既以为实，汝辈人数既如是之众，其中当不乏有此少量信心之人，可选此人出，移动汝辈共见之山（并手指邻近之一山以示诸人）。否则我将尽杀汝辈。欲免死者，必须改从吾人圣教，而成为回教徒。兹限十日，到期如其事未成，或汝辈尽死，或尽改从回教。"语毕遣之出，俾其思量移山之法。

第二六章　基督教徒闻哈里发之言大惧

基督教徒既闻哈里发之言，大惧。然他们处此情况之中，完全属望造物之主，盼其解免此种大难。所有贤明之人于是聚议。其中有不少长老主教，然除向众善所自来之天主，祈发慈悲，拯救彼等，不遭此残忍哈里发之毒手外，别无他法。

由是男女悉皆祈祷，八日八夜。至第八夜，有一主教，极善良之基督教徒也，见一神灵告语，谓天之圣神命彼令一独眼靴工祈祷天主。天主悲悯，必因靴工之清德而如其愿。

兹请言此靴工为何种人。君辈应知此人正直纯洁，持斋，不犯何种罪恶，逐日必赴礼拜堂聆听弥撒（messe），并以其工资之一部贡献天主。至其仅存一眼之缘由，则如下说。某日有一妇人嘱彼缝制一靴。此妇腿足皆丽，出其足以量靴之尺寸。靴工心动，已而大悔。其人数闻福音书中之言，外眼有过，累及良心，应于犯过之前，立时将眼抉出头外。于是待此妇去后，取缝靴之锥刺其一眼。由是仅存一眼。

君辈观此事，足见此人正直清洁，品行优良。

第二七章　主教见独眼靴工

前所言之神灵，主教数见之。于是以其事详告诸基督教徒。诸人乃召此靴工来前，及至，求其祈祷。并言天主曾许，彼所祷者，将如其愿。靴工闻言，谢以无此德行，不敢为之。诸人委婉祈请，靴工始应。

第二八章　靴工之祈祷移山

至限期之末日，一切基督教徒黎明即起。男女老少十万余人，群赴礼拜堂。聆弥撒毕，进赴此山附近之平原，以十字架前导，大声歌唱，流涕而行。及至平原，见哈里发率其回教军队以待，俟不愿改教之时，尽将此辈处死。盖回教徒决未思及上帝施此恩惠于基督教徒也。基督教徒畏甚，然盼望天主耶稣基督之心未已。

至是，靴工受主教赐福毕，跪于十字架前，引手向天，致此祷词曰："万能的天主，请发神圣慈悲，惠汝人民，俾其不死。俾汝之教理不致推翻，不致减削，不致为人所蔑视。我虽不足为祈祷请求之人，然汝之权能慈悲并大，当必聆悉汝罪恶充满的奴仆之祈祷也。"

靴工向施与一切恩惠的天主致祷词毕，于哈里发一切回教徒及其他诸人众目共睹之下，忽见此山从地而起，自移向哈里发前此所指之处。哈里发及回教徒见之惊诧，由是回教徒改从基督教者为数甚众。甚至哈里发亦奉圣父圣子圣神之名，接受洗礼，成为基督教徒。然其事秘，外人鲜知。迨至此哈里发死后，人见其项上悬有一小十字架，始获知之。因是回教徒将他别葬他处，不葬于其他诸哈里发之列。诸基督教徒见此伟大神圣灵迹，皆大欢喜。归后作大庆贺，以谢其造物主之恩。[1]

其事之经过，诚如君等所闻，是为一种极大灵迹。回教徒之恨基督教徒，君等勿以为异。缘彼等所奉者非同一教法也。

我今述报达之事毕，尚可述其事业风俗。然因我所述之大事同灵迹已甚冗长，如再增益他事，则君等将有琐细之讥矣。

所以我今接言帖必力思（Tauris）贵城。

[1] 马可波罗在本书卷首已言，所见者著明所见，所闻者著明所闻。则此故事非其虚构。此类叙述，外表虽注重灵迹，其实内容不乏史实。罗莱特堂（Maison de Lorette）之第三次迁徙，即在此时代

（1295）。 案：移山之事，相传为神通家 Grégoire le Thaumaturge 之一种灵奇。 此种故事在回教徒中流传者亦复不少。 据 Khanikoff 之说，回教徒曾言默伽（La Mecque）附近所移之山，数有十余。（玉耳说）

第二九章　帖必力思城

帖必力思[1]是一大而名贵之城，位在一名曰伊剌克（Irak）大州之中。其州别有城堡数处，然以帖必力思最为名贵。 故为君等叙述此城。

帖必力思之人，实以工商为业。 缘其制作种种金丝织物，方法各别，价高而奇丽也。 此城位置适宜，印度、报达、毛夕里、格儿墨昔儿（Guermessir）[2]及其他不少地方之商货，皆辐辏于此。 拉丁商人数人，尤其是吉那哇商人，亦至其城购货，并经营他种商业。 盖城中尚有宝石不少，商人于此大获其利。

居民贫苦，杂有种种阶级之人。 其中有阿美尼亚人、聂思脱里派人、雅各派人、谷儿只人、波斯人，并有性恶而崇拜摩诃末名称帖兀力思（Taurizi）之土人。 城之四围，绕以可供娱乐之美丽园林，内产数种良果，果大而味美。[3]

今置帖必力思不言，请言波斯大州。

[1] 帖必力思（Tabriz）俗称帖兀力思（Tauris），波斯阿哲儿拜章（Azerbeidjan）之都会也。 791 年时，哈里发诃仑（Haroun-al-Rachid）之妻首建此城。 旭烈兀残破报达以后，帖必力思遂为小亚细亚商业及政治之中心。 昔日印度之出产直接运往地中海者，至是遂绕道黑海。 阿美尼亚国亡，欧洲人赴帖必力思之道途遂断。（戈尔迭说）

马可波罗时，此城为波斯诸蒙古汗之驻所，1532 年时，为土耳其人所残破。

［2］格儿墨昔儿，盖指波斯湾东北沿岸之地，包括忽鲁模思（Ormuz）及其他沿岸诸港。（Baldelli Boni 说）

［3］剌失德丁（Rachid-eddin），波斯之名相兼文豪，本书注中时常征引者也。曾在帖必力思建一坊郭，即名剌失德坊（Rachidieh），并建有壮丽建物数所以点缀之。

第三〇章　波　斯　大　州

波斯古为著名强盛大国，今已为鞑靼所破毁。境内有城名曰撒巴（Saba），[1]昔日崇拜耶稣基督之三王发迹于此。死后葬此城中。三墓壮丽，各墓上有一方屋，保存完好。三屋相接，三王遗体尚全，须发仍存。一王名札思帕儿（Jaspar），一王名墨勒觉儿（Melchior），一王名巴勒塔咱儿（Balthazar）。[2]马可波罗阁下久询此三王之事于此城民，无人能以其事告之，仅言昔有三王死葬于此。然在距此三日程之地，获闻下说。兹请为君等述之。其地有一堡，名曰哈剌阿塔毕里思丹（Cala Ataperistan），法兰西语犹言"拜火之堡"。此名于此堡颇宜，盖此地之人崇拜火光，兹请为君等说明其故。[3]

相传昔日此国有三王，闻有一预言人降生，偕往顶礼。三王各携供品，一携黄金，一携供香，一携没药。欲以此测度此预言人为天神，为人王，抑为医师。盖若受金则为人王，受香则为天神，受没药则为医师也。

及至此婴儿诞生之处，三王年最幼者先入谒，见此婴儿与己年相若。年壮者继入，亦见婴儿与己年相若。较长者后入，所见婴儿年岁亦与己同。三王会聚，共言所见，各言所见不同，遂大惊诧。三王共入，则见婴儿实在年岁，质言之，诞生后之十三日也。乃共顶礼，献其金、香、没药，婴儿尽受之。旋赐三王以封闭之匣一具，诸王遂就归途。

［1］撒巴（Saba）城今尚存，名曰撒瓦（Savah），在帖黑兰

42

（Téhéran）西南八十公里，然仅存废址。本地故事相传，此城昔在湖边，摩诃末诞生之时，湖水忽然干涸。昔有东方最大图书馆一所，蒙古初次侵入波斯时毁于兵燹。

[2] 马可波罗所著录的三慕阁（Mages）之名，即天主教在古时所采用者，然西利亚人、波斯人、希腊人、阿美尼亚人等传说之名各异。

[3] 波斯现尚有火祆教徒甚夥，法国旅行家 Dupré 曾言耶思德（Yezd）城所属境内约有火祆教徒八千。"是为阿剌壁人侵略时代弃其母国出亡在外的波剌斯（Parsis）之遗民。……今波斯境内只有耶思德、起儿漫（Kirman）两州中有之。其余则已避往辛头河（Sind）或胡茶辣（Guzerate）境内。其逃亡于外者之富逸，与留存本国的同教教民之劳苦，适成一反比例。"其保存古代苏鲁支（Zoroastre）火祆教之教徒，今在孟买（Bombay）尚有不少经商而致大富者。中国通商港中亦见有之。其能力及其知识，足使此辈成为亚细亚重要商人及银行家之首领。今亦有研究苏鲁支之古经者。（颇节说）

第三一章 三 王 之 归

三王骑行数日后，欲启示婴儿所给之物。发匣视之，仅石一块。三王见之惊诧，互询婴儿给物之意何居。其意义实如下说：盖三王献其供物之时，婴儿尽取三物，由是足见婴儿为天神，为人王，并为医师。以石给之者，乃欲三王之信心坚如此石也。乃三王不解此意，投石井中。石甫下，忽有烈火自天下降此井。

三王见此灵异，既惊且悔，乃知其意既大且善，不应投石井中。乃取此火，奉还其国，置一华美礼拜堂中，继续焚烧，崇拜如同天神。凡有供物，皆用此火烧熟。设若火息，则往附近信仰同教之他城求火，奉归其礼拜堂中，此地人民拜火之原因如此。 常往十日程途之地以求此火。

此地之人所告马可波罗阁下之言如此，[1]力证其事如是经过。 其一王是撒巴城人，别一王是阿瓦(Ava)[2]城人，第三王是今尚崇拜火教之同堡之人。

我辈既述此故事毕，请接言波斯诸州及其特点。

[1] 马可波罗不负其所述故事之责任，盖此故事杂有种种传说，而尤注重火袄教徒之传说也。 玉耳(第一册82页)曾将此传说试为分解。

[2] 阿瓦村今尚在撒瓦东南二十五公里，是为最初奉行十叶教(Chiisme)诸城之一城。 后遭鞑靼残破。 据沙儿丹(Chardin)及其后诸旅行家之言，谓有不少故事，将预言人 Samuel 之墓位置于此两地之间。 "墓上有祠，祠在一壮丽的礼拜堂中。"(沙儿丹撰《波斯行纪》第二册392页)

第三二章　波斯之八国及其名称

波斯是一极大之国，境内有八国，兹为君等尽举其名如下：

波斯境界开始之第一国，名曰可疾云(Casvin)；[1]第二国稍南，名曰曲儿忒斯单(Curdistan)；[2]第三国名曰罗耳(Lor)；[3]第四国名曰薛勒斯单(Cielstan)；[4]第五国名曰伊思塔尼惕(Istanit)；[5]第六国名曰泄剌失(Serasy)；[6]第七国名曰孙思哈剌(Sonscara)；[7]第八国名曰秃讷哈因(Tunocain)；[8]是为波斯门户。 自北往南，行程皆经诸国，仅有一国在外。 此国即是秃讷哈因，境在"独树"(Arbre seul)[9]附近。

在此波斯国中，颇有不少良马，中有运赴印度贩卖者。 盖其马价值甚贵，一马约值"秃儿城的里物"(livres-tournois)二百枚。 视其优

劣，价有贵于此数者，亦有贱于此数者。 国亦有驴，是为世界最美之
驴。 一头价值银马克（marc）三十，盖其躯大而健走。 其国之人运马至
于怯失及忽鲁模思两城，此两城在印度海沿岸，[10]有商人在此购马转
贩印度。

此国中有不少残忍好杀之人，每日必有若干人被杀。 若不在东鞑
靼君主统治之下，商人受害，将必甚重。 虽有此种统治，尚不免有加
害商人之举。 若商人武装不足，则人尽被杀，物尽被掠。 盖有时商人
防备不严，悉被杀害也。

[1] 可疾云，是当时同名之州之首府，颇繁盛，曾在亦思法杭
（Ispahan）以前为波斯都城。

[2] 曲儿忒斯单，今写作 Kourdistan，波斯西部之一州也，与
美索波塔米亚接境。

[3] 罗耳，今罗耳斯单（Louristan）是已。 此州在曲儿忒斯单
之南，居民亦曲儿忒种，说一种曲儿忒方言。 与波斯之一切游牧
部落不出于突厥种者情形相类。

[4] 薛勒斯单可当今之黍忒斯单（Choulistan），在亦思法杭
之西。 马可波罗殆以伊兰（Iran）、蒙古汗统治之地咸为波斯，
所以起儿漫虽有一王称藩于蒙古，竟将其地别为著录。
（Defrémery 说）

[5] 伊思塔尼惕，据马儿斯登之考订，以当亦思法杭州，剌木
学本写此名作 Spaan，足证剌木学或他人业已早作此种考订矣。

[6] 泄剌失即今失剌思（Chiraz），此州可当今之法儿思
（Fars），或法儿思斯单（Farsistan）。 此城昔日以广大而建物壮
丽著名。

[7] 孙思哈剌即谢班哈烈（Chébankareh）国，其境始于失剌思
诸湖，抵于波斯湾，包有今之罗耳斯单及起儿漫州之一部。

[8] 秃讷哈因可当波斯东境今之呼罗珊（Khorassan）州，盖即
境内两大城名呑（Toun、Tun）及哈因（Kaïn）者之合称，由 Tun-o-

Kaïn 变为 Tunocaïn 者也。（Malte Brun 说）

[9] 马可波罗后在本书第三十九章末，言此树甚详。

[10] 波斯在古代即以良马著名。沙儿丹云："是为东方最良之马，头小腿细，温和耐劳，阿剌壁马较轻捷，尤为波斯所重。……波斯人亦有驮靶马匹不少，驮靶马较低，较粗陋，然更耐劳，善奔驰。波斯马价甚贵，良马价值两千至三千弗郎（francs）。盖运贩土耳其同印度之多，所以使其价值甚贵。"

秃儿城的里物，在马可波罗时代值十八弗郎有奇，顾当时金价值银十二倍，与今值银十六倍者不同。则秃儿城的里物可当今之货币二十四弗郎（金弗郎）。

每银马克等如五十五银弗郎，比较古今金价，三十银马克应值今日货币二千二百弗郎（金弗郎）。诸驴之最美者，乃由阿剌壁输入。沙儿丹云："是为世界最美之驴，毛色光泽，头高足轻，仅用以乘骑，装刷如马，教之奔驰。"

第三三章　耶思德大城

耶思德是一最良、最名贵，并且可以注意之城。商业茂盛，居民制作丝织物名曰耶思的（yazdi）。由商人运赴各地，贩卖谋利。居民崇拜摩诃末。[1]

若离此城远行，骑行平原亘七日，仅有三处可以住宿。时常经过美林，其中极易走马，亦易豢鹰猎取鹧鸪、鹌鹑及其他飞鸟。所以商人经行此地者行猎娱乐，其地亦有极美之野驴。[2]

在平原中行逾七日，抵一最美之国，名曰起儿漫。

[1] 耶思德，古城也，位在波斯中心。d'Anville 曾考订其为脱烈美地志中之 Isatichoe。虽为一国，然马可波罗不以国名之。昔日因其居民之经营工业，且因其处印度商货必经之通道，故商业

46

繁盛。今日亦尚重要。

[2] 马可波罗由耶思德至起儿漫，乃取经行巴夫惕（Baft）之东路。今此路已废。有一近代旅行家曾言马可波罗所志道路情形，经行平原七日，居宿仅有三处等事，确是实情。出产海枣之美林，即在巴夫惕。鹧鸪、鹌鹑今尚不少，据闻野驴甚多。（玉耳说）

第三四章　起儿漫国

起儿漫是波斯境内之一国。昔日国王世袭，自经鞑靼侵略以后，世袭之制遂废。鞑靼遣其乐意之王治之。[1] 此国出产名曰突厥玉（turquoises）之宝石甚多，[2] 产于山中，采自某种岩石之内。亦有不少钢及"翁荅尼克"（ondanique）[3] 之矿脉。居民善制骑士军装，如马圈、马鞍、靴刺、剑弓箙等物，手艺甚巧，皆适于用。妇女善于女红，善为各色刺绣，绣成鸟、兽、树、花及其他装饰。并为贵人绣帐幕，其妙不可思议。亦绣椅垫、枕、被及其他诸物。[4]

起儿漫山中有世界最良之鹰，比较游鹰为小，胸、尾及两股间并为红色，其飞迅捷，捕捉时无有飞鸟能免。[5]

自此起儿漫城骑行七日，道上城村及美丽居宅不绝。所以旅行甚乐，亦可携鹰行猎，其愉快不可言状。在此平原中行过七日，抵一山甚大，登至山巅，则见大坡。下坡须经两日，沿途见有不少果实。昔日此地居宅不少，今则寂无一宅。然见有人牧其牲畜。自起儿漫城至此坡，冬季酷寒，几莫能御。[6]

[1] 马可波罗先以起儿漫之名名全州，后以此名名其首府。然此首府并非今之起儿漫城，当时首府名曰巴儿荅失儿（Bardachir）。（戈尔迭说）

[2] 起儿漫州今产突厥玉尚富，然最佳者出产于波斯最东之呼罗珊州。因出产地昔属突厥，故以突厥玉为名。Langlés 引波

斯某著作家之语云，最佳之突厥玉，出产于你沙不儿（Nichapour），凿井采之。不花剌、拔汗那（Ferghana）两地山中亦产此物。惟据同一著作家之说，起儿漫所产者仅为[车奸]玉，尚术成佳品。（颇节说）

[3]沙儿丹谓其地产铁甚富，"钢矿"出产不少，钢每磅仅值七苏（sou）。"钢矿"云者，显指出产炼钢的矿物之矿井。"此钢含硫黄甚多，置之炉火中，爆炸如同炮中火药。其质硬如钻石，脆如玻璃，以布浸凉水浸之，则硬。波斯人名之曰波状钢，用以制造其波纹刃。"——马可波罗所言之钢矿，殆指起儿漫至失剌思途中帕儿帕（Parpa）铁矿。今尚名钢矿，然不复开采。（戈尔迭说）

马可波罗所言之翁苔尼克，世人从来未能说明为何物。剌木学常质于赴物撷齐亚之波斯商人，皆答言此为一种极希而极名贵之钢。昔日有得一翁苔尼克制造之镜或刀者，珍视如同宝物。案：中世纪最流行之说，视钢与铁之性质不同，遂以为采自他种矿物，而不知铁之可以炼钢。马可波罗所指之翁苔尼克，必是东方所珍视之钢之一种。

[4]刺绣是波斯人一种工于作为之手艺，马可波罗所志关于刺绣之事，后之游历波斯者皆证实其说。

[5]红胸飞捷之美鹰，现尚有之，然甚稀，每年仅能得二三头。曾经训练之鹰，一头价值三十至五十秃蛮（tuman），约合三百至五百弗郎，几与一良马之价相等，英国旅行家 Sykes 少校曾云："马可波罗显是一个历练成熟之运动家，缘其所志此类鹰之事，业已详尽，使人不能增加一词也。"（戈尔迭说）

[6]起儿漫州北部属于波斯高原，地势甚高，其中有甚高山系以间之。西南抵波斯湾。璞鼎查（Pottinger）云，此州天时之异，与其地势起伏相等。世人视其为波斯最不适卫生之区。起儿漫雨量甚少。然在冬季，山上积雪甚厚，山高，积雪几经年不化。——波斯著作家额德里西（Edrisi）名之曰"寒山"，其重要近

年始知之。 1862 年时，哈尼科夫（Khanikoff）曾指明其始于卑路支斯单（Beloutchistan），止于柯伤（Kachan 城，在亦思法杭、帖黑兰之间）。 最近 St. John 少校曾言山峰壮丽，有高五千公尺者，但在今日地图上未经绘出。（玉耳说）

第三五章　哈马底城及其残破

骑行整二日，到一大平原，首见一城，名曰哈马底（Camadi）。[1]昔其壮丽，自经鞑靼数次残破以后，今日已非昔比。 此平原位在一极热地带之中，首至之州名曰别斡巴儿勒（Beobarles），[2]此地出产海枣、天堂果及其他寒带所无之种种果实。 平原之中有一种鸟，名曰黑鹧鸪（francolins），与别地所产者异。 盖其羽毛黑白错杂，而喙爪皆朱色也。[3]兽类亦异，请先言牛。 牛身大，色白如雪，蹄小而扁平，地热使然。 角短而巨，其端不锐，两肩之中有圆峰，高有两帕麦（palmes）。世界悦目之兽，无过于此。 载物之时，跪地受之，与骆驼同，载物讫则起立，虽重亦然，盖其力甚强也。 又有羊，高如驴，尾大而宽，有重三十磅者，身美肥，肉味佳。[4]

此平原中有城村数处，环以土筑高墙，可御盗贼。 其地盗贼甚夥，名曰哈剌兀纳（Caraonas），缘彼等之母是印度人，父是鞑靼人，故以此为名。[5]君等应知此辈哈剌兀纳欲出抄掠之时，则念咒语，天忽阴暗，对面几不见人，阴暗亘七日。[6]此辈熟悉地形，阴暗之中可以并骑而驰。 聚众有时至万人左右。 由是所到之处，尽据城村以外之地，尽俘男女牲畜，杀其老弱，卖其壮丁妇女于他国，无能免者。 所以大为其地患，使之几成荒原。

此辈恶人之王，名曰那古苔儿（Nogodar）。[7]察合台汗者，大汗之弟，亦那古苔儿之从父也。 那古苔儿曾率所部万骑，往投察合台汗廷。 当其留居汗廷之时，曾经谋叛。 会其从父远在大阿美尼亚境内，他率凶勇之士骑无数，进躏巴达哈伤（Badakchan），复躏名曰帕筛底儿（Pachai-Dir）之别州，又躏名曰阿里斡剌客失木儿（Ariora-Kechemour）[8]之别州。顾道路险狭，丧失士骑不少。他占领上述诸州以后，侵入印度，至一名曰苔里瓦儿（Dalivar）[9]之州之尽境。据此城，复据其国。时此国之王名称阿思丁莎勒檀（Asedin Soldan），[10]一富强之君主也。那古苔儿率军据其国后，遂无足畏者，乃与附近之一切鞑靼相争战。

我既述此种恶人及其历史毕，尚有为君等告者。马可波罗阁下在阴暗之中，曾为若辈所擒。赖天之佑，得脱走，入一名哥那撒勒迷（Conosalmi）之村中。然同伴尽没，仅有七人获免。[11]

即述此事毕，请进而别言他事。

[1] 哈马底之方位，前人已多有讨论。1848 年时，V. Lazari 曾云："自起儿漫都会达于波斯湾一带之地，吾人知之未审，所以不能考订马可波罗书哈马底城之位置。当时既已残破，现今必不复存在矣。"自是以后，有英国旅行家 Smith 少校同 Houtum-Schindler 将军二人，欲阐明此问题，曾将昔之哈马底位置于只鲁夫惕（Djirouft）平原之中 Kérimabad 城附近。盖其地尚有一古城废址也。其古名已遗，土人在其土语中名之曰 Decius 城。大雨之后，乡民常在其地掘取刻石、戒指、金银货币等物。其地距忽鲁谟思或班苔儿阿拔思（Bandar-Abbas）东北直线约一百五十公里。（玉耳说）

[2] 别斡巴儿勒（Beobarles），在他本中作留斡巴儿勒（Reobarles），今尚名鲁巴儿（Roudbar）。有川流一道或数道通过其境内。只鲁夫惕及鲁巴儿等平原，气候极热，所产海枣、落花生、天堂果，甚多。别斡巴儿勒可当今之鲁巴儿。（戈尔迭说）

[3] 天堂果（pommes de paradis）乃枸橼（citron）之一种。黑鹧鸪，学名 tetrao francolinus，埃及、印度并产此物，其味甚佳。（Ths. Wright 说）

[4] 此种驼牛，今在印度苏剌侘（Surat）城及孟买沿岸其他诸

地见之，似为土产，通常用以驾车。 Buffon 曾以 Zebu 异名名之，殆得之于市集之商人者。 此牛在此亚洲地方远古时代已早有之。盖曾见古货币及古雕刻上雕铸其形也。

短角、肩有驼峰之白牛，今在起儿漫、班苔儿阿拔思两城之间极为罕见。 然在墨克兰(Mekran)、卑路支斯单两地尚见有之。 土人用以负载，其跪地载物，如同骆驼。 （Hout. Schindler 说）

大尾羊，亚洲、非洲古代已有此物。 Hérodote、Ctésias、Elian 诸氏之书并见著录。 Hérodote 书（第三卷一一三章）谓他地所无之羊而为本地所独有者，其类有二，一种尾长，至少有三肘（或一公尺有半）；一种尾大，若任其曳于地则伤烂，其牧人作一小车系于其后，以载其尾。 沙儿丹云："此种可悯动物之尾，上狭而下宽，垂之甚重，不能曳而行，故在若干地方，牧人作一两轮车以承之。"

璞鼎查在 1810 年曾游起儿漫州，其述此地之羊及羊毛有云："其供给制造最美披肩的原料之羊，身小而腿短。 世人（如沙儿丹等）误以人拾其脱毛，其实不然。 人剪其毛与他羊同。 我曾参观起儿漫诸大工厂，见此羊毛之纤细柔和，非任何棉花所可及。 我曾购买若干披肩，甚美丽光华，后以示之印度商人，其估价竟逾购价五倍。 土人剪取羊毛以后，洗数次，然后浸入水中数星期。 其水似用种种树皮树叶制成。 由是羊毛软和可织。 织者皆妇女。"（颇节引璞鼎查书）

[5] 哈剌兀纳在纪元初间，已为一种大月氏(Indo-Schthe)部落之称。 此部落散居大夏(Bactriane)以迄辛头河(Indus) 口一带。其酋长或国王别号哈剌兀纳(Karauniens)，已见不少金币、铜币著录。 中国载籍已言纪元前 26 年迄纪元后 222 年间，月氏占据辛头河及其附近之地。 马可波罗殆以蒙古语哈剌(kara)犹言黑，因误会哈剌兀纳之意欤。 案：杂种人名阿儿浑(Arghoun)，马可波罗书第七十三章亦曾用此名也。

[6] 盗贼念咒使天地黑暗一说，流传颇久，至前一世纪，始得

其解。此种阴霾，盖由一种干云所致，云中并无灰尘。有时开始降雨数点。其作用，晴雨计并不感觉有之。"云起时，无风，无尘，觉有湿气遍布，不幸云未散时，未以液体测量计量之。"（St. John 少校说）

辛头（Sind）、呼罗珊两地常见此种现象，天地完全黑暗。1762 年时，辛头、契吒（Katch）两地军队战争时，相类之云忽起。天地黑暗亘六时。两军殊死战，云散以后，互见损伤之多，两军皆仓皇退走。1844 年时，世人尚未忘此奇战也。（玉耳说）

[7] 此那古苔儿曾率其所部，偕初次侵入印度的蒙古人侵入五河（Pandjab）。嗣后蒙古人侵入底里（Delhi）境内数次，迫至帖木儿（1394 年）终为印度之主。帖木儿之子孙君临呼罗珊百余年。而八别儿（Baber）则君临印度（1495 年），其后末一底里王，在 1858 年时被英人流谪于宴都蛮（Andaman）岛，帖木儿朝始亡。

[8] 巴达哈伤尚为阿富汗之一州名，在今阿母河（古乌浒水）左岸，距河源不远。

帕筛底儿，乃大雪山（Hindou-kouch）与哈不勒（Kaboul）河中间之地。（颇节说）

阿里斡刺客失木儿，即今哈里补儿（Haripur）城，在辛头河左岸，客失迷儿（Kachmir）边境附近。

[9] 苔里瓦儿，显是今之刺火儿（Lahore），昔日亚历山大及其后之帖木儿、纳的儿沙（Nadir-chah）等皆由此侵入印度也。（颇节、玉耳说）

[10] 阿思丁莎勒檀，必指霭牙思丁（Ghaiassuddin Balban）无疑。1266 至 1286 年间底里之莎勒檀也。其人威服印度已久，曾于 1236 年自立于五河。（哈尼科夫说）

[11] 一切注释马可波罗书者，皆证明马可波罗并未张大其词。盖在今日，藏于诸山附近巢穴之盗贼，亦伏于险要，乘阴霾而劫行旅也。（马儿斯登说）

璞鼎查亦云，行旅或商人非有护卫者，不敢往来道路。 1721
年时，曾有盗贼四千骑抄掠班荅儿阿拔思城。 1850 年时，此种盗
贼为患各地，曾进至亦思法杭城下。（玉耳说）

现代之旅行家曾将哥那撒勒迷村之所在考出。

第三六章　又下坡至忽鲁模思城

此平原向南延展，足有五日程。 已而又见一坡，长二十哩，道路
不靖，盗贼恶人充斥。 抵此坡下，又见一平原，甚丽，名曰福鲁模思
（Formose）平原。[1]广二日程，内有美丽川流。 出产海枣及其他果物
不少，并有种种美鸟无数，皆为吾辈国中所未见者。 骑行二日，抵于
大洋，海边有一城，名曰忽鲁模思（Ormus）。 城有港，商人以海舶运
载香料、宝石、皮毛、丝绸、金锦与夫象牙暨其他货物数种，自印度
来此，售于他商，转贩世界各地。 此城商业极其繁盛，盖为国之都
城。 所属城村不少。 国王名称鲁墨耽阿合马（Ruomedam Ahomet）。
阳光甚烈，天时酷热。[2]城在陆上，外国商人殁于此者，国王尽取其
资财。[3]

此地用香料酿海枣酒，甚佳。 初饮此酒者，必暴泄，然再饮之，则
颇有益，使人体胖。 其地之人惟于有病时食肉与面包，无病食之则致
疾。 其习食之物，乃为海枣、咸鱼、枸橼、玉葱。 其人欲保健康，所
以用玉葱代肉。 其船舶极劣，常见沉没，盖国无铁钉，用线缝系船舶
所致。 取"印度胡桃"（椰子）树皮捣之成线，如同马鬣，即以此线缝
船，海水浸之不烂，然不能御风暴。 船上有一桅、一帆、一舵，无甲
板。 装货时，则以皮革覆之，复以贩售印度之马置于革上。 既无铁作
钉，乃以木钉钉其船。 用上述之线缝系船板，所以乘此船者危险堪
虞，沉没之数甚多。 盖在此印度海中，有时风暴极大也。[4]

其人色黑，崇拜摩诃末。 其地天时酷热，居民不居城中，而居城

外园林。 园林之间，水泉不少。 虽然如是，若无下述之法，仍不能抵御此热：

夏季数有热风，自沙漠来至平原。 其热度之大，不知防御者遭之必死。 所以居民一觉热风之至，即入水中，仅露其首，俟风过再出。[5]

每年 11 月播种小麦、大麦及其他诸麦，次年 3 月收获。 除海枣延存至 5 月外，别无青色植物，盖因热大，植物俱干也。

船虽不坚，然有时不致破损者，盖有鱼油涂之。 居民有死者，则持大服，盖悲泣亘四年也。 在此期内，亲友邻人会聚，举行丧礼，大号大哭，至少每日一次。

兹置此地不言，至关于印度者，后再述之。 今往北行，从别一道复至起儿漫城，盖赴别地者，不能不经过起儿漫也。

君等应知忽鲁模思国王鲁墨耽阿合马是起儿漫国王之藩臣。

从忽鲁模思还起儿漫之途中，路见天然浴泉不少。 地为平原，城市甚众，果实亦多，其价甚贱。 面包甚苦，非习食者不能食，缘其水甚苦也。 上述之浴泉可治癣疥及其他数种疾病。

兹请在本书言北行所过诸地。

[1]福鲁模思(Formose)，殆为忽鲁模思(Ormuz)传写之误，此写 h 作 f 之例，他处亦有之，如写 Mahomet 作 Mafomet，又西班牙本写 Formasa 作 Hermosa 之例皆是已。（玉耳说）

昔日 Néarque 率亚历山大之舰队避风于阿纳迷思(Anamis)河或旧忽鲁模思(Harmozeia)河口沿岸之时，Arrien 曾云，其地风景甚佳，产种种果物，独无橄榄。 水手疲乏者曾登陆息于此地。 船行过阿纳迷思河口，经一小荒岛，名曰 Organa。 第一日抵一大岛，内有民居，其岛名曰 Oaracta。 此二岛，今大岛名 Brakht，小岛名 Djeroun。 重复荒寂。 昔日富丽之城亘三百年者，今日仅存荆棘而已。 东方有谚语云："地球如是环，忽鲁模思则是宝石。"可以觇其盛矣。

马可波罗所到之旧忽鲁模思，不久为鞑靼所残破，其居民皆徙于邻近之 Djeroun 岛。 岛在旧城西,1321 年时,斡朵里克(Odoric de Pordenone)曾在此岛见其新城,距旧城约五哩。

新忽鲁模思建设于 1302 年,时在波罗归国数年之后。 其岛虽无饮水,而土含盐硫,然不久其名望超过旧城。 1507 年葡萄牙人 Albuquerque 据之。 不久成为大商场。 波斯及一切西方诸国咸在此岛转运印度货物,曾以富庶著名于东方。 1622 年,沙阿拔思(Chah-Abbas)得英国人助,复夺之于葡萄牙人之手,堕平其房屋,其商业遂移于临近海岸。 班苔儿阿拔思城自是兴焉。 然由好望角之发现,印度既有新道可通,波斯湾之商业遂一蹶而不振。 1765 年,Nieburh 游历此地之时,曾见昔日新忽鲁模思城所在之 Djeroun 岛,已成私人产业,不复为世所重矣。

其地在马可波罗以后,似已有变迁。 盖其所言班苔儿阿拔思与起儿漫诸山间之平原,几不复含有盐质。 气候极不适卫生,仅产劣等海枣,居民甚稀。 (璞鼎查说)

[2] 所有经行其地之人,皆言忽鲁模思奇热无比。 沙儿丹之《班苔儿阿拔思行记》云:"哈剌蛮地(Caramanie)之居民,在此季皆避严暑而入海枣林中。 我在 1677 年 8 月杪,亦感此热。 虽夜行,其热仍不可耐。 常转回马首,以巾覆面避之。 盖热气之烈,犹如火焰,竟有一次下马伏地云。"

同一旅行家记述之文,可以解说马可波罗所言起儿漫咒术家之所谓神术。 此种咒术家实为善测天然现象之人,知利用此现象以劫行旅,别无他能也。 沙儿丹云:"此地夏季有二异事,其一事则田野皆焦,如同火焚一般。 其一事则早晚地热所发扬之雾气布满地面,五十步外毫无所见,如同见有海湖一般。"(颇节说)

[3] 是为欧洲流行已久的没收外人资财权。 然此忽鲁模思小国君主,尚有别一权,名曰先御权,亦名君主权者。 某旅行家云:"此君临忽鲁模思之小王,对于臣民多不正当之要求,就中若民娶妻者,第一夜必以妻献其君主。"(颇节说)

鲁墨耽阿合马君临旧忽鲁模思，适在波罗等经过之时。至 13世纪，旭烈兀及诸后王在波斯建立蒙古朝以后，曾遣军仕讨忽鲁模思，迫其国王逃 Djeroun 岛，强之称臣纳贡。至是鲁墨耽阿合马建筑新忽鲁模思城，君临至于 1332 年。（Ths. Wright 说）

[4] 此种船舶，太古之时已见有之。斡朵里克云："此国所用之船，纯以绳线缝合，我曾登此种船舶，未见有铁一片。"

涂船之油，乃鲸油。9 世纪时之阿剌壁旅行家曾言波斯湾之渔人取鲸脂熬油，合他物以涂船，填其空隙。（Reinaud 说）

其船舶以椰子树制造，闻全以树材为之，以树干作船身，以树皮树叶作帆作绳，以椰子作载货。其最可注意者，船板皆用此种绳子缝合，涂以石灰，缘其地无松脂，亦无铁，所以其船不能抵抗海险。（沙儿丹说）

[5] 此种沉水避热之俗，Della Valle 亦志有之。当新忽鲁模思城被波斯人攻陷以后，此旅行家曾入城游览。其在 1623 年 1 月 18日致书中有云："忽鲁模思，世人视为世界最热之地。……人言每年某时，居民若不沉于水中，必死。各家皆以物盛水，预备沉伏之用。虽最严肃之人亦然。"今在辛头、墨克兰两地中，酷热时尚用此法。

自从马可波罗时代以后，波斯湾之热未减。沙儿丹志此热风（simoun）云："6 月 15 日至 8 月 15 日之间，为湾中最热之时，热风即起。风声甚大，红如火焰，人触之者，窒息而死，日间尤甚。其最可异者，死者面貌颜色如常，俨如睡卧一般。然如有执其体之一部者，骨肉随手而脱，如同熔解。"

第三七章 经行一疲劳而荒寂之道途

离此起儿漫城以后，必须经行至少七日程之困难路途。[1] 前三日路上无水，虽有若无，盖所见之水味苦色绿，奇咸不可饮。 饮此水一滴者，在道必洞泄十次。 其水道所含盐质，类皆如此。 行人既不敢饮，亦不敢食。 盖食者常致泄痢也。 所以行人必先预赍饮水，以供三日之需。 然牲畜渴甚，不得不饮此咸水，故偶有泄痢而致毙者。 三日之中，不见民居，尽是沙漠干旱，亦无野兽痕迹，盖其不能在其中求食也。[2]

经行此三日沙漠以后（，见一清流，流行地下，沿流地面，有穴可以见之。 水量甚大，行人困于沙漠者，必息于此饮水，并以饮其牲畜）。[3]

于是又入别一沙漠，亘四日程。 景况与前一沙漠完全相同。 惟有野雁，斯为异耳。 逾此四日程之沙漠，遂出起儿漫国界，而至一城，名曰忽必南（Cobinam）。[4]

[1]马可波罗所遵之途，大致是从起儿漫城北行，向 Tebbes 或 Tour 一道。 惟此道仅有一百五十公里，他行程有七日之久，殆是避 Chabis（在起儿漫东）北方之山，绕道东行。 （戈尔迭说）

[2]此沙漠即今日地图上之鲁惕（Lout）沙漠。 哈尼科夫云：“所记甚确。 盖在此鲁惕沙漠中，仅有一小溪名曰咸河（Shorroud）者有水，咸苦色绿，马可波罗自起儿漫至此，所循之途甚明。”此大沙漠始于帖黑兰稍东，抵于英属印度边境，长有一千一百公里。 （戈尔迭说）

[3]此括弧中之文，颇节本中原无，玉耳上校以为出于剌木学手笔。 此段文字不可少，脱无之，马可波罗分别三日沙漠同四日沙漠之理，洵不可解矣。 此伏流地下之水道，殆为波斯现尚常见之水渠。 水道多长，有长六十公里者，必为古代灌溉制设之遗迹。 Polybe 已有著录，据云：“地上无水迹，然地下有水渠甚多，惟识者始知利用。 ……”昔日波斯人君临亚洲之时，对于导引泉水灌溉无水之地者，许其五代人保有其地之使用收益权。 陶鲁思（Taurus）有水泉甚夥。 昔日私人曾建暗渠，引水而至远地，今人尚利赖之。 然已不知此水之来源，亦不明此种暗渠之原起矣。

（玉耳说）

[4] 忽必南，诸写本多作 Cobinam，业经阿博特（Abbott）同玉
耳考订为今之 Kou-Benan。是亦为起儿漫州之一行政区域。其地
山岳起伏，出产葡萄、桃子、石榴、胡桃、甜瓜等果。（阿
博特说）

玉耳以为此地不复有城可当大城之称。斯文赫定（Sven Hedin）
亦云：“忽必南（Kubenán）不是大城，仅为一绕以桑树及园圃之乡村
而已。”（戈尔迭撰《东方史·地杂编》第二册43页）

第三八章　忽必南城及其出品

忽必南是一大城，居民崇拜摩诃末。出产铁、钢、翁荅尼克[1]甚
夥，而制造钢镜极巨丽。其地制造眼药（toutie），[2]治眼疾之良药也。
并作矿滓（espodie），[3]其法如下：掘地为长坑，置火灶于其中，上置铁
格，坑中上升之烟与液，粘于格上，是为眼药。火熔余物则成为滓。

兹置此城不言，请接言前途之地。

[1] 翁荅尼克，解见本书第三十四章注[3]。

[2] 是为矿质眼药，用酸化亚铅制之，最良眼药也。此酸则
取于本地熔解硫化亚铅之灶炉的烟突中。（Hout. Schindler 说）

[3] 观马可波罗所言之滓，盖为矿滓。至其所用之 espodie 一
字，实为骨骸或植物燃烧之滓之概称也。

第三九章　亘延八日程之沙漠

离此忽必南城以后，见一沙漠，亘延八日。完全干旱，绝无果木。
水亦苦恶，行人必须携带饮食。牲畜渴甚，不得不饮此恶水。八日

后，行抵一州，名曰秀讷哈因（Tunocain）。[1]境内有环以城墙之城村不少，是为北方波斯之边界。 其地有一极大平原，吾人名曰"枯树"（Arbre sec）之"太阳树"（Arbre Sol）在焉。[2]兹请言其状。 树高大，树皮一部分绿色，一部分白色。 出产子囊，如同栗树，惟子囊中空。 树色黄如黄杨，甚坚。 除一面六呷外生有树木外，周围百哩之地别无其他树木。 土人言亚历山大进攻大留士（Darius），即战于此。[3]城村百物丰饶，缘其地气候适宜，不甚热，亦不甚寒。 居民尽奉摩诃末之教，形貌甚美，女子尤其美甚。

离开此地以后，吾人将言一名称木剌夷（Mulette）之地，即"山老"习与其哈昔新（Hasisins）居留之所也。

[1] 秀讷哈因（Tunocain），盖为吞（Toun）与哈因（Kaïn）两要城之合称，本书第三二章注[8]业已说明。 此二城旧隶忽希斯单（Kouhistan），今隶呼罗珊州，东方常以城名名全州，此其例也。1272 年马可波罗经行鲁惕沙漠此一部分之地，后来未经他人探测。惟马可波罗自忽必南至相距二百四十公里之塔拔思（Tabbas），沿途绝无居民，可无疑也。 此地今名吞塔拔思（Tun-o-Tabbas），盖哈因城已别有所属也。（戈尔迭说）

[2] 诸本著录此枯树之名各有不同。 地理学会 1824 年本作基督教徒名曰枯树之"独树"，其他诸本作"枯树"、"太阳树"、"独树"，而剌木学本则作 L'albero del Sole。 玉耳业经说明应读作 Arbre Sol（即在颇节所刊布之钞本中亦然），解作太阳树（arbre du soleil），其所根据者为下两点：

（一）案：Sol 一字训作太阳，不仅在拉丁文中为然，即在物搦齐亚、普罗宛撒耳（Provencal）两地方言中亦作是解。

（二）中世纪之法兰西语表示属格，无用介词 de 之必要，如马可波罗书前文有"阿鲁浑子合赞"，后文有"道长圣多玛斯（St. Thomas）遗体"，Joinville 书有"摩诃末诚"等例，皆不作"之子"、"之遗体"、"之诚"，可以证矣。

马儿斯登之释枯树，以为此树之子囊似内有子可食，其实仅含有一干而无味之小实而已。此"太阳树"即东方之筱悬木(platane)，而名赤纳儿(tchinar)者是已。呼罗珊境内常见有之。惟 Della Valle 曾名帖黑兰城曰"筱悬木城"(la citta dei platani)。

综观马可波罗书前后之文，似指一地有一特别可以注意之筱悬木者。法国旅行家 G. Capus 曾言在火者干(Khodjakent)见有一极大筱悬木之枯干。其根干周围有四十八公尺，虫蛀之空干对径长九公尺。有达失干(Tachkent)城之旅行人十余宴饮于其中，尚觉宽阔有余。（戈尔迭说）

马可波罗所言者，虽为波斯东方之地，然此枯树所在应向北求之，盖其涉及有亚历山大、大留士二人最后之战地也。

[3] 波斯王大留士在曲儿忒斯单境内达易水附近 Arbelles 地方战败之后，自 Ecbatane（Hamadan）走里海诸山峡，入 Comiséne（Koumis）州中。时此州之都会是 Hecatompylos。其为部众所杀，即在此城附近。亚历山大率军追逐时，乃取捷道，经过一完全无水之沙漠。则大留士之死，似在今日里海东南角今阿思特剌巴的（Astrabad）州中担寒（Damgham）、博思覃（Bostam）两城之间。其地有关于亚历山大之传说不少。（马儿斯登说）

马其顿（Macédoine）王亚历山大同枯树，曾构成中世纪小说之一种最流行的干题。巴里(Paulins Paris)曾采录国民图书馆藏一钞本所言亚历山大游"危险谷"之传说。据云，亚历山大在此谷中，见有异物不少。中有一物，名曰"室女树"。距此树颇远，有别一树，名曰"枯树"。此枯树曾告亚历山大，预言其将死于巴比伦（Babylone）。其言曰："亚历山大，汝将为众人之王，然从此汝将永不复睹马其顿矣。"

巴黎有一街名枯树街，然不知此名何所本。

第四〇章　山　老

木剌夷（Mulette）[1]是山老昔日习居之地，法兰西语犹言地神。兹请将马可波罗阁下所闻此地数人所述其地之历史，为君等述之。此老在其本地语言中，名称曰阿剌丁（Ala-eddin）。[2]他在两山之间，山谷之内，建一大园，美丽无比。中有世界之一切果物，又有世人从来未见之壮丽宫殿，以金为饰，镶嵌百物，有管流通酒、乳、蜜、水。世界最美妇女充满其中，善知乐、舞、歌唱，见之者莫不眩迷。山老使其党视此为天堂，所以布置一如摩诃末所言之天堂。内有美园、酒、乳、蜜、水，与夫美女，充满其中。凡服从山老者得享其乐。所以诸人皆信其为天堂。

只有欲为其哈昔新（Hasisins）[3]者，始能入是园，他人皆不能入。园口有一堡，其坚固之极，全世界人皆难夺据。人入此园者，须经此堡。山老宫内蓄有本地十二岁之幼童，皆自愿为武士，山老授以摩诃末所言上述天堂之说。诸童信之，一如回教徒之信彼。已而使此辈十人，或六人，或四人同入此园。其入园之法如下：先以一种饮料饮之，饮后醉卧，使人舁置园中，及其醒时，则已在园中矣。

[1] 木剌夷原写作 Mulette，似为阿剌壁语 Mulhed 之对音，此言外道是已。是为回教正宗教徒对于亦思马因派（Ismaéliens）教徒之称。此派教徒在东方史中以狂信而著名，否认《可兰（Coran）经》中之若干教义。顾在亚洲语言中，同一名称兼指教徒与其所居之地。是以木剌夷同时兼为地名。

[2] 据马可波罗之文，似亦思马因派教徒仅有首领一人。殆因此派教徒流言其教长等若上帝，应盲从其命令，信其长生不死，致有如是讹传。其实山老不只一人，其定都于阿剌模忒（Alamout，此言鹫巢）者凡数主。此阿剌模忒堡曾经旭烈兀攻下，堕其一部。

亦思马因派之创设人名称哈散撒巴（Hassan Sabbah），曾使其徒信其具有神权，而为地上之上帝代理人。建都于阿剌模忒，后死此堡中，年三十四岁。他生前未出堡一次，终身在此堡中写读其教义，治理其所建之国。

阿剌丁君临其国在1220至1255年间（哈散撒巴建国时在1090年），为其幸臣某所刺杀。其子鲁兀乃丁（Rokneddin）继立，甫即位，即被旭烈兀围攻。在位不及一年，权势甚微。则以山老历史告马可波罗者，仅言阿剌丁，不足异也。

撒西（Sacy）解说波斯、西利亚两地亦思马因教主名称山老之说云：阿剌模忒处诸山之中，故其王号洒克阿只巴勒（Scheik Adjebal），此言山王也。顾"洒克"一字既训为王，亦训为老。由是十字军之欧洲史家及马可波罗，皆误称其人为"山老"。

[3] 亦思马因教徒之名哈昔新者，盖因其吸食苎叶所制名曰哈石失（haschich）之麻醉剂也。今日东方全境尚识此物，由哈石失所发生之麻醉状态，与中国之鸦片所发生者无异。嗜此物者，突厥语名之曰哈失新（Haschichin），或哈撒新（Haschachin）。所以十字军史家之名亦思马因教徒，或曰 Assissini，或名 Assassini。此法兰西语 Assassin 一名之由来。至其何以取得今义（刺客，谋杀犯），观下文马可波罗之言自明。

第四一章　山老训练哈昔新之法

彼等在园中醒时，见此美境，真以为处天堂中。妇女日日供其娱乐，此辈青年适意之极，愿终于是不复出矣。

山老有一宫廷，彼常给其左右朴质之人，使之信其为一大预言人，此辈竟信之。若彼欲遣其哈昔新赴某地，则以上述之饮料，饮现居园中之若干人，乘其醉卧，命人舁来宫中。此辈醒后，见已身不在天堂，而在宫内，惊诧失意。 山老命之来前，此辈乃跪伏于其所信为真正预言人之前。 山老询其何自来。 答曰，来自天堂。 天堂之状，诚如摩诃末教法所言。[1]由是未见天堂之人闻其语者，急欲一往见之。

若彼欲刺杀某大贵人，则语此辈曰："往杀某人，归后，将命我之天神导汝辈至天堂。 脱死于彼，则将命我之天神领汝辈重还天堂中。"

其诳之之法如是。 此辈望归天堂之切，虽冒万死，必奉行其命。 山老用此法命此辈杀其所欲杀之人。 诸国君主畏甚，乃纳币以求和好。[2]

[1]《可兰经》盖为回教徒之惟一法律，同时为其福音书及其法典。

[2]马可波罗之说虽富于小说兴味，然当时东方流行之说洵如是也。 斡朵里克及阿剌壁诸著作家所志甚详。 中国载籍虽较简略，所志亦同。 兹录刘郁《西使记》之文如下：

"其国兵皆刺客。 俗见男子勇壮者，以利诱之，令手刃父兄，然后充兵。 醉酒扶入窟室，娱以音乐美女，纵其欲数日，复置故处。 既醒，问其所见。 教之能为刺客，死则享福如此。 因授以经咒日诵，盖使蛊其心志，死无悔也，潜令使未服之国，必刺其主而后已。"（烈缪萨《亚洲杂纂新编》第一册178页）

第四二章　山　老　之　灭

基督教诞生后1252年，东鞑靼君主旭烈兀闻此老之大恶，欲灭之。 乃选一将，命率一大军进围此堡。 堡甚坚，围之三年而不能克。 设若彼等有粮可食，彼等殆永不能克之。[1]然三年之后，粮食欠缺，遂尽作俘虏。 山老及其部众并被屠杀。 嗣后不复有其他山老，盖其恶贯已盈矣。

[1]此语之结构，吾人仍保存其旧式。 其例足证中世纪时吾人语言中语法结构之欠缺。 语中前一"彼等"，乃指被围者；后

一"彼等",应指围攻者。如斯曖昧不明之例,今在吾人谈话中尚时常有之。

阿剌模式在额勒不儿思(Elbourz)山系之一绝顶上,额勒不儿思者,帖黑兰西北之山系,与里海沿岸平行,1251年,蒙古诸王开大会,推举成吉思汗孙蒙哥为大汗,同时并命蒙哥二弟忽必烈进兵中国,旭烈兀西征波斯。

第四三章　撒普儿干

离此堡[1]后,骑行所过,或是美丽平原,或是饶沃流域。中有极美之草原、良好之牧场,果实不少,百物丰富,军队颇愿留驻于此。其地亘延六日程,颇有绕以墙垣之城村。居民崇拜摩诃末。有时见有沙漠地带,长约六十哩,或不及六十哩,其中点水毫无,行人必须载水而行。

骑行六日后,抵一城,名曰撒普儿干(Sapourgan)。百物皆富,尤出世界最良之甜瓜。[2]居民切瓜作条,在太阳下曝干,既干食之,其甜如蜜。全境售此以作商货。其地颇有猎兽飞禽。

今对此城不复有可言者,请言别一名曰巴里黑(Balkh)之城。

[1]诸注释家对于此堡,解说尚未能一致。

颇节云:"马可波罗从忽必南首途后,似应主张其未至阿思特剌巴的境内之担寒。盖此城远距一百五十里由,须行八日也。必曾至里程不及其半之秃讷哈因及撒普儿干道上。忽希斯单此部分之地,亦思马因教徒建有城堡甚多,马可波罗得闻山老之事,似在此也。"

玉耳云:"我以其所循之路途,或经过你沙不儿(Nichapour)同麦失黑的(Mechhed),抑为也里(Hérat)一道。所可异者,其行记中未曾著录此类有名大城,殆是笔受者未解其语,抑是行记中有阙文欤。此六日行程所经过之地,我以为应在撒卜咱瓦儿(Sebzevar)

至麦失黑的城外沙漠开始之地之间。可以 1845 年法国旅行家费利
耶（Ferrier）之行程参证也。"费利耶位置撒普儿干于巴里黑城之
西，约一百公里。城中居民有一万二千人，无壁垒。然有内堡，
长官居其中。此城为乌浒水南突厥斯单境内之一美城，盖其土地
肥沃，气候温和，人民勇敢也。

[2] 撒普儿干之甜瓜，今尚运售邻国，且有远达印度及中国
者。亦切瓜条曝干，其法与 13 世纪时同。曾尝之者以为干果之
佳品无逾此者。

第四四章　巴　里　黑　城

巴里黑是一名贵大城，昔日尤形重要。[1]然历经鞑靼人及他种人之
残破，昔之美丽宫殿以及大理石之房屋，已不复存。[2]据城人云，亚历
山大取大留士女为妻，即在此城。[3]居民崇拜摩诃末。[4]东鞑靼君主所
辖之地止于此城。是为波斯与东境及东北境分界之处。

兹置此地不言，请言别一名曰哈纳（Khana）之地。[5]

离开上述之城后，向东方与东北方之间骑行十二日，不见人烟。
盖居民因避兵与匪之害，皆移居山寨也。其地有鸷与猎兽不少，狮子
亦众。[6]行人不能在此处得食，须赍此十二日内必须之物而行。

[1] 巴里黑是阿富汗斯单北部之一城名，处阿母河南约六十公
里。此河古希腊人名之曰乌浒（Oxus），蒙古人名之曰质浑
（Djihoun）。昔日此城是大夏（Bactriane）之希腊王都，颇著名于当
时。曾以世界最古之城自负。亚洲人名之曰"诸城之母"，相传
为西鲁思（Cyrus）所建。

上引之旅行家费利耶曾在其中发现方砖，上有楔形文字。据
云："砖大，火烧而成。面宽广约一公尺，厚八公分。散处内堡
附近。其上既有楔形文，其源来必较今城更古。殆为古城之遗

物，而经成吉思汗复用以建筑堡垒者。……约在二十年前（1825年前后），城中尚有整齐房屋不少。惟因春雨之后，有若干房屋倒塌，发现墙中藏有数瓮，其中满盛金钱。自是以后，巴里黑之居民遂自将余存之房屋折毁而求伏藏。"（费利耶说）

巴里黑城旧墙中发现之金钱，疑是大夏国王之古币。后之经行阿富汗斯单境内者，亦有相类发现。于是纪元前255至120年间大夏之诸希腊王名，几尽可以考证而出。（颇节说）

[2] 巴里黑城先经诸哈里发之残破，1221年时，终为成吉思汗所毁。成吉思汗怒其居民援助他人抗拒，及臣民奉厚币请降时，不受其降。城开，大兵既入，命居民尽出城，以备检括户口。遂将青年男妇别置一处为奴婢，尽屠余众。蒙古兵纵掠后，举火焚其房屋，堕平其壁垒。

[3] 此种关于亚历山大与大留士女结婚之说，在巴里黑及其境内，颇为流行。惟据 Plutarque 之说，亚历山大在大夏国中所娶者，是美女 Roxane，而非大留士女。故事流传，殆以亚历山大自印度还至 Persépolis 娶大留士女 Statira 之事，混而为一欤。但马儿斯登以为东方人对于此事之传说，较之希腊史家之记载为可信云。

[4] 昔日佛教流行大夏之前，自古以来即奉火祆教（苏鲁支教）。此火祆教虽经其他代兴之教仇视，佛教攻之于前，回教攻之于后，今日波斯尚有拜火之徒不少也（参看本书第三十章注[3]）。

[5] 此名在他本中作朵干纳（Dogana），虽有若干注释家试为考订，然玉耳则以为颇难得一结论。

[6] 此处所言者，确为兽王狮子，而非后文与虎相混言之狮子。质浑河畔此地带中，狮子甚众。1256年1月，旭烈兀从船桥渡此河后，曾命人在质浑河左岸林中猎狮。惟马闻狮吼，不敢进，乃以酒醉骆驼代之，得狮十头。（多桑〔d'Ohsson〕说）

第四五章　盐　　山

此十二日行毕后，抵一堡，名曰塔亦寒（Taican）。[1]有一大市场出售小麦。其地风景甚美。南方诸山甚高，皆由盐构成。全境周围三十余日程地方之人，皆来此取盐。是为世界最佳之盐，其质硬，须用大铁锄始能取之。其量之多，可供全世界人之需，至于世界末日。[2]

从此城行，仍向东及东北间骑行三日，经过甚美之地。广有果实，民居不少，葡萄及其他贱价之物甚多。居民悍恶而好杀人，嗜饮酒，善饮，饮辄致醉，其酒煮饮。头缠一绳，长有十掌，绕于头上。善猎，能取野兽无算。仅以猎兽之皮制衣作靴。各知制皮以作衣靴。

骑行此三日后，至一城，名曰讫瑟摩（Casem）。[3]其他具有墙垣之城村尽在山中。有一河流尚大，流经此城。其地出产豪猪不少，其躯甚大。猎人携犬往猎时，数豪相聚互守，以脊刺刺犬，使之数处负有重伤。

此讫瑟摩城管理一州，亦名讫瑟摩，居民自有其语言。[4]农民偕其牲畜居于山中，在地下掘室，颇巨丽。掘窖甚深，以居。掘之甚易，盖山为土质也。[5]

经过此讫瑟摩城以后，骑行三日，不见人烟，不得饮食，所以行人必须携带所需之物。行三日毕，至一州，名曰巴达哈伤。兹请为君等述其沿革。

[1] 塔亦寒，即今地图上之塔里寒（Talikhan），在昏都思（Koundouz）州境，处乌浒水之一支流上。近代有旅行家数人曾游其地，其繁盛已不及马可波罗之时矣。

[2] 据沙儿丹之说，波斯之最普及者，莫过于盐。盐有两种，曰地盐，曰岩盐。有长逾十里由之平原，盐卤遍地。麦狄（Médie）亦思法杭境内，转运盐块有如大石。其质甚坚，至有若干

地方用以建筑贫民房屋，其用如石。Chodzko 且云，有若干矿山，得谓其为一大盐岩，仅覆以微薄黏土外层。采盐之法枚其简单，工人仅用铁锄凿取盐块。其色绝白。

岩盐矿在乌浒水上流诸州中甚多，尤以在塔里寒附近为甚。马可波罗所指南方诸山，盖指大雪山（Hindou-kouch）也。

[3] 讫瑟摩，原写作 Casem。曾经 d'Anville 考订为 Kechem，复经汉学家识为玄奘《西域记》中之讫栗瑟摩，亦玉耳所写之 Kishm 是已。是为巴达哈伤境内最热之地。今城不甚重要，位置在昏都思赴塔里寒商道之稍南。

[4] 讫瑟摩及巴达哈伤境内之特别方言，应是纪元初占据此地一带的月氏之古语，即今人常名为畏吾儿语，或东突厥语者是已。今之月即别（Usbeks）人，亦为此古代粟特（Scythe）之后裔。中国载籍名此种古粟特曰吐火罗，此吐火罗斯单（Tokharistan）名称之起源也。自经阿剌壁、突厥、蒙古诸部侵略中亚以后，此国之居民被驱逐至于邻境。今已与邻境土著相混杂，所以今在巴达哈伤及阿富汗斯单境内，所操之寻常语言，盖为一种变相的波斯语。

[5] 是即中国人所称之黄土（lœss），中国西方诸省有之。观此文，可见帕米尔（Pamirs）之西亦有此种黄土。

第四六章　巴达哈伤州

巴达哈伤（Badakchan）[1] 一州之地，人民崇拜摩诃末，自有其语言，是为一大国。君位世袭，王族皆是亚历山大与波斯大国君主大留士女之后裔。回教语言名如是诸王曰竹勒哈儿年（Zulcarniens），法兰西语犹言亚历山大。盖因追忆亚历山大大王而有斯称也。[2]

此州出产巴剌思红宝石（rabis balais），此宝石甚美，而价甚贵。采之于若干山岩中，掘大隧以采之，与采银矿之法同。 仅在一名尸弃尼蛮（Sygniman）之山中发现此物。 国王只许官采，他人不得至此山采发，否则杀其人而没其资财。 任何人不许将此物运往国外，所采宝石尽属国王，或以之贡于他人，或以之赠与他国国王。 所以此红宝石甚稀，而其价值甚贵。 盖若任人采取，则此宝石将充满于世界，不足重矣。 采取之少，防守之严，其故在此。[3]

同一境内别有一山，出产瑟瑟（azur、lapis-lazuli），[4]其莹泽为世界最。 产于矿脉中，与银矿同。 他山复有银矿不少，所以此州最富。 然其气候亦最寒。 兼产良马，善于奔驰，蹄下不钉蹄铁，而能驰骋山中及崎岖之地。 此地诸山又出产大鹰（faucon sacre）同郎奈鹰（faucon lanier），猎兽飞禽为数亦夥。 又产良好小麦及无壳大麦，出产芝麻油、胡桃不少，惟无橄榄油。[5]

国中有狭隘甚多，难攻而易守。 建城村于高山上，形式险要。 居民善射，善猎。 布价甚贵，多衣兽皮。 但贵妇人及贵人则衣布。 以棉布作裤，需布有至百寻者。 如是表示其腰宽大，男子颇乐衣此也。[6]

述此国之事既毕，兹请言南方相距此地十日程之诸国。

［1］巴达哈伤州，处乌浒河上流左岸与大雪山之间，在阿富汗斯单之东北端。 今都会名费咱巴的（Faizabad），在乌浒河左岸支流Kokcha 水之右岸。 英国旅行家吴德（Wood）在 1838 年经行塔里寒、费咱巴的两城中间之地，所见人烟之稀，与马可波罗所言自讫瑟摩达巴达哈伤一带之情状相同。（玉耳说）

［2］其自承为亚历山大之后人者，不仅巴达哈伤之酋长为然，马可波罗言之于先，有不少人言之于后。 然仅证明此种人民尚能忆及古希腊人之大夏国而已。 竹儿哈年（Zurcanien），犹言"双角"，而非亚历山大。 马可波罗殆有误解。 东方人以此别号加诸亚历山大，必因其肖像之上绘有二角，代表东方及西方。 盖角者，代表威权也。

［3］马可波罗名此红宝石为巴剌思者，盖译本地通称巴剌黑失

（balakch）之对音也。 此为红宝石之一种，较之缅甸红宝石，虽为下品，然在中世纪时，其价甚贵。

尸弃尼蛮，即今之 Shignan，在乌浒河右岸。（戈尔迭说）

[4] 巴达哈伤之瑟瑟矿同红宝石矿颇著名于当时，今仅出产劣质宝石而已。

观上文，具见马可波罗曾亲至此地，其在 1272 至 1275 年间赴忽必烈宫廷之时，必循波罗弟兄所经之旧道。 此弟兄二人既以贩卖宝石为业，必亦曾访过巴达哈伤之红宝石矿及瑟瑟矿。 刺木学本谓马可波罗曾在此国得疾，一年未痊，登山呼吸空气以后，始愈。（颇节说）

[5] 前注所言刺木学本之文，即在此段之下，兹转载于下：

"诸山之中有野生绵羊无数。 每群有数百头（四百、五百，甚至有六百头），人虽常取之，其数从不因之而减。"

"诸山甚高，自山下行至山顶，须自早行至晚始达。 抵山顶后，见一平原甚广，草木甚茂。 岩穴中流出清泉，下泻为溪，中有鱼，食之味颇鲜美。 此种高山之上，空气清洁，凡城市、山谷、平原之居民，每感有热疾或其他疾病时，即赴山中，居二三日，其疾自愈。 马可阁下言曾自为试验。 缘其在此地得疾，一年未愈，人劝其往住山中，疾忽顿愈。"

上述之文，并非过言，所指者似为 Shewa 高原。 原在费咱巴的城西约四十公里，内有一大湖，名曰 Sar-i-kol。 本地之人及外来之人皆盛称巴达哈伤山谷、溪泉、风景、花果、莺鸟及遍饰红花（crocus）、水仙（narcisses）、松雪草（perce-neige）的草原之美。（吴德说）

[6] 在其他马可波罗书诸本中，此段仅涉及妇女。 此种异服今在巴达哈伤不复可见。 惟在五河（Pandjab）境内尚见有之。 此地妇女裤裙之广，诚如马可波罗之言。 又如阿富汗境内妇女所着之裤，亦大逾昔日欧洲妇女所着之宽裙（crinoline）。

第四七章　帕　筛　州

巴达哈伤南方相距十日程之地，有一州，名称帕筛（Pashai）。[1]居民自有其语言，崇拜偶像。面褐色，颇知魔术。男子耳带金银环，以珍珠宝石饰之。其人颇狡猾，其风习则有节制，食肉米，气候甚热。

兹不再言此州，请言其东相距七日程之客失迷儿（Kachmir）州。

[1] 帕筛，即本书第三十五章业已著录之帕筛底儿。马可波罗所闻此地之事不多，所以记述甚简。其地可当今日大雪山中之迦非儿斯单（Kafiristan）。帕筛一地今尚存在。鄂本笃（Bénédict de Goez）及其伴侣从印度赴中国时，于1603年曾经此地。然据中国巡历圣地之佛教僧人玄奘、法显所留存之行记，此地在昔更为著名。玄奘云：“人性怯懦，俗情谲诡，好学而不切。禁咒为艺业。多衣白氎，少有余服。语言虽异，大同印度。”

此国盖即中国旅行家所谓之乌仗那（Oddiyana）也。地当大雪山南，自赤塔刺勒（Tchitral）河抵于辛头河之诸山地。法显视其为印度极北之地。当时居民之衣服、饮食，尚与恒河以内居民之衣服、饮食相同。刺麻教之一大宗徒及禁咒大师 Padmasambhava，即诞生于此。今日西藏人尚视其地为禁咒发源之地。

其地居民名称迦非儿（Kafirs），此言异教徒，故其地有迦非儿斯单之称。Elphinstone 云：“其地男女耳颈带环，手带镯，常以铜锡制之，有时用银。”迦非儿为保其独立，常整武备，杀其敌人，毫无怜悯之心。其礼服上用装饰表示其杀人之数。马可波罗既言其人食肉，则与印度人异矣。亦食乳酪、蜂蜜，亦有果实葡萄，酿葡萄作白色、红色、黑色之酒。

此地之人颇爱其自由，故从来未受侵略。敌来攻时，此辈殊死战。然亦颇视布施及接待旅人为美德。马可波罗谓其风习有节，殆指此也。

迦非儿似与印度及其邻近之居民有别。诸旅行家之经行其地者，以其容貌端正，智识发展，谓其属于高加索种。此辈亦自承为佛郎机（Franqui）人，质言之欧罗巴人也。其人蓝眼，黑发，面色黯淡，果如马可波罗所言之褐色也。

第四八章　客失迷儿州

客失迷儿亦是一州，居民是偶像教徒，自有其语言。[1]熟知禁咒，其奇不可思议。缘彼等能使其偶像发言，能用巫术变更天时，使之黑暗。其事之奇，非亲睹者，无人能信其有此事。此地乃是偶像教发生之源。

仍向此方向陆续前行，则可抵于印度海。

其人色褐而体瘦，其妇女虽褐色，而貌甚美。其食物为肉、乳及米。气候温和，不甚热，亦不甚寒。有环以墙垣之城村不少，亦有林木、旷野及天然险隘。居民不畏外侵，自主其国，自有国王治理。其俗有隐士居住隐所，节其饮食，持身极严，不犯其法所禁之一切过失，所以其门弟子视之如同圣人。此国之人享年甚高，国内有寺院不少。[2]从吾辈地域输入之珊瑚，售价之贵，过于他国。[3]

兹置此地及其附属地带不言，盖若更从（同一方向）前行，则将进入印度。顾关于印度之事，吾人在归途述之。由是吾人重回巴达哈伤，[4]否则将不能继续吾人之旅行矣。

[1] 梵语名此国曰迦湿弥罗（Kaśmira），近代经行此著名地方之欧洲人首先著录其名者，疑是普兰迦儿宾（Plan Carpin）。他写此名作 Casmir。马可波罗书之诸拉丁文本，则作 Chesimur。

马可波罗名客失迷儿人曰偶像教徒，殆以其人尚奉佛教，盖其从不谓回教徒曰偶像教徒也。其今昔语言本于梵语，近类摩诃剌侘（Mahrates）语。

[2]玉耳云："马可波罗在此章所言 13 世纪末年客失迷儿之佛教，恐有言过其实之处，殆其说多闻之于蒙古、土番之佛教徒，致有此误欤。"

Vinc. Lazari 以为马可波罗未曾经行客失迷儿，所记者盖为传闻之词。否则对于此地风景之美、土地之饶，决不默而不言也。

奥凌匝卜（Aureng-Zeb）之医师，法国人伯儿涅（Bernier），在 1663 年曾居客失迷儿三月。记载有云："客失迷儿人以体美著名，其体貌之优，与欧洲人相类，其妇女尤美。"伯儿涅曾在一山中，见"一老隐士，自只罕吉儿（Jehangir）在位时代以来，即居于此。世人不知其信奉何教。相传其善为灵异，能使雷鸣，能使风雹雨雪发生。其貌微狞猛，须白而长，傲然求布施于行人。在一大石上置土钵，许行人饮钵中之水。然不许行人停留，不许行人喧哗。我曾入其洞中，施以半卢比（roupie）。彼曾告我云，此处设有人喧哗，可致风暴。奥凌匝卜曾从我言，沙只罕（ChahJehan）亦然，故皆相安无事。然只罕吉儿曾揶揄我说，命鼓角齐鸣，几致丧命云。"（伯儿涅说）

继此隐者而居此洞之别一隐者，1713 年时，Desideri 曾见之。1837 年时，Vigne 又曾见有别一隐者。（玉耳说）

佛教之流行客失迷儿，为佛教史中之一大事。盖此地自经佛教输入以后，成为佛教圣地，有一新派即滥觞于此。客失迷儿在佛教流传于印度境外之过程中，影响甚大。佛教从客失迷儿输入加补尔（Kaboul）同建达哈儿（Kandahar）两地，复进入大夏境中。又如土番之佛教，虽亦来自印度，然与客失迷儿亦颇有关系。7 世纪上半叶玄奘经行迦湿弥罗国时，曾言其国有伽蓝百余所，生徒五千余人。11 世纪末年时，虽有一王保护佛教，然而已成变例矣。马可波罗所记，勿宁谓为健佗罗（Gandhara）国之事。顾刘郁《西使记》记旭烈兀所降西域三十国中之乞石迷国，亦言此国佛法颇盛。据云："有佛国名乞石迷者，在印度西北。盖传释迦氏衣钵者。其人仪状甚古，如世所谓达摩像。不茹荤酒，日啖粳一合，所谈皆佛法。禅定至暮方语。"（烈缪萨说）

波斯某著作家云，此国最受人尊敬之人，名曰仙人（Richis）。此辈虽不受遗教之拘束，实为真正崇拜天主之人。不蔑视其他宗派，而对于诸派亦毫无所求。在道旁种植果树，以供行人解渴之用。不食肉，不近女色，此辈在客失迷儿州中为数约有二千。

有若干马可波罗书本，在此节后，附加一关于佛教徒之文如下："彼等不杀生物，避免流血。若欲食肉，则求与彼等同居一地之回教徒屠宰。"盖佛教徒十诚中之第一诚即在勿杀生也。固不禁食兽肉，然命人节食。相传释迦牟尼最后得疾，因有一金匠献猪肉一盘，食之而疾加剧。土番地方视屠户之业为可耻。凡贩售羊或其他畜类者，必要求一种保障，担保诸畜不受屠宰。英人初占缅甸时，欲食牛。牛主不给以牛，惟以外国人可以枪杀之畜示之。

［3］珊瑚尚为雪山（Himalaya）一带极贵重之饰品。

Tavernier 曾云，其时印度、蒙古帝国辖境以北之居民及阿三（Assam）、土番等地之山民，购入珊瑚不少。

［4］马可波罗经行客失迷儿之后，复还东向中国经行中亚全境之通道。其不欲叙述印度者，盖因其欲首先叙述其所经行亚洲大陆诸地。迨至后来行抵锡兰（Ceylan）时，始言印度（第一百四十八章）。

此外他并曾言无别道可循，当时情形实在如此。欲赴契丹者，固能取道大土番，路程较近，特其必须经过蒙古人统治之地。否则大汗给与其父叔之驿符（见第八章），将无所用之也。

伯儿涅曾志印度赴中国经行客失迷儿之道途甚详。兹转录如下：

（一）大土番道——伯儿涅撰此行记之时，在 1663 年。据云："前此不及二十年时，每年有商队从客失迷儿出发，经行大土番诸山，进入鞑靼境内。虽然道路崎岖，须从绳桥渡急流。越三月可以行抵契丹。此种商队运载麝香、中国木料、大黄等物而还。经过大土番时，亦运载本地出产之麝香、水晶及不少极细之羊毛。惟自大土番国王遏绝其道，不许客失迷儿之人入境以后，于是商队改从恒河沿岸之华氏城（Patna）出发，改行南道，径向剌撒（Lhassa）国。"

（二）可失合儿（Kachgarie）道——"关于此道者，曾闻本地商人云，彼等知奥凌匝卜应居客失迷儿若干时，乃贩奴婢于其地售卖。此辈谓可失合儿（Kachgar）国在客失迷儿之东，稍偏北。最捷之道固为大土番道，然其道已遏绝。行人势须取道小土番。行十二日，抵小土番都城伊思迦儿朵（Iskardo）。又行十七日，逾小土番边境之大森林。又行十五日，至可失合儿城，可失合儿国之故都也。今日都城名鸭儿看（Yarkend）。此辈并云，自可失合儿城至中国，行程不过两月。每年有商队运载上述之商货而还。经行月即别之地（乌浒水上流）而至波斯。别有商队从契丹经行华氏城而抵印度斯单。又云，从可失合儿至中国，必须经行距离忽炭（Khotan）八日程之一城。是为可失合儿国极边之城。从客失迷儿至可失合儿之道途艰难，中有一地，无论何时，须经行冰上，其广约一里由之四分之一。"（伯儿涅说）

第四九章　巴达哈伤大河

从巴达哈伤首途，骑行十二日，向东及东北溯一河流而上。此河流所经之地，隶属巴达哈伤君主之弟。境内有环以墙垣之城村及散布各处之房屋不少。居民信奉摩诃末，勇于战斗。行此十二日毕，抵一大州，宽广皆有三日程，其名曰哇罕（Wakhan）。[1]居民信奉摩诃末，自有其语言。善战斗，有一君主名曰那奈（None），法兰西语犹言伯爵也。其人称藩于巴达哈伤君主。[2]

境内颇有种种野兽。离此小国以后，向东北骑行三日，所过之地皆在山中。登之极高，致使人视其为世界最高之地。[3] 既至其巅，见一高原，中有一河。[4] 风景甚美。世界最良之牧场也。瘦马牧于是，十日可肥。其中饶有种种水禽，同野生绵羊。羊躯甚大，角长有六掌。牧人削此角作食盘，且有用作羊群夜宿之藩篱者。此高原名称帕米尔(Pamir)，[5] 骑行其上，亘十二日，不见草木人烟，仅见荒原，所以行人必须携带其所需之物。

其地甚高，而且甚寒，行人不见飞鸟。寒冷既剧，燃火无光。所感之热不及他处，烤煮食物亦不易熟。[6]

今请言东方及东北方更远之地。继续山行亘四十日，见有溪涧甚多，亦有不少沙漠。沿途不见人烟草木，所以行人必须携带其所需之物。

此地名曰博洛尔(Belor)。[7] 居民居住高山之上，信奉偶像，风俗蛮野，仅以猎兽为生，衣兽皮，诚恶种也。[8]

今请离去此地，接言可失合儿州。

[1] 有若干注释家以为马可波罗所循之途，即是 Marin de Tyr 同 Ptolémée 二人所志昔日商队所取之道。此道由哇罕北部通行帕米尔，盖大夏通中国西部(Sérique)之路。沿途经过之驿站，常见著录者，曰 Vallis Comedarum，曰 Turris lapides，曰 Statio Mercatorum。此最后一站，可当今日中国蒲犁(Sarikol)县治塔什霍尔罕(Tachkourgan)，然我不采此说。马可波罗虽从哇罕至可失合儿，所循之途似经 Taghdoum-Bach Pamir 同塔什霍尔罕两地。

近代 Burnes、吴德等旅行家曾游此地。吴德云："哇罕酋长自称为亚历山大之后裔。然托始于亚历山大者，不仅有哇罕酋长，此外巴达哈伤、答儿哇思(Darvaz)、赤塔剌勒(Tchitral)等国之酋长亦然。"(参照本书第四十六章注[2])

[2] 马可波罗离巴达哈伤上溯之河流，必是乌浒水上流，土名般札(Panja)河者是已。盖从巴达哈伤达此河者，必须先循此河左

76

岸支流 Vardoj 行，逾伊塞迦审（Ishkashm）关。顾马可波罗之叙述过于简单，不能保其必是。

哇罕人是回教徒，与十叶派（Chiisme）人共处则奉十叶教，与孙那派（Sunnisme）人共处则信孙那教，故在本国内为十叶教徒，在月即别部落之中则为孙那教徒。（吴德说）

〔3〕本章在地理方面，为马可波罗书全书最有兴趣之一章。盖其言及当时人所不明，而经现代科学解释之现象甚明也。马可波罗谓其地为世界最高之地，亦无足异。缘本地方言名帕米尔曰"世界之巅"，法兰西语有时亦称其旧名曰"世界之顶"。中国旅行家宋云、慧生等在 518 年经行此葱岭高原时，曾云："世人云是天地之中。" 644 年玄奘从印度东还时，"逾山越谷，经危履险，行七百余里，至波谜罗（Pamir）川。东西千余里，南北百余里，狭隘之处，不逾十里。据两雪山间，故寒风凄劲，春夏飞雪，昼夜飘风。地咸卤，多砾石，播植不滋，草木稀少，遂致空荒，绝无人止。波谜罗川中有大龙池，东西三百余里，南北五十余里，据大葱岭内，当赡部州中，其地最高也。水乃澄清皎镜，莫测其深。……潜居则鲛螭鱼龙……浮游乃鸳鸯鸿雁……池西派一大流，西至达摩悉铁帝国东界，与缚刍（Oxus）河合而西流。故此已右水皆西流。池东派一大流，东北至佉沙（Kachgar）国西界，与徙多（Sita）河合而东流，故此已左水皆东流"。（《大唐西域记》）

〔4〕玄奘所言之大池，在今地图上作昔儿库勒（Siri-kol），东突厥语犹言葱湖，汉名葱岭，殆本于是。

马可波罗所谓高原上之河流，实是一偃月形之湖，东西长约二十二公里，南北广约一千五百公尺，几常年冰冻。

湖三面所傍之山，高出海面四千八百公尺，高出湖面约五百尺（pieds）。独有南面诸山高出海面五千八百公尺，常年积雪，是为湖水不竭之源。其经纬度在巴黎东，北纬三十七度二十七分，东经七十一度二十分。其拔海高度用沸水温度量之，得四千七百六

十四公尺。 冰下水之温度等若零度。（吴德说）

葱湖周围之山岭，为亚洲数条大河发源之地，东流有叶尔羌（Yarkend）河，中亚之一大水也。 北流有霍罕（Kokan）河，一名锡儿河（Syr daria），即古之药杀（Jaxarte）水。 西入咸海（Aral），南流则有乌浒水之两源。

吴德云，其地境况一如严冬。 眼观之处，在在大雪铺地。 举首望天，则尽呈阴暗之色。 人在云中而不见云。 湖面毫无声息，无生兽，亦无飞鸟，虽人声亦足娱耳。 然在此严寒之季，无人敢至此冰雪之区。 四围荒寂，致使人心惨恻。 夏季风景则不如是。 六月秒间，湖周围山雪既溶，遂成宜于畜牧之所。 附近之部落常利用之，相传帕米尔原上之草甚肥，一疲瘦之马放牧于此，不及二十日，可使丰肥。

[5] 马可波罗谓行人不见飞鸟，足证其经行帕米尔时必在春前。 吾人前在注[3]引《西域记》之文，所言风景与此大异，足证彼此经行之时不同。 吴德在 1838 年冬季曾至此地。 闻人言夏间湖面饶有水鸟。 马可波罗之后，鄂本笃（Bénédict de Goez）于 1603 年秋间经行帕米尔，曾云其地酷寒，呼吸困难。

吴德并在此处证明马可波罗叙述之实："河水既冻，循河而行，见有兽角散布各处，盖为乞儿吉思（Kirhgiz）猎人之所遗也。 诸角中有奇长者，是为帕米尔高原中一种动物之角。 其类在山羊与绵羊之间。 角端冒出雪外，常可指导路程。 常见有角布成半圆形，乡导识其为乞儿吉思人夏帐之旧迹。"

此兽名 Ovis Poli，是为一种野生绵羊，颔下有须，有两大角作螺旋形，长有一公尺四十公分，分量甚重，蒙古之羊名 Argali 者，即此类也。 天山中此类羊群甚众，颇难以枪猎取，狼、豹赖此为食。——吴德首先记载乞儿吉思人用此羊角以作马蹄之蹄铁。

[6] 此种物理的观测，在马可波罗以前，尚未有人为之，其后经索徐尔（de Saussure）、洪博特（de Humboldt）等学者证其不误。

其燃烧之不烈，盖为空气稀薄之结果。马可波罗时代无此名词，而且他本人亦非物理学者，所以只能谓其原因即在拔海度之高，故云其地高而寒。六百年后洪博特责其不善观测叙述，盖未谅其时代也。况在近代 Huc 同 Gabet 二传教师经行西藏（Tibet）东北诸山中时，感觉痛苦，以为山中毒气而上人称为瘴气者所致。据云："燃火不易者，盖有炭酸所致。兽粪燃之无光，而烟甚浓。若欲知此气从何处来，颇难言也。"此二传教师殊不知其"山岳病"实仅因空气之稀薄，质言之，由于气压之小也。

[7] 博洛尔之名甚古，7世纪时，玄奘有钵露罗之译名。玄奘以前之中国旅行家，有钵卢勒、波路等称。从前其境界无定，盖赤塔剌勒有时亦被称为博洛尔。其常名博洛尔之地，似为帕米尔南境，鸭儿看西南境，巴达哈伤东境之诸高山。此地久为中国藩属，每年贡献刀斧、玉石。

[8] 时虽逾六百年，此蛮国居民之习俗似尚未变。冒险家吴德之记述，与马可波罗书大致相同。据云，乞儿吉思之居地在帕米尔高原，与西藏相接，北连和罕，东邻中国领地，西方为乌浒水同锡尔河灌溉之区。其人常与中国人、西藏人争战，嗜偷窃，以劫掠怯懦无信仰而著名。常窃取叶儿羌商队之物，所以中国人颇嫌恶此族，视此族中人人皆是罪人，见即杀之。

乞儿吉思人偷盗之习甚深，不仅窃他人，而且窃其同部之物。部中人有被窃者，又转窃他人之物以为报复。其酋长鲜有能管理者。（吴德说）

第五〇章　可失合儿国

可失合儿（Kachgar）昔是一国，今日隶属大汗。居民信奉摩诃末。境内有环以墙垣之城村不少，然最大而最丽者，即是可失合儿本城。

此国亦在东方及东北方之间，居民为工匠商贾。 有甚美之园林，有葡萄园，有大产业，出产棉花甚饶。 有不少商人由此地出发，经行世界贸易商货。 居民甚吝啬窘苦，饮食甚劣。 此地有不少聂思脱里派之基督教徒，有其本教教堂。 国人自有其语言，地广五日程。[1]

兹置此地不言，请言撒麻耳干（Samarkand）。

[1] 可失合儿是中国新疆西端之名城，印度与鞑靼地方暨中国货物往来辐辏之所。 城在天山南麓。 中国人所称天山南路之上，有河流数条从诸山流下，灌溉平原。 所以可失合儿此部较之南方及东南方之沙碛流沙之地丰饶。

此地昔日欧洲人名之曰小不花剌，与天山葱岭以西之大不花剌相对言彼此两地在纪元前屡经中国遣军征服，嗣后为成吉思汗所据。 成吉思汗死后，以此地畀其子察合台。 其最后君主，是在 1665 至 1677 年间君临其地之牙古柏（Yakoub），曾谋脱中国藩属而自立，为左宗棠所讨平。

第五一章　　撒麻耳干大城

撒麻耳干（Samarkand）[1] 是一名贵大城。 居民是基督教徒同回教徒，臣属大汗之侄海都（Kaidou）。[2] 然大汗与其侄交恶。 城在西北方，兹请为君等叙述此城之一大灵迹。

距今未久，大汗之族兄察合台（Djagatai，[3] 君临此地及其他诸地者）皈依基督教。 国内基督教徒见其主奉行其教，因之大欢。 遂在此城建一大礼拜堂，奉祀圣若望巴迪思忒（Saint Jean Baptiste），即以此圣名名其礼拜堂。 有一美石原属回教徒，建堂人取之以承堂中上承堂顶之柱。 会察合台死，诸回教徒颇欲将现在基督教礼拜堂中之柱石索还。 遂互议曰，用善言抑用武力收回此石，此其时矣。 缘彼等人数十倍于基督教徒，其力足以为此也。 乃群赴基督教徒之礼拜堂前，语基督教徒，言欲必得其石。 基督教徒答言，石固属彼等，然愿以金易之。 回教徒言，世上无论何物不足以易，由是彼此争持甚烈。 其主闻声，询得其故，乃命基督教徒能用金偿则偿之，否则退还此石，限期三日执行。

回教徒无论如何不愿以石易金，彼等并知此石若去，礼拜堂必陷。由是基督教徒怒极不知所为，遂祷告耶稣基督，求其庇佑，俾主持圣者若望巴迪思忒之名不在本堂毁坠。 限期既届，某日黎明，忽见其石移出柱下。 时柱离地高有三掌，悬空不坠，与有基础时同。 回教徒虽得其石，然皆丧气而去。 是为此大灵迹之经过。 其柱现仍悬空如故，以迄天主不欲之时。

[1] 撒麻耳干，一古城也，希腊史家名之曰 Marakanda。 亚历山大在宴中手刃 Clitus，即在于此。 回教徒侵略之初，为亚洲名城之一，今日尚为回教徒之一圣地。 帖木儿曾定都于此，其墓今尚可见。 嗣后衰微，至斡罗思人侵略以后，尤在里海铁道建筑以后，始渐恢复其重要。

马可波罗之父叔前赴大汗廷而久居不花剌时，或者曾至撒麻耳干城。 然马可波罗本人从未亲至其地，既无事可述，遂插入此城之一大灵迹以实其书。

案：灵异为人生之一需要。 撒麻耳干悬柱之故事，不仅在欧洲中世纪之著述中见之，中国著述亦见著录。 道院长 Palladius 曾译 14 世纪新疆之一汉文碑文，其中亦言撒麻耳干有一礼拜堂，四大木柱承之，柱高四丈，一柱空悬，下距地面尺余。 （戈尔迭说）

[2] 海都是窝阔台（Ogotai）之孙，而贵由（Gouy-ouk）之侄。贵由死后，大汗位移属拖雷（Tolei）后裔，海都不服，与之争位，共忽必烈争战垂三十年。 1272 年初，马可波罗偕其父叔经过河中（Transoxiane）时，海都即在君临撒麻耳干，后此本书中数言此人。

[3] 察合台是大汗忽必烈之伯父，而非族兄。 盖察合台是成吉思汗之子，而忽必烈是成吉思汗之孙也。 成吉思汗及其后人对于基督教徒固表示优待，卢不鲁克同海屯固言成吉思汗孙蒙哥

汗曾经受洗，然察合台之为基督教徒，无明证也。（马儿斯登注
三〇三）

第五二章　鸭儿看州

鸭儿看（Yarkend）[1]乃是一州，广五日程。居民遵守摩诃末教
法，然亦有聂思脱里派（Nestoriens）同雅各派（Jacobites）之基督教徒。
并属大汗之侄，即前此所言之同一君主是已。[2]居民百物丰饶，然无足
言者，所以置之，请言别一名曰忽炭（Khotan）之州。

[1] 斯文赫定（Sven Hedin）言叶尔羌（Yarkend）之居民患瘿者
四分之三。缘居民用大塘盛水，以供诸用，并饮此水。水既不
洁，故患此疾。此城常为一重要之城，夏之时（Richard）神甫谓其
居民尚有六万。考中国载籍，此地在纪元初三百年间为莎车国，
后隶于阗（khotan）。又考波斯载籍，10世纪末年，可失合儿之一
突厥算端（sultan）以其气候水土之佳，定都于此，建立官室沟渠。
葡萄牙耶稣会士鄂本笃神甫在1603年经行此地时，记述有云：
"此地是一名城，商人商货皆辐辏于此。商队之自迦补尔
（Kaboul）来者，止于此城，复组商队，进向契丹。……其贸易之
物价值贵重者，仅有碧玉（jaspe）。玉有两种，一种较贵，产于和
阗（khotan）河中，采之之法，几与采珠人没水求珠之法相同；别一
种品质较劣，出于山中。"（金尼各〔Trigault〕说）

此物即中国之玉石，Timkowski谓采于河中。块大者对径约有
一尺，小者仅二寸。其重量有至十二磅者。其色不同，有白如雪
者，有绿如翡翠者，有黄如蜡者，有红如银朱者，有黑如墨者，若
羊脂朱斑，或碧如波菱，而金片透露者为尤贵。

叶尔羌南百余公里，有山曰密尔岱，人呼玉山。遍山皆玉，
五色不同。然石夹玉、玉夹石，欲求纯玉无瑕者，则在绝高峻峰

之上，人不能到（钧案：此条原出《西域水道记》）。

昔日叶尔羌城贡玉于北京，每年四千至六千公斤。其习见之母岩为缟玛瑙（onyx），在矿物学中列入无矾土之角闪石类，而常名之曰硬玉（néphrite），西伯利亚亦见有之。

[2] 马可波罗时代，海都领地东抵叶尔羌。忽必烈之帝国，则西起和阗，东尽黄海。

第五三章　忽　炭　州

忽炭（Khotan）一州处东方及东北方之间，广八日程。臣属大汗，居民崇拜摩诃末。[1]境内有环以墙垣之城村不少。然最名贵者是忽炭城，国之都也，故其国亦名忽炭。百物丰饶，产棉甚富，居民植有葡萄园及林园，而不尚武。[2]

兹从此地发足，请言别一名曰培因（Pein）之州。

[1] 忽炭之佛教政府约在980至990年间为博格剌汗（Bogra-khan）所灭。13世纪时，复为乃蛮（Naiman）部长屈出律汗（Koutchlou-khan）暂时恢复。屈出律来自伊犁河畔，灭博格剌汗所建之回教国家（1299年），已而自又为成吉思汗所灭。忽炭境内所发现基督教之唯一遗物，乃是格奈纳儿（Grenard）携还之铜十字架一具。（戈尔迭说）

[2] 忽炭国在纪元前已为中国人所识。烈缪萨曾衷译中国载籍，刊行《忽炭史》。据云，于阗（忽炭）在古代为一大国，唐时并有邻近诸国之地。斥地南至昆仑，北抵天山。国城东有白玉河，西有绿玉河，次西有乌玉河，皆发源于昆仑。

中国之佛教巡礼人曾经行于阗，402年之法显、644年之玄奘，并撰有行记传世。法显《佛国记》云："其城西七八里有僧伽蓝，名王新寺。作来八十年，经三王方成。可高二十五丈，雕文刻镂，金银覆上，众宝合成。塔后作佛堂，庄严妙好，梁柱户扇窗牖皆以金薄。别作僧房，亦严丽整饰，非言可尽。"

颇节引波斯某著作家所记忽炭荒废事云："昔日从忽炭至契丹者，十四日可至。道上城村相望，行人无须伴侣，抑附商队而行。今日则畏喀尔木（Kalmaks）人，放弃此道，改行之道约须百日程。"案：上文所言放弃之道，乃汉之南道。然波罗弟兄曾循此道而至甘肃，至须百日程之长道，乃是贡道。循和阗河北行，逾塔里木（Tarim）河而至今之天山南路。

古于阗城之遗迹，距今日五十年前，曾偶在岳惕汗（Yotkhan）地方发现。掘出古陶器、刻石、货币不少，上勒有世人不识之佉卢（Kharosthi）文字。昔日法显、玄奘所志之佛教遗迹，今皆为回教贤圣之坟墓所据，变为回教徒巡礼之所。1891年时，杜特雷（Dutreuil de Rhins）、格奈纳儿二人曾在玄奘所记之一窟中，发现一篇用桦皮写佉卢文之写本。

此亚洲古迹在昔日名曰岳惕汗，与中国人所称之于阗读音相近。8世纪初年，回教徒侵入时，古迹因之荒废。斯文赫定于1896年二次经行"沙海"（Takla-makan）大沙漠时，曾见此种埋藏沙中之故迹。中有佛像，有世人未识文字之写本，与夫民居之遗迹。

古岳惕汗之居民曾奉佛教，属阿利安（Aryen）族，疑从印度徙此。盖自20世纪初年以来，中亚之发现不少，证明古有一种印度文化，自忽炭渡沙海蔓延至于吐鲁番（Tourfan）也。

斯坦因（Aurel Stein）云："马可波罗所记忽炭之事，上连中国之古记载，下接近代旅行家之行记。所记虽简，然皆确实非虚。即关于人民之性格者亦然，世之经行和阗、抑习知此地之事者，莫不惊其古今性格之完全相类。和阗今仍维持其工业重要，盖由其居民之技术能力及其世传纪律，故仍有出产不少也。"

马可波罗在1272年初东行，经过忽炭时，其地居民繁庶，如记所言。再就其所记，其经行忽炭以东培因车尔成（Tchertchen）、罗布泊（Lop），渡沙漠而至沙州之行程考之，似非当时商队遵循之道途。既言居民臣属大汗，乃据其旅行以后之事而言。 盖其事在忽必烈汗在位之末年，而其经行诸地之时，则在 1272 年也。 时察合台汗国之君主是阿鲁忽，忽炭乃其属地。 阿鲁忽初附海都，至 1282 年始降。 1285 年，大汗始在忽炭设宣慰使，置戍兵，至其邻城鸭儿看，则仍属海都也。

和阗即于阗。 回人呼汉人为赫探，汉任尚都护西域，尝遣其人众于此。 和阗回子皆其遗种，故回子呼之为赫探城。 和阗，赫探之对音也。 其名视时代语言而异，北狄曰於遁，诸胡曰豁旦，《唐书》有瞿萨旦那、涣那、屈丹、豁旦诸名，《元秘史》曰兀丹，《元史》曰斡端、曰忽炭，《西游录》曰五端，据欧洲学者之考订，瞿萨旦那本梵音，隋时佛教盛行，由是有此梵名，屈丹殆为其省译，阿剌壁人则仍保存豁旦名称（以上并见《新疆建置志》第四卷 16 至 17 页）。

宋南渡后役属西辽，辽亡属乃蛮。 1214 年成吉思汗取其地，后以封察合台孙阿鲁忽。 阿鲁忽附海都，海都败，阿鲁忽降（1283 年）。 1285 年正月，立罗不、怯台、阇鄽、斡端等驿。

徐松引《元史》此文，列此四驿于今和阗境内，罗不必是和阗东六七十里之洛浦县治，即斯坦因地图之 Lop-bazar。 怯台疑是玉陇哈什（Yuroun-kach），阇鄽疑是图什罕里克。 斡端即和阗县治额里齐（参看《西域水道记》一卷 27 页）。

其足以证明此种假说者，盖玉陇哈什（假定是怯台）即在和阗六城之中，其余五城名列如下：

（一）额里齐，旧作伊立齐，即今和阗县治也。

（二）哈喇哈什（Karakach），在和阗西。 回语哈喇，黑色；哈什，玉也。 城在哈喇哈什河旁。

（三）齐尔拉（Chira），城在齐尔拉河旁，回语引水入境也。 旧对音作齐喇，又作策勒、作努喇，今作车呼，唐之坎城也。

（四）塔克努喇，唐之次城也。

（五）克勒底雅，旧对音作克里雅（Keriya）。回语意其来而未定之词。汉为扜弥国地，又名宁弥，东汉又名拘弥。10世纪石晋时，高居诲行记名曰安军州，亦唐之兰城也（参看《新疆建置志》四卷17至24页，《西域水道记》一卷27页，斯坦因《和阗沙中废迹》294页）。

此种考订，于研究后此诸章所言马可波罗之行程有知悉之必要，盖可与中国载籍对照也。

第五四章　培因州（播仙）

培因（Pein）州，广五日程，处东方及东北方之间。[1]居民崇拜摩诃末，臣属大汗。境内有环以墙垣之城村不少。最名贵者是培因城，国之都也，有河流经行城下。河中产碧玉（jaspe）及玉髓（chalcédoine）甚丰。[2]（钧案：后文有注[3]，而本文于此处作注[3]，而无注[2]，比对附注，此处实是注[2]，则此下应有脱文。）

君等应知，前述自可失合儿迄于此地之诸州，与夫行将说明前途之诸州，并属大突厥。[4]

[1]此培因城久经近代诸注释家争持未决。斯坦因同玉耳皆以为马可波罗从忽炭至罗布淖尔（Lob-nor），盖取最短一道。此道已在前章注[2]中言及，亦即玄奘东还所取之路途。而培因城即玄奘所言于阗（忽炭）东三百三十里之媲摩城。烈缪萨在其《和阗史》中位置媲摩之距离亦同，且言城在河畔，其河东流入流沙。

杜特雷同格奈纳儿曾取道漠南，自和阗（忽炭）至车尔成。1893年5月4日从和阗首途，历经克里雅（Keriya）、尼雅（Niya）等城，不径向车尔成行，而取Altyn tagh山麓之Kara Say一道。其道虽较远三日，然气候较良，兼可取得肉、乳、大麦等食物。已而循车尔成河行，抵车尔成城。 其行记中未曾著录有媲摩或培因之名，则其只能为克里雅城矣。 盖在和阗及罗布淖尔之间，实仅有此一城也。 英国旅行家 Forsyth、Huntington 等亦持玄奘之媲摩即马可波罗之培因一说。 迨至斯坦因，乃以为在策勒(Tchira)河头之兀宗塔迪(Uzun tati)废址发现其地。 顾马可波罗之里程与玄奘之里程虽有不符，然斯坦因仍取玉耳之考订，以为玄奘之媲摩，即是马可波罗之培因。

马可波罗之行程自西徂东，所经诸站，只能为忽炭至培因，培因至车尔成，车尔成至罗不(Lop)等站之间。 则其培因城应在忽炭东八日程，罗不西十日程之地求之。

马可波罗所循之道途，必是玄奘东还之道途(见后)。 案：玄奘《西域记》曰："王城东三百余里，大荒泽中，数十顷地，绝无蘼草，其土赤黑。 闻诸耆旧曰，败军之地也。 ……战地东行三十余里，至媲摩城。 ……媲摩川东(即策勒河东)入沙碛。 行二百余里，至尼壤城(今尼雅城)，周三四里，在大泽中。 泽地热湿，难以履涉，蕴草荒茂，无复途径。 唯趣城路，仅得通行，故往来者莫不由此城焉，而瞿萨旦那(忽炭)以为东境之关防也。"(《大唐西域记》卷十二)

何以玄奘不言克里雅河殆以其流入此"大荒泽中"，而今克里雅城亦在其内欤？ 《西域图志》名此泽曰叶什勒库勒淖尔(《西域图志》卷二十八)。

玄奘之尼壤城不在今克里雅及尼雅所在之地，疑在前一城之东北，后一城之西北。 顾玄奘著录忽炭、精绝、且末、鄯善诸国之名，皆用梵名，此尼壤一名应亦本于梵语，亦是汉之扜弥、汗弥、拘弥、宁弥，唐之兰城也。

玄奘所载之里程，得以"舆地之里"计之，然亦不尽确实可靠。 不如仿马可波罗之例，以百里当一日程，较为慎重。 兹将此二旅行家所供给之材料综列为表于下。 观此表，可见马可波罗从忽炭至培因需八日，而玄奘则需九日以上。 644 年玄奘经行其地之时，路绝人烟者，殆因经过兵燹所致。 盖636 年时，李靖讨吐谷浑曾进兵至且末以西也。 玄奘记中未言播仙，盖此镇尚未存在。 所循之道，必近南方诸山。 至若马可波罗所循之道，疑在其北。 此道辟于唐人，斯坦因曾在沿路见有堡垒不少。 所以马可波罗亦未言及媲摩、克里雅、尼雅及其他有名诸地。

自忽炭赴罗布淖尔所经诸地	玄奘里程	本书日程	合为公里数
自忽炭至尼壤	五三〇		二三五
自忽炭至培因		八日	
自尼壤至睹货逻故国（汉之精绝，斯坦因之安德烈，本书之培因）	四〇〇		一七八
自睹货逻至古且末城（即车尔成）	六〇〇	五日	二六六
自且末至纳缚波（即汉之鄯善，本书之罗不）	一〇〇〇	五日	四四四

马可波罗所志之培因（Pein），要为一州名，而在忽炭、车尔成两地之间，距忽炭八日程，距车尔成五日程。 考汉以来之载籍，在此两距离点中，仅著录有扜弥、精绝二国。 东汉时扜弥并入于阗。 玄奘曾明言尼壤为瞿萨旦那东境之关防，则只有精绝可当玄奘之睹货逻，与马可波罗之培因矣。 惟是可能参证马可波罗之路程者，不仅玄奘之路程而已，尚有唐代兴复之沙漠南方一道（此道路程见后）。 道中有一要镇，曰播仙，地在精绝境内，而在当时则已并入且末。 至若播仙一名缘何变为 Pein 或 Peim，将俟博洽者之考订。 兹仅言马儿斯登所采之意大利文钞本，写此名作 Poin 同 Poim，则与播仙之对音尤近矣。

此唐代道路，即是汉之南道，中国著作家言及西域者，常据汉代载籍。 据云，敦煌西北为鄯善，当汉冲，出西域者胥由于此。

自鄯善而西，由且末、精绝、扜弥以至于阗，又西北而去莎车（叶尔羌），所谓傍南山波河行，此南道也（钧案：此条出《汉西域图考》卷一）。

《汉书》言自沙州至于阗，尚有别一道，在此南道之南。两道相距百里至三百里不等。发自"阳关，不经鄯善，西自婼羌、小宛、戎卢以至渠勒。又南道之南，所谓僻南不当孔道者也"（钧案：此条亦出《汉西域图考》卷一，原注误以其出于《汉书》）。

《汉西域图考》卷一谓婼羌、小宛、戎卢、渠勒四国今皆沦为戈壁。今和阗境内有一驿名渠勒驿，则此僻南道必不全在南山之中。常循其山麓行，汉、唐之南道常在此道之北，应距南山甚远。此种地域之中，城市河流迁徙无常，道途当亦随之而异。沦没之城市旧名，难免不为新城所沿用，则名虽同而地不必同矣。某注释家云："汉代之要城，在《西域记》中已为无人烟之地，今日情形亦复如是。唐代一切商业中心，今皆沦入沙漠，昔之川流变为今之淖尔，今之淖尔仅有十余，余皆沦于流沙。"

其路程与马可波罗所言之路程尤为接近者，即是《新唐书·地理志》中所载之一段。沙畹（E. Chavannes）曾在远东法国学校校刊1903年刊391页中节译其文。兹再录其文如下，其为马可波罗经行之路程，可无疑也：

"于阗东三百九十里，有建德力河（克里雅河）。东七百里有精绝国。……又于阗东三百里有坎城镇，东六百里有兰城镇。……于阗东距且末镇千六百里。"

"又一路自沙州寿昌县西十里至阳关故城。又西至蒲昌海（罗布淖尔）南岸千里。自蒲昌海南岸西经七屯城，汉伊修城也。又西八十里至石城镇，汉楼兰国也，亦名鄯善。在蒲昌海南（质言之西南)三百里，康艳典为镇使以通西域者。 又西二百里至新城，亦谓之弩支城，艳典所筑。 又西经特勒井，渡且末河(车尔成河)，五百里至播仙镇，故且末城也。 高宗上元(6/4至6/6年)中更名。又西经悉利支井、祆井、勿遮水，五百里至于阗东兰城守捉。 又西经移杜堡、彭怀堡，次城守捉，三百里至于阗。"(《新唐书·地理志》卷四三下)

上引之文，前一段著录有且末镇，在于阗东千六百里，后一段则言有一 "播仙镇故且末城也"，然在于阗东千一百里(播仙、兰城五百里，兰城、于阗六百里，共一千一百里)。 则此两镇非一地，盖相差有五百里，恰合马可波罗从培因至车尔成之五日程，亦近玄奘从睹货逻至折摩驮那之六百里。

其难点盖在"故且末城也"五字。 精绝国在东汉末并入且末，其要城固在且末境内，然不得谓即且末城。 吾人以为《唐书》此处有衍文，盖故且末城只能当唐之且末镇，后之车尔成。 且末常在东，位在且末河上，此且末河必为今之车尔成河无疑。 则播仙镇应在其西五百里求之。 否则必不先著录且末镇名，后著录播仙镇名也。 吾人以为原文殆指宋云行记(518至522年)所著录于阗东八百七十八里之末城，则"故且末城也"应是"故末城也"之误。

《唐书》之文不能确实无误。 沙畹曾摘其误祆井为祆井，误坎城作次城等类舛误，可以证之。

殆因末城与且末城之易于混淆，故高宗改其名曰播仙。 斯坦因曾访安德烈之废址，谓此站存在之时不久。 盖其仅见一古垒民居遗迹，此外别无重要遗物。 939年高居诲使于阗，经行同一道途时，名且末河曰陷河，未言播仙，而径至绀州。 此绀州即汉之扜弥，亦即克里雅故城。 由是观之，此播仙镇名仅一见于《唐书》之理，不难得其解也。

马可波罗仍用旧名者，其故在此。盖数百年后沿用旧名之事，古代与今代，中国与欧洲，悉见有之。马可波罗闻其地土人所保存唐代之名称，因著录之。此例不少见也。如苏州为唐代名称，宋名平江，然在此书中仍名苏州。南京是明代名称，明亡后应名江宁，乃犹名南京，皆其例已。

斯坦因业经说明尼雅、车尔成两地中间之唯一适中驿站，只有安德烈一地。"观其壁垒之迹，以及其中不少具有临时性质而建筑形式相同之房屋，足证其所用之垦殖制度，与诸小窝集（oasis）之未预先计画者不同也"。645 年玄奘自尼雅赴车尔成，十日之间，未见人烟，其事固异。然曾在今日距尼雅四日程、距车尔成六日程之安德烈地方，发现中亚史中著名的睹货逻（Tukhara）故国。据云，"国久空旷，城皆荒芜"，则其为古有居民之地，复经后人所据，至是又荒，明矣。后人在此废址之内发现之佉卢文书，必为纪元 2 世纪或 3 世纪时之物。则在玄奘于缚刍河上所见之月支昔据塔里木河流域以后矣（斯坦因撰《契丹沙中废迹》第一册 306 及 312 页）。

唐初南道重开，其事无疑。然至唐代中叶，迄于西辽之时复闭。元兴，此道重开，当然对于驿站采用唐代旧名，惟并置封国为异耳。既置封国，中央之权力日见减削。所以《元史·地理志》仅著录其地名而已，中国旧名遂为土人名称所代。蒙古人自以彼等之读法读之，由是其名遂完全不可识矣（参考《西域图志》卷三）。

元亡以后，中国与此种藩国之关系，当然日见减少，道途不复有人保护，行人渐稀。播仙镇远处沙漠，当然为首先放弃之一城镇。虽与中国隔绝不常通，唐代名称虽不复于中国载籍，然其旧名仍在本地保存，容有其事也。

[2] 本章所志之碧玉同玉髓，似为五十二章注中所言玉之一种，碧玉古希腊人业知有之，盖为绿色玉髓之一种，在矿物学中，玉为一种无矾土之硅酸盐（silicate sans alumine），玉髓为纯粹硅石，因金锈而有种种颜色者也。

[3] 此段（钧案：原文阙）所言者，盖为中亚不少城市现在尚流行之临时婚姻风习。 Burnes 云：“若一不花剌商人往莅叶尔羌者，辄在其居留时间娶一本城妇女。 商人离此城时，则与其妇离婚（俨同一种贸易）。”在可失合儿城亦有此俗。 幼妇常与行人婚配，无论其留居之久暂也。 哈尼科夫曾言麦失赫的（Mechhed）城中有不少幼妇与人婚配，其时间有仅一月者，有仅一星期者，甚至只有二十四小时者，在本地视之，皆为合法。

戈尔迭引洪廷吞（E. Huntington）主张培因（或媲摩）即克里雅一说，而反对斯坦因之客南（Kenan）考订。 据云：“马可波罗同玄奘所言培因城之事，完全与我行记之文相合。 此文写成已久，关于马可波罗所记临时婚姻之说，我在行记中业已著录有云，其地之妇女以娇丽著名，行人之暂留克里雅者，辄为所惑，弃其家室，而在此地重订婚姻。”

“玄奘谓媲摩西三十里，大荒泽中，数十顷地，绝无蘗草，其土赤黑。 耆旧曰，昔者败军之地也。 ——距今克里雅西十五公里之一窝集，我曾见有若干地亩，每年淹没。 其色深红，盖因一种高二三寸之小植物所致，此外在他处未见相类植物。 玄奘谓其土赤黑，殆指此欤。”

“复次马可波罗言在培因州河中见有玉石，亦与克里雅之情形相符。 至在策勒河及处客南附近其他河中，则否。”（洪廷吞撰

《亚细亚之脉》）

[4]"大突厥"，应指当时操东突厥语之地，即亚洲地图上统名曰突厥斯单者也。大突厥一名之本身，仅指突厥人发源之地，质言之，先徙花剌子模（Kharezm），继徙小亚细亚以前之突厥人房地，犹之世人称徙居秃纳（Danube）河以前之不里阿耳（Bulgarie）及匈牙利（Hongrie）为大不里阿耳、大匈牙利也。中国载籍谓突厥始居天山东南，常夺据天山以南诸地。斥地漠南，东至甘肃，西迄于阗。

第五五章　车 尔 成 州

车尔成（Ciarcian、Tchertchen）[1]是大突厥之一州，处东方及东北方间。居民崇拜摩诃末。有环以墙垣之城村不少。国之都城亦名车尔成，境内河流中有碧玉及玉髓，取以贩售契丹，可获大利。[2]全州之地满布沙砾，自培因达此之道途亦然。所以水多苦恶，然有数处有甘水可饮。军队通过其境时，居民挈其妻儿牲畜逃往沙漠中，彼等习知有水可以生存之处。行后风掩其迹，追者莫知其逃亡之所。

自车尔成首途后，[3]在沙漠中骑行五日，仅见苦水。然更往前行，有一地有甘水可饮。

此地既无他事足述，吾人仍往前行，请述一名曰罗不（Lop）之州。行上述之五日毕，抵一城，名曰罗不。此城在入广大沙漠之处。所以行人于入沙漠之前，必在此城停息。

[1]马可波罗所言之车尔成城，应在今城之西，微在赴克里雅道途之南。现已发现房屋废基。此城建设不能在7世纪之前，盖未经

玄奘著录也。 至其毁灭，则在16世纪之前。（格奈纳儿说）

则此废址应为唐之且末镇矣（参看前章）。 惟据《水经注》，车尔成之古城，位在且末河（车尔成河）东，玄奘名此城曰折摩驮那。

格奈纳儿言曾考查车尔成故城旧迹，见有一废渠遗址，与夫埋藏沙中之民居。 其墙用大砖建筑，今尚完好如故。 除此类砖外，不复见有他物。 盖经其地人民发掘久矣。 又见数穴，亦无所发现。 土人迷信，谓为大风暴所开。 继在 Yantak Koudouk、Tatrang、Ouadjchari 等处，见有相类废址。 后一地在车尔成东北五日程，殆为马可波罗所言之罗不欤。

Tatrang 应是特底朗，一作塔提朗，Ouadjchari 应是凹石硖。案：凹石硖为于阗县（Keriya）及婼羌县（Tcha-rkalyk）分界之处，不应为马可波罗之罗不也。（斯坦因说）

格奈纳儿所言之废渠，曾经斯坦因探测三公里之远。 据云："车尔成河之水，尚不难重行导入此渠。 不幸土地侵蚀已甚，昔日覆地之黄土，皆已无存，仅存细沙而已。 顾河之下流有良田数千顷，可以耕种。 此古渠势难兴复。 ……其地侵蚀之力似乎甚大，盖在此类废址中，常见有不少中国古币，而在此处则不见有一完好者。 仅有若干残片，观其轮廓始知为货币而已。"（前引斯坦因书第一册325页）

Palladius 谓马可波罗之车尔成，在吐鲁番西千里哈刺沙尔（Karachar）境内山中，可当今之扯力昌云云。 考订完全错误。（戈尔迭说）

斯坦因以为据马可波罗之叙述，车尔成以西道上尚未绝人烟。 此事至少在13世纪时如此。 所言居民逃避沙漠一事，显指南山诸

河流之经尼雅赴车尔成道上而入沙漠者。 其河口草原足供沿途散处之居民避难之所，今昔皆然也。（斯坦因说）

剌木学本于此处记述较详，其文如下：

"设有一鞑靼军经过此地，脱为敌军，则尽夺居民之物，脱为友军，则尽取其牲畜宰食之。 所以居民一闻军队经过，即挈其妻儿牲畜逃入沙中距离二日程、有水草可能生活之处。 居民每年刈谷，不藏于其居所，而藏于沙漠之洞窟中，仅逐月取所需之食而归。 藏谷之处，惟彼等自知之。 盖其所过之地，风吹流沙，其迹遽灭，他人不能觅其逃亡之所也。"（剌木学本马可波罗书第一卷第三十四章）

［2］碧玉或玉石，本书第五十二章注［1］业已著录。 敦煌通西域有二关，其一名玉门，殆因此而得名。 欧洲著作家名汉之南道曰"玉道"。 中国载籍云："玉门故址在今之双塔堡乱山子。 由堡西望，南山两塔，北山一墩台，望之如边门大启。 疏勒河西流贯其中。 乱山子卡房左近白石巉岩，细腻如玉。 山上砂石皆白，视之如盐滩。 汉置关于此，玉门之名想即由此而起。"（《新疆图志·道路志》卷二）

［3］d'Anville 谓马可波罗之 Ciarcian，可当今之车尔成，固未详其何所本，然中国之诸考证家皆宗是说。 据云，车尔成一作卡尔羌，一作卡墙，在地图上作车尔成，位置于车尔成河或卡墙河畔。 此诸译名皆且末城或且末镇对音之转也。 由是观之，Ciarcian、车尔成、且末城，盖为一地矣（可参看丁谦之《马可波罗行记考证》、《新疆图志·建置志》四）。

案：其地为汉之且末国王治所，法显西行时，未经此城，径赴媿彝。 北魏宋云西行时经三城，曰左末（即且末），曰末城（即播仙,亦即精绝古都),曰捍麼(即扞弥,亦即古克里雅城,旧在今城之北河右岸)。《大唐西域记》名其城曰折摩驮那。

"《水经注》云,南河又东径且末国北,又东右会阿耨达大水,曰且末河。今戈壁中只有音德尔图河一水,水小而伏,不足以当之。而克勒底雅河,郦注亦未及。窃疑此只一水,汉时则东北流,在且末东入南河,迨后风沙沦没,源改而西,故在扞弥北入大河也。郦注引《西域记》云,阿耨达山西北有大水北流,注牢兰(罗布淖尔)海,阿耨达山即冈底斯山,源出其西北,则当即此一水矣。"(《汉西域图考》一卷25至26页)

案:上说应误,盖阿耨达水既为且末河,则不得为克里雅河。至若音德尔图河,亦即安德烈河,今名阿氏尔干河。此河斯坦因已有详细说明,见所撰《契丹沙中废迹》。

斯坦因曾云,车尔成河下流大有变迁。据中国载籍,昔日流经河流之东北,在塔里木河未成注滨河时,质言之,在南河、北河汇流处之上流注入塔里木河中。"《水经注》云:南河东为注滨河,又东径鄯善国北治伊循城,汉楼兰故地也(其时且末水至且末东合南河,与今异)。又云:其水东注泽,泽在楼兰国北扞泥城。"(《汉西域图考》一卷3页)

据近代之考证,谓卡墙河有三源。"汇为卡墙河。又北流经卡墙西。折而东流,经阿雅奇庄东北,麦奈庄南。又东经古且末国南。又东经塔提朗雅沙拉克狄敏克海之南。又东流经布和拉克东南。折而东北流,经恰盘卡底塔底克(斯坦因之 Chingelik)西北。塔底克东有界牌,为于阗、婼羌交界处。又东北流入婼羌境,经卡墙西。又东流经沙山戈壁之南。又东经婼羌县北,罗布庄南(距县治九十二里)。又东经罗布驿南,又东经七克里克庄东南，入于罗布淖尔。罗布驿北距破城驿九十里。又北距托和奔驿六十里，又北距叶尔羌河尾九十里。卡墙河在和阗河之东，与南河同入罗布淖尔。和阗河汇于南河，与《水经》郦注悉合。西人游历者亦谓此河为且末河。《于阗乡土志》云：此河自发源至卡墙，约一千三百余里。由卡墙入罗布淖尔约千有余里。虽不通舟楫，夏涨而冬不枯竭。李氏恢垣《西域图考》疑且末河即克里雅，不知克里雅之水并不入大河。且《汉书》载且末、拘弥明系两国，李氏以克里雅城当拘弥，又疑克里雅河为且末河，未免自相矛盾。"（《新疆图志·水道志》一23至25页）

"隋末碛路复闭。唐初玄奘归自天竺，太宗遣敦煌人迎于流沙，鄯善人迎于且末（贞观十三年咄陆建南庭，鄯善、且末皆受节度，是二国尚存），而贡道不通。焉耆突骑支请开碛道，为高昌所伐。至康艳典为镇使，乃置城镇。"（《汉西域图考》一卷3页）

此道甫开，历时不久，前已言之（见本书第五十四章）。8世纪中叶复闭。964年继业偕沙门三百人入天竺求经时，未遵此道。其由沙州赴于阗，取道伊吾（哈密）、高昌（吐鲁番）、焉耆（哈剌沙尔），是亦波斯某著作家所言百日程之长道也（见本书第五十三章注[2]，参看 Huber 译《继业行记》，见远东法国学校校刊第二册256至259页）。

第五六章　罗　不　城

罗不（Lop）[1]是一大城，在名曰罗不沙漠之边境，处东方及东北方间。此城臣属大汗，居民崇拜摩诃末。前此已言凡行人渡此沙漠者，必息于此城一星期，以解人畜之渴。已而预备一月之粮秣，出此城后，进入沙漠。[2]

此沙漠甚长，骑行垂一年，尚不能自此端达彼端。狭窄之处，须时一月，方能渡过。沿途尽是沙山沙谷，无食可觅。然若骑行一日一夜，则见有甘水，足供五十人或百人暨其牲畜之饮。甘水为数虽不多，然全沙漠中可见此类之水。质言之，渡沙漠之时，至少有二十八处得此甘水，然其量甚寡。别有四处，其水苦恶。

沙漠中无食可觅，故禽兽绝迹。然有一奇事，请为君等述之。行人夜中骑行渡沙漠时，设有一人或因寝息，或因他故落后，迨至重行，欲觅其同伴时，则闻鬼语，类其同伴之声。有时鬼呼其名，数次使其失道。由是丧命者为数已多。甚至日间亦闻鬼言，有时闻乐声，其中鼓声尤显。[3]渡漠情形困难如此。[4]

兹置此罗不大沙漠不言，请言出漠后所见之诸州。

[1] 罗布淖尔——塔里木河下流因有变迁，罗布淖尔遂徙盆地。Prejvalsky、Kozlov、斯文赫定诸探考家已有证明。诸人就地考察，其说必然可靠。至若彼等对于中国地理学者所言古罗布淖尔之位置而提出之争议，只须钩稽中国载籍，则不难解决之矣。中国载籍对于罗布淖尔之状况，固不乏记述之文，然据吾人所知，尚无专书。所以散见诸书之名，约有十余，第所指者，只此一湖也。斯坦因与中国著作家之意见一致，咸以为今阿不旦（Abdal）、哈剌噶顺（Karakochoun）、哈剌布朗（Karabouran）等湖沼，实为古罗布淖尔之遗迹。

《史记索隐》（《大宛传》）引《山海经》郭注云："河出昆仑……东注泑泽。……泑泽即盐泽也，亦名蒲昌海。"

《史记·大宛传》云："于寘之西，则水皆西流，注西海；其东，水东流，注盐泽。……而楼兰、姑师邑有城郭，临盐泽。"

《汉书·西域传》云："于阗在南山下，其河北流与葱岭河合，东注蒲昌海。蒲昌海一名盐泽者也。去玉门、阳关三百余里。"中国考据家以为此三百余里即千三百余里之误。

《水经注》云："河水又东注于泑泽，即经所谓蒲昌海也。水积鄯善之东北，龙城之西南。龙城故姜赖之虚，胡之大国也。蒲昌海溢，荡覆其国。城基尚存，而至大。晨发西门，暮达东门。澣其崖岸，余溜风吹，稍成龙形，西面向海，因名龙城。地广千里，皆为盐而刚坚也。行人所径，畜产皆布毡卧之。掘发其下，有大盐方如巨枕，以次相累类。雾起云浮，寡见星日。少禽，多鬼怪。西接鄯善，东连三沙，为海之北隒矣。故蒲昌亦有盐泽之称也。……东去玉门、阳关千三百里，广轮四百里。其水澄渟，冬夏不减。其中洄湍电转为隐沦之脉，当其漫流之上，飞禽奋翮于霄中者，无不坠于渊波矣。即河水之所潜而出于积石也。"（《水经注》卷二）

《史记正义》（《大宛传》）引《括地志》云："蒲昌海，一名泑泽，一名盐泽，一名辅日海，亦名牢兰，亦名临海，在沙州西南。"

观上引诸文，足证罗布淖尔名称之多，而近代之罗布泊、洛普池等名称尚未计焉。

《西域水道记》（二卷25至27页）云："《河源纪略》云，罗布淖尔为西域巨泽。其地在西域近东偏北，全受西偏众山。水共六大支，绵地五千里，经流四千五百里。其余沙碛限隔，潜伏不见者无算。以上势揆之，回环纡折，无不趋归淖尔。淖尔东西二百余里，南北百余里。冬夏不盈不缩，极四十度三十分至四十五分，西二十八度十分至二十九度十分。其受水之口今惟一处。《水经注》以为南北二河各自

99

注泽。……乾隆二十三年(1758)，阿果毅公剿沙拉斯、玛呼斯，追禽巴雅尔，道经淖尔。奏言：臣于二月初九日至罗布淖尔，地甚宽广，林木深密。有回人头目哈什哈等投见。据称，伊等现有六百余人，以渔猎为生。四十年前，大兵平定吐鲁番时，将军曾经招抚，赏给缎布茶叶。撤兵之后，为准噶尔所据。近闻大兵平定准噶尔，前年进贡仙鹤。臣等询问罗布淖尔通达何处。哈什哈告称，此水甚大，周行须两月余。准噶尔之叶尔羌、喀什噶尔等处六十余河皆汇于此。臣等沿途登高瞭望，不见崖岸。今大兵两路进剿，恐将来有逋逃贼众，随查明户口，归并额敏和卓管辖。二十六年(1761)参赞舒文襄公以罗布淖尔凡两部落，一为喀喇库勒，一为哈喇和卓，而哈喇和卓又区为五。……其人不食五谷，以鱼为粮，织野麻为衣，取雁毳为裘，藉水禽翼为卧具。言语与诸回不通(注引《西陲纪略》云，泽中有山，回民居之，捕鱼采蒲黄而食，人多寿百岁以外)。今其族凡二百八户，男女千二百六十余口。……每岁吐鲁番郡王遣属受其贡。路由吐鲁番城南三十里哈剌二工屯田而南。又西南五百余里经库穆什大泽东。又南出山(注云，自吐鲁番至出山处，凡六日行)。山阳平沙无人。又三日至小淖尔(案：此小淖尔应是孔雀海，亦名浣溪海，受宽车河水，其面积时有变迁，惟据后引之文，则以其为海都河之下流)北岸，举火为候。淖尔中回人以木筏来迎。小淖尔宽数里，达其南岸。沙地旷远，海气郁蒸，胡桐丛生，结成林箐，即罗布淖尔北岸也。"

《新疆图志·道路志》二(4页)注云：浣溪河"即海都河下游。水宽多芦，行者至此举火，南岸土回见烟来迎。刳胡桐树为槎，广一二尺，联数槎以渡，呼曰卡盆。循浣溪河北岸正西行，荒碛无人。"

又(8页)云:"五十里营盘海子(注云,周约三十余里。海西十里有废垒。西南平沙宽广。相传此处本在泽中,为浣溪河淤沙所埋。疑古时此海与蒲昌海合也)西南四十里浣溪河,渡河东南行四百三十里罗布村(原注:以上二道见《侍行记》)。"

此文所言海西十里之废垒,即是斯文赫定所发现及斯坦因所探考之遗迹,其名曰"古营盘"。斯文赫定离库尔勒(kourla)后,经行库鲁克塔克(Kurugh-tagh)山与宽车河(Kontchedaria)左岸之间。Prejvalsky 所循之路途则异,盖其循塔里木河下流左岸,与宽车河右岸行。既未见有湖沼,亦未见有古代湖沼之遗迹也。

斯文赫定所发现之孔雀海,较之《西域水道记》所记者,业已大为减缩,分为小湖四所。顾地方传说必有根据,似有一未识之时代,北河及宽车河之水大部东流。盖传说曾云,此海为宽车河淤沙所埋也。由是观之,似可结论如下:

(一)中国著作家以为史前之罗布泊是一独湖,面积甚大,北岸抵于斯文赫定所发现之营盘废垒。

(二)史中之罗布泊,其水澄渟,常在湖盆之南端,未曾迁徙,除沿塔里木河之地取水灌溉之外,其面积无大变更。

(三)其在湖盆北端接受宽车河水,面积同地位时有变更之湖,在昔名曰蒲昌海,而今则名孔雀海,其面积则大为缩小云。

中国载籍从未记录有横贯罗布泊之道途,只知有沿湖东西两岸往北行之道途。则波罗等只能由南行,而未经近代不在交叉路上之罗布庄或罗布驿矣。至其所言罗不州之都会罗不城,似只能为唐代之石城。而凹石硖(Ouadjchari)则为唐代之新城。盖石城为镇使康艳典所筑,唐亡以后必为元代所修复,似即今之婼羌县治卡克里克(Tcharkalyk)。格奈纳儿同斯坦因先后已有考证矣。

[2] 罗不城——戈尔迭引 Forsyth 之说云："中国载籍曾著录有罗布泊之存在，第未言有一同名之城。但在中世纪迄于最近时代，此城实已存在，不无证据可凭也。考米儿咱海答儿（Mǐrza Haidar）书，谓此平原之中昔有大城数所，仅有两城名延存于后世。其余则皆湮没沙中，无迹可寻矣。"（玉耳本 194 页注一）

兹二城中之 Kank 城，必是《高居诲行记》中之绀州。至若 Lop，中国载籍或不常以罗不名。顾其常以国名名其国都，则此城应是古之楼兰、鄯善，唐之纳缚波，元之罗不，清光绪以后之婼羌矣。

据格奈纳儿之考订，此城应是近代之卡克里克。盖此城聚处和阗、可失哈儿、乌鲁木齐（Ouroumtsi）、沙州拉萨（Lhassa）等城通道之交叉点上，虽在硗确地带之中，犹保存有相对之重要也。

斯坦因参证此说云："有不少理由使我深信卡克里克在昔日为罗布淖尔全境最重要之中心，与今日情形等。其赖以生存之河流，盖为车尔成以东发源于昆仑山最大之河流。流经平原时，航行之易，较之塔里木河下流为优。……玄奘所志车尔成东北千余里之纳缚波故国，或楼兰地，世人且不能将其位置于他所。中国载籍所载自汉迄唐关于楼兰、鄯善诸文，举不胜举。考其方位，皆足证明楼兰或鄯善之中心为今之卡克里克也。"（上引之斯坦因书第一册 343 页）

楼兰、鄯善之名时常互称，然非指一地。鄯善之称始于汉元凤年间（前 80 至 74）。"元凤四年（前 77），霍光白遣平乐监傅介子往刺其王……更立王弟尉屠耆在汉者……更名其国为鄯善。"当国名变更之时，汉遣将吏屯田于伊循城。此城常名新城，与名曰东故城之旧都扜泥城相对言（《汉书·西域传补注》13 至 14 页）。

102

"斯文赫定在彼信为古罗布泊之废迹中，发现汉文简书若干。据其考证，以为此类废城即是纪元前中国史书中有名之楼兰或鄯善城。然经沙畹纠驳，谓此地不得为楼兰本国。案：罗布淖尔古名楼兰海者，亦名牢兰海。又案：罗布泊南之新城，与玄奘之纳缚波，不能谓无关系。盖纳缚为梵语 nava 之对音，犹言新也。复次玄奘之纳缚波（Navapa）同马可波罗之 Lob 或 Lop，得为一种音转。楼兰与牢兰，纳缚波与罗不，是否有其关系？一种土名在何种限度中有此变化？纳缚波是否为近代罗不名称同古代楼兰或牢兰名称之梵语化？抑中世纪时之罗不出于玄奘纳缚波？是皆今日可以提出之问题，而待将来之解决者也。"（伯希和说，见远东法国学校校刊第六册 371 页）

斯坦因（上引书第一册 449 页）对于此细密的论证未作答复。仅云："就密远（Miran）地方发现之西藏文文件所著录之不少地名审之，其收获之富，可期以待也。兹仅就其中著录之一二名称言之，有 Cher-chen 者，应是近车尔成名最古之著录（车尔成即昔之且末城，已见本书第五十五章注[3]）。又有那不（Nob）者，显然上承玄奘之纳缚波，下接马可波罗之罗不。昔日西藏人既名密远为大那不，则其小那不应是卡克里克。此种判别，恰与《汉书》扜泥、伊循之判别相合，而此二城殆为今之密远、卡克里克矣。"

中国载籍似位置扜泥于今阿不旦（Abdal）北数里。至若伊循，则皆位置于罗布泊之南岸，《新疆图志》以为在罗布驿附近。然无论如何，纳缚波、那不、罗不皆为同名异称，毫无可疑也。

案：罗布之地，隋时名曰勒木丕，《西域图志》（十四卷 7 页）谓即唐之蒲昌县治，然吾人未敢必隋时之勒木丕（即唐时之蒲昌）即马可波罗之罗不。盖勒木丕在今都纳里附近，在辟展西南二百八十五里，在罗布泊东北四百里也。

今之辟展，乾隆时设鄯善县治，曾误以其地为鄯善故国。《汉西域图考》（二卷 5 页）已驳其说云："乾隆准部之平，诸臣拟汉诸国，以辟展当鄯善。盖以今之南路当昔之南路，地多戈壁，险亦相符。夫当之可也，直以辟展为鄯善，相去千余里，亦既俱矣。"

斯坦因离密远以后，曾寻求马可波罗之行程至于沙州。据云："吐番（即西藏）势力在此广大山地之北消灭以后，密远必促然失其重要，盖处畏吾儿（Ouigour）时代，最初回教徒时代及蒙古时代，商货之由和阗古道及其他南方诸城运赴敦煌及中国内地者，宁径赴卡克里克也。由是可解马可波罗未言密远之理。"（前引斯坦因书第一册 451 页）

[3] 罗不沙漠——此处所言之奇异现象，未经昔人解说，盖为沙中蜃气。复益以民众之臆想，致使千百年来之旅行家眩惑于脑中也。法显曾云："沙河中多有恶鬼热风，遇则皆死，无一全者。上无飞鸟，下无走兽，遍望极目，欲求度处，则莫知所拟，唯以死人枯骨为标帜耳。"（《佛国记》）

《汉书·西域传补注》（卷上 15 页）引《魏书》云："且末西北方流沙数百里，夏日有热风，为行旅之患。风之所至，唯老驼豫知之，即鸣而聚立，埋其口鼻于沙中。人每以为候，亦即将毡拥蔽鼻口。其风迅驶，斯须过尽。若不防者，必至危毙，是即通精绝之路也。"

《西域水道记》（三卷 23 页）云："《史记正义》引裴矩《西域记》云，盐泽四面危，道路不可准记。行人惟以人畜骸骨及驼马粪为标验。以其道路恶，人畜即不约行。曾有人于碛内时闻人唤声。不见形，亦有歌哭声。数失人，瞬息之间不知所在。由此数有死亡,盖魑魅魍魉也。斯鬼魅碛所由命名钦。"

上引中国载籍所著录之沙漠,常指敦煌、辟展间曰流沙、曰盐碛、曰噶顺之地。顾适于此者亦适于彼。玄奘往还时皆见有相类现象。此种现象不仅新疆有之,他处亦然。Pline l'Ancien 亦曾言有人在非洲沙漠中见鬼魅出没。近代之旅行家亦谓什澳洲及阿富汗之沙漠中闻鼓声及其他乐器声。其实乃为风过或商队过沙碛移动之声,抑因沙漠中之气候日升夜降,反响及于远处,别无他故也。

[4]马可波罗经行沙漠之路程——马可波罗虽未言所取何道,然在罗不、敦煌仅有两道,即汉之南道、北道是已。

汉南道久湮没。1877 年刘锦棠曾专遣员弁裹粮探路,循汉故道,各有图记。终以沙水沮洳,深陷马足,难于通行,此道竟沦废矣(《新疆图志·道路志》一 4 页)。

兹取《新疆图志·道路志》三(8 至 13 页)所载之两道审之,辅以斯坦因著录之地名,俾世之考订马可波罗行程者有所取舍焉(以下括弧中皆录原注)。

北道出敦煌西门,渡党河,西北行戈壁,七十里碱泉,五十里大泉,四十里大方盘城(废垣无人,汉玉门关故地也),四十里小方盘城(废垣高丈余,长四五十丈,无居民),三十里西湖(一名后坑,在边墙遗址,及烽墩数十。晋法显《佛国记》,敦煌有塞,东西八十里。《十六国春秋》,李暠修敦煌旧塞),七十里清水沟(以上六站有水草,惜多咸)。折西北七十里芦草沟(水咸,北有小山,西为大沙漠,杳无人迹,迷人如醉,即汉之白龙堆沙也)。西行六十里五棵树(Besh-toghrak,有胡桐五,掘地得泉,砌堆立杆,书"五棵树新泉子",即以为地名)。西南行(过小土冈),六十里新开泉。西行七

105

十里甜水泉(Kosh-kuduk)，六十里沙沟(Kum-kuduk，掘井得咸水，南望沙漠无际，北百里外有小山，如弦月，长数百里，敦煌县界止此)。西南行八十里星子山(皆碱滩，有土阜数十，远望若星，有柴草，无水)，八十里土山台(潮碱戈壁，途中兽迹纵横，有土堆如颓废城郭，汉楼兰国东境也。西南有山，有柴草，无水，掘井咸)。西北七十里野牲泉(沙碱，有红柳芦草，泉味苦，野牲多饮于此，南有山)。西九十里咸水泉(途中有土墩，形如墙，高数尺或一丈，均已生碱，咸泉在沙坡下，坡旁可挖窑洞)，九十里蛇山(先行四十里，路北坡下有水苦浊，南皆沙漠。东西北皆碱滩。又五十里路南有坡可挖洞，下有咸水，红柳，柴草，南有山如蛇)，九十里土梁子(先行沙地三十里，又碱滩四十里，又盐地二十里，路南有坡，下有柴草、咸水，北望皆沙漠)，七十里沙堆，八十里黑泥海子(Karakochoun nor，先西行三十里，过沙阜。又西北二十里碱滩，有废屋基。导者云，咸丰时，此地亦为水，回民渔于此。今淤于碱地。又西南三十里黑泥海子，即罗布淖尔东南隅也，水畔沮洳，人马难近，水咸有芦草)，四十里芦花海子(沿途碱块坚如石，驼蹄流血，以上二十站无人，皆堆石立杆题字。按《水经注》，蒲昌海水积鄯善之东北，地广千里，皆为盐而刚坚，故有盐泽之称。东去玉门、阳关一千三百里，广袤三百里。今据刘清和云，罗布淖尔水涨时，东西长八九十里，南北宽二三里，或一二里，及数十丈不等)，九十里阿不旦(回民十余户，以捕鱼游牧为生。以上一千四百里，路平可通车。正北三日行有古城，疑是楼兰故都扞泥城。《水经注》龙城，故姜赖之虚，蒲昌海溢，汤覆其国)。西北四次渡河(塔里木河下流)，六站(皆有回民)，共五百十五里都纳里(唐西州蒲昌县境也)。东北九十里浣溪河(开都河自博斯腾淖尔溢出之下流东注者也)，又七站(戈壁无人)，五百七十里阿节克，九十里鲁克沁。 西北一百里吐鲁番(安西，出玉门至此三千有三十五里，汉车师前庭也。 由此随北山波河西行与今驿路合)。

案： 前道沙沟以西，非斯坦因所循之道。 偏南别有一道，即斯坦因之所经也。 此道亦经《新疆图志·道路志》二(7 页)著录。 自卡克里克行六十里至羊打石卡，九十里铁列苦里，九十里密远庄(Miran)，五里破城子(遗址周里余，疑即汉鄯善国之伊循城)，三十五里咸水沟(Sadik)，五十里墩拉口(Donglik)，一百二十里穷得力克(Chindailik)，一百一十里拉乌斯(Lowaza)，五十里火石镰子(Koshe-Langza)，接甘肃敦煌西南支路(商贾至于阗，亦有由此往来者)。

南道自敦煌至和阗，路线过长，未能遍举站名，兹仅列罗布淖尔以东诸要站而已。

敦煌西南一百四十里出阳关，一百四十里胡卢斯台(有通大方盘城路)，一百八十里野马泉，一百四十里龙尾沟(敦煌界止此)，四百○六里红柳沟卡(卡东南二百十五里葛斯池，为赴青海要道。 按以上所经，道北皆汉楼兰国地，道南皆汉婼羌国境)，三百四十里密阮(即密远。 至此有古城，周三里。 北距罗布淖一百里，疑即汉鄯善国之伊循城)。 西行一百里卡克里克(古城周十五里。《新唐书·地理志》： 七屯城西八十里石城镇，汉楼兰国亦名鄯善。 《西域记》： 折摩驮那国即沮末城，东北千余里至纳缚波国，即楼兰也。 唐以后沦入沙漠，近百年来始渐开辟。 今有回民百余户。 又按，今呼罗布，乃纳缚波之合音也)，二百里凹石峡(有古城，周三里，盖唐之努支城也)，四百里卡墙(车尔成)。 卡墙以西有二路，偏南者傍山多险，偏北者在碛中较平。

第五七章　唐古忒州

在此沙漠中行三十日毕，抵一城，名曰沙州。[1]此城隶属大汗。 全州名唐古忒(Tangout)。[2]居民多是偶像教徒，然亦稍有聂思脱里派之基督教徒若干，并有回教徒。 其偶像教徒自有其语言。 城在东方及东北方间。 居民恃土产之麦为食。 境内有庙寺不少，其中满布种种偶像，居民虔诚大礼供奉。 例如凡有子女者，为偶像蓄养一羊。 年终或偶像节庆之日，蓄羊者挈其子女携羊至偶像前礼拜。 拜后，烤煮羊肉使熟，复礼奉之于偶像前陈之。 礼拜祈祷，求神降福于其子女。 据云，偶像食肉。 供奉既毕，取肉还家，延亲属共食。 食后谨藏余骨于匣中。

君等应知世界之一切偶像教徒皆有焚尸之俗。 焚前，死者之亲属在丧枢经过之道中，建一木屋，覆以金锦绸绢。 枢过此屋时，屋中人呈献酒肉及其他食物于尸前，盖以死者在彼世享受如同生时。 迨至焚尸之所，亲属等先行预备纸扎之人、马、骆驼、钱币，与尸共焚。 据云，死者在彼世因此得有奴婢、牲畜、钱财等若所焚之数。 枢行时，鸣一切乐器。

其焚尸也，必须请星者选择吉日。 未至其日，停尸于家，有时停至六月之久。

其停尸也，方法如下： 先制一匣，匣壁厚有一掌，接合甚密，施以绘画，置樟脑香料不少于匣中，以避臭气。 旋以美丽布帛覆于尸上。 停丧之时，每日必陈食于枢前桌上，使死者之魂饮食。 陈食之时，与常人食时相等。 其尤怪者，卜人有时谓不宜从门出丧，必须破墙而出。 此地之一切偶像教徒焚尸之法皆如是也。[3]

兹置此事不言，请言此沙漠西北极端之别一城。

［1］沙州在此沙漠之东界，622年唐代始置沙州。 前此则为汉代以来之戍所，名曰敦煌，与今名同。

此城为和阗、可失合儿、准噶尔等道发足之所，故始终皆甚重要。 其通道除前述罗布淖尔南汉之两道外，别有一道径通青海（Koukou-nor），又有一道西北通吐鲁番。 更有一道通哈密，乾隆时往来最频，名曰西道，与安西州通哈密之东道并行（参看《西域图志》九卷5页）。

"1820年时，曾谋通沙州、和阗之古道，遣十人自和阗探道至于沙州。 经行沙漠月余，不见人烟道途，然到处皆有水草。 ——沙州有鸣沙山，马可波罗未曾言及。 ——马可波罗时代（1292），忽必烈恐诸叛王之来侵，曾徙沙州居民于内地。 1303年，其嗣帝置戍兵万人于沙州。 其后不久，设谷仓，以供沙州至准噶尔一带屯戍之食。 乾隆时大殖民于敦煌，1830年人民有十万。"（Palladius撰《马可波罗书疏证》5页）

今日敦煌为中亚之一良好窝集，位在南山下。 党河经过其境。 拔海高度一千一百一十公尺。 辖地约有二百五十方公里。 中国人民比较尚密。 近年因斯坦因、伯希和二人在千佛洞发现古藏写本及技术作品，其名大显于世。

［2］唐古忒一作唐古惕，亦作唐古特。 此族建立之国名曰西夏，处黄河之西，故亦名河西。 立国始982年，迄1227年，为成吉思汗所灭。 其都城在今之宁夏。 马可波罗后在本书第七十二章将别有说明。

［3］马可波罗在本章所记者，多与中国之风俗相符。 至焚尸之风，现已完全消灭。 马可波罗抵肃州，初入中国，见有焚尸之事，故后此常言之。 此俗后在云南似尚存在。 卫匡国（Martini）神

甫已有记录（见 Thévenot 辑《种种奇异行记》第三册 195 页）。

第五八章　哈　密　州

哈密（Camul）州昔是一国，境内有环以墙垣之城村不少，然其要城即是哈密。[1] 此州处两沙漠间，一面是罗不大沙漠，别一面是一广三日程之小沙漠。 居民皆是偶像教徒，自有其语言。 土产果实不少，居民恃以为生。 其人爱娱乐，只知弹唱歌舞。 设有一外人寄宿其家，主人甚喜，即命其妻厚为款待，自己避往他所，至外人去后始归。 外人寄宿者，即有主人妻作伴，居留久暂惟意所欲，主人不以为耻，反以为荣。 妇女类皆美丽，全州之中皆使其夫作龟（cornards），其事非伪也。[2]

蒙哥汗在位辖有此州之时，闻此风习，命人禁绝，犯者严惩。 居民奉命忧甚，共醵重币以献，请许保其祖宗遗风。 且谓赖有此俗，偶像降福，否则彼等不能生存。 蒙哥汗乃曰：“汝等既欲耻辱，保之可也。”于是放任如故，至今尚保存此恶俗也。[3]

兹置哈密不言，请言西北方与北方间之别一州。 此州隶于大汗，名曰许许塔剌（Chiuchiutala）。

[1] 哈密，汉名也，乃蒙古语 Khamil 之对音，突厥语曰哈木尔，即马可波罗 Camul 之对音也。 汉时中国人建此城。 最初居民来自罗布淖尔之鄯善。 初名伊吾，隶于蠕蠕。 隋取其地，自是以后始终隶属中国。 五代时名胡卢碛。

此窝集虽不在波罗等赴契丹之通道上，马可似曾亲至其地，观后章所言石绵一事，可以证之。 彼云亲见此种石绵，顾欲赴乌鲁木齐、巴尔库勒（Barkoul）两地中间采取石绵之所，必须经过哈密。 波罗等赴其地时，似在本书第六十一章所言停留甘州之一年中矣。

哈密之西，赴吐鲁番途中，为西域两道分道之所。一道沿天山南麓行，抵于可失合儿，曰天山南路。别一道较为重要，曰天山北路，经行乌鲁木齐抵于伊犁之丰富牧场。其地盖为中国易与欧洲交通之唯一门户。昔日东方民族之侵略或迁徙西方者，皆聚集于此。匈奴、汉人、突厥、回纥（畏吾儿）、蒙古皆曾由此经过。其地横断两沙漠间，为将来黄河通额尔齐斯（Irtich）河铁道必经之路。两千年前已属中国，则其必欲保守此地，其故不难知也。

哈密因此地势之关系，尚保存其重要，尤以在军事方面为重。窝集之地宽广虽不逾二十公里，然水草丰美，垦殖灌溉适宜，出产大麦、燕麦、小麦、粟米，尤以所产之瓜著名于中国，昔日曾贡于京师。

［2］颇节本作"所以全州之人蒙其妻之辱（honni），诚如君等之所闻"。地理学会法文本 honni 作 aimi，必是传写之误。拉丁文本作 bezzi，意大利文本作 bozzi。案：bozzi 一字，非意大利语，亦非下拉丁语，盖为新创之字以译 honni 一字者。缘意大利字书训 bozzi 字之意作龟（cornards）也。

至若此种蒙耻而必欲保存之风俗，确非马可波罗之妄言，盖其在一百十六章中亦著录土番东边居民有此风也。距马可波罗百年前，有洪皓者，使女真被留。归撰《松漠纪闻》，亦言畏吾儿人有此风俗。此外古代苏格兰（Ecosse）人风俗并同。今日仅在堪察加（Kamtchatka）附近及其邻近有一号称文明豪侠之民族中，尚见有此风习，盖用此法以改良其种族也（参看上引 Palladius 书 6 页）。

［3］Elphinstone 曾言迦补尔（Caboul）北方山中有 Hazareh 民族者，出于蒙古之部落也，亦有此俗。蒙哥汗欲禁绝之，全部人恳求

勿禁，盖此为其祖宗遗风，赖有此风而神灵降福也。

Pétis de la Croix 撰《成吉思汗史》，曾引东方著述中所保存此汗之法典条文云："第十八条，法律禁止通奸，许将犯奸者当场杀之。土番东部居民以其国献妻侍友之风盛行，数请勿禁。此汗许之。顾不欲此风为其他臣民所染，遂同时谓具此恶俗者为贱民。"（颇节本158 页注三）

第五九章　欣斤塔剌思州

欣斤塔剌思（Chingintalas）[1]州，亦在沙漠边地，处西北方与北方间，广十六日程。隶属大汗。境内有环以墙垣之城村不少。居民有三种，曰偶像教徒、曰回教徒、曰若干聂思脱里派之基督教徒。此州北边有一山，内藏良钢与翁苔里克（ondanique）之矿脉。[2]君等应知此山并有一种矿脉，其矿可制火鼠（salamandre）。[3]

须知此火鼠非兽，如我辈国人之所云，实为采自地中之物。其法如下：

由其性质，此物非兽无疑，盖凡动物皆为四元素所结合，不能御火也。马可波罗有一突厥伴侣名称苏儿非哈儿（Surficar），广有学识，为大汗尽职于此地者三年。采取火鼠以献大汗。据称，掘此山中，得此矿脉。取此物碎之，其中有丝，如同毛线。曝之使干，既干，置之铁臼中。已而洗之，尽去其土，仅余类似羊毛之线，织之为布。布成，色不甚白。置于火中炼之，取出毛白如雪。每次布污，即置火中使其色白。

上所言关于火鼠之事皆实，土人之言亦复如此。其言有异者，则妄言也。君等应知大汗曾将一极美之火浣布献之罗马教皇，以供包裹耶稣

112

基督圣骸之用。

兹置此州不言，请言东北方与东方间之其他诸地。

[1]诸本著录此州之名各异，有作 Cincitalas、Chinghintalas、Chinchitalas 等写法者。有析其字为二，作 Chingin talas（Berne 城写本）、Chinghin talas（Cigogna 藏书中之写本）等写法者。写法既异，方位不明，且不见他书著录，考订其地颇不易也。

东方学家讨论此名已久，其说非一。De Guignes（《匈奴全史》第一册卷首 12 页）假定 Chingintalas 为鄯善。据云："中国载籍谓此国名曰楼兰，一名鄯善。在哈密之南，古为小国，都扞泥城，在罗布淖尔附近。全境皆沙碛，鲜沃土。人民一千五百户。寻牧地以饲其驴马骆驼，取食于邻国，风俗与国境东南土番民族同。……我以为马可波罗所言大沙漠附近有聂思脱里教徒、回教徒、偶像教徒之 Chin-chin-talas 州，应位置于此。"此种解说似基于 Chen-chen 同 chinchin 两名音读之相近。顾据本书第五十五及第五十六两章所志，鄯善位置在罗布泊南，而马可波罗所言之 Chingintalas，乃在哈密之北，而不在其南也。但马儿斯登仍采此说，并以鞑靼蒙古语释 tala 之义曰平原，talai 或 dalai 之义曰海、曰大湖（见原注三四一），则 tala 为通名矣。Klaproth、Vambery、Palladius 等并以此说为然。顾据中国著作家之说，tala 具有二义。

《西域水道记》一卷 21 页乌沙克塔勒军台下注云，回语乌沙克，小也；塔勒，柳树也，其义一。又同书二卷 28 页鄂敦塔拉下注云，蒙古语塔拉，平甸也，其义二。Palladius 以为马可波罗位置此州于一沙漠南，假定其在沙州、安西州中间道上，疑是赤斤之地。"案：赤斤湖名，今有一碛尚与此湖同名。明代于嘉峪关外置赤斤卫。嗣后明代载籍皆有赤斤蒙古一条。则马可波罗所言之地或是赤斤。 惟其距离不合，盖赤斤距肃州二百五六十里，而马可波罗则谓有十日程。 则欲解释其纷歧之理，为说有三。 一说欣斤塔剌思非赤斤，一说马可波罗记忆错误，一说所志日程有误。 今以后二说为然，缘相类难题数见于马可波罗书也。”（前引 Palladius 书 7 至 8 页）

案： 唐置安西都护府于西域，宋改镇西都护府。 西域、安西、镇西、新疆，皆为同名异称，镇西今尚为新疆之一县名，县在哈密西北三百里，即巴尔库勒（Barkoul）是已。 昔日 Bürck、Murray 等注释家亦曾注意到此镇西之名。 惟 Neumann 则以乾隆三十八年（1773）始设镇西府于巴尔库勒，不得上溯至于马可波罗时也。

马可波罗似曾亲莅此州。 吾人所译颇节本中固无明文，然地理学会本第六十章 58 页云：“我有一同伴名苏儿非哈儿（Surficar），博有学识之突厥人也。 曾居此州三年，为大汗采取此火鼠及翁苔里克暨钢。 盖大汗遣官治理一地及采取火鼠，其期常为三年。 此同伴曾告我采取之法，而我曾亲见之。”细读此文，可作下列诸解：

（一）此州之方位在哈密之北与西北，诸本中哈密条后皆有此著录。 玉耳以其对沙州而言，误也。 考其方位，应在巴儿库勒湖附近，博克达山（Bogda-ola）一带。《元史》曾著录此山出产火绒也。

（二）此州北边与一沙漠连界，此文仅拉丁本中有之，即 Müller 本，亦即马儿斯登翻译此章所用之本是已。 其他诸本语皆含糊不明。

（三）至其广袤，最古法文本仅云广十六日程。 其他较近本如 Müller 本之类，乃云长十六日程，则指东西向而言矣。 然未有一本言此距离之起点始于哈密或始于沙州。 由是观之，此州东西长有四五百公里矣。

（四）吾人不能思及今之哈剌沙尔，古之焉耆。剌木学本第六十章（此本第六十二章）曾云："以上著录之州城，若沙州、哈密、欣石塔剌思（Chinchitalas）、肃州、甘州、亦集乃（Etsina）者，并属唐古忒大州。"顾唐古忒境界未至天山之南，而哈剌沙尔北无沙漠，亦不与哈密接界也。

（五）马可波罗所言者，亦不得为科布多或准噶尔，盖此地在当时为忽必烈同海都、阿里不哥（Arikbouga）等诸宗王相争之战场，马可波罗往来皆未经其地也。

准是以观，欣斤塔剌思似是今之巴儿库勒（钧案：此后沙海昂假定此州名是柔然、铁勒两名之合称，于是历引史传以证其说，似乎过于凿空，今删）。

［2］翁苔里克已见本书第三十四章及第三十八章著录。

［3］火鼠（salamandre）即古希腊人之石绵（amiante）或石绒（asbeste）。此处所言采取之法，颇与古籍所志相符。今日出产最多之地，在欧洲、西伯利亚、山东等处。古时多取之于印度，用之作灯心，因其不消耗，故有 asbestos 之名。并用以作要人焚化时裹尸之布。

中世纪时人以此矿质出产于蝾螈（salamandre）之身，致有火鼠之谣，马可波罗故辟之为妄言也。

中国人之识石绵久矣，其名曰火浣布。"遇火不燃之布也。其说不一。《列子》：火浣之布，浣之必投于火。布则火色，垢则布色。出火而振之，皓然疑乎雪。《抱朴子》：海中萧丘，有自生火，常以春起秋灭。木为火所焚而不糜。取此木叶绩为布。其木皮赤，剥以灰煮，治以为布，但粗不及叶。俱可以火浣。按《汉书》作火㲲，西南夷以为贡品。 《十洲记》谓为火鼠之毛所织。 《庶物异名疏》引《元史》，别怯赤山出石绒，织为布，火不能然。谓此布即石绒所织。 《野客丛书》谓又有以木皮织成者，莫能指实矣。"（见《辞源》巳集 175 页）

上引《元史》之文，见本纪卷六至元四年（1267）十月下云，"辛酉，制国用司言别怯赤山石绒织为布，火不能然，诏采之"。 此别怯赤山《新元史》谓即博克达山，姑无论其说审否。 马可波罗所言之山，要必为乌鲁木齐东方之火山区域。 "乌鲁木齐东西之山最高峰，相距约有二百五十公里，东方高峰名曰博克达，西方高峰名曰哈敦博克达（Hatun-Bokta）。 彼此似皆属火山系，而博克达山则代表吐鲁番古国境内之天山。"（见 A. de Humboldt 撰《中亚细亚》第二册356 页）

此山见于中国载籍之文，首有《王延德行记》云："北廷北山中出硇砂，山中尝有烟气涌起，无云雾，至夕光焰若炬火，照见禽鼠皆赤。 采者著木底鞋取之，皮者即焦。 下有穴，生青泥，出穴外即变为砂石，土人取以治皮。"（《宋史》卷四九〇）

中国载籍亦名博克达山曰灵山，《二十一史约编后编》（73 页）引陈诚《使西域记》，述此山所产石绒事云："永乐中，员外陈诚使至其国。 诚言城西北百里有灵山最大，土人言此十万罗汉涅槃处也。 近山有高台，台旁有僧寺，寺下皆石泉林木。 从此入山，行二十里至一峡。 峡南有小土屋。 屋南登山坡，坡有石屋。 屋中小佛像五。 前有池，池东有山，石青黑，远望纷如毛发。 土人言此十万罗汉洗头发处也。 循峡东南行六七里，登高崖。 崖下小山累累，峰峦秀丽，罗列成行。 峰下白石成堆，似玉轻脆，不可握。 堆中有若人骨状者，甚坚如石。 文缕明析，颜色光润。 土人言此十万罗汉灵

116

骨也。 又东下石崖，崖下石笋如人手足。 稍南至山坡，坡石莹洁如玉。 土人言此辟支佛涅槃处也。 周行群山，约二十余里，悉五色砂石，光焰灼人。 四面峻壑穷崖，天巧奇绝，草木不生，鸟兽鲜少云。"

张君星烺以所检出之《辍耕录》一条见示，其文曰："回纥野马川有木曰锁锁，烧之，其火经年不灭，且不作灰。 彼处妇女取根制帽，入火不焚，如火鼠布云。"张君云此条所志之物，与马可波罗所记同，只能为石绒也。 如能发现野马川在何地，是不难考订马可波罗所言之州之方位云。

第六○章　肃　　州

从前述之州首途，[1]在东北方及东方间骑行十日。 道中毫无民居，虽有亦等若无有，所以在本书中无足记者。

行此十日毕，抵一别州，名曰肃州(Suctur)。 境内有环以墙垣之城村不少，而其要城即名肃州。[2]居民是基督教徒或偶像教徒，并臣属大汗。

前此所言之三州，并属一大州，即唐古忒也。[3]

如是诸州之山中并产大黄甚富，商人来此购买，贩售世界，居民恃土产果实为活。[4]

兹置此事不言，请言别一城，其城名曰甘州。

[1] 马可波罗于夹述哈密、巴尔库勒两地以后，在其行记中接述东方及东北方之地，则此章之方向乃继沙州而言也。

[2] 马可波罗写此州名作 Suctur，其为今之肃州无疑。 1607 年

时葡萄牙耶稣会士鄂本笃（Goës）喜闻其已达印度传教会同中国传教会接境而病殁之处，即此地也。

马端临云："肃州旧月支地，后匈奴居焉。汉武开之，置酒泉郡（城下有泉，其味如酒）。后汉、晋皆因之。西凉武昭王李暠迁都于此。后魏亦为酒泉郡。隋初郡废置肃州。炀帝初州废，以其地入张掖郡。唐复置肃州，或为酒泉郡，属陇右道。广德（663）后没吐番。大中五年（852）收复。"（《文献通考》三二二卷44页）

肃州为边境之一商站，古今皆为一富庶要城。马可波罗未详述者，殆因此城自经1226年蒙古人残破以后尚未恢复也。先是成吉思汗自西域还，怒唐古忒王不以兵助，遂蹒沙州、宁夏中间之地。怒肃州城民拒守，破其城，尽杀男妇老少（参看Palladius书8至9页）。

肃州西三十四公里有嘉峪关，此关建于洪武（1368至1399）初年，马可波罗时尚未存在。1420年沙哈鲁（Chah-Rock）使臣始传播此"契丹关口"之名于西方。关南十六里白大河畔，为世人习指为长城之终点。然至斯坦因考察以后，始证明其为后日之建筑。原来汉之长城延至安西沙州，其西且有烽燧延至塔里木河下流右岸。

[3]《海都补传》云："海都，太宗（Ogodai）合失子太祖（成吉思汗）征西夏，合失生。（太祖凡五征西夏，不知何役，当在是前）。西夏为河西地，蒙古称河西音似合失，转音为合申，名以合失，志武功也。合失嗜酒早卒，太宗痛之，自此蒙古人讳言河西，惟称唐古忒。"（《元史译文证补》十五卷1页）

唐古忒地昔日领地周围有二万余里，有州郡四十四（见《宋史》四八六卷22页）。南界大通河，东有长城以北河套之地，北至阴山。剌失德丁所志境界与此相符，亦云其境南起巴颜哈剌（Bayan-khara）山，北抵天山，西尽沙漠。

此唐古忒数因成吉思汗之进攻而得名。兹录《元史》本纪卷一志成吉思汗诸役之文于下：

（一）王罕败后（事见本书第六十七章），其子鲜昆逃河西亦集乃之地。乙丑（1205），帝征西夏，拔力吉里寨，经落思城，大掠人民及其橐驼而还。

（二）丁卯（1207）再征西夏，克兀剌海城。

（三）己巳（1209），帝入河西，克兀剌海城，败夏师，进薄其都城中兴府（今宁夏）。

（四）戊寅（1218），伐西夏，围其王城，夏主出走西凉。

（五）1226 至 1227 年诸役，后此别有说明。兹仅言成吉思汗自阴山之北进兵坠马受伤，已而破灵州，遣军攻中兴府，自率师徇下黄河南岸诸地。1227 年驻夏于六盘山，已而在受西夏主降时卒于灵州。

[4] 剌木学本所述较详，其文如下："商人取此道时，只能用习于此地山道之牲畜。盖道有毒草，外来牲畜食之者脱蹄。本地之牲畜则不食此草。肃州居民恃耕地牧畜为生，不为贸易。其州颇适卫生，居民面褐色。"

关于此地所产之大黄，诸书不乏记录，Du Halde 书（第一册 25 页）云："自凉州迄于肃州及西宁山中，出产大黄甚饶，用骆驼载往他所。"

又据《肃州志》，山丹县所产大黄质最良，兼治人畜之疾，可免夏疫。

Palladius 书（9 页）云："外来牲畜在肃州山中伤蹄者，非因毒草，盖由山地崎岖所致。981 年高居晦《使于阗记》云，自甘州西始涉碛，碛无水，载水以行。甘州人教晋使者作马蹄木涩。木涩

119

四窍，马蹄亦凿四窍而缀之。驼蹄则包以氁皮乃可行。西北五百里至肃州云云。肃州养畜之法，《肃州志》记载甚详。"

第六一章　甘　州　城

甘州(Campicion)[1]是一大城，即在唐古忒境内，盖为唐古忒全州之都会，故其城最大而最尊。居民是偶像教徒、回教徒及基督教徒。基督教徒在此城中有壮丽教堂三所。偶像教徒依俗有庙宇甚多，内奉偶像不少，最大者高有十步，余像较小，有木雕者，有泥塑者，有石刻者，制作皆佳，外傅以金，诸像周围有数像极大，其势似向诸像作礼。[2]

关于偶像教徒者，前此尚未尽言，兹请为君等述之。

其遵守偶像教徒之僧人，生活较之他人正直。彼等禁止淫佚，然不视之为大罪，但对于犯男色者罚以死罪。彼等有一教会日历，与我辈同。每月有五日谨守斋戒，不杀生，不食肉，节食甚于他日。

其地之人娶妻致有三十。否则视其资力，娶妻之数惟意所欲。然第一妻之地位为最尊。诸妻中有不善者得出之，别娶一人。男子得娶从姊妹，或其父已纳之妇女为妻，然从不娶其生母。总之，其人生活如同禽兽。

玛窦阁下及马可波罗曾奉命留居此城垂一年。[3]

兹置此事不言，请言北方诸州，盖吾人将从此方向继续旅行六十日也。

[1]诸本著录甘州之名称各异，有Campicion、Campicui、Cancipu、Campion等写法，纷歧之理颇难解说也。玉耳云："所

有解说皆成无用。 Quatremère 曾根据 Abdurrazzak 之波斯文写法，作 Kamtcheou。 然 Erdmann 又从剌失德丁之写法作 Chamidschu。 质言之作 Kamiju 或 Kamichu，与 Pegolotti 书所著录之 Camexu，即 Camechu发音合，则马可波罗之写法似衍 p 字，与古写 dampnum、contempnere、hympnus、tirampnus 中之衍文同矣。……然在事实上，Marignolli 写马可波罗书之行在（Quinsai）亦作 Campsay 也。"（玉耳本第一册220 至221 页）

[2] 马可波罗经行甘州之际，适当其昔日繁盛之时，与1420 年沙哈鲁使臣所记之情形绝对相符。 兹录此行记之文于下，以资参证。

"由肃州至甘州。 甘州较之肃州尤大。 中有九站，每站奉边境长官命，供应行人马驴四百五十匹，车五六十辆。……各站以一鹅、一鸡、米、面、蜜、酒、蒜、醋浸葱、菜蔬等物，供行人之食。 每至一城，长官宴使臣于官署。……甘州城中有一大寺，广长皆有五百公尺。 中有一卧像，身长五十步，足长九步，足上周围有二十五公尺。 像后头上，置有其他偶像，各高一公尺上下不等。 杂有剌麻像，高与人身同。 诸像制作甚佳，与生人无异。 壁上亦置有其他偶像。 此大卧像一手置头下，一手抚腿。 像上傅金，人名之曰释迦牟尼佛。 居民结群赴此寺中礼拜此像。……城中别有一寺，亦颇受人尊敬。 内有一塔，回教徒名之曰地球。 塔八方形，有十五层。 每层内有房屋门户，施以油漆。 中有宝座一，王坐其上，仆婢从者侍立左右。 塔高二十公尺，周围十二公尺。 全以木料建筑，外贴以金，全塔俨若金制。 塔下有地窖。 塔中有一铁柱，下承铁座，上接塔顶。 此塔制作之工，可为世界之木工、铁工、画师取法也。"（颇节本166 至168 页引 Quatremère 译文）

马可波罗所见内有卧像之寺，显是卧佛寺，1103 年西夏皇后某建，以藏三身佛像者也。后在其地发现佛像云（Palladius 书 10 页）。

马可波罗之前，卢不鲁克曾言有一聂思脱里派教徒至自契丹，据说此国有一造像甚高，远距两日程之地可以望见。今日可见之大像，在大同西北之云冈。康熙帝曾命人量之，高有七十公尺，已见《张诚（Gerbillon）行记》著录（Du Halde 引）。Rockhill 又著录有别二大像，一在陕西邠州附近窟中，一在宁夏城南七十公里。此外尚有别一大像，在徐州府南门外一公里之窟中，系坐像，高十五公尺。

马可波罗及沙哈鲁使臣所言之佛寺，今已无存，而甘州旧城亦废。旧城距今城有二十里，在黑河对岸，长城脚下。缘何徙于今址，其故未详。今在沙中尚可见旧城之迹，然从来无人发掘。

马可波罗谓有壮丽之基督教堂三所，三百年后耶稣会士初至中国时，此种教堂已不复存在。盖易代以后，已非昔比，非马可波罗叙述之不实也。兹引 Geil 之说以证之："1355 年时，有圣旨云，甘州基督教堂中藏有忽必烈汗母莎儿合黑塔泥（Sorhahtani）遗体，应请为之祝福。"（见 E. Geil 撰《中国长城》第一十四章）

［3］马可波罗最初口授本，经地理学会刊布者，谓其随父叔因勿庸叙述之事停留甘州一年。但在其改订之本中，则谓偕其叔奉命出使其地，然则非因私事矣。颇节（168 页）曾言其事重要，并为种种解说。余以为其与围攻襄阳之事似不无关系。盖其在本书第五十九章中言曾至畏吾儿之地，是亦蒙古人冶金之所。又在第一百四十五章中言同其父叔参加襄阳之围，复次马可谒见大汗之时，仅在 1275 年也。

案：西域人献新炮以攻襄阳，于1272 年终至军中。1273 年正月破襄阳，时将炮军者即是畏吾儿人阿里海牙。其人与波罗等似不无关系。波罗等第一次之还欧洲，明是往使教皇所，其实疑是因围攻襄阳事归求炮手欤。

1273 年取襄阳以为根据地。1274 年阿里海牙奏请乘胜顺流长驱以取宋。则波罗等逗留甘州之一年中，似在1274 至1275 年中。由是其行记中不明之点，如马可之至畏吾儿地，波罗等参加襄阳之围，大汗使臣迎彼等于四十日程外，晚在1275 年夏始抵上都（见前第十三章）等事，不难得其解矣（参看《新元史》一六〇卷《阿里海牙传》，宋君荣〔Gaubil〕《成吉思汗史》155 页）。

第六二章　亦　集　乃　城

从此甘州城首途，若骑行十六日，可抵一城，名曰亦集乃（Edzina）。[1]城在北方沙漠边界，属唐古忒州。居民是偶像教徒。颇有骆驼牲畜，恃农业牧畜为生。盖其人不为商贾也。其地产鹰甚众。行人宜在此城预备四十日粮，盖离此亦集乃城后，北行即入沙漠。行四十日，冬季酷寒，路绝人烟，亦无草木。惟在夏季始见有人。其中亦见野兽，缘有若干处所有小松林也。行此四十日沙漠毕，抵一北方之州，请为君等言之。

[1] 马可波罗之 Edzina，应是元代之亦集乃。根据此文，应在黑河尽处寻之。此河今日蒙古人尚名之曰额济纳噶勒（Edzin-gol）。其左岸支流白大河与此河汇流后，注入噶顺淖尔（Gochioun nor）同索噶克淖尔（Sogok nor）二湖。此二湖原有一渠相连，今已淤塞，古代

原是一湖，名曰居延海，后分为二。 案：居延海名见《汉书》，"在额济纳旗东北境，分东西二泊，东曰朔博泊，西曰朔博克泊。《水经注》，居延海形如月生五日，盖古本一湖，其后中段淤塞，遂成二泊耳"；"汉武帝使伏波将军路博德筑遮虏障于居延城（在泊之西南），亦曰居延塞"（《辞源》寅集120页）。

《元史》卷六十《地理志》云："亦集乃路在甘州北一千五百里，城东北有大泽，西北俱接沙碛，乃汉之西海郡居延故城。夏国尝立威福军，元太祖二十一年（1227）内附。至元二十三年（1286）立总管府。同年以新军二百人凿合即渠于亦集乃地，计屯田九十余顷。"

Palladius 云："忽必烈防诸宗王，置戍于此湖附近，筑城于湖南岸，亦集乃之名始此。西夏国之史籍从未著录此名。此城遗址今尚可见，规模甚大，有若干建筑且甚壮丽。马可波罗时，有道由亦集乃直达哈剌和林（Karakoroum），今尚可见古道之迹，然已无人重循此道。马可波罗足迹从来未至哈剌和林，殆以其为蒙古诸汗之古都，而亦集乃城有道可以直达，故附带言及钦。"（Palladius 书10页）

斯坦因云："额济纳噶勒北流，两岸耕地虽不常有出产，然常为重要之地，盖为北方蒙古人与甘肃诸城往来必经之途也。古之楼兰湖（罗布淖尔）口情形亦与此相类，中国人赖之发展其势力于中亚。因此余曾追随欧洲第一探考家 Kozloff 上校（1908 至 1909 年间）之后，往访哈剌和屯（Khara-khoto，此言黑城）。余以为必是马可波罗之亦集乃城无疑。观其所言之方位，及在沙漠边界之位置，只有此哈剌和屯城可以当之。嗣经考古学之发现，完全证明此说。此城于成吉思汗初次（疑在 1226 年顷）侵略甘肃时，已遭残破。 然在马可波罗经行时，及其后百年间，尚有民居，似为屯田之所已久。 今在其东方及东北方尚见有重要遗迹。 然其城市在西夏时，质言之自 11 世纪迄于蒙古侵略之时，则甚发达也。 此时以后，因土番势力之侵入，建有塔寺佛像，今在城中及其附近尚存遗迹不少。 Kozloff 上校即在其一寺中发现不少佛教经文画像。 第若在同一处所及其他处所作有统系之发掘，必更有不少考古学之宝藏可以发现。 据考察之结果，此城之废，盖因水源断绝灌溉缺乏所致云。"（玉耳、戈尔迭本第三册 53 至 55 页引斯坦因说）

第六三章　哈剌和林城

哈剌和林（Karakorum）[1]城延袤三哩，是为昔日鞑靼人离其本地以后所据之第一城。 兹请为君等详述鞑靼人发展其势力之经过。

昔日鞑靼人确居北方，距主儿扯（Ciorcia）[2]人之地不远。 其地是大平原，无城无堡。 然有良好牧地，巨大河流，多数水道。 地广而风景美丽，且无君长，然每年纳贡赋于一大君。 其方言名之曰王罕（Wang-khan），法兰西语犹言长老约翰（Prêtre-Jean）也。[3]世传权力甚大之长老约翰，即指此人，所纳之贡赋，每牲畜十头缴纳一头，此外他物亦十分取一。

迨其人繁殖既众，长老约翰恐其为患，欲以之散处数地，于是命其臣一人执行。 鞑靼人闻之忧甚，遂群聚不散，自此地出发，渡一沙漠，徙于其北别一地方。 地远不受长老约翰之害，由是离叛，不复献纳贡赋有若干时。

［1］哈剌和林处斡儿寒（Orkhon）河之上流，微在乌里雅苏台赴

库伦通道之南，赛音诺颜部内。哈剌（kara）犹言黑，库伦（kouren）犹言营帐，因以得名（丁谦说）。然《元史·地理志》（卷五十八）则云，以西有哈剌和林河，因以名城也。

丘处机述张家口至库伦中间之路程有云，四旁远有人烟，皆黑车白帐，随水草放牧，哈剌和林之称殆本此欤（《长春真人西游记》）。

案：其地先为克烈（Kerait）部长脱忽鲁勒王罕（Togroul Wang-khan）所居，此人即马可波罗所称之长老约翰也。1225年成吉思汗分封诸子，以此地畀幼子拖雷。太宗窝阔台首先定都于此。1235年城和林，作万安宫。1237年治迦坚茶寒殿，在和林北七十余里。1238年营图苏胡迎驾殿，去和林城三十余里。贵由、蒙哥两汗皆都和林。1260年，世祖忽必烈迁都于大都（今北京）。1283年，令西京宣慰司送牛一千赴和林屯田。1285年并和林屯田入五条河。1293年令戍和林汉军四百留百人，余令耕屯杭海。1295年，于六卫汉军内拨一千人赴称海屯田。北方立站帖里干、木怜纳怜等一百一十九处。先是迁都，后和林止设宣慰司。1290年立和林等处都元帅府。1307年立和林等处行中书省，1312年改岭北等处行中书省。改和林路为和宁路（《元史》卷五十八《地理志》）。

欧洲旅行家之首先著录哈剌和林者，乃是普兰迦儿宾（Plan Carpin，1246）。然其足迹未至哈剌和林，仅至窝阔台驻夏之月儿灭怯土（Ormektua），地距哈剌和林有半日程也。卢不鲁克（1256）则为亲见哈剌和林城者，所撰之行记有云："除汗所居之宫廷外，此城不及法国圣登尼（Saint Denis）城远甚。圣登尼之修道院且大逾蒙哥之宫殿十倍。城内有两大街，一名回回街，市集所在，宫廷驻此城时，外国商贾数人及各地之使臣概集于此。一名契丹（汉人）街，一切工匠所居。除此两街之外，尚有其他衙署，汗之书记居焉。有各国之偶像祠宇十二所，回教礼拜寺二所，基督教堂一所，城周围环以土墙，辟四门。东门售粟及种种谷食，然其数不多。西门售绵羊及山羊，南门售牛及车，北门售马。哈剌和林城墙附近有一大宫，砖墙环之。蒙哥汗每年在此宫内大宴两次，入宴时以衣物厚赐诸臣。宫旁有库数所，藏贮粮食财帛。"（《卢不鲁克行记》Bergeron 译本第四十四章 207 页）

考据之家讨论哈剌和林之方位已久，宋君荣（Gaubil）首据中国天文学者之记载，定其经纬（巴黎线北纬四十四度二十一分，东经一百零三度四十分）。烈缪萨误将哈剌和林同哈剌巴勒哈逊（Kara balgassoun）混而为一，遂断宋君荣之说有误，以为城在斡儿寒河左岸，处斡儿寒、秃剌（Tola）二水汇流处之上流四五日程。则所指者是哈剌巴勒哈逊矣。其处固有废城一所，然为回纥之古都。而哈剌和林则在斡儿寒右岸，额尔德尼昭（Erdenitsao）所在之处也（玉耳、戈尔迭本 228 页，《中世纪寻究》第一册 124 页注，斡儿寒河碑文）。

[2] 马可波罗写主儿扯之名作 Ciorcia，亦作 Chorcha。此两种写法可当东方著述家之 Churche，同中国史书中之女真。案：女真在中国古史中名肃慎，原居黑龙江下流，尤在乌苏里江同松花江一带，北宋时建金国。清人之在关东者自称珠申，即女真之音转，后改称满洲。故清人与金人同部族云（《辞源》丑集 253 页，《中世纪寻究》第一册 224 页）。

案：剌木学本于主儿扯后著录有巴儿忽（Bargou）。其文曰："鞑靼人居住北方，近主儿扯同巴儿忽之地，其地多有大平原。"（四十二章 13 页）此巴儿忽之名，见本书第七十章，地在贝加尔湖之东，乃蒙古族之策源地，则成吉思汗叛王罕徙居之地。在今俄国境内贝加尔湖东巴儿忽真（Bargouzine）流域矣。

[3] 12 世纪中叶迄 13 世纪之末，欧洲盛传亚洲有一基督教君主，极富强，管辖之地无限。嗣后忘之，遂以长老约翰之称属他人。然马可波罗之长老约翰王罕，实有其人也。卢不鲁克所志较马可波罗为详，曾分长老约翰与王罕（写作 Oung-khan）为二人。一名国王约翰，先指娶哈剌契丹（Karakitai）末主女之乃蛮王子。一指克烈、蔑儿乞（Merkites）两部之王，据云："克烈、蔑儿乞两部之人信奉聂思脱里派之基督教，然其王弃基督教而奉偶像。距其牧地十日或十五日程之远，有蒙古人牧于其中。其人甚贫而无君长，除巫术外无他宗教。蒙古人之外，别有一贫穷部落，名唤鞑靼。国王约翰死无后嗣，其弟王罕自号为汗，放牧于境外蒙古之地。时蒙古部落中有一铁工，名称成吉思，常掠王罕之牧畜。牧人归诉其主，王罕以兵攻入蒙古部内。成吉思走入鞑靼境中，王罕抄掠蒙古、鞑靼两部退军而去。于是成吉思语其部人曰，我辈无君长，所以受邻人侵掠。蒙古人遂奉成吉思为首领。成吉思潜聚兵袭王罕，破之。王罕走契丹，成吉思俘王罕女，以赐其一子。今汗蒙哥即此女之所出也。……蒙古人初居之地名斡难怯绿连（Onan Kerulé、Onon Kéroulen），哈剌和林为其最初侵掠之地，故建都焉。每开推举大汗之会议，咸在此处。"（《卢不鲁克行纪》第十九章 70 页）

卢不鲁克之王罕，显是马可波罗之王罕，亦是《元秘史》之王罕。惟马可波罗混长老约翰与王罕为一人耳。中国史书王罕亦作王汗。Joinville 所记与马可波罗所记几尽相同。可参看地理学会刊行之《行记与纪录》第四册。

第六四章　成吉思之为鞑靼第一汗

　　基督诞生后 1187 年时，[1] 鞑靼人 [2] 推选　大勇人智人有手腕之人为王，其名曰成吉思汗。散处诸地之鞑靼人，闻其当选，悉皆归心，奉之为主。而彼亦能善治其部。

　　鞑靼归之甚众，成吉思见部众已多，乃大积戈矛及其他兵器，率之侵略此地带内八州之地。占据其地以后，不扰居民，亦不损其财物，仅留部将数人统率一部分之部众镇守，尽驱余众侵略他州。于是得地甚众。侵地内之居民，见其能为之免战士之扰，而毫未受害，于是皆乐而归顺，为之效忠。

　　迨至其聚集其地全境之人时，遂欲进而侵略世界一大部分之地。基督诞生后 1200 年，遣使往长老约翰所，言欲娶其女为妻。长老约翰闻言恚甚，语使者曰："汝主缘何如此无礼，敢求娶吾女为妻。彼应知彼为我之奴仆。可归告汝主，我宁焚杀吾女，而不畀之为妻。论理我当处汝主死，以为叛逆不忠者戒。"[3] 语毕，立命使者行，不许再至其前。

　　使者闻言，疾驰归报，尽述长老约翰之词，一无所隐。

　　[1] 马可波罗著录此 1187 年，殆是得诸耳闻者，其说较为可信。所指之年，应是帖木真（成吉思汗）战胜泰赤乌（Tadjoutes）部后，诸邻部奉戴为汗之年。逾十年，1197 年时，又助金破塔塔儿（Tatares）部，杀其部长。金赏其功，授以札兀惕忽里之号。

　　成吉思汗诞生之年，不见于马可波罗书，仅剌木学本作 1162 年，是即中国载籍著录之年。波斯著作家则作 1155 年。要以后一说较为可信。盖此年即成吉思汗父也速该（Yésougai）破塔塔儿部获其部长帖木真之年也。《元史》（卷一）本纪云："烈祖（也速该）征塔塔儿部，获其部长帖木真。宣懿太后月伦适生帝，手握凝血，如赤石。烈祖异之，因以所获帖木真名之，志武功也。"《新元史》（卷二）本纪作乙亥（1155），是也。

[2] 案：鞑靼之名，并非此种部落当时之称。马可波罗名之曰鞑靼而不名之曰蒙古（Mongol）者，盖求欧洲读者之易解也。至若蒙古之称，当时亦见著录。卢不鲁克写作 Moal，即此名也。此名始于唐代，《旧唐书·北狄传》作蒙兀室韦（《新唐书》作蒙瓦室韦）："其北大山之北，有大室韦部落。其部落傍望建河居。其河源出突厥西北界俱轮泊。屈曲东流，经西室韦界。又东经大室韦界。又东经蒙兀室韦之北，落俎室韦之南。又东流与那河、忽汗河合。又东经南黑水靺鞨之北，北黑水靺鞨之南，东流注于海。"

望建河即黑龙江，此部唐后徙怯绿连河、斡难河。《宋史》名盲骨子。《松漠纪闻》云："盲骨子，其人长七尺，捕生麋鹿食之。金人尝获数辈至燕。其目能视数十里，秋毫皆见。盖不食烟火，故眼明。与金人隔一江，常渡江之南为寇。御之则返，无如之何。"

洪钧云："自《契丹国志》有正北至蒙古里国之文，嗣后丘长春《西游记》、孟珙《蒙达备录》皆以蒙古定称。《辽史》无蒙古，而有梅古悉，疑即孟珙之所谓蒙古斯。"（《元史译文证补》卷二十七下）

[3] 马可波罗所志蒙古与克烈部冲突之原因，非信史也。玉耳云："马可波罗所言长老约翰为蒙古人主君之事，毫无显证可凭，惟其强大则为事实。盖刺失德丁曾以 Padchah 之号名之也。成吉思父也速该与之交最厚，曾助之复国。后王罕又失国，复求

助于成吉思，其事在 1196 年。 自是以后数年之间，二人曾合兵讨灭别部。 已而王罕子欲谋害帖木真。 1202 至 1203 年间，双方战争遂启，其结果详后此诸章。"（玉耳本第一册 237 页）

蒙古人昔无文字，未留存有史书，所以故事小说流传成吉思幼年之奇迹不少。 据说帖木真九岁时（一作十三岁），与德薛禅之女孛儿帖订婚。 也速该留子于德薛禅所，自还其部，路过塔塔儿部。 塔塔儿部人忆旧怨，留也速该食，下药毒之，也速该到家即死。 自也速该死后迄于帖木真之结婚，不知相隔有若干时。 后帖木真与弟别勒古台沿怯绿连河寻到德薛禅家，德薛禅大喜，以女妻之，送女回帖木真所。

后帖木真得孛斡儿出作伴，自桑古儿河边到怯绿连河源头不儿吉之地。 孛儿帖以貂袄一件奉上翁姑，帖木真即以此貂袄献王罕。 王罕喜曰："你离了的百姓，我与你收拾。 漫散了的百姓，我与你完聚。 我心下好生记着。"（《元秘史》卷二）

一日清晨，蔑儿乞人来袭，帖木真一家皆逃往不儿罕山。 惟孛儿帖无马，藏于黑车中。 行时，路遇军队虏别勒古台之母至。 问车中何物，驾车之老妇人答言羊毛。 军人验看，见孛儿帖，亦虏之而去（《元秘史》卷二）。

帖木真遂赴秃剌河之黑林，见王罕，言妻子被三种蔑儿乞人所虏，请汗父援救。 王罕云："去年你与我将貂鼠袄子来时，我曾说，离散了的百姓，我与你收聚。 我心上常记着有来。 如今我依着那言语，将蔑儿乞每灭着。 你的妻孛儿帖还救与你。 你可教札木合兄弟知道，他在豁儿豁纳主不儿地面里住，有我这里起二万军马做右手，教札木合起二万军马做左手。 相约会的日子，教札木合定夺来。"（《元秘史》卷三）

蔑儿乞人闻讯，连夜沿薛凉格（Selenga）河逃走。 帖木真在难民中得孛儿帖。 当夜使人告王罕札木合，言寻人已得，可就此处下营（《元秘史》卷三）。

嗣后王罕与成吉思结好甚久。 后因王罕子桑昆之疑忌，关系始渐破裂。 双方共破乃蛮以后，王罕曾说："也速该安答曾一次将我已输了的百姓救与了，今他儿子帖木真又将我输了的百姓救与了。 他父子两个为谁这般辛苦来。 我如今也老了，后来这百姓教谁管。 我的弟每都无德行。 止有一子桑昆，亦如无有。 可教帖木真做桑昆的兄，使我有二子，岂得不安。"遂于土兀剌（即秃剌）的黑林行，会着成吉思，结做父子（《元秘史》卷五）。

成吉思汗欲与王罕亲上加亲，求桑昆之妹为长子拙赤（Djoutche）妻，而以己女妻桑昆子。 桑昆傲甚，答言："俺的女子到他家呵，专一门后向北立地。 他的女子到俺家呵，正面向南坐。 么道下觑着，不曾许亲。"（《元秘史》卷五）

然则成吉思汗非欲自娶王罕女为妻矣。 其后成吉思战胜克烈部人，得王罕侄女二人，一自纳之，一赐幼子拖雷，即蒙哥、忽必烈之母莎儿合黑塔泥是已（见六十八章注[1]）。

尚有一种传说，谓成吉思曾以长老约翰之头为饮器，亦误。案：王罕同桑昆逃入乃蛮，被乃蛮人豁里速别赤所杀。 "乃蛮皇帝塔阳的母古儿别速说，王罕是在前的老皇帝，取他头来看，认得果然是呵，祭祀他。 遂差人往豁里速别赤处割将头来，认得是王罕。 于是动着乐器祭祀他。 祭时，王罕头笑了，塔阳见笑，以为不祥，就踏践碎了"（见《元秘史》卷七）。

第六五章　成吉思集军进攻长老约翰

成吉思闻听长老约翰辱己之言，心腹膨胀，愤懑几至于裂，盖其人意气甚高也。已而厉声呼曰："不报此从来未受之大辱，枉为部主。"呼声甚高，左右尽闻。

于是集其一切军队，一切臣民，大为前此未闻未见之战备。遣人往告长老约翰善治防守。长老约翰闻成吉思汗率大军来攻之确讯，以为戏言。尚谓成吉思非战士，有何能为。但亦召集一切臣民，征发一切兵力，大筹战备。俾成吉思汗至，得俘而杀之。其所集军队内有种种外国之人，其数之众，得谓为世界最大不可思议之举。

彼此如此备战，所以我言之甚长。成吉思汗率其全军至一美丽而甚大之平原，其名曰天德（Tenduc），隶属长老约翰，[1]结营于此，其人之众，虽成吉思汗本人亦不知其数。及闻长老约翰将至，心中大欢。盖此地广大，适于战争，所以极愿其来，乃留此以待。

暂置成吉思汗及其军队不言，请言长老约翰及其军队。

[1] 马可波罗对此天德平原，与后来第七十三章所言属于长老约翰后裔之天德州，未予判别，后一天德在河套之北。

马可波罗仅述成吉思与长老约翰决战于此。顾考宋君荣、冯秉正（De Mailla）、夏真特（Hyacinthe）诸人之著述，根据中国载籍，谓此战在秃剌、怯绿连两河之间，似在北纬四十八度二十分之地。然则如何调和此二说欤？案：《元秘史》关于成吉思汗之记载为较可信者，兹节引其文如下以征之：

成吉思听说王罕来袭，就那夜对附近可倚附的伴当每说知，将家内物件弃了，遂往躲于卯温都儿山阴处去。 行时，教者勒篾做后哨，哨望着。 至明日午后，干合剌合勒只惕额勒惕地面歇息中间。有阿勒赤歹放马的赤吉歹等来报，自卯温都儿山前望见忽剌安不剌合惕地面尘起，敌人来到也。 成吉思上马行了。 ……成吉思汗命主儿扯歹做先锋。 主儿扯歹不及回话，忽亦勒苔儿说："我做先锋，久后将我孤儿抬举。"说罢进战，被敌人刺下马，主儿扯歹冲去，将敌败了。 敌护卫军冲来，主儿扯歹又胜了。 于是王罕子桑昆也冲来，主儿扯歹将桑昆的腮射中倒了。 成吉思汗既胜了王罕，见日已晚，收了军，将伤了的忽亦勒苔儿回来。 那夜起着，离了厮杀处宿下了。 次日天明点视军马，少斡阔台、孛罗忽勒、孛斡儿出三人。 成吉思说，斡阔台与中倚仗的孛罗忽勒、孛斡儿出一同死生，必不肯相离。 那夜成吉思又恐敌来追袭，整治着军马准备厮杀又来。 及日明，看见自后有一人来到时，是孛斡儿出。 ……再少顷又有一人来。 近看时，人下又有两脚垂着。 及到来时，斡阔台、孛罗忽勒叠骑着一个马。 孛罗忽勒口上带着血，因斡阔台项上中箭，孛罗忽勒将凝住的血咂去。 成吉思见了，眼泪留着，心里艰难了，便用火将斡阔台箭疮烙了，就与此止渴的物教吃。 孛罗忽勒说敌人的尘土高起着，看着往卯温都儿山前忽剌安不儿合惕地面去了。 于是成吉思整治军马，逆着浯泐灰湿鲁格泐只惕名字的水，入苔阑捏木儿格思地面去了。 ……成吉思顺着合泐合河（Khalkhagol）动时，点视军马有二千六百（一说作四千六百）。 成吉思领一千三百，依着河西边起了。 诸将领一千三百，河东边起了。 就打围着做行粮。 ……至合勒合河流入捕鱼儿（Bouir）海子处，使人召翁吉剌部来降。 成吉思汗因他降了，诸般不曾动着他的。 成吉思既收了翁吉剌，就起着去统格黎小河东边下了。 差人往王罕处说，俺在统格黎小河东边下了，草也好，马也肥，……成吉思随即起去，至巴泐渚纳（Baltchouna）海子行住了。……他有弟合撒儿（Casar）将他妻并三子撇在王罕处，馨身领几个伴当走出来寻成吉思。寻至合剌温山，缘岭行不见，乏了粮食，吃生牛皮筋。行至巴泐渚纳海子，寻见兄成吉思。成吉思喜欢了，商量着差沼列歹种的人合里兀苔儿，兀良合歹种的人察兀儿罕，二人做合撒儿的使臣，去对王罕说："我兄的形影望不着，踏着道路也寻不见。叫他呵，他又不听得。夜间看星枕土着睡，我的妻子见在皇帝父亲处有，若差一个可倚仗的人来呵，我往父亲行去。"成吉思又对使臣说："您去，俺便起身。您回来时，只于客鲁涟（即怯绿连）河的阿儿合勒苟吉地面行来约会者。"随即教主儿扯歹、阿儿孩两个做头哨，去客鲁涟河的阿儿合勒苟吉地面下了。合里兀苔儿、察忽儿罕二人到王罕处，将说去的言语说了。时王罕正立起金撒帐做筵会，听得合里兀苔儿说罢，王罕说，果那般呵，教合撒儿来。就差中依仗人亦秃儿坚同合里兀苔儿等去。将及到原约会处，亦秃儿坚望见下营的形影甚多，便回走了。合里兀儿马快，赶上不敢拿，前面横当着。察忽儿罕马钝，耳后箭射到处，将亦秃儿坚骑的马臀尖射坐了，那里将亦秃儿坚拿住。将至太祖处，送与合撒儿教杀了。合里兀苔儿等对太祖说，王罕不提防，见今起著金撒帐做筵会，俺好日夜兼行，去掩袭他。太祖说是，遂教主儿扯歹、阿儿孩两个做头哨，日夜兼行，到者折额儿温都儿山的折儿合不赤孩地面的口子行，将王罕围了，厮杀了三昼夜。至第三日，不能抵当，方才投降。不知王罕父子从何处已走出去了（以上并节录《元秘史》卷六）。

观上文可见，马可波罗所言之两天德盖指一地，惟其义犹言"长老约翰之地"而已。余详后文第七十三章（钧案：长老约翰故事流传已久。 先以属克烈部人，后以属汪古部人。 汪古地在天德，故马可波罗误以克烈部地亦在天德也。）

第六六章　长老约翰进击成吉思

史载长老约翰闻成吉思及其军来攻之时，即率其众出发，兼程进至此天德平原，结营距成吉思营二十哩。 彼此两军休息二日，以养士气，俾能剧战。

两军在此天德平原结营之情形，如上所述。 一日，成吉思汗召基督教及回教之星者来前，命卜战之胜败，胜者为本军，抑为长老约翰军。回教星者卜之，不能言其实。 基督教星者则明示其吉凶，命人持一杖至，中劈之为两半，分置二处，不许人触之。 名此一半杖曰成吉思汗，彼一半杖曰长老约翰。 谓今可注目视之，将见胜利谁属。 脱有半杖自就彼半杖而覆于其上者，则为胜军。

成吉思汗答言极愿视此，命立为之。 由是基督教之星者口诵圣诗集中之诗一篇，作其法术，于众目睽视之下，忽见名成吉思汗之半杖，未经何人手触，自就名长老约翰之半杖而覆于其上。 成吉思汗见之大喜，顾后来战事果如基督教徒所卜。 由是厚礼基督教徒，视其为能言真理之人。[1]

[1] 占卜之事古昔有之，无论何时何地常见有人为此。 凡大侵略家常用占卜以决吉凶。 亚历山大远征或作战以前，必先询随军之卜人，以决吉凶。 成吉思汗亦然。

据 Hérodote 之说，杖卜之事，昔粟特（Scythes）人、阿兰人已早有之。 又据 Tacite 之说，日耳曼人亦曾用之。 卢不鲁克似曾见有相类占卜之法，与马可波罗所言者同。据云，曾见两杖相接，二人执之。有聂思脱里派教师口诵诗歌，以为占卜。彼因此曾诋此派教师不宣扬宗教而使用巫术。Thévenot（1629）曾著录有突厥人口诵《可兰经》用箭占卜之事。摩诃末虽禁止占卜，回教经典虽视卜人之预言为一种外道行为，然在回教徒中仍不免有卜者也。

马可波罗所记之事，其重要点则在此时代成吉思汗与长老约翰之营中皆有聂思脱里派之基督教徒也。

第六七章　成吉思汗与长老约翰之战

两军休息二日后，遂进战，战甚剧烈，是为世人从来未见之大战。双方死亡甚夥，最后成吉思汗胜敌，长老约翰殁于阵中。[1]是日以后，成吉思汗逐渐侵略其全土。此战以后，成吉思汗君临者六年。在此时间之中，侵略州郡城堡，为数甚众。至第六年终，进围一名哈剌图（Calatuy）要塞[2]之时，膝上中流矢死。[3]世人惜之，因其为人勇智也。

鞑靼人有其第一君长名曰成吉思汗之事实，暨其战胜长老约翰之情形，既已备述于前。兹请言嗣后君临之人，与夫鞑靼人之风习。

[1] 据中国史籍，长老约翰在此战中未死，仅其子负伤，本人逃入乃蛮，为人所杀。据多桑书所本阿剌壁及波斯史家之言，杀者献首于乃蛮部长塔阳汗。塔阳汗怒甚，乃以银嵌其首藏之。

[2] 其实长老约翰死后，成吉思在世之时约有二十四年，死于1227年8月18日第五次用兵唐古忒之役。蒙古史家撒难薛禅（Sanang Setsen）之《蒙古源流》，谓唐古忒美后 Kourbeldjin Goa Khatoun 曾被成吉思汗俘置帐中，因受辱，谋害成吉思未成，而自投

黄河(Karamouren)死。 自是以后，蒙古人遂名黄河曰合敦噶勒
(Khatoun gol)，此言王后河也。

惟据《元史译文证补》(卷一下)云："蒙古源流谓纳西夏之后致
病，真是无稽谰语。"则中国史家不承认有是说矣。 又据《元秘
史》，西夏所献公主名察合。

至若马可波罗所著录之哈剌图(钧案·此名与《元史》哈老徒之
对音相近)，考订诸说鲜有可采者。 有谓此地指1259年成吉思汗孙
蒙哥汗身死之合州，然与对音未合，Aboulfara固明言蒙哥汗中流矢
死，然他书有谓其死于痢疾，有谓其死于他疾，海屯则谓其溺毙。
关于蒙哥汗之死因，既已纷歧如此，则马可波罗记述五十年前成吉思
之死事，未可责其舛误也。 又据剌木学本此Calatuy写作Thaigin。

[3]《元史》(卷一)记成吉思汗之死事云，二十二年丁亥(1227)
春，帝留兵攻夏王城，自率师渡河，攻积石州。 二月破临洮府。 三
月破洮河、西宁二州。 夏四月，帝次龙德，拔德顺等州。 闰五月，
避暑六盘山。 六月，夏王李睍降，帝次清水县西江。 秋七月壬午，
不豫。 己丑，崩于萨里川哈老徒之行宫。

第六八章　成吉思汗后之嗣君及
鞑靼人之风习

君等须知此第一君主成吉思汗之后，首先继承大位者，是贵由汗
(Cuy-khan)。 第三君主是拔都汗(Batuy-khan)。 第四君主是阿剌忽汗
(Alacou-khan)。 第五君主是蒙哥汗(Mangoukhan)。 第六君主是忽必烈
汗(Koubilai-khan)，[1]即现时(1298)在位之君主也。 其权较强于前此之

五君，盖合此五人之权，尚不足与之抗衡。 更有进者，虽将全世界之基督教同回教帝王联合，其力及其事业亦不及此忽必烈汗之大。 此汗为世界一切鞑靼之君主，统治东方西方之鞑靼。[2]缘鞑靼皆是其臣民。 此大权我将在本书中为君等切实言之。

君等并应知一切大汗及彼等第一君主之一切后裔，皆应葬于一名阿勒台（Altai）之山中。[3]无论君主死于何地，皆须运葬于其中，虽地远在百日程外，亦须运其遗骸葬于此山。

尚有一不可思议之事，须为君等述者。 运载遗体归葬之时，运载遗体之人在道见人辄杀，杀时语之云："往事汝主于彼世。"盖彼等确信凡被杀者皆往事其主于彼世。 对于马匹亦然，盖君主死时，彼等杀其所乘良马，俾其在彼世乘骑。 蒙哥汗死时，在道杀所见之人二万有余，其事非虚也。[4]

吾人既开始叙述鞑靼，请再续言他事。 鞑靼冬居平原，气候温和而水草丰肥足以畜牧之地。 夏居冷地，地在山中或山谷之内，有水林牧场之处。 其房屋用竿结成，上覆以绳，其形圆，行时携带与俱，交结其竿，使其房屋轻便，易于携带。 每次编结其屋之时，门皆向南。 彼等有车，上覆黑毡甚密，雨水不透。 驾以牛驼，载妻儿于其中。[5]妇女为其夫作一切应作之事，如买卖及家务之事皆属之。 盖男子仅为打猎、练鹰，作适于贵人之一切武事也。

彼等以肉乳猎物为食，凡肉皆食，马、犬、鼠、田鼠（pharaons）[6]之肉，皆所不弃，盖其平原窟中有鼠甚众也。 彼等饮马乳。 鞑靼人无论如何不私他人之妻，盖其视此事为恶行也。 妇女对其夫驯良忠顺，为其分内应为诸事。[7]

婚姻之法如下：各人之力如足赡养，可娶妻至于百数。 然视第一妻为最驯良。 赠聘金于其妻，或妻之父母。 待等所生之子，较他人为众，盖其妻多如上所述也。 鞑靼可娶其从兄妹，父死可娶其父之妻，惟不娶生母耳。 娶者为长子，他子则否，兄弟死亦娶兄弟之妻。[8]婚时大行婚礼。

[1] 此处所志蒙古最初之诸君主名，显有脱误之处，其中竟完全脱漏窝阔台一名。 剌木学本则云"成吉思汗后第二帝名真汗(Cyn-Can)，第三帝名巴丁汗(Bathyn-Can)，第四帝名额速汗(Esu-Can)，第五帝名蒙哥汗(Mongu-khan)，第六帝名……"，皆与《元史》世系不合。 兹据《元史》表列如下：

成吉思汗(1155～1227)

术赤(殁于1225)

拔都、别儿哥——西鞑靼帝国

察合台——君临乌浒河东之地

窝阔台(1229～1241)

贵由(1246～1248)

拖雷(殁于1232)

蒙哥(1251～1259)

忽必烈(1230～1294)

旭烈兀——东鞑靼帝国

阿里不哥

其他诸子

成吉思汗四子，长子术赤(Djoutche)，死于成吉思汗在生时。 遗二子，长子拔都(Batou)，承袭兀剌勒(Oural)、董(Don)、孚勒伽(Volga)诸流域之地，曾侵略斡罗思、波兰、匈牙利诸国，欧洲为之震慑。 虽为长系之长子，然未为大汗，而殁于1256年。 以国授其弟别儿哥(Barka)，即马可波罗所谓西方鞑靼是已。

察合台(Djagatai)封地在乌浒(Oxus)河东，可当今之俄属突厥斯单，今尚名月即伯(Usbek)鞑靼之地。察合台殁于 1240 年，亦未为大汗。

窝阔台(Ogodai)，成吉思汗之第三子也，在父生前已被指定继承汗位，而为诸系之长。其领地包有蒙古、契丹。契丹者，蒙古所领中国北部之地是已。窝阔台殁于 1241 年，皇后摄政四年。子贵由(Gouyouk)继立，在位不久，而殁于 1248 年。

成吉思汗第四子拖雷，殁于 1232 年。当其兄窝阔台在位时，遗四子，皆留名于史籍，曰蒙哥(Mangou)、曰忽必烈(Kouilai)、曰旭烈兀(Houlagou)、曰阿里不哥(Arikbouga)。1251 年，蒙哥得拔都之助，继贵由为大汗。

蒙哥初即位，即令其弟旭烈兀率大军侵略呼罗珊(Khorassan)、波斯(Perse)、迦勒都(Chaldée)、西利亚(Syrie)诸地，建立东鞑靼朝，或波斯、蒙古朝。1259 年，蒙哥用兵四川，殁于合州城下。

蒙哥死，忽必烈自立为大汗，其弟阿里不哥亦自立于和林。自 1268 年以后，忽必烈开始侵略南宋或蛮子国，而建立元朝。后殁于 1294 年初，年八十岁，是为第五大汗。

[2] 东鞑靼即占据波斯之鞑靼，西鞑靼即占据孚勒伽一带之鞑靼。迄于 13 世纪末年，成吉思汗后裔皆奉君临中国之一系为主君，受其册封印信。观阿鲁浑同完者都致法兰西国王 Philippe le Bel 国书中盖用之中国印章，可以证已(颇节书 185 页)。

[3] 案：阿勒台山名现尚适用，而为西伯利亚南方山系之总名，西迄额尔齐斯河源，东尽黑龙江之山，皆得以此名名之。然成

吉思之葬地仅在此山系之东端，质言之，斡难、怯绿连、秃剌三河之源，今库伦东北肯特（Kenté）山是已。

多桑书云："成吉思汗一日行猎于其地，息于一大孤树下，沉思久之，起而言曰，死后顾葬于此。至是诸王遵其遗命，葬于树下。周围不久遂成森林，原来孤树不复可以辨识。其后裔数人亦葬同一林中。命兀良哈（Ourianguites）部千人守之，免其军役，供诸王像于此，焚香不绝。"（颇节本186页引多桑书）

据 Palladius 之考订，元代载籍未言成吉思汗及其后裔确葬何所，《元史》仅言葬于大都北之起辇谷。此起辇与蒙古西部古匈奴之祁连山毫无关系，应在其东寻之。当忽必烈讨叛王乃颜（Nayan，见本书七十六至八十章）进次达里泊（Tal nor）之时，闻诸叛王久居诸汗陵寝，甚忧之，则陵寝应在其西不远。1410年永乐北征时，有人作行纪，谓未至泸渚河（怯绿连）一程有半之地，见一大山，下有小山，殆是元代君主葬所。由是可以假定起辇谷在怯绿连河附近，而起辇得为怯绿连之省译也。又案：《辍耕录》及《元史》，并言蒙古诸汗葬后，以马践踏使如平地，不使人知其葬所。叶子奇《草木子》亦云，葬毕以万骑蹂之使平，杀骆驼子于其上，以千骑守之。来岁春草既生，则移帐散去，弥望平衍，人莫知也。欲祭时，则以所杀骆驼之母为导，视其踯躅悲鸣之处，则知葬所矣。故易世之久，子孙亦不能识也（Palladius 书11至13页）。

同书又引 Golovkin 之说云，蒙古人相传古昔诸汗葬所在塔思山（Tas-ola）附近，此山亦距怯绿连河不远。每年阴历七月七日，蒙古人必来此跪谒成吉思汗之陵。斡罗思人（Galsan Gomboeff）译蒙古文《金史》（Altan Tobchi），谓其地名乃蛮察罕格儿（Naiman tsagan gher），此言"八白帐"，乃合诸汗陵寝之总数而言，有时省称之曰

"白帐"，则专指成吉思汗陵寝。

别又有一蒙古传说，谓成吉思汗葬地在今鄂尔多斯（Ordos）之地，西方诸旅行家亦曾著录其说。然其说可疑，要以肯特山一说为是。中国学者张慰西、屠敬二人已有讨论，应以屠氏之说为长。可参考《地学丛书》乙编《成吉思汗陵寝辨证书》。

[4] 剌失德丁云，卫送成吉思汗遗骸者，在道见人则杀，以贵族美女四十人并良马殉葬。Pétis de la Croix 则否认此说云，鞑靼人同蒙古人运柩杀人，似非习俗，盖史家未曾著录也。纵有其事，亦非法律所定之文。惟在成吉思汗后诸帝葬时，卫骑在道杀人并用马殉葬，容有其事耳（颇节书 188 页引）。

用生人殉葬之风，乃东亚人通行之风俗，殉者常为死者妻妾仆婢。惟在中国，妻妾有子女者从不殉葬。此风自 1646 年以后，始见消灭。17 世纪末年，清康熙帝禁止强迫殉葬，然自愿者尚有之，满洲虽有此禁令，仍保其强迫殉葬之风。妾妇拒不从者，则以弓弦缢杀之。东胡（Toungouses）等部落，凡殉葬者常用缢杀之法，惟考史籍，蒙古人似无此俗，殆因其他部落有此俗，故拟蒙古人亦然欤（Palladius 书 13 页）。

[5] 此种民族经马可波罗概称为鞑靼者，在 Hérodote 书中，则概称曰粟特（Scythes）。据云："其人无城堡，行时携其家屋与俱。人皆习骑射，不事农业，惟事畜牧。其车为其惟一居屋，然则其常胜之理可知矣。"（Hérodote 书第四卷第四十六章）

马可波罗所言之俗，后之著述所志尽符。多桑曾辑阿剌壁及波斯记载之文如下云：

"蒙古人结枝为垣，其形圆，高与人齐。承以椽，其端以木环结之。外覆以毡，用马尾绳系之，门亦用毡，户永向南，顶开天窗以通气，吐炊烟。灶在中央，全家皆寓此居宅之内。其家畜为骆驼、牛、羊、马、山羊，尤多马，供给其所需。全部财产皆在于是。嗜食马肉……然任何兽肉皆食，虽病毙者亦然。嗜饮马乳所酿之湩，名曰忽迷思（Koumiss）。其家畜且供给其一切需要，衣此种家畜之皮革，用其毛与尾制毡与绳，用其筋作线与弓弦，用其骨作镞，其干粪则为沙漠地方所用之燃料，以牛马之革制囊，以一种名曰 argali 之羊角作饮器。此种游牧民族因其家畜之需食，常为不断之迁徙。一旦其地牧草已罄，则卸其帐，共什物器具，以及最幼之儿童，载之畜背，往求新牧地。每部落各有其特别标志印于家畜毛上。各部落各有其地段，有界限之。在此段内，随季候而迁徙。春季居山，冬近则归平原。"（颇节本189至190页引多桑书）

〔6〕案：埃及有鼠名 pharaon，有以为即阿剌壁及非洲北方繁殖之 gerboise 者，要非旱獭（marmotte），盖旱獭在卢不鲁克书名曰 sogur，近代突厥语名曰 sour，今斡罗思语名曰 suslik 也。Palladius 引《秘史》，鼠名有二，一名 tarbagat，一名 kuchugur（玉耳本第一册256页）。

〔7〕普兰迦儿宾亦云："其妇甚贞洁，无言其恶者。此辈不出丑语，虽在游戏时亦然。"

〔8〕"娶妻之数，视其力能赡养，惟意所欲（成吉思汗有妻妾五百人）。欲娶妻者，以约定家畜之数若干献于女之父母。各妻各有其居帐，为子者应赡养其父之诸寡妇，且得娶父之寡妇为妻，惟不娶其生母耳。兄弟亦得娶其寡嫂娣为妻。妇女颇辛勤，助其夫牧养家畜、制毡、御车、载驼，敢于乘马，与男子同。男子不出猎捕之时，则多消磨其光阴于懒惰之中。世人责其人类多狡诈贪婪污秽，而沉湎于酒，盖其视酒醉非恶德也。"（颇节本第一册190

页引多桑书）

　　蒙古之多妻制今尚存在，然不及马可波罗时代之盛。今之不里牙惕（Bouriates）人似为保存蒙古风习最完备之部落，亦多妻制，娶妻之数惟意所欲云。

第六九章　鞑靼人之神道

　　君等须知其信仰如下所云：彼等有神，名称纳赤该（Nacigay），[1]谓是地神，而保佑其子女、牲畜、田麦者，大受礼敬。各置一神于家，用毡同布制作神像，并制神妻神子之像，位神妻于神左，神子之像全与神同。食时取肥肉涂神及神妻神子之口，已而取肉羹散之家门外，谓神及神之家属由是得食。

　　鞑靼人饮马乳，其色类白葡萄酒，而其味佳，其名曰忽迷思（Koumiss）。[2]衣金锦及丝绢，其里用貂鼠、银鼠、灰鼠狐之皮制之。其甲胄皆美，而价甚巨。[3]其兵器有弓箭、剑、骨朵，然常用弓，缘其人善射，世无与比。背负熟皮甲，坚甚，其人为良武士，勇于战斗，[4]能为他人所不能为。数作一月行，不携粮秣，只饮马乳，只食以弓猎得之兽肉。马牧于原，盖其性驯良，无需以大麦、燕麦、草料供其食也。此种鞑靼人能耐劳苦，食少，而能侵略国土，世人无能及之，是以今日为世界一大部分之主人。其军队编制甚善，说如下方。

　　君等应知一鞑靼君主之作战，若率万骑，则命一人长十人，一人长百人，一人长千人，一人长万人，俾其本人只将十人，而彼十人亦各将十人，以次类推。将士服从，统率极易。此外彼等名十万人为一秃黑（tuc），万人为一土绵（toman），千人〔为一敏黑〕（ming），百人〔为一忽思〕（guz），十人〔为一温〕（on）。 行军时常有二百骑前行，距大军二日程巡逻。 后队及两翼亦有巡逻者。 四面皆有防守，不易为敌所袭。 远征时，不负甲胄，仅各携二皮囊，以置所饮之乳，一煮肉之土釜，一避雨之小帐。 设须急行，则急驰十日，不携粮，不举火，而吸马血，破马脉以口吸之，及饱则裹其创。 彼等亦有干乳如饼，携之与俱，欲食时，则置之水中溶而饮之。[5]

其作战胜敌之法如下： 此辈不以退走为耻，盖退走时回首发矢射敌，射极准，敌人大受伤。 马受训练，往回疾驰，惟意所欲，虽犬亦不能如其迅捷，则其退走战亦不弱于相接战。 盖退走时向追者发矢甚多，追者自以为胜，不虞及此也。 及见敌骑死伤，则皆回骑，大呼进击破敌。 盖彼等极骁勇耐劳，敌人见其奔逃而自以为获胜时，实不自知为败亡之征，而鞑靼将乘势回击也。 其用此法取胜之例不少。[6]

前所言者，乃真正鞑靼之生活及风习，然今日则甚衰微矣。 盖其居留契丹者染有偶像教之积习，自弃其信仰。 而居留东方者则采用回教徒之风习也。[7]

其治理狱讼之法如下： 有窃一微物者，杖七下，或十七，或二十七，或三十七，或四十七，而止于一百零七，视其罪大小而异。 有时被杖至死者。 设有盗马一骑或其他重要物品者，则为死罪，处以腰斩之刑。 然应附带言及者，其罪可以买赎，偿窃物之九倍则免。[8]各君主或他人之畜养牲畜，如马、牛、骆驼及其他大牲畜，在畜身上作一记号，任其牧于野中，不用人看守。 各主之畜混牧一处，赖有记号，可以辨识，牧后各归其主。 小牲畜则命牧人守之，其躯大而且肥。

彼等尚有另一风习，设有女未嫁而死，而他人亦有子未娶而死者，两家父母大行婚仪，举行冥婚。 婚约立后焚之，谓其子女在彼世获知其已婚配。 已而两家父母互称姻戚，与子女在生时婚姻者无别。 彼此

146

互赠礼物，写于纸上焚之。[9]谓死者在彼世获有诸物。

鞑靼人之风习既已叙述于前。 至若君临一切鞑靼的大汗及其宫廷之事，将在本书中随时言之，盖其事亦奇也。 兹请接述前文初入平原时之事迹。

[1] 最初记录蒙古人之风习者，乃是教皇因诺曾四世（Innocent IV）之使臣普兰迦儿宾，亦言其有一神名称伊脱伽（Itoga）或伊绰伽（Icoga），似即马可波罗书中之纳迪该（Natigay）或纳赤该（Nacigay），彼此传写必有一误。 据云："彼等信仰一神，是为一切有形无形之物之创造者，对于人类行为施以赏罚。 然彼等对之不用祷赞，惟用毡作偶像，上类人形，面下类乳房，置于门中，信其能保护牲畜繁殖。 又以丝绢制像，礼奉尤甚。 ……每饮食时，先以饮食祀此偶像。"

多桑亦言彼等承认有一主宰，与天合名之曰腾格里（Tengri），并崇拜日月、山河、五行之属。 出帐南向对日跪拜，奠酒于地以酹天体五形，以木或毡制偶像，悬于帐壁，对之礼拜。 食时先以食献，以肉或乳涂其口。 此外迷信甚多。 以为死亡即由此世渡彼世，其生活与此世同。 灾祸乃因恶鬼之为厉，或以供品，或求巫师祷之。 此种巫师盖为其幼稚宗教之教师，兼幻人、卜人、星者、医师于一身。 此辈自以各有其亲狎之神灵，告以过去、现在、未来之秘密。 人生大事皆询巫师，信之甚切。 设其预言不实，则谓有使其术无效之原因，人亦信之（颇节书191页引）。

剌木学本记述较为完备，首云："其教信有一最高天神之存在，逐日焚香祀之，求其保佑。"此天神显是蒙古人之腾格里，而习名之曰德烈（Dere，此言最高）及蒙哥（Munke，此言长生）者也。 珊蛮教（Chamanisme）之天的观念，与中国人之天的观念必具有关系无疑，惟祀天之法有异耳(Palladius 书 14 页)。

马可波罗对于当时输入蒙古不久之佛教无一言及之，惟在此后言及居留契丹者染有偶像教之积习，质言之，改从佛教也。但蒙古人自被逐出中国(1368 至 1369)以后，其佛教信仰已衰。珊蛮教之存在则抵于 1577 年，至是剌麻教(Lamaisme)兴。据撒难薛禅之《蒙古源流》，此佛教之复兴，为蒙古史中一大事。其祖父鄂尔多斯汗呼图克台薛禅(Koutouktai Setsen)，盖为此种运动之一要人云。

[2] 忽迷思(koumiss)为蒙古人及亚洲游牧习用之饮料。制造之法如下：用马革制一有管之器，洗净，盛新鲜马乳于其中，微掺酸牛乳，俟其发酵，以杖大搅之，使发酵中止。凡来访之宾客，入帐时必搅数下，如是制作之马湩，三四日后可饮。

忽迷思可以久存，相传其性滋补，且谓其能治瘵疾，其味不尽为人所喜。卢不鲁克曾言其味剌舌，与新酿之葡萄酒无异，饮之者似饮杏仁浆，有时使人醉，尤能使人多便溺。

鞑靼人亦制哈剌忽迷思(kara koumiss)，质言之，黑色马湩。此种马乳不凝结，盖凡牲畜未妊孕者，其乳不凝结。而黑色马湩即取未孕之牝马制之，搅乳使重物下沉，如葡萄酒滓之沉下。所余之纯乳，其色类白葡萄酒，饮者待其清饮之，其味甚佳，而性亦滋补。

鞑靼人取牛乳先制酪，已而留余乳使酸，煮之使其凝结，复于日中曝之，遂硬如铁滓，然后以囊盛之，以备冬日缺乳时之用。欲饮时，置凝结之酸乳于囊中，浇以热水，搅之使溶，然后饮之。盖彼等常不饮清水，而以此代鲜乳也(《卢不鲁克行纪》第七章)。

[3] 甲胄盖包括骑士及乘骑之一切甲胄、鞍辔而言，故在此处

用旧写之 harnois 一字。

[4]多桑书云:"此种游牧生活,颇宜于从事军役。此辈之嗅觉、听觉、视觉并极锐敏,与野兽同能。终年野居,幼稚时即习骑射。在严烈气候之下习于劳苦,此盖生而作战者也。其马体小,外观虽不羊 然惯于地聘,能耐劳,不畏气候不适,驯从骑者之意。骑者发箭时,得不持缰而驭之。战时各人携马数匹,盖此种民族惟习骑战也。服革甲以防身,以弓为其主要武器,远见其敌即发箭射之,其回走时反首发矢,务求避免白刃相接。出兵常在秋季,盖在斯时马力较健。结圆营于敌人附近,统将居中人各携一小帐,一革囊盛乳,一锅,随身行李皆备于是。用兵时随带其一部分家畜以供食粮。其渡河,以其携带之物置于革囊之中,系囊马尾,人坐囊上而渡。"(颇节书192页引)

[5]可参照本章注[2],至其吸饮马血之习惯,普兰迦儿宾及其他旅行家之行纪亦见著录。

至若蒙古军队之官名,颇节、玉耳已有详细注释,据称其出于蒙古语或突厥语。传钞马可波罗书者有误,秃黑盖为纛之对音,乃统将之标志。土绵,蒙古语犹言万也。

《元史》卷九八《兵志》云:"国初典兵之官,视兵数多寡为爵秩崇卑。长万夫者为万户,千夫者为千户,百夫者为百户。世祖时……万户之下置总管,千户之下置总把,百户之下置弹压。……万户、千户、百户分上中下。万户佩金虎符,符跌为伏虎形,首为明珠,而有三珠、二珠、一珠之别。千户金符,百户银符。万户、千户死阵者,子孙袭爵。死病则降一等。"

剌木学本之文则云:"鞑靼君主之进兵,携十万骑与俱,其分配之法如下。选一人为十人长,一人为百人长,一人为千人长,一人为万人长。十十人长隶于一百人长，十百人长隶于一千人长，十千人长隶于一万人长。由是各人与各长只同十人有其关系。赖有此种组织，此十万人之君主如欲遣军远征，则命万人长供给千人。万人长统千人长，千人长统百人长，百人长统十人长。由是十人长对于百人长供给其人数。百人长对于千人长，千人长对于万人长，亦然。此外每百人名曰一秃黑，十百人为一土绵。"末二语有误，所以马可波罗后来改正其文如本文。

[6] 则其人作战之法与安息人（Parthes）同矣。海屯（Haython）亦云："彼等逃时，仍聚而不散，追者常受其回击。盖鞑靼人逃时，回首发矢以伤追者，行列既密，追者常不能歼其半数。"普兰迦儿宾所志亦同（参看玉耳本第一册 265 至 266 页）。

[7] 蒙古人之纵横于欧亚，并不同回教徒之宣传其宗教。其目的仅在为生存而斗争，其所信奉之偶像教不能有回教徒之热烈，所以常愿采用被侵略的民族之宗教及风习。而在中国成为佛教徒，在波斯则成为回教徒也。

此处之契丹（Cathay），在剌木学本中作 Ouchacha，而在第三十五章中则作 Ouchak。此二名显指孚勒伽江上之 Oukak。至若中国北部之 Ouchak，必是 Ouchacha 之省写，殆为 Chataja 传写之误，亦指契丹也。

[8] Pétis de la Croix 之《成吉思汗史》云：其时（17 世纪末年）尚存有一成吉思汗法令（Yasa Genghizcani），据突厥、波斯著作家之记录，凡二十二条，绝对与马可波罗书所记相符。伯希和云，杖数多从七者，盖为天、地、皇帝各免一杖也（戈尔迭本第三册 60 页）。

[9] 此风盖出于鞑靼，而非出于中国。据 Pétis de la Croix 所

引波斯某著作家之说，此风乃由成吉思汗所提倡，用以密结其臣民之友谊者。见1205年颁布之法令第十九条。今日（17世纪末年）鞑靼人尚适用之（参看戈尔迭本第三册60页）。

第七〇章　哈剌和林平原及鞑靼人之种种风习

若从哈剌和林同前文所述鞑靼诸主埋葬遗骸之阿勒台山首途，北行四十日，抵一高原，名曰巴儿忽（Bargou）平原。[1] 居民名称蔑克里惕（Mékrites），是为一种蛮野部族，恃其牲畜为活。风习与鞑靼人同，隶属大汗。其人无麦无酒，夏日猎取鸟兽甚夥，然冬日严寒则无所得。

又从此大平原骑行四十日，抵于海洋。其处有山，山中有隼（faucon pélerin）作巢。此外山中无男无女，无鸟无兽，仅有一种飞鸟名曰巴儿格儿剌黑（barguerlac），[2] 供隼之食。此鸟大如鹧鸪，爪如鹦鹉，尾如燕，飞甚捷。盖因严寒，故无动物居处其间。大汗欲得此作巢之隼时，则遣人取之。此海诸岛亦产海青（gerfaut）。地在极北之处，中午可见北极之星。[3] 海青甚多，君主欲得之者，可以取之不尽。君等切勿以为取得海青之基督教徒以海青贡献大汗，其实乃贡献东方君主者也。

此北方诸州迄于地尽大海之处，既已备述于前，兹将言往谒大汗沿途所经之其他诸州，所以吾人重返本书业已叙述之甘州。

[1] 诸本所录路程之长短不一，颇节本谓自哈剌和林附近达于巴儿忽平原有四十日程，自此平原达于海洋又四十日程。地学会本仅言经行巴儿忽平原有四十日，至哈剌和林与至平原间之距离，毫无著录。剌木学本则谓约须六十日（南北行）抵于巴儿忽平原，逾此须四

十日抵于海洋，其文如下：

"自离哈剌和林同前此所言鞑靼诸帝埋葬遗骸之阿勒台山以后，北行抵于一地，名曰巴儿忽平原，其距离足有六十日程。居民名称蔑克里惕，为人蛮野，恃兽肉为食。诸兽之中有一种兽形如鹿者，居其大半。此兽且供乘骑。其人兼食飞鸟，盖自此平原达于海洋，湖沼之中有飞鸟甚众也。诸鸟在夏日大半时间常处水中，及旧羽脱后，体裸不能飞时，土人取之甚易。其人亦食鱼。若再骑行四十日，则见海洋，海岸附近有一山，雕隼在其中作巢。山中无人，亦无鸟兽，仅有一种名曰巴儿格儿剌黑之鸟。……"（剌木学本第一卷四十九章 15 页）

此地在蒙文本《成吉思汗传》中亦名巴儿忽及巴儿忽真。据颇节、玉耳等之考订，其地在贝加尔湖附近。盖据《成吉思汗传》所载蔑儿乞人（Merkites）居巴儿忽地之事以为证。成吉思汗战胜蔑儿乞时，蔑儿乞人遁入巴儿忽真之隘也。惟据《成吉思汗传》，林木中百姓内有巴儿忽人，则居巴儿忽地者，应是此部，而非蔑儿乞也（参看 Palladius 书 16 页）。

《元朝秘史》卷十云："兔儿年（1207），成吉思命拙赤领右手军去征林木中百姓，令不合引路。斡亦剌（Ouirat）种的忽都合别乞比万斡亦剌种先来归附。就引拙赤去征万斡亦剌，入至失黑失惕地面。斡亦剌、剌巴思诸种都投降了，至万乞儿吉思（Kirghiz）种处，其官人等也归附了，将白海青、白骟马、黑貂鼠来拜见拙赤。自失必儿等种以南林木中百姓，拙赤都收捕了，遂领着乞儿吉思万户、千户并林木中百姓的官人，将着海青、骟马、貂鼠等物回来拜见成吉思。"

乞儿吉思，即《元史》之吉利吉思，《元史》卷六十三《地理志》云:"吉利吉思者,初以汉地女四十人与乌斯之男结婚,取此义以名其地。 南去大都万有余里。 相传乃满(Naiman)部始居此。 及元朝,析其民为九千户。 其境长一千四百里,广半之。 谦河(yenissei)经其中,西北流。 ……俗与诸国异。 其语言则畏吾儿同。 庐帐而居,随小草畜牧,颇知田作。 遇雪则骑木马逐猎。 土产名马白黑海东青。 昂可剌(Angara)者,因水为名,附庸于吉利吉思。 去大都二万五千余里。 其语言与吉利吉思特异。 昼长夜短,日没时炙羊肋熟,东方已曙矣。 即《唐史》所载骨利幹国也。"(并参观《文献通考》卷三四七《拔悉弥传》)

由前引诸文,似不足证明马可波罗所言者专指蔑儿乞部。 玉耳曾云:"在此处如在其他根据传闻叙述之处,所言之一切细节,并不必适应于某一部落。 ……斯盖以远地部落之情形属之于蔑儿乞部,其实所言者为东胡(Tongouses)人之风习,似即剌失德丁所志巴儿忽真境外之林木中的兀良哈(Ouriangoutes)。 彼亦言此部有驯鹿(renne),有桦皮帐,及用橇猎于雪上之风习也。"(玉耳本第一册271页)

然则马可波罗所言者为何海洋欤? 应从剌木学本作北冰洋岸欤,似不然也。 盖其所言者应是当时已知之北方诸岛。 顾在当时除黑龙江口萨哈连(Saghalin)等岛以外,不复知有他岛。 自贝加尔湖以北行四十日程则抵于北冰洋,乃为当时人未详之地。 考诸本之记录,固多言巴儿忽地长四十日程。 然 Bergeron 本独作"离此地后,东向稍微偏北行四十日,则抵海洋。 ……此北地中有若干岛屿,列于其北,致使北极星……"等语。 吾人常以为 Bergeron 本即 1671 年 Muller 刊本所据之同一钞本,亦 1556 年译为法文之本。 然此两本皆无 Bergeron 著录之方向,不知其何所据。 虽然,吾人终疑马可波罗所言之地在黑龙江口。然则其所言之蔑克里惕非蔑儿乞惕，殆为昔之鞑靼。黑龙江北有北黑水鞑靼部，并在忽必烈时内附也（参看《文献通考》卷三四七《流鬼传》）。

[2] 此鸟即 Pallas 行纪（第四册 54 至 55 页）所言之 tetras paradoxa，而经后人追忆此旅行家而定名为 Syrrhaptes Pallasii 者也，鸟群有时飞至中国北部，Rockhill 曾名之曰沙鸡。

[3] 本文应作下解："此地北处甚远，致有时在正午完全可见北极之星。"盖在此种北冰洋之地，中午为半夜也。然在其他诸本，若地学会本、剌木学本诸本之中，则明言人在其地则见北极星在南云。

第七一章　额里湫国

从前此已言之甘州首途，骑行五日，夜间多闻鬼声。行此五日毕，东向有国，名曰额里湫（Erginul）。[1]臣属大汗，隶唐古忒州。时此州内有数国，居民是聂思脱里派之基督教徒，或偶像教徒，或崇拜摩诃末之教徒。

此国之中，多有城市，其要城名曰凉州。从此城向东南行，可至契丹之地，在此方道上见有一城，名称申州（Singuy）。所辖城村甚夥，亦属唐古忒，隶于大汗。[2]居民是偶像教徒同回教徒，然亦有基督教徒。地产野牛，身大如象，其形甚美，盖牛毛被覆全身，仅露其脊，毛长四掌，呈黑白色，其美竟至不可思议。牛幼时即畜养之，所以为数颇众。用以负载，并命作其他诸事，且用以耕种，缘其力大，耕地倍于他畜也。[3]

此地有世界最良之麝香，请言其出产之法如下：此地有一种野兽，形如羚羊，蹄尾类羚羊，毛类鹿而较粗，头无角，口有四牙，上下各二，长三指，薄而不厚，上牙下垂，下牙上峙。兽形甚美。取麝之法如下：捕得此兽以后，割其脐下之血袋。袋处皮肉之间，连皮割下，其中之血即是麝香。其味甚浓，此地所产此兽无算。[4]

居民是商贾工匠，出产小麦甚饶。地广二十六日程。中产野鸡，大倍吾人之雉，尾长十掌。[5]别有其他种种禽鸟，羽毛具有各色，其形甚丽。信仰偶像之人，体肥，鼻小，头发黑色，微有须，而无髯。女子除头发外，遍身无毛，色白而美。居民淫佚，娶妻甚多，盖其教与其俗皆无此禁。女虽微贱，第若美丽，国之大贵人不惜与之为婚，并赠女之父母以多金。

兹从此地前行，请言东方之别一州。

[1] 马可波罗夹叙蒙古沙漠高原以后，回至第六十一章所言之甘州。东行至额里湫国，此国名似以剌木学本之 Erginul 之写法为较善，故从之（钧案：应从地学会本作 Ergyul）。诸注释家大致皆考订其地为今之凉州府。《元史》卷六十《地理志》云："永昌路，唐凉州，宋初为西凉府，景德（1004 至 1007）中陷入西夏，元初仍为西凉府。至元十五年（1278）以永昌王宫殿所在，立永昌路，降西凉府为州隶焉。"

[2] 申州在剌木学本中州名与都会名并作 Singuy，惟 Muller 之拉丁文本同 1556 年之法文译本则谓 Singuy 是 Cerguth 国之都城。此外 Singuy 在其他诸本中，又作 Fingui、Tinguis、Sigui、Cingui 等写法，未知孰是。其地无考。

[3] 此即背上有峰之西藏牦牛（yack），昔日仅据马可波罗书得识此物已久。马可波罗谓其身大如象，比喻未免过度。Prejvalski

曾在青海南部猎得二十余头，其身高五尺，长一丈一尺，尾长三尺。

[4] 剌木学本于此段后云："其肉可食，味甚佳。马可阁下曾将此兽之头足携回物搦齐亚。"剌木学并言猎人于新月升时往猎此兽，是亦其排泄麝香之时也。

马可波罗所志，除四牙外皆实。麝香鹿仅上腭有犬牙，薄而锐。中国人食此兽肉，与蒙古人及西伯利亚之俄罗斯人同。惟牡兽之肉常有麝味。

[5] 中国到处皆产野鸡，尤以中部、南部诸省出产最众，种类甚夥。马可波罗所言之野鸡名称 Phasianus veneratus，仅在甘肃及扬子江南北两岸有之。

第七二章　额里哈牙国

如从凉州首途，东进，骑行八日，至一州，名曰额里哈牙（Egrigaia）。[1] 隶属唐古忒，境内有城堡不少，主要之城名哈剌善（Calachan）。[2] 居民是偶像教徒，然有聂思脱里派之基督教堂三所。其人臣属大汗。城中制造驼毛毡不少，是为世界最丽之毡，亦有白毡，为世界最良之毡，盖以白骆驼毛制之也。所制甚多，商人以之运售契丹及世界各地。[3]

今从此州东行，将言一名天德（Tenduc）之州，由是进入昔属长老约翰之地。

[1] 此处叙述之文颇含混不明，初视之，不知所言者为一都会抑两都会也。据 Palladius 之说，本章中所言者，盖为二城。前一城名

额里哈牙，为本州之都会，与州名同。后一城名哈剌善，乃西夏之故都，本章仅夹叙其名而已。后此所言盖为额里哈牙之事也。

玉耳（第一册 282 页）历引东方著作所志此城之名，有 Arbaca（Pétis de la Croix）、Eyircai（Klaproth）、Uiraca（d'Ohssen）、Artacki、Artackin（Erdmann）等写法，以为皆是同名异写，其说诚是。然谓是冯秉正之兀剌孩，则误矣。盖兀剌孩为西夏之一堡塞，在贺兰山（阿剌善）中一险要之处。1208 年成吉思汗曾驻此五月也。

中国人有误以此地为灵州者，亦误。案：灵州在《元秘史》中作朵儿篾该，而夏王城，质言之今之宁夏，则作额里合牙也。

[2]考成吉思汗围攻之西夏诸城中，有夏州，在今榆林府西，疑即此哈剌善，亦汉名之黑水城也。但据 Palladius 之说，距宁夏六十里贺兰山下，有贺兰山离宫，元昊所建，《西夏书事》作哈剌沙儿，殆为此阿剌善。《元秘史》贺兰山作阿剌筛，亦与此对音相合云。（Palladius 书 19 至 20 页）

[3]玉耳谓在不里牙惕（Bouriates）同恰克图（Kiakhta）之华人处，常见有白驼，其白如雪。

第七三章　天德州及长老约翰之后裔

天德（Tenduc）是向东之一州，境内有环以墙垣之城村不少，[1]主要之城名曰天德。隶属大汗，与长老约翰之一切后裔隶属大汗者同。此州国王出于长老约翰之血统，名称阔里吉思（George），受地于大汗，然所受者非长老约翰旧据之全土，仅其一部分而已。然我应为君等言者，此长老约翰族之国王皆尚主，或娶大汗之女，或娶皇族公主为妻。

此州有石可制琉璃(azur)，其质极细，所产不少。 州人并用驼毛制毡甚多，各色皆有。 并恃畜牧务农为生，亦微作工商。 治此州者是基督教徒，然亦有偶像教徒及回教徒不少。 此种持有治权之基督教徒，构成一种阶级，名曰阿儿浑(Argon)，犹言伽思木勒(Gasmoul)也。 其人较之其他异教之人形貌为美，知识为优，因是有权，而善为商贾。[2]

君等应知昔日长老约翰统治鞑靼时，即定都于此天德城中。 今其后裔尚居于是，盖前此已言此阔里吉思国王出其血统，其实为长老约翰以后之第六君主也。[3]

此地即吾人所称峨格(Gog)同马峨格(Magog)之地。[4]其人则自称曰汪格(Ung)同木豁勒(Mugul)。 盖在此州中原有二种人，先鞑靼人居住其地，汪格人是土著，木豁勒人则为鞑靼，所以鞑靼人常自称曰木豁勒，而不名曰鞑靼。

由此州东向骑行七日，则抵契丹(Cathay)之地。 此七日中，见有城堡不少，居民崇拜摩诃末，然亦有偶像教徒及聂思脱里派之基督教徒。 以商工为业，制造金锦，其名曰纳石失(nasich)、毛里新(molisins)、纳克(naques)。 并织其他种种绸绢，盖如我国之有种种丝织毛织等物，此辈亦有金锦同种种绸绢也。

其人皆属大汗，其地有一城，名曰申达州(Suydatuy、Syndatny)。[5]居民多以制造君主臣下之武装为业。 此州有一山，中有银矿甚佳，采量不少，其名曰伊的非儿(ydifir)。 居民多游猎养鸟。

兹从此州首途，远行三日。 三日后，至一城，名曰察罕脑儿(Tchagan-nor)。[6]中有大宫一所，属于大汗。 周围有湖川甚多，内有天鹅，故大汗极愿居此。 其地亦有种种禽鸟不少，周围平原颇有白鹤、鹧鸪、野鸡等禽，所以君主极愿居此以求畋猎之乐，在此驯养鹰隼海青，是即其乐为之艺也。

此地有鹤五种，一种躯甚大，身黑如乌。第二种全白，其翼甚美，其圆眼上呈金色，此鹤为诸类中之最大者。第三种与我辈地方所产者同。第四种较小，耳旁有长羽甚美，下垂作红黑色。第五种甚大，全身灰色，头呈红黑色。此城附近有一山谷，君主建数小屋于其中，畜养鹠鸪无数，命数人守之，大汗至时，取之惟意所欲。

兹吾人更向北方及东北方远行三日。

[1] Palladius 云："马可波罗未言其自宁夏渡鄂尔多斯抵于天德边境之情形。案：宁夏以东之要道，经行神木县者，为程九百七十五里。若绕经榆林，则有一千一百三十五里。是为由陕西经行山西北部之大道。最短之道止于库库和屯（Koukou-hoton），是即世人拟为马可波罗之天德城，在黄河支流胡坦和硕汇流处渡河。

"胡坦和硕为昔日天德军之西界，亦为今日库库和屯之界。又案：自保德州经行大同府而至宣化府（波罗时名宣德州）之里程，同胡坦和硕经行库库和屯及大同而至宣化府之里程，大致相等，皆为九百五十里。则无论马可波罗于此两道所循何道，其结果皆同。其七日行程所见诸城，既云属于天德，则应位置于长城以内。设其自天德城首途以后，未经大同径向上都，则不能下蒙古高原而至宣德州，然后重返故道也。由是观之，波罗自黄河沿岸行抵申达州之路程，要在长城以内。至若居住天德的部落之强盛情形，盖据史载当时之传说言之。

"案：天德显是昔之天德军，而经中国地理学者考订为现代之库库和屯者也。天德军名，经辽、金迄于忽必烈时尚存。1267 年名曰丰州，属大同府。天德军之辖境，微大于今之土默特（Toumet）旗，今旗地南北三百七十里，东西四百里，而库库和屯自

16 世纪以来即在此旗辖境以内也。"（Palladius 书 20 至 21 页）

上引之文既云胡坦和硕至宣化府有九百五十里，然则不止七日行程，本书之申达州，不得为宣化府矣。 Palladius 必欲波罗经行长城之内，致有此误。 本书既云天德为昔日长老约翰统治之地，而欧洲人所称峨格同马峨格之地，其地饶有牧场，居民多游猎养鸟，此种情形既不适于大同，亦不适于羊河同桑干河流域也。 则波罗东行之道，应是后来 Huc 同 A. David 二神甫西行之道。 况大同不在天德境内，而在金时为五京之一，名曰西京。 宣化府居西京（大同）、中京（今北京）之间，不得位置于马可波罗所言之天德境内也。

至若天德城之所在，Palladius 曾历引中国载籍之文，谓即后之库库和屯，亦明代以来之归化城。 Rockhill 同 Bonin 谓在托克托（Tokto）一说，史无明证，盖此地为唐代三受降城最东之一城，不得为天德军也。

[2] 颇节首引 Du Cange 之说，以为中世纪时伽思木勒之义，训作父为法兰西人、母为希腊人之杂种。 "殆由马可波罗或其父闻之于孔士坦丁堡者，与阿儿浑之训义恰合。 盖阿儿浑为一种聂思脱里派之基督教徒，而生于长老约翰之蒙古部族者也，则亦西利亚人与鞑靼人之杂种矣。 故马可波罗以伽思木勒（Gasmoul）或巴思木勒（Basmoul）一名当之"（颇节书第一册 216 页）。

玉耳根据波罗极明了之定义，以为阿儿浑一名仅指杂种而言。惟是中世纪时，称东方基督教徒曰 Arkaion，亦即剌失德丁著录蒙古人所用之 Arkaoun，皆中国载籍 "也里可温" 之对称也。 此名与阿儿浑似不无关系。 关于也里可温者，陈垣撰有《元也里可温考》，历引东西载籍之记录甚详，可以参看。

[3] 蒙古之有基督教徒，其证甚夥。 就中若剌失德丁书谓不仅

王罕是基督教徒，其统辖之克烈部亦奉同一教义。同一史家并谓贵由汗有两大臣亦是基督教徒，曾召聚西利亚、小亚细亚、斡罗思之不少教师在朝。贵由汗母亦奉基督教，旭烈兀妃亦然。旭烈兀曾为之在波斯重建一切教堂，而蒙哥、忽必烈之母亦为基督教徒，前已言之也。

中国第一任大主教孟帖戈尔文（Jean de Montcorvin）之至大都，在1293或1294年，适在马可波罗等回归欧洲之时。其在1305年1月8日之信札中叙述此国王阔里吉思之事甚详。据云："此地有一国王名称阔里吉思，乃名称长老约翰的大国王之后裔，而为聂思脱里派之基督教徒。我初至之第一年，待我甚厚，我曾导之归向正教。举行弥撒时，彼衣王服来临，所以聂思脱里派教徒诋之为外道。彼曾导其大多数人民信仰正教，建筑一壮丽教堂。六年前，此阔里吉思国王死，遗一子甚幼，今年甫九岁。然此阔里吉思国王之兄弟等仍奉聂思脱里派之谬说，国王死后，复导其民还向异端。顾我独在大汗所，不能远离，盖此教堂距离有二十日程也。……设有同伴二三人相助，大汗必定愿受洗礼。

"至若所循之路程，则有一较短而较安全之道路，通行契丹皇帝所属北鞑靼之地，使臣（西方使臣）行五六月可至。至若海道较远而较危险，须两年始达。顾因战争，陆道不靖已久。我未接罗马消息，已有十二年矣。

"我曾熟习鞑靼之语言文字，曾将《新约书》译为鞑靼语言，并用鞑靼文字写圣歌集，且以语言文字公然宣传基督法律。阔里吉思国王之子名术安（Jean），与我同名。惟愿天主之助，使之追随其父之迹。据我之所闻见，此世君主土地之广，人民之众，财富之多，殆无有逾于大汗者也。"（参看樊国栋〔A. Favier〕撰《北京志》118

至 119 页，A. Van Den Wyngaert 撰《孟帖戈尔文传》49 至 52 页）

上引之文，完全证明马可波罗之说，距离大都二十日程之地，可以今之绥远古之天德当之。 波罗及孟帖戈尔文皆误以阔里吉思国王是长老约翰之后裔，殆合王罕、汪古二名为一，盖阔里吉思国王为汪古部人也。

Palladius 云："天德军北以阴山为界，其北则属沙陀突厥。 契丹侵略中国北部以后，并将此种突厥征服。 金兴，而汪古部出（一作雍古，即剌失德丁书之 Ongot，《秘史》之翁古惕），统此诸部。 汪古部者，亦沙陀突厥也。 分二部，一为阴山汪古，一为临洮汪古。 金徙临洮汪古于辽东，阴山汪古则为金守北方边墙。 成吉思汗强盛之时，汪古部长名称阿剌忽思，辽东系汪古部之首领则名把造马野礼属（此人有一子名称锡礼吉思 Sergis，锡礼吉思子名月合乃，月合乃之曾孙名马祖常，《元史》有传）。 已而阿剌忽思叛金而从成吉思汗，为其部人所杀。 成吉思汗以女妻阿剌忽思子，生子三人。 长名君不花，妻贵由汗女。 次子名爱不花，妻忽必烈汗女，生子名阔里吉思（即波罗同孟帖戈尔文之阔里吉思国王）先后娶皇女二人为妻。1298 年，阔里吉思讨海都，被擒死。 1310 年其子术安袭爵。 由是观之，汪古部诸王皆是蒙古汗婿，世有高唐王号，其封地疑是古之天德军地。 顾王罕、汪古二名前一音之相近，遂使波罗误将异部异人混而为一，竟将久死之长老约翰（死于 1203 年）以属汪古。 此处之阔里吉思国王，确为高唐王阔里吉思无疑。 此名为一基督教名，亦有旁证。 盖《元史》及《镇江志》中，亦有名阔里吉思者也。"（Palladius 书 22 至 23 页）

据上文，此暧昧不明的长老约翰赖 Palladius 之考证而显，则天德之长老约翰，与克烈部之长老约翰，非一人矣。 兹引《元史》卷一一八《阿剌兀思剔吉忽里传》之文如下以证之：

"阿剌兀思剔吉忽里，汪古部人，系出沙陀雁门之后。远祖十国世为部长。金源氏堑山为界，以限南北，阿剌兀思剔吉忽里以一军守其冲要。时西北有国曰乃蛮，其主太阳可汗遣使来约，欲相亲附，以同据朔方。部众有欲从之者，阿剌兀思剔吉忽里弗从，乃执其使，奉酒六尊，具以其谋来告太祖。时朔方未有酒，太祖饮三爵而止，曰：'是物少则发性，多则乱性。'使还，酬以马五百，羊一千。遂约同攻太阳可汗，阿剌兀思剔吉忽里先期而至。既平乃蛮，从下中原，复为向导，南出界垣。太祖留阿剌兀思剔吉忽里归镇本部，为其部众昔之异议者所杀，长子不颜昔班并死之。其妻阿里黑携幼子孛要合与侄镇国逃难，夜遁至界垣，告守者，缒城以登，因避地云中。太祖既定云中，购求得之，赐与甚厚，乃追封阿剌兀思剔吉忽里为高唐王，阿里黑为高唐王妃。以其子孛要合尚幼，先封其侄镇国为北平王。镇国薨，子聂古台袭爵，尚睿宗女独木干公主，略地江淮，薨于军。赐兴州民千余户，给其葬。孛要合幼从攻西域，还封北平王，尚阿剌海别吉公主。……孛要合未有子，公主为进姬妾以广嗣续，生三子，曰君不花、曰爱不花、曰拙里不花。……爱不花子阔里吉思，尚忽答的迷失公主，继尚爱牙失里公主。……"

观上文传世之先后，（一）阿剌兀思剔吉忽里，与成吉思及王罕（长老约翰）同时，（二）镇国，（三）聂古台，（四）孛要合，（五）爱不花，（六）阔里吉思，实为六王，皆尚主。兹再引《蒙兀儿史记·王罕传》，以明其与天德部之阔里吉思非一人。

"王罕者，名脱斡邻勒，汪豁真氏，客列亦惕（克烈）部长也。受金爵为王，蕃语谓王曰合罕，通蕃汉语呼之，故曰王罕，又若汪罕，或曰汪可汗。相传王罕始居欠欠州，亦曰谦州，地有谦河，北邻乞儿吉思。……至王罕祖默儿忽察，有二子，长忽儿忽察思，嗣为部长，号不亦鲁罕。次古儿罕。忽儿忽察思有子四十人，脱斡邻勒最长。脱斡邻勒七岁时，尝被薛凉格河之蔑儿乞人虏去春碓，衣以花羔之裘。忽儿忽察思破敌救之归。至十三岁，又尝随母为塔塔儿种阿泽罕所掠，令牧驼羊。乘间脱归，忽儿忽察思卒，脱斡邻勒嗣。……"

由是观之，王罕是漠北之克烈部长，曾与黑鞑靼及蒙古人为敌，同漠南之白鞑靼或白达达毫无关系矣。

[4]前在本书第二十二章注[3]中，曾言峨格同马峨格乃指高加索北方之种族。昔人曾建打耳班边墙以御之，此边墙亦名亚历山大边墙，或峨格、马峨格边墙，马可波罗在本章中解说更明。据称峨格即汪格，马峨格即木豁勒，然则指汪古及蒙古矣。

[5]前此曾言本章之申达州非宣化府，Palladius 考订之说误也，惟其文足资参考之处甚多，兹为转录于下：

"宣德州(Sindacui)今名宣化府，波罗谓其地有银矿，《元史》亦言宣德州、蔚州及鸡鸣山产金银，始由官采，迄于 1323 年，任民采取。波罗书之伊的甫(ydifu)，疑是蔚州一名传写之误。"

"宣德州在上都赴大都之西道中，波罗曾留于此。从大都至宣德，所经之地与今地同。自宣德州前行，今道则向张家口，昔道微偏西，经行今之膳房堡(在张家口西三十里)，即昔之野狐岭口也。及至昔之兴和城，今之白城子(Karabalgasoun)，与今日张家口商道合，从大都至上都。此道长延一千零九十五里，是为西道。此外别有二道可赴上都，皆在西道之东，并出独石口。其一出居庸关与西道分道。其一在土木分道，出独石口外，复与西道合。蒙古诸汗赴上都驻夏时，常循独石口之东道。回大都时，则取野狐岭之西

道。"（Palladius 书 24 至 25 页）

由是观之，自宣化府赴上都南之察罕脑儿，仅有西道可通。其行程为半圆形，先向西北，继向北，终向东。第在波罗书中，仅言从宣德州首途继续远行三日，未言有此曲折。反之，在本章末自察罕脑儿赴上都之途中，则明言其方向为东北北也。

吾人应注意者，波罗所言"三日"抵察罕脑儿之文，在吾人所据之本及玉耳本中皆无此语，然在地理学会本、剌木学本诸本中明白言之。

复次宣德州仅在金代有此称，至在元代则名顺宁府，则波罗之申达州不得为后之宣化府矣。考长城外有一要城，12 世纪时已甚重要。初名抚州，已见《长春真人西游记》著录。金建一宫于此，1263 年忽必烈亦于此建一行宫，名其地曰隆兴路，已而改名兴和路。地距今张家口西北约五十公里，在今昂古里淖尔（Angulinor）之东不远，波罗之申达州，疑指此兴和城也。

［6］波罗位置察罕脑儿在上都之西南南，Palladius 曾考订此湖与同名之城在西道与东道会合之处，而不主张昂古里淖尔之白城子一说是也。

第七四章　上　都　城

从上述之城首途，向北方及东北方间骑行三日，终抵一城，名曰上都，现在在位大汗之所建也。[1] 内有一大理石宫殿，甚美，其房舍内皆涂金，绘种种鸟兽花木，工巧之极，技术之佳，见之足以娱人心目。

此宫有墙垣环之，广袤十六哩，内有泉渠川流草原甚多。亦见有种种野兽,惟无猛兽,是盖君主用以供给笼中海青、鹰隼之食者也。 海青之数一百有余,鹰隼之数尚未计焉。 汗每周亲往视笼中之禽,有时骑一马,置一豹于鞍后。[2] 若见欲捕之兽,则遣豹往取,取得之后,以供笼中禽鸟之食,汗盖以此为乐也。

此草原中尚有别一宫殿,纯以竹茎结之,内涂以金,装饰颇为工巧。 宫顶之茎,上涂以漆,涂之甚密,雨水不能腐之。 茎粗三掌,长十或十五掌,逐节断之。 此宫盖用此种竹茎结成。 竹之为用不仅此也,尚可作屋顶及其他不少功用。 此宫建筑之善,结成或拆卸,为时甚短,可以完全拆成散片,运之他所,惟汗所命。 结成时则用丝绳二百余系之。[3]

汗在此草原中,或居大理石宫,或居竹宫,每年三阅月,即六月、七月、八月是已。 居此三月者,盖其地天时不甚炎热而颇清凉也。 迨至每年八月二十八日,则离此他适。 君等应知汗有一大马群,马皆牝马,其色纯白,无他杂色,为数逾万。 汗与其族皆饮此类牝马之乳,他人不得饮之。 惟有一部落,因前此立有战功,大汗奖之,许饮此马乳,与皇族同。 此部落人名称曰火里牙惕(Horiad)。[4]

此种牝马经行某地,贵人见之者,不论其地位如何高贵,须让马行。 否则绕道半日程以避之。 盖无人敢近此马,见之宜行大礼。 每年八月二十八日,大汗离此地时,尽取此类牝马之乳,洒之地上。 缘其星者及偶像教徒曾有言曰,每年八月二十八日,宜洒乳于地,俾地上空中之神灵得享,而保佑大汗及其妻女财产,以及国内臣民,与夫牲畜、马匹、谷麦等物。 洒乳以后,大汗始行。

有一异事,前此遗忘,今须为君等述之者。 大汗每年居留此地之三月中,有时天时不正,则有随从之巫师星者,谙练巫术,足以驱除宫上之一切风云暴雨。 此类巫师名称脱字惕(Tebet)及客失木儿

（Quesimour），是为两种不同之人，并是偶像教徒。 盖其所为者尽属魔法，乃此辈诳人谓是神功。 此辈尚有别一风习，设有一人犯罪，依法处决者，取其尸体熟而食之，然善终之尸体则不食。

尚有别一异事为此二种人所能为者，亦请为君等述之。 大汗在其都城大宫之内，坐于席前。 席高八肘，位于廷中。 其饮盏相距至少有十步之远，内盛酒或其他良好饮料。 此辈巫师巫术之精，大汗欲饮酒时，致能作术使饮盏自就汗前，不用人力。 此事常见之，见之者不只万人，此乃实事，毫无伪言。 我国术人明悉巫术者，将告君等此事洵可为之也。[5]

偶像之节庆既届，此辈巫师往告大汗曰：“我辈某偶像节庆之期已届（言时举其名）。 陛下深知若无祭享，此偶像将使天时不正，损害吾人财产。 所以请赐黑首之羊若干以享之，并请颁给沉香、檀香及他物若干（此辈任意索取各物），以备奉祀我辈偶像，俾其默佑我辈之一切财物。”[6]

于是大汗命左右诸臣如数付之。 诸巫师得之以后，遂往享其偶像。 大燃灯火，焚数种香，熟祭肉，置于偶像前。 已而散之于各处，谓其偶像可以取之，惟意所欲。 其庆贺之法概如是也。 各偶像各有其名，各有其节庆之日，一如我辈圣者每年有其纪念之日也。

此辈亦有广大寺院，其大如一小城。 每寺之中有僧二千余人，衣服较常人为简。 须发皆剃。 其中有娶妻而有多子者。[7]

尚有别种教师名称先生（sensin），[8]守其教戒，节食苦修，终身仅食糠，浇以热水，此外不食他物，仅饮水，日日持斋，是盖为一种过度苦行生活也。 此辈亦有其大偶像，为数不少。 然偶亦拜火，及其他不属本派之偶像。 不娶妻室。 其衣黑色而兼蓝色，卧于席上。 其生活之苦竟至不可思议。 其偶像皆女形，质言之，其名皆属女名也。

兹置此事不言，请为君等叙述"诸汗之大汗"之伟迹异事，是为鞑靼人之大君，其名曰忽必烈，极尊极强之君主也。

[1] 上都已见本书第十三章著录，未为上都之前，其地名开平府。1256 年蒙哥汗命其弟忽必烈建宫于此，以为驻冬之所。忽必烈即位，徙都于大都，以上都为驻夏之所。明太祖取开平，堕其城，今其废址在德文地图上，位在东经一一六度十分，北纬四二度三六分之间，与耶稣会士所志之方位微有不同（经一一六度，纬四二度二二分）。今名绰奈曼苏蔑（Tsounaiman-soumé），此言一百零八庙，近代有若干旅行家曾游其地，似尚无人发掘。

[2] 卢不鲁克在 1254 年离哈剌和林前，曾记述大宴众使臣事云："我曾见印度某算端之使臣携有豹八头、猎犬十头与俱，犬亦可置马鞍后行猎，与豹同。"（L. de Backer《卢不鲁克行记》256 页）

用豹行猎之事，详本书第九十一章。

[3] 此竹宫疑即中国载籍同蒙古金册（Altan Tobchi）所著录之棕殿，殿在上都行宫西园中（Palladius 书 27 页）。

诸汗常于阴历四月赴上都，阴历九月回大都。每年阴历七月七日祭祖，由珊蛮一人面向北，大声呼成吉思及诸故汗名，洒马乳于地以祭（Palladius 书 26 页）。

剌木学本此处所志较详，其文曰："此诸草原中，有一地林木甚美。汗建一亭，金漆之柱承之。每柱皆有金龙环绕，亭顶以竹覆盖，亦涂以金漆甚密，水不能腐。竹粗逾三掌，长十寻（brasses），逐节断之，复中分为二，如瓦形，以覆亭顶。用钉钉固，四围以丝作坚绳系之，俾不为风吹倒。"（剌木学本第五十五章 17 页）

〔4〕"若据玉耳之说，此火里牙惕殆指斡亦剌惕（Ouirat）部，盖因此部有一部长名忽都花别乞者，首降成吉思长子术赤，助平诸斡亦剌部有功，成吉思汗以女扯扯干（Chechegen）妻其子亦难赤（Inalchi）也。 惟可异者，诸部中地位最高者，应首数弘吉剌（Kounkrates）部，第一皇后常为此部之女，斡亦剌部人不应独有此特权也。"（Palladius 书 27 页）

吾人以为所疑甚是。 案：王罕与成吉思关系破裂时，王罕子桑昆谋袭成吉思，有牧人名巴歹、乞失里黑者二人，疾驰告变。后成吉思汗赏二人功，命子孙勿忘其恩。 百年后，二人之后裔成为三部落，总名货勒，殆即此处之火里牙惕钦。 诸本写此名有Horiad、Boriat、 Horiat、Orati、Oradi 等等写法，未知孰是（参考《元史译文证补》卷一上）。

〔5〕此处著录之脱孛惕同客失木儿，盖指土番（Tibet）、客失迷儿（Kachmir）两地之巫者而言。

〔6〕蒙古汗帐巫人作术之事，《卢不鲁克行记》亦有著录，可参考 Backer 本247 至 254 页。 撒难薛禅之《蒙古源流》亦屡见记录，并参考玉耳本315 页。

〔7〕剌麻实有娶妻者，诚如波罗之言。 当时剌麻之位高权重，每年所耗之款项甚巨。

〔8〕先生盖指道教之教师，犹之僧人之称和尚、剌麻之称八合失（bacshi）也。 上都城中有道观二所，一在东城，一在西城。

第二卷

记大汗忽必烈及其宫殿都城朝廷政府
节庆游猎事，自大都西南行至缅国记
沿途所经诸州城事，自大都南行至杭
福泉州记东海沿岸诸州事

第七五章　大汗忽必烈之伟业

现在君临之大汗，名称忽必烈汗，今特述其伟业，及其朝廷一切可以注意之事实，并其如何保持土地、治理人民之方法。

今首先在本书欲言者，[1] 乃为现在(1298)名称忽必烈汗的大汗之一切丰功异绩。忽必烈汗，犹言诸君主之大君主，或皇帝。彼实有权被此名号，盖其为人类元祖阿聃(Adam)以来迄于今日世上从来未见广有人民、土地、财货之强大君主。我将于本书切实言之，俾世人皆知我言尽实，皆知其为世上从来未有如此强大之君主。君等将在本书得悉其故。[2]

[1] 此章盖为一种弁言，特置于记述忽必烈汗言行诸章之首者。马可波罗尽臣职于此汗所凡十七年，似在 1275 至 1292 年间。

[2] 据撒难薛禅所撰之《蒙古源流》，成吉思汗早已预知其孙忽必烈之能，临危时曾云："幼年忽必烈之言，足使吾人注意。其言谨慎，汝辈尽应知之。彼将有一日据吾宝座，使汝辈将来获见一种命运，灿烂有如我在生之时。"

若以瓦撒夫(Wassaf)称赞忽必烈汗之语衡之，则马可波罗称赞之词不及远矣。据云："自我国(波斯)境达于蒙古帝国之中心，有福皇帝公道可汗驻在之处。路程相距虽有一年之远，其丰功伟业传之于外，致达于吾人所居之地，其制度法律，其智慧深沉锐敏，其判断贤明，其治绩之可惊羡，据可信之证人，如著名商贾、博学、旅人之言，皆优出迄今所见的伟人之上。仅举其一种功业一段才能例之，已足使历史中之诸名人黯淡无色。若罗马之诸恺撒(Cesars)，波斯之诸库萨和(Chosroés)，支那之诸帝王，阿剌壁之诸开勒(Kails)，耶门(Yémen)之诸脱拔思(Tobbas)，印度之诸罗阇(Radjas)，萨珊(Sassan)、不牙(Bouya)两朝之君主，塞勒柱克

（Seldjoucides）朝之诸算端，皆不足道也。"（玉耳书第一册 331 至 332 页引瓦撒夫书）

中国史书之歌颂则不如是之烈，仅云："其度量弘广，知人善任使，信用儒术，用能以夏变夷，立经陈纪，所以为一代之制者，规模宏远矣。"（《元史》卷十七《世祖本纪》）

屠寄云："汗目有威稜，而度量弘广，知人善任，群下畏而怀之。虽生长漠北，中年分藩，用兵多在汉地。知非汉法不足治汉民，故即位后引用儒臣，参决大政，诸所设施，一变祖父诸兄武断之风，渐开文明之治。惟志勤远略，平宋之后，不知息民，东兴日本之役，南起占城、交趾、缅甸、爪哇之师，北御海都、昔里吉、乃颜之乱，而又盛作宫室，造寺观，干戈土木，岁月不休。国用既匮，乃亟于理财。中间颇为阿合马、卢世荣、桑哥之徒所蔽，虽知其罪而正之，间阎受患已深矣。"（《蒙兀儿史记》卷八《忽必烈可汗本纪》）

Quatremére 引阿剌壁某书，谓忽必烈为一切蒙古君主之主君，其奉之也如昔人之奉哈里发（khalife）无异。"诸君主中如一人国有大事，若攻讨敌人或断处一大臣死罪之类，虽无须请命于大汗，然必以其事入告。今日此风尚存，大汗不断以诏令谕其他三蒙古君主保守和平。诏令之式，大汗之名列前，至诸王上书，则以己名列于大汗名后，此三君主皆服从大汗命而奉之为主。"侵略波斯之旭烈兀，乃蒙哥、忽必烈二人之弟，迄死未能专权，仅以大汗之总管名义治理波斯，不能用己名铸造货币，其嗣君二人仍守此风。惟至阿鲁浑即位后，始在货币上以其名与汗名并列，阿鲁浑子合赞，即波罗等西还时所见之宗王，谋得位，乃奉回教，而号马合某（Mahmoud），货币上仅著己名，而废汗名，其事疑在 1294 年忽必烈死年以后。彼于是时宣告独立，自谓以力得国，不受外人干涉。蒙古帝国由是瓦解，然前此则不如是也。1260 年忽必烈自立为大汗之时，曾诏旭烈兀，授以乌浒水外迄于埃及西利亚之地。

旭烈兀子阿八哈曾言忽必烈汗为主君，未受其册封不敢即位。 迨至1270年，忽必烈使臣至波斯，赐以册命袍服，始敢为波斯国王云（颇节本第一册235至236页引Quatremére书）。

第七六章　大汗征讨诸父乃颜之大战

应知此忽必烈汗为成吉思汗之直系后人，世界一切鞑靼之最高君主，序在第六，前已言之。[1] 基督诞生后1256年时，[2] 彼始以睿智英武而得国。 其为人也，公正而有条理，初即位时，诸弟与诸宗族与之争位，然彼以英武得之。 且论权力与夫道理，彼为帝系之直接继承人，应得国也。[3]

自其即位以后，迄于现在基督诞生后之1298年，在位已有四十二年，其年龄约有八十五岁，则其即位时已有四十三岁矣。 未即位前数临戎阵，作战甚勇。 但自为君以后，仅有一次参加战争。[4] 事在基督诞生后1286年时，兹请为君等叙述此战之缘由。

时有一鞑靼大君主名称乃颜（Nayan），[5] 乃此忽必烈汗之诸父。年事正幼，统治国土州郡甚多。 自恃为君，国土甚大，幼年骄傲，盖其战士有三十万骑也。 然在名分上彼实为其侄大汗忽必烈之臣，理应属之。

然彼自恃权重，不欲为大汗之臣，反欲夺取其国，遂遣使臣往约别一鞑靼君主海都（Kaidon）。[6] 海都者，乃颜之族而忽必烈之侄也。 势颇强盛，亦怨大汗而不尽臣节。 乃颜语之云："我今聚全力往攻大汗，请亦举兵夹攻，而夺其国。"

海都闻讯大喜，以为时机已至，乃答之曰，行将举兵以应，于是集兵有十万骑。

兹请言闻悉此种叛事之大汗。

[1] 成吉思汗之嗣君，已见前表，合窝阔台、贵由、蒙哥至忽

必烈，次序应为第五。若将窝阔台后乃马真（Tourakina）加入，则为第六。

[2] 1259 年 8 月蒙哥汗殁于合州。次年，其弟忽必烈即大汗位于上都。《元史》志其在位始于是年，然在 1252 年时，蒙哥汗即以漠南汉地军国庶事属之。至若马可波罗所言之 1256 年，乃上都开始建筑之年也。

[3] 忽必烈兵入湖北时，闻蒙哥凶问，然仍进兵，逾江围鄂州。已而闻其弟阿里不哥与之争位，征兵漠北，乃从诸臣言北还蒙古，许贾似道和，画江为界，宋岁纳银绢各二十万两匹。忽必烈回至上都，经诸王劝进，即大汗位。特其所招集之大会（Kouriltai）与先例不合。依例，大汗死，招集大会于怯绿连河畔成吉思陵附近，兹以阿里不哥在其地称兵以抗，致未果行（参看马儿斯登本 266 页注四九〇）。

[4] 此语不尽实，盖其即位以后不久（1261 年），即自将讨阿里不哥，大破之于昔木土湖之地。其后 1289 年，其孙甘麻剌（Kamala）与海都战，败于薛凉格（Selenga）河上之时，忽必烈年岁虽高，又曾自将亲征援皇孙还。考忽必烈诞生于 1216 年，脱如马可波罗之言，1298 年时尚存，则其年龄应有八十二岁，而非八十五岁矣。其实彼殁于 1294 年，得年七十八岁。《元史》本纪谓其在位三十五年，寿八十岁，盖从中历算法也。由是观之，马可波罗及波斯诸著作家所言之年皆误。而剌木学本谓 1256 年时忽必烈年有二十七岁之说尤误。

[5] 乃颜乃忽必烈之侄，而非其诸父。缘忽必烈是成吉思汗之孙，而乃颜则为成吉思汗幼弟别勒古台（Belgoutai）之曾孙也。乃颜之封地，史载不甚详明，据《元史·别里古台（即别勒古台）传》，其建营地应在斡难、怯绿连两河之间。又据史载，其封地与成吉思汗第二弟哈赤温孙合丹之斡耳朵相接。成吉思汗末年，乃颜辖地南至广宁（今锦州府）。（Palladius 书 31 页）

但据《新元史》之说，乃颜非别勒古台之后，乃成吉思汗幼弟帖木哥之后。帖木哥亦名斡赤斤那颜，犹言守灶的官人也。若据此说，乃颜是斡赤斤那颜之四世孙，则为忽必烈之侄孙矣（参看《新元史》卷二十七）。

[6] 海都名见本书第五十一章，后又见第一九四、第一九五、第一九六等章，忽必烈之从侄也。乃窝阔台子合申之子，封地在阿力麻里（Almalik）等地。自以窝阔台孙，大位当属己，常鞅鞅不平。1261年，阿里不哥称号漠北，海都附之。兹（1287年）又助乃颜，与忽必烈抗。忽必烈命伯颜守哈剌和林境，阻其联合。1301年，海都未死以前，曾统率察合台、窝阔台两系宗王四十人之大军，与嗣汗铁木耳争位。不得志，率众西归，殁于道。此处马可波罗所志之年相差一年。案：其事在至元二十四年，即西历1287年，非1286年也。

第七七章　大汗进讨乃颜

大汗闻悉此事之时，洞知彼等背理谋叛，立即筹备征讨，盖其为人英明，凡事皆不足使之惊异。并有言曰，若不讨诛此叛逆不忠之鞑靼二王，将永不居此大位。

筹备战事秘密迅速，十日或十二日间，除其近臣以外，无人能悉其事者。征集骑兵三十六万，步兵十万，所征士卒如此之少者，盖仅征集手边队伍。余军无数，曾奉命散成各州各地，非短期中所能调集。脱将一切兵力集中，其数无限，殆未能言之，虽言之亦无人信之。而此三十六万人仅为其养鹰人及左右之猎户也。[1]

迨其征集此少数军队以后，命其星者卜战之吉凶，星者卜后告之曰，可以大胆出兵，将必克敌获胜，大汗闻之甚喜。[2]遂率军行，骑行二十日，抵一大原野。乃颜率其全军四十万骑屯驻其中。大汗士卒薄晓倏然进击。他人皆未虞其至。缘大汗曾遣谍把守诸路，往来之人悉被俘掳。乃颜不意其至，部众大惊。大汗军抵战场之时，乃颜适与其妻共卧帐中。忽必烈汗预知其宠爱此妇，常与同寝，故特秘密进军，薄晓击之。

[1] 剌木学本于此节叙述较详，其文有足补此本之阙者，兹转录于下：

"忽必烈戍守契丹诸州之兵，远在三四十日程之地。设若悉数调集，则敌人将悉其谋。海都、乃颜将乘时联合占据险要之地，故忽必烈迅速进兵攻其不备。

"兹请一述大汗军队之情形。契丹、蛮子诸州及其他领地中，有不少乘势作乱之人，故在城多民众之州中置戍以防之。此种戍兵屯驻城外四五哩之地，诸城不许建壁垒，辟城门，俾不能拒戍兵之往来。此种戍卒及戍将每二年一易，如是设防，居民遂不能为乱。此种军队除各州所供之军饷外，并置有畜群，售乳城中，以其资购买其所需。此种戍站分布各处，远距都城三十日、四十日、六十日不等。设若忽必烈决定征集此种军队半数，则其总额之多，将为前所未闻之数。"（剌木学本第二卷第一章29页）

[2] 先是成吉思汗与长老约翰争战以前，曾决疑于星者，预先卜其吉凶，说见本书第六十六章。惟马可波罗前此曾言诸星者中有基督教徒，在本章中则未言忽必烈之星者所奉何教。剌木学本在此节中亦较法文本记录为详，兹录其文如下：

"忽必烈既已征集其军如上所述，遂率之而进，骑行二十五日夜，抵于乃颜领地。行军甚秘，诸道皆有人防守，行人莫不被擒。故乃颜及其部众皆不闻消息。忽必烈军抵一山系，逾山有一平原，即为乃颜屯军之所。忽必烈息军二日，命星者卜两军胜负。星者卜曰胜利将属忽必烈，缘诸大汗用兵时，常用占卜之法以励士气也。

"忽必烈军自恃必胜，于某日黎明，下山进至乃颜军前。时乃颜未置谍者，亦无前哨，本人且与其一妻共宿帐中，惊寤之后，悔未与海都合兵。仓卒陈军备战，忽必烈坐木楼上，四象承之。象环革甲，覆锦衣，楼上布弓弩手，树皇帝之日月旗。

"忽必烈分布其骑兵为三十营，每营弓手万人，合为三军。一列左翼，一列右翼，命两翼进围乃颜军。每营前有步卒五百人，执刀矛以从。骑兵伪若退走时，步卒则登骑，坐骑兵后，马止则跃下。执矛而前，杀伤敌骑。阵势既列，吹角及其他乐器，继以鞑靼人战前习唱之战歌。已而击鼓作战，大汗命左右翼先击鼓，鏖战立起，发矢如云，人马死者无算。人喊马嘶，兵器相接之声大起，闻者惊心骇目。发矢毕，执刀矛骨朵进战，双方人马死者不少，彼此两军致不能前。自朝至午，胜负不决。忠于乃颜者殊死战不退，然终以众寡悬殊，乃颜将被围，欲遁不果，被擒献忽必烈前。忽必烈立命用两毡裹之，使人力振死之，是为皇族之死法，盖不欲天空见其流血也。"（刺木学本第二卷第一章20页）

第七八章　大汗讨伐叛王乃颜之战

比曙，汗及全军至一阜上，乃颜及其众安然卓帐于此，以为无人能来此加害彼等。其自恃安宁不设防卫之理，盖因其不知大汗之至。缘诸道业被大汗遣人防守，无人来报。且自恃处此野地远距大汗有三十日程，不虞大汗率其全军疾行二十日而至也。

大汗既至阜上，坐大木楼，四象承之，楼上树立旗帜，其高各处皆见。其众皆合三万人成列，各骑兵后多有一人执矛相随，步兵全队皆如是列阵，由是全地满布士卒，大汗备战之法如此。

乃颜及其众见之大惊，立即列阵备战，当两军列阵之时，种种乐器之声及歌声群起，缘鞑靼人作战以前，各人习为歌唱，弹两弦乐器，其声颇可悦耳。弹唱久之，迄于鸣鼓之时，两军战争乃起，盖不闻其主大鼓声不敢进战也。

当诸军列阵弹唱以后，大汗鼓鸣之时，乃颜亦鸣鼓，由是双方部众执弓弩、骨朵、刀、矛而战，其迅捷可谓奇观。人见双方发矢蔽天，有如暴雨。人见双方骑卒坠马而死者为数甚众，陈尸满地。死伤之中，各处大声遍起，有如雷震，盖此战殊烈，见人辄杀也。

是战也，为现代从未见之剧战，从未见疆场之上战士、骑兵有如是之众者。盖双方之众有七十六万骑，可云多矣，而步卒之多尚未计焉。混战自晨至于日中，然上帝与道理皆以胜利属大汗。乃颜败创，其众不敌大汗部众之强，失气败走。乃颜及其诸臣悉被擒获，并其兵器执送大汗之前。乃颜为一受洗之基督教徒，旗帜之上以十字架为徽志，然此毫无裨于彼。盖其与诸祖并受地于大汗，既为大汗之臣，不应背主而谋叛也。[1]

[1] 马可波罗所志之战，应在柳条边西，西辽河上，《元史》名战地曰撒儿都鲁，《新元史》作撒里秃鲁，金置离官于此，在临潢府中。

Palladius 所辑史料不少，据云，中国史书所志乃颜、合丹叛事颇有舛漏。平此二叛王需时四年。1287 年，乃颜自其斡耳朵率所部六万众南侵。同年阴历五月或六月，忽必烈自上都率师往讨，败其众于蒙古之东南境。阴历八月，忽必烈还上都，乃颜东南走，逾山而逃，山在今柳条边界。旋为沈州、广宁两城之遣军所擒获。阅二月，合丹叛（仍在 1287 年中），1288 年，合丹败走。然 1292 年合丹复叛于满洲南部，又败。《李庭传》谓其败于贵列儿河畔，《玉昔帖木儿传》谓王师扫穴犁庭，覆其根本，合丹不知所终。《忙兀传》（钧案：此不知何所本）谓忙兀与乃蛮台共逐合丹于极北东岸，合丹脱走，俘其二妃及合丹子老的以献。惟据高丽史书云，1290 年合丹及子老的进袭高丽，肆焚掠，杀人为粮。高丽王走江华岛。1292 年，蒙古命薛彻干、乃蛮台往征，败之，伏尸亘三十里。然合丹及其子得脱走，入女真之地。已而老的又侵高丽云。 由是观之，史书记载之说不一，然以高丽史书之说较为可信。（Palladius 书 35 页，参看《新元史》卷一○五）。

第七九章　大汗之诛乃颜

大汗知乃颜被擒，甚喜。 命立处死，勿使人见，盖虑其为同族，恐见之悯而宥其死也。 遂将其密裹于一毡中，往来拖曳，以至于死。 盖大汗不欲天空、土地、太阳见帝族之血，故处死之法如此。[1]

大汗讨平此乱以后，乃颜所领诸州之臣民，悉皆宣誓尽忠于大汗。 先是隶于乃颜之州有四，一名主儿扯（Ciorcia），二名高丽（Cauly），三名不剌思豁勒（Brascol），四名西斤州（Sighingiu），合此四州为一极大领土。[2]

乃颜所领四州之民为偶像教徒及回教徒，然其中亦有若干基督教徒。[3] 大汗讨灭乃颜以后，此四州之种种人民遂揶揄基督教徒及乃颜旗帜上之十字架，讥其不能持久，其语若曰：“乃颜既奉基督教而崇拜十字架，汝辈天主之十字架援助乃颜，如是而已。”此语喧传，致为大汗所闻。

大汗闻知以后，严责揶揄基督教徒之人，而语基督教徒曰：“汝等应自慰也，十字架未助乃颜，盖有其大理存焉。 若为善物，其所行应当如是。 乃颜叛主不忠，应当受罚。 汝辈天主之十字架不助之为逆，甚是。”

大汗发言声音甚高，各人皆闻。 基督教徒答曰：“大汗之言诚是。 我辈之十字架不欲援助罪人。 其不助乃颜谋逆作乱者，盖其不欲助之为恶也。”自是以后，遂无有人讥讽基督教徒。 缘其已闻大汗对于基督教徒所言乃颜旗上之十字架未助乃颜之理也。

[1] Ricold de Montecroce 曾记录鞑靼人之成语曰：“一汗可杀

181

一汗而夺其位，然须使之死不出血，盖一大汗之血不宜流于地上，是以被害者皆窒息而死。"旭烈兀杀报达最后哈里发亦用同一方法（本书第二十四章）。

[2]马可波罗所志之四州，若作详细之考订，为文甚长，兹谨举 Palladius 之说，略为附益而已。

主儿扯　旧辽东地，1233 年平乱后，命斡赤斤镇之。乃颜袭封，仍守其地。合丹封地与之为邻。《元史·地理志》合兰府水达达等路设军民万户府五，应在其中。五府中一曰斡朵怜，应是清朝始祖发源之地。

高丽　高丽本国不在乃颜封地之内，此处所指者乃高丽北部。1269 年李延龄等以六十城降蒙古，即此地也。高丽半岛南部仍隶高丽国王。

不剌思豁勒或巴儿思豁勒（Barscol）《元史》有浦与路，一名扶余路，似即其地，疑即《元史·地理志》广宁府路肇州条下所著录之乃颜故地阿八剌忽。

西京廷州（Sikintinju）或西斤州　此名应是建州传写之讹。当时有二建州，一为金之建州，在今科尔沁旗内；一为元之建州，在大凌河上流，今哈剌沁旗内。马可波罗之西斤州应为此建州，盖两建州此州居西，而西斤州得为西建州之转也。

考 Il Milione 本，仅著录有三州，而合巴儿思豁勒、西斤州两地为一，其地可当金之北京路（参看 Baldelli Boni 书第一册 68 页）。

[3]地学会之法文本此处作"回教徒、偶像教徒、犹太教徒及其他不少不信天主之人……"，其他诸本若剌木学本、Grynoeus 本亦著录有犹太教徒。则在当时辽东有犹太教徒，亦颇有其可能。缘昔日中国之有犹太教徒，为证甚多。剌木学本在本章及后章中曾两言之，约翰孟帖戈文（Jean de Montcorvin）亦有著录。马里诺利（Marignolli）曾言在大都与此辈辩论。伊本拔秃塔（Ibn Batouta）亦言在杭州见之。又若开封之犹太教古碑文中之挑筋教，亦此教

也。 此 1489 年碑文中之五思达，即波斯语之 Oustad，犹言师，与
犹太语言之 Rab（Rabbin）相对。 《元史》名犹太教徒曰术忽
（Jehoud）。 首见《元史》本纪 1329 年下著录，继见 1354 年下著
录，亦波斯语名，今尚留存，写作朱乎得（参看 Wieger《史文汇
编》第三册 1889 页及 1982 页）。

第七九章重　大汗对于基督教徒犹太教徒回教徒佛教徒节庆付与之荣誉及其不为基督教徒之理由[1]

大汗得胜以后，盛陈卤簿，凯旋入其名称汗八里（Cambaluc）之都
城，时在 11 月之中也。 驻跸此城迄于 2 月杪，或 3 月吾人复活节届之
时，应知此节为吾人重要节庆之一。 大汗届时召大都之一切基督教徒
来前，并欲彼等携内容四种福音之《圣经》俱来。 数命人焚香，大礼敬
奉此经，本人并虔诚与经接吻，并欲在场之一切高官大臣举行同一敬
礼。 彼对于基督教徒主要节庆，若复活节、诞生节等节，常遵例为之。
对于回教徒、犹太教徒、偶像教徒之主要节庆，执礼亦同。 脱有人询
其故，则答之曰：“全世界所崇奉之预言人有四，基督教徒谓其天主是
耶稣基督，回教徒谓是摩诃末，犹太教徒谓是摩西（Mosïe），偶像教徒
谓其第一神是释迦牟尼（CakyaMouni）。 我对于兹四人，皆致敬礼，由
是其中在天居高位而最真实者受我崇奉，求其默佑。”然大汗有时露其
承认基督教为最真最良之教之意。 盖彼曾云，凡非完善之事，此教决
不令人为之。 大汗不欲基督教徒执十字架于前，盖因此十字架曾受耻
辱，而将一完善伟大之人如基督者处死也。

或曰，彼既以基督教为最良，缘何不皈依此教，而为基督教徒欤？
曰，其理由如下：尼古刺、玛窦阁下二人常以基督教理语大汗，大汗曾
遣之为使臣，往使教皇所。 并告之曰：“汝辈欲我为基督教徒，特未解

我心。此国之基督教徒蠢无所知，庸碌无用。至若偶像教徒则能为所欲为。我坐于席前时，置于中庭之盏满盛酒浆者，不经人手接触，可以自来就我饮。天时不正时，此辈可以使之正。所为灵异甚多，汝辈谅已知之。其偶像能言，预告彼等所询之事。脱我皈依基督之教，而成为基督教徒，则不识此教之臣民语我曰，汗因何理由受洗而信奉基督教，汗曾见有何种灵异何种效能欤？汝等应知此处之偶像教徒断言其能为灵异，乃由其偶像之神圣与威权而能为之。脱以此语见询，我将无以作答。此种偶像教徒既藉其咒语、学识能为种种灵异，我若铸此大错，此辈不难将我处死。汝等奉命往谒教皇时，可求其遣派汝教中有学识者百人来此，俾其能面责此种教徒行为之非。并告之曰，彼等亦能为之，特不欲为者，盖因此为魔术耳。脱能如是驳击偶像教徒，使此辈法术不能在彼等之前施行，复经吾人身亲目击，吾人行将禁止其教，放逐其人，而受洗礼。我受洗以后，我之一切高官大臣暨一切服从彼等之人必将效法，由是此国之基督教徒将较汝辈国中为多矣。"[2]

教皇若曾派遣可能宣传吾辈宗教之人，大汗必已为基督教徒，盖其颇有此意，此事之无可疑者也。[3]

[1] 此章见于剌木学本，虽在马可波罗死后二百三十年加入本书，必非伪造之文。世人可以断言只有马可波罗独能笔录口授，惟原本中无此文，抑有此文而经后人删芟耳。此章同后此叙述忽必烈理财大臣之死之一章，文字皆非伪造。此章之发现，必在马可波罗死后，有人在其遗稿中得之，由是加入一钞本中。二百年后剌木学得此本，遂在意大利文本中刊布（颇节本第一册253页）。

[2] 马可波罗书本章之文固无可疑，然忽必烈之信念则颇可疑也。忽必烈之保护一切宗教，盖遵守其族之传统的政策。卢不鲁克述其先汗蒙哥之事曾云："大汗习在卜人所谓节庆之日及若干聂思脱里派教师所云圣节之日，大开朝会。届时基督教师盛服先至，为汗祝寿，并为其举盏祝福。彼等行后，回教教师继之，所为亦同。嗣后偶像教师所为亦同。该修士告余曰，大汗仅信基督教徒，惟命诸

教之人为之祝寿而已。 然此修士之言伪也，众人之入朝，犹之蝇之觅蜜，既出颇自得，咸以为得大汗宠。"

[3] 中国之基督教 纪元初基督教流行中国之事，毫无证据可征。 6世纪时，修士 Cosmas Indicopleustes 记录马剌八儿（Malabar）及锦兰岛（Ceylan）之基督教颇为详实。 曾明言未闻更东尚有基督教徒。 此外据西安景教碑，635年聂思脱里派修士阿罗本（Ruben）初至长安，始输入聂思脱里教。 其人来自波斯，名其教曰景教。 得皇帝之尊崇，遂在7世纪时流行于诸府州。 迨至忽必烈在位时，聂思脱里教曾在甘州、宁夏、天德、西安、大都等处设置主教区。 马可波罗曾将沿途所见之聂思脱里教徒悉予记录。 彼在1275年抵大都时，曾见一大主教名马聂思脱里（Mar Nestorios）。 1280年马儿古思牙巴剌哈（Marcos Jabalaha）曾被推为契丹之总主教，而把儿骚马（Barcauma）被推为总视察员。 兹二人者，皆为生于中国之畏吾儿人。 1288年，把儿骚马又被推为畏吾儿主教，已而奉波斯汗阿鲁浑命，奉使至教皇尼古剌四世（Nicolas Ⅳ）所。

当时中国除此聂思脱里教徒外，尚有希腊派同公教派（catholique）之基督教徒。 其来有在约翰孟帖戈文抵中国之后者（1293），有为蒙古人俘为奴婢抑编为士卒者。 其人为谷儿只、阿兰、斡罗思诸部之人。 普兰迦儿宾之同伴 Ben. Polonus 曾言见有希腊派之谷儿只人在军中为将卒，颇为蒙古人所重视。 卢不鲁克亦言有希腊派之阿兰人千人为大汗忽必烈之禁卫。 此卫并见《元史》本纪1272、1286、1309等年下著录。 后此（第一百四十九章）马可波罗将言此奉基督教之阿兰人被屠事。 至若斡罗思人，《元史》1330年下谓在大都者数有万人。

蒙古人不分此种派别，总名基督教曰十字教，教堂曰十字寺。 奉教者皆属外种人，中国人无信教者。 所以元亡以后，基督教徒同时消灭。 现在所存遗迹，除西安景教碑外，新近发现者有二，并为西利亚文，一为房山县十字寺十字架之刻文，二为北京大学所藏经文四页，尚未译出。

根据不少研究，聂思脱里派在中国既受虐待，而西归之路已绝，于是与回教及种种秘密会社混合，若金丹教尚用基督教祈祷之文，是其例已（据 Beal 说）。其影响今在元代著述中尚可见之，而在回教、佛教与祭祀祖先之教中，尚可见其痕迹（Wieger《史文汇编》1592页，又 1981 至 1982 页，北京《公教报》1923 年 6 月刊，1924 年 11 月刊及 12 月刊）。

与波罗等同时之基督教徒，有一人名爱薛，《元史》、《新元史》皆有传。《元史》卷一三四《爱薛本传》云："爱薛，西域弗林人（祖不阿里 Pauli？父不鲁麻失 Polonias？）通西域诸部语，工星历、医药，初事定宗（贵由），直言敢谏。时世祖（忽必烈）在藩邸器之。中统四年（1263），命掌西域星历、医药二司事，后改广惠司，仍命领之。世祖尝诏都城大作佛事，集教坊妓乐及仪仗以迎导。爱薛奏曰：'高丽新附，山东初定，江南未下，天下疲弊，此无益之费，甚无谓也。'帝嘉纳之。至元五年（1268），从猎保定，日且久，乃从容于帝前语供给之民曰：'得无妨尔耕乎？'帝为罢猎。至元十三年（1276），丞相伯颜平江南还，奸臣以飞语谮之，爱薛叩头谏，得解。寻奉诏使西北宗王阿鲁浑所。既还，拜平章政事，固辞。擢秘书监，领崇福使，迁翰林学士承旨，兼修国史。大德元年（1297），授平章政事。八年（1304），京师地震，上弗豫，中官召问灾异殆下民所致耶。对曰：'天地示警，民何与焉。'成宗崩，内旨索星历秘文，爱薛厉色拒之。仁宗时（1312 至 1320），封秦国公。卒，追封太师、开府仪同三司、上柱国、拂林忠献王。子五人，也里牙（Elyas），秦国公，崇福使；腆合（Denha），翰林学士承旨；黑厮（Issa？），光禄卿，阔里吉思（Georges），同知泉府院事；鲁合（Luc），广惠司提举。"（参看《新元史》卷一九九）

第八○章　大汗还汗八里城

大汗讨灭乃颜以后，还其汗八里都城，[1] 大行庆赏。别一鞑靼君主名海都者，闻乃颜败亡之讯，甚痛，遂止兵，盖其恐陷乃颜覆辙也。

大汗仅为一次亲征，前已言之，即此一役而已。盖其他一切诸役，皆遣其诸子或其诸臣代往，仅有此役不欲他人代行，缘此叛逆乃颜傲甚，事实重大而危险也。

兹置此事不言，请复言大汗之伟业。其血统及其年龄，前已言之。兹欲述者，奖赏诸臣战功之事。其为百夫长有功者升千夫长，千夫长升万夫长，皆依其旧职及战功而行赏。此外赐以美丽银器及美丽甲胄，加给牌符，[2] 并赐金银、珍珠、宝石、马匹。赐与之多，竟至不可思议。盖将士为其主尽力，从未见有如是日之战者也。

牌符之式如下，百夫长银符，千夫长金符或镀金符，万夫长狮头金符，兹请言其重量及其意义如下：

百夫长及千夫长之牌符各重一百二十钱（gros），万夫长之狮首符亦重一百二十钱，诸符并勒文于其上曰："长生天气力里，大汗福荫里，不从命者罪至死。"

凡持此种牌符者，皆有特权在其封地内为其所应为诸事。其有十万人之大藩主，或一大军之统帅，牌符重逾三百钱。其上勒文如前所述，文下勒一狮形，狮下勒日月形，再下勒此符付与之特权。符之背面则勒命令。凡持此贵重牌符者，每骑行时，头上应覆一盖，其名曰伞，[3] 以一长矛承之，表示其为显贵之意。每坐时，则应坐于一银座上。

有时给海青符于此诸大藩主。持有此符者，权势如大汗亲临。持此符之人欲遣使至某地，得取其地之良马及他物，惟意所欲。

兹置此事不言，请言大汗之体貌风仪。

[1] 汗八里（Cambaluc、Khan-baligh）犹言汗城，后此第八十四章

别有说。波罗此名先指金之故都，继指新旧二城。有若干本(如剌木学本之类)别名新城曰大都。但自明代以后，此城则以北京之名而显。

[2] 虎符俗称牌子，"蒙古人所用牌符，计有数种，或以金质而异，或以其上嵌珠而异(一二三珠不等)。海青符上勒海青，其形圆，乃驿符，仅付与大汗之使臣驿骑，此金制疑由蒙古人沿用者也。"(Palladius 书 39 页)

前一世纪末年，曾在俄罗斯及西伯利亚发现此种牌符若干面，玉耳曾拓写两种，其一种上勒蒙古字，其文曰："长生天气力里，蒙哥汗福荫里，不奉命者死。"与马可波罗所志完全相符。

"此种牌符所用金质之贵贱，其大小轻重，皆表示持者地位之高低。……惜波罗西还欧洲时所受之金符未能保存，否则亦一历史重要史料。顾此类牌符既为金质，因价值之贵而被销熔，故世无存者。地下所藏或尚有之，将来可望有日发现也。"(颇节本 255 页)

[3] 中国官吏出时，常命人持伞盖行于前。今日外省官吏出行时此风尚存，地方人为官吏颂功，常送万民伞云。

第八一章 大汗之体貌风仪

君主的君主名称忽必烈的大汗之体貌如下：不长不短，中等身材，筋肉四肢配置适宜，面上朱白分明，眼黑，鼻正。[1]有妇四人为正妇，此四妇诞生之长子，于父死后依礼应承袭帝位。此四妇名称皇后，然各人别有他名。四妇各有宫廷甚广，各处至少有美丽侍女三百，并有勇武侍臣甚众，及其他男女不少，由是每处合有万人。[2]

大汗每次欲与此四妇之一人共寝时，召之至其室内，有时亦亲往就之。尚有妃嫔不少，兹请为君等叙其选择之法。

鞑靼有一部落名称弘吉剌(Ungrat)，[3]其人甚美。 每年由此部贡献室女百人于大汗。 命宫中老妇与之共处，共寝一床，试其气息之良恶，肢体是否健全。[4]体貌美善健全者，命之轮番侍主。 六人一班，三日三夜一易。 君主内寝之事，悉由此种侍女司之，君主惟意所欲。 一日三夜期满，另由其他侍女六人更番入侍。 全年如是。 概用三日三夜六人轮番入侍之法。[5]

[1]多桑引剌失德丁书，谓忽必烈诞生时，其祖成吉思汗惊其色褐，盖其诸子皆面白而眼青也。

[2]宋君荣(Gaubil)神甫引中国载籍，谓忽必烈妻妾甚多，中有皇后之号者五人。 多桑据波斯载籍，则谓仅有四人，虽同为皇后，而地位不等，所生子能承袭帝位者位列第一。 第一皇后若无子，则帝位属第二皇后之子，以次类推。 忽必烈之第一皇后而最为宠爱者，是察必(Djamoui)皇后，生四子五女。

"忽必烈之四妻，名曰第一、第二、第三、第四斡耳朵皇后。 斡耳朵(ordo)乃各后所居之宫帐，成吉思置四斡耳朵以处诸后，当时于四部落中选后妃，故以四斡耳朵居之。 前四大汗居蒙古时，此四斡耳朵相距甚远，汗于每年分季驻于各斡耳朵。 蒙古统治中国时，此四斡耳朵在名义上仍旧存在。 至在一定部落中选立皇后之俗，后不复存。 元朝末一君主曾选立一高丽女子为皇后，元朝之亡，此女与有力焉。"(Palladius 书 40 页)

[3]案：Ungrat 汉译作弘吉剌或翁吉剌，惟剌木学本独作 Ungut，然则为前此所言天德军之汪古部矣。 究竟未知孰是。 但常见之写法，皆作 Ungrac 或 Ungrat，马儿斯登本(注五二七)则作 Origiach 或 Origiathe。 写法虽异，要亦为弘吉剌之倒误也。 成吉思汗系诸蒙古汗例选此部之女为妻，源来久矣。 成吉思汗妻，及术赤、察合台、窝阔台、拖雷四人之母孛儿帖，即此部人。 此外察合台之二妻，旭烈兀七妻中之二妻，蒙哥之一妻，忽必烈至少有二妻，阿八哈之一妻，阿合马(Ahmed、Tigoudar)之二妻，阿鲁浑之

二妻，合赞之二妻，亦弘吉剌部女也。

选侍女于此部中，容有其事。王耳（第一册 358 页）曾持是说。前此 Deshautesrayes（冯秉正 Mailla 书第九册 426 页）曾云，Pétis de la Croix 名称弘吉剌部落曰 Congorat，即 Abulgasi Bayadurchan 之 Kunkurat，亦马可波罗之 Ungrac 也。马可波罗误以弘吉剌部女仅有妃嫔位号，其实皇后亦此部人也。

[4] 此种选妃之俗，在明、清两代亦习用之。安文思（Magalhaens）神甫在 1640 至 1647 年间居留中国时，于其《中国新志》330 页中叙述此事甚详。

[5] 剌木学本此节叙述较详而异，兹录其文如下：

"更须为君等言者，鞑靼部落名曰汪古（Ungut 亦是城名）者居住一州，其人色白而丽。每二年大汗遣使至此州选择美女四五百人，其审查美色之法如下：使臣抵此州后，召此州一切室女来前，逐一审之，检查其肤发面眼口唇等部是否与全身相称。用迦剌（carat）定其等次。有定作十六迦剌者，有定作十七、十八、二十迦剌者，视其美丑，定其高下。须有二十迦剌或二十一迦剌者，始准进入后宫。

"及献至大汗前，复命人拣选之，以定率最高者三四十人为帝室侍女。每人各以大臣之妻一人审查之。于夜间审查该女有无隐疾，肢体有无缺点，卧后有无鼾声，气息是否不恶，身上是否毫无秽气。

"检查以后，分五人为一班，每班侍奉大汗三日三夜，期满改由他班轮值，如是周而复始。

"一班在室内服务，一班在邻室服务，若大汗欲从外间取物，如取饮食之类，则由房内侍女命邻室侍女预备。侍者除此辈侍女外别无他人。

"其迦剌定率较次之女，则与大汗其他侍女居于官中，学习女红。设有某贵人欲娶妻者，大汗以此辈侍女一人妻之，厚给奁金，由是诸女皆配贵人。

"大汗如是选取此州人之女，此州之人不特不以为耻，反以为荣。据云，吾女命运甚佳，将来得配贵人，诚吾辈之幸也。"（剌木学本第二卷第四章 21 页）

此种用迦剌评定美色之方法，显然未可以一种货币价值衡之，仅为一种评判美丑之分数而已。犹之学校考试，由零分至十分或至二十分或至百分，评定成绩之类。弘吉剌部女最高分数假定是二十四分，凡未及二十分或二十一分之幼女，皆不能入选云。

第八二章　大汗之诸子

此四妇为大汗生男二十二人，最长者名称成吉思（Gengis）。盖追忆鞑靼第一君主成吉思汗而取此名也。[1]此大汗长子成吉思应于父死后袭帝位，乃先死。遗一子，名铁木耳（Timour），应在其祖死后继承大汗位，缘其为大汗长子之子也。此铁木耳贤明英武，业在不少机会中证明。[2]

并应知者，大汗别有二十五子，乃诸女友所出，皆为勇良武人，各为大藩主。四正妻所生之子，中有七人为大州大国之王，皆能善治其国，盖彼等皆贤明英勇。[3]缘其父大汗为最贤明英武之人，兼为将兵之最大统帅，治国之最良君主，为一切鞑靼诸部落最勇之士卒所不能及。

大汗及其妻子既已备述于前，兹请言其朝廷宫殿。

[1] 考《元史》，此皇子是忽必烈之次子，而非长子（参看本章注[3]），名称真金，在诸子中为最贤。1263 年封燕王，守中书令，兼判枢密院事。1273 年立为皇太子。1285 年死，世人皆惜之，庙号裕宗。其后嗣有数人继承帝位。

[2] 铁木耳为忽必烈孙，而真金之第三子也，1295 年即位，

1307 年死，年四十二岁。长兄甘麻剌斜视，次兄荅剌麻八剌身弱，皆不得立。1294 年忽必烈死后，甘麻荅欲争位，因伯颜抗议而止，铁木耳庙号成宗。

[3] 忽必烈究有几子，颇难确定，《元史》著录十人，《新元史》著录九人（其名见后），其中七人确已封王，兹列其名如下：

（一）朵儿只　幼死无后。

（二）真金　见本章注[1]。

（三）忙哥剌　1272 年封安西王，1278 年阴历十月死，本书第一百章写其名作 Mangala。

（四）脱欢　1284 年封镇南王，1288 年率师讨占城（Tchampa），败还，失宠。移镇扬州，1301 年死。

（五）那木罕　1276 年封北平王，1282 年改北安王，1292 年死，无后，其名见本书第一百九十四章。

（六）忽哥赤　1267 年封云南王，1271 年阴历二月中毒死，波罗写其名作 Cogacin。子也先帖木儿（Essentimour）之名附见本书第一百十七章、第一百十八章、第一百二十章。

（七）爱牙赤　曾参加讨伐乃颜之役（见本书第七十八章）。

（八）奥鲁赤　1269 年封西平王。

（九）阔阔出　1289 年封宁远王，1307 年改宁王，1313 年死。

《元史》别著录有第十子名忽都鲁帖木儿。玉耳引多桑书别著录有子二人，其名不见于中国史书。一名忽里歹（Kouridai），名在第五、第六二子间；一名帖木干（Temkan），名次在末。则忽必烈正妇所生之子应有十二人，传钞者误以十二作二十二矣。此十二数目（dodeci）有一钞本（Ferrare 城藏本）著录甚明（玉耳本第二册附录五第三十七则）。

第二卷

第八三章　大 汗 之 宫 廷

应知大汗居其名曰汗八里之契丹都城，每年三阅月，即 12 月、1
月、2 月是已。 在此城中有其大宫殿，其式如下：

周围有一大方墙，宽广各有一哩。 质言之，周围共有四哩。 此墙
广大，高有十步，周围白色，有女墙。[1]此墙四角各有大宫一所，甚富
丽，贮藏君主之战具于其中，如弓箙弦、鞍、辔及一切军中必需之物是
已。四角四宫之间，复各有一宫，其形相类。由是围墙共有八宫甚大，其
中满贮大汗战具。但每宫仅贮战具一种，此宫满贮战弓，彼宫则满贮马
辔，由是每宫各贮战具一种。[2]

此墙南面辟五门，中间一门除战时兵马甲仗由此而出外，从来不
开。 中门两旁各辟二门，共为五门。 中门最大，行人皆由两旁较小之
四门出入。 此四门并不相接，两门在墙之两角，面南向，余二门在大
门之两侧。 如是布置，确使此大门居南墙之中。

此墙之内，围墙南部中，广延一哩，别有一墙，其长度逾于宽
度。[3]此墙周围亦有八宫，与外墙八宫相类，其中亦贮君主战具。 南
面亦辟五门，与外墙同，亦于每角各辟一门。[4]此二墙之中央，为君主
大宫所在，其布置之法如下：

君等应知此宫之大，向所未见。 宫上无楼，建于平地。 惟台基高出地
面十掌。 宫顶甚高，宫墙及房壁满涂金银，并绘龙、兽、鸟、骑士形象及其
他数物于其上。 屋顶之天花板，亦除金银及绘画外别无他物。

大殿宽广，足容六千人聚食而有余，房屋之多，可谓奇观。 此宫壮
丽富赡，世人布置之良，诚无逾于此者。 顶上之瓦，皆红黄绿蓝及其他
诸色。 上涂以釉，光泽灿烂，犹如水晶，致使远处亦见此宫光辉。 应知
其顶坚固，可以久存不坏。[5]

上述两墙之间，有一极美草原，中植种种美丽果树。 不少兽类，若

鹿、獐、山羊、松鼠，繁殖其中。带麝之兽为数不少，其形甚美，而种类甚多，所以除往来行人所经之道外，别无余地。[6]

由此角至彼角，有一湖甚美，大汗置种种鱼类于其中，其数甚多，取之惟意所欲。且有一河流由此出入，出入之处间以铜铁格子，俾鱼类不能随河水出入。[7]

北方距皇宫一箭之地，有一山丘，人力所筑。高百步，周围约一哩。山顶平，满植树木，树叶不落，四季常青。汗闻某地有美树，则遣人取之，连根带土拔起，植此山中，不论树之大小。树大则命象负而来，由是世界最美之树皆聚于此。[8]君主并命人以琉璃矿石满盖此山。其色甚碧，由是不特树绿，其山亦绿，竟成一色。故人称此山曰绿山，此名诚不虚也。

山顶有一大殿，甚壮丽，[9]内外皆绿，致使山树宫殿构成一色，美丽堪娱。凡见之者莫不欢欣。大汗筑此美景以为赏心娱乐之用。[10]

马可波罗在此本及诸古本中，仅言皇宫，则所指者：（一）宽广各一哩之外墙，或今紫禁城之故址。（二）此墙之内别一南北较长之第二道城墙，亦即今日宫殿之南半部。（三）两墙中央之正殿。此外对于下章所言宽广各六哩之外墙，概未之及焉。

剌木学本叙述较有次第，自外墙及于中央，此外别有若干细情不见于诸原本者，兹录其文如下，用见北京初建时之遗迹：

"大汗常在名曰汗八里之大城中，每年居留三月。……此城在契丹州之东北端，其大宫殿之所在也。宫与新城相接，在此城之南部，其式如下：

"先有一方墙，宽广各八哩。其外绕以深壕，各方中辟一门，往来之人由此出入。墙内四面皆有空地，广一哩，军队驻焉。空地之后复有一方墙，宽广各六哩，南北各辟三门，中门最大，常关闭，仅大汗出入时一为开辟而已。余二门较小，在大门之两侧，常开以供公共出入之用。

"此内墙四角及中央，各建一壮丽城楼。由是全墙周围共有八楼，贮大汗战具于其中。每楼仅贮战具一种，若一楼贮藏鞍辔及其他构成骑兵战具之类，别一楼贮藏弓箙弦矢及弓兵所用其他战具之类，第三楼贮藏甲胄及其他熟皮所制战具之类，其他诸楼由此类推。[2]

"此第二方墙之内，有一第三城墙，甚厚，高有十步，女墙皆白色。[1]墙方，周围有四哩，每方各有一哩，此第三墙辟六门，布置与第二城墙同。[4]

"亦有城楼甚大，位置与第二墙之城楼相同，亦贮大汗之战具于中。

"第二、第三两墙之间，有树木草原甚丽。内有种种兽类，若鹿、麝、獐、山羊、松鼠等兽，繁殖其中两墙之间皆满。此种草原草甚茂盛，盖经行之道路铺石，高出平地至少有二肘(三尺)也。所以雨后泥水不留于道，皆下注草中，草原因是肥沃茂盛。[6]

"此周围四哩墙垣之内，即为大汗宫殿所在。其宫之大，素所未见。盖其与上述城墙相接，南北仅留臣民士卒往来之路。宫中无楼，然其顶甚高。宫基高出地面十掌，四围环以大理石墙，厚有两步。其宫矗立于此墙中，墙在宫外，构成平台。其上行人外间可见，墙有外廊，石栏缘之。

"内殿及诸室墙壁刻画涂金，代表龙、鸟、战士、种种兽类、有名战事之形像。天花板之刻画亦只见有金饰绘画，别无他物。

"宫之四方各有一大理石级，从平地达于环绕宫殿之大理石墙上。朝贺之殿极其宽广，足容多人聚食。宫中房室甚众，可谓奇观，布置之善，人工之巧，无逾此者。屋顶为红绿蓝紫等色，结构之坚，可以延存多年。[5]窗上玻璃明亮有如水晶。

"宫后(宫北)有大宫殿，为君主库藏之所，置金银、宝石、珍珠及其金银器具于中，妃嫔即居于此，惟在此处始能为所欲为，盖此处不许他人出入也。

"宫墙(四哩之墙)之外(之西)，与大汗宫殿并立，别有一宫，与前宫同，大汗长子成吉思居焉。臣下朝谒之礼，与见其父同，盖其父死后由彼承袭大位也。

"大汗宫殿附近，北方一箭之地，城墙之中（皇城之中），有一丘陵，人力所筑，高百步，……名曰绿山。……[8][9]

"更北城中（二十四哩城墙之中）有一大坑，深广。即以其土建筑上述之丘陵，掘后成坑。有一小渠贯注流水于其中，布置与一鱼池无异，诸兽皆来此饮水。此渠由上言丘陵附近旁之一水道流出，注入别一坑中。其坑亦宽广，处大汗宫及其子成吉思之宫间，其土亦曾供筑丘之用。[7]

"后一坑中畜鱼种类甚多，以供御食，大汗取之惟意所欲。渠水由别端（南端）外流，其两端间以铜铁格子，畜鱼不能外出，其间亦见有天鹅及其他水禽。两宫之间有桥，通行水上。[7]……"（剌木学本第二卷第六章22页）

布莱兹奈德（Bretschneider）博士所撰《北京考古记》，裒辑中国史料不少，颇有足以参证马可波罗之说者，兹广录之，以考旧迹。

[1]案：宫城之墙（即波罗所言周围四哩之墙）周围有三四九八公尺，东西七六六公尺半，南北九八二公尺半，砖甃，高十一公尺。1271年阴历八月十七日动工，七阅月而工毕。辟六门，三门向南，余三门并不全在北城，东有一门曰东华门，西有一门曰西华门，若以一哩当五七五公尺，则此城大致有六哩，与今之紫禁城约略相等。

[2]波罗所言墙上之大官，似指城角城门上之垛楼，波罗谓为大汗贮藏战具之所，然其后五十年《辍耕录》之著者谓贮藏战具别有所在（布莱慈奈德书55页）。

案：《辍耕录》是布莱慈奈德同《新元史》所采史料之要源，曾详述元末之宫阙制度。至若波罗所见之宫阙，乃初建时之宫阙，故此二书所言微异。此种异点后经斡朵里克（Odoric）证明，缘其在波罗三十五年后至大都，居留此城三年也。

[3] 此句仅颇节本中有之，虽有视其语意不明者，然其所言之墙，应指昔之大内。 案：大内分两部，北为帝宫，南为大明殿等正衙，谓其周围仅有一哩，则所指者仅其南部而已。

[4] 此节所言诸门，可以考见其名称。 波罗述大内南面五门或三门（剌木学本及中国载籍）后，所言之余二门，并非西庑之麟瑞门同东庑之凤仪门，乃为后庑之二门，一是东北角之嘉庆门，一是西北角之景福门。

除此大内及宫城二城外，尚有一第三外城，名曰萧墙，未经波罗著录，周围有二十里，大致可当今之皇城（周围十八里）。

据《日下旧闻考》，丽正门（今正阳门）北有千步廊，距丽正门北约一千一百公尺为灵星门（今天安门），辟于上述之萧墙中。 墙内三十二公尺，有一渠，上有三弧大理石桥一。 此渠受太液池水，流经今天安门前金水桥下（布莱慈奈德书109页注六九）。

准是以观，紫禁城及诸城墙，至今似未大变。 元亡明兴，虽经兵燹，削平元代宫阙，然明之宫阙似仍建于旧基之上。 今所见之湖丘桥梁，仍是元代之故迹，特中国人讳言胡元，不欲明言之也（玉耳本第一册272页注十三）。

此种结论，似可兼适应于大都之城，不仅适用于萧墙而已也。然则昔日大都之南城，不应如布莱慈奈德所言之近（自观象台达双塔寺一线）。 更据数种史料，永乐皇帝重建北京时，曾将南、东、西三城保存云。

[5] 马可波罗所言之大宫，即《元史》之大明殿，殿基高出平地三公尺，约略可当今之太和殿。

《辍耕录》述大明殿制云："后连香阁，……青石花础，白玉石圆碣。 文石甃地，上藉重茵。 丹楹金饰，龙绕其上。 ……中设七宝云龙御榻，白盖，金缕褥，并设后位。 诸王百寮怯薛官侍宴坐床重列左右。 前置灯漏，贮水运机，小偶人当时刻捧牌而出。 木质银里漆瓮一, 金云龙蜿绕之, 高一丈七尺, 贮酒可五十余石。" (布莱慈奈德书 49 至 50 页, 参着《斡朵里克行纪》, 颇节本第 一册 270 页引沙哈鲁《使臣行纪》, 安文思《中国新志》)

[6] 此处所言两墙之间一节, 似有脱误, 今皇城、紫禁城间, 北方今有煤山, 昔为御苑, 辟四红门。别有内苑, 辟五红门。琼岛之西又有灵囿, 此皆两城间之苑囿也(布莱慈奈德书 48 页、60 页、110 页)。

[7] 斡朵里克所志宫殿湖沼之文, 几尽与此同。布莱慈奈德曾言马可波罗所见之湖, 即是太液池, 不过湖形微变而已。案: 太液池名始于 12 世纪时, 金帝始导西山诸泉于都城北, 其出入此池之水犹存, 尚名金水。

此太液池今名三海, 剌木学本除此湖外, 尚著录有更北之一别湖, 殆指今之积水潭、什刹海、荷塘等水。

[8] 绿山非今之景山或俗称之煤山, 乃指今之白塔山。金初筑此山, 名曰琼花岛。1262 年忽必烈重修岛中园林, 改名曰万寿山。其山皆垒玲珑石为之, 峰峦隐映, 松桧隆郁, 秀若天成。引金水河至其后, 转机运斡汲水至山顶, 出石龙口, 注方池(布莱慈奈德书 59 页)。

山南不远, 有一圆城, 在大石桥头。中有一殿, 名承光殿, 此殿与城均为元代旧物, 游人在此处可见北京最美之松树, 如白裹松(Pinus bungeana)之类。石桥建于 1392 年, 其先仅有一木吊桥, 长四百七十尺, 立柱架梁于二舟, 以当其空。至车驾行幸上都, 留守官则移舟断梁以禁往来(布莱慈奈德书 60 页)。

此山固始于金、元, 山上之白塔则建于清顺治时, 1652 年西藏达赖剌麻来朝, 特建此塔以资纪念(同书 99 页)。

至若景山之名, 始于清代, 其俗名煤山, 在 16 世纪以前未见著录, 则波罗虽言绿山在宫北一箭之地, 必非煤山明矣。1644 年崇祯皇帝曾在此山树上缢死。

[9] 考《辍耕录》，万寿山顶有广寒殿"七间，东西一百二十尺，深六十二尺，高五十尺。……中有小玉殿，内设金嵌玉龙御榻，左右列从臣坐床。前架黑玉酒瓮一，玉有白章，随其形刻为鱼兽出没于波涛之状，其大可贮酒三十余石。又有玉假山一峰、玉响铁一，悬殿之右"。然则波罗所志绿山上之宫殿，显指此广寒殿，而绿山显是琼花岛，彰彰明矣。中国载籍谓此山有石名曰翠岩，并题有"幽芬翠草"之句，名曰绿山，洵不诬也(同书61 页)。

[10] 大汗宫内，言之难尽。尚有一事，可广异闻。忽必烈建筑大都宫阙以后，命人取莎草于沙漠，种之宫中，欲使子孙勿忘其发源之地。此草球根形，似隶莎草科(Cypéracées，同书 57 页)。

第八四章　大汗太子之宫

尚应知者，大汗为其将来承袭帝位之子[1]建一别宫，形式大小完全与皇宫无异，俾大汗死后内廷一切礼仪习惯可以延存。此王已受帝国印玺一方，然权力未备，大汗在生之时仍是大汗为主君也。

大汗及其子之宫殿，既已叙述于前，兹欲言者，其宫殿所在之契丹大城，及其营建之原因而已，此城名曰汗八里。

古昔此地必有一名贵之城名称汗八里，汗八里此言"君主城"也。[2]大汗曾闻星者言，此城将来必背国谋叛，因是于旧城之旁，建筑此汗八里城。中间仅隔一水，[3]新城营建以后，命旧城之人徙居新城之中。[4]

此城之广袤，说如下方：周围有二十四哩，其形正方，由是每方各有六哩。环以土墙，墙根厚十步，然愈高愈削，墙头仅厚三步，遍筑女墙，女墙色白，[5]墙高十步。全城有十二门，[6]各门之上有一大宫，颇壮丽。四面各有三门五宫，盖每角亦各有一宫，壮丽相等。宫中有殿广大，其中贮藏守城者之兵杖。街道甚直，以此端可见彼端，盖其布置，使此门可由街道远望彼门也。

城中有壮丽宫殿，复有美丽邸舍甚多。[7]城之中央有一极大宫殿，中悬大钟一口，夜间若鸣钟三下，则禁止人行。鸣钟以后，除为育儿之妇女或病人之需要外，无人敢通行道中。纵许行者，亦须携灯火而出。[8]每城门命千人执兵把守。把守者，非有所畏也，盖因君主驻跸于此，礼应如是，且不欲盗贼损害城中一物也。[9]既言其城，请言其人，以及朝廷之布置，并其他诸事。

[1] 此宫名隆福宫，真金、忽必烈死后，后妃居焉。《辍耕录》谓在大内西，七间，规模与帝宫相同，微稍小耳（布莱慈奈德书56页）。由是观之，此地可当民国时代之总统府。

此处所言之太子，显非殁于1285年之真金，而为真金之子铁木耳，质言之，皇太孙也。惟宫则为真金而建。

[2] 波罗于此处训释汗八里名称之义。其后宋君荣神甫亦云汗（can、khan）犹言帝王。巴勒哈（balga）、巴勒哈惕（balgat）、巴勒哈孙（balgasun）、八里黑（balik）等字，在鞑靼语中皆犹言"城"，则当作Cambalik或Khambalik，而在此处讹作Cambaluc，质言之，帝城是矣。案：蒙古语宫廷名称斡耳朵（ordo），则亦得名此城曰斡耳朵八里（ordobalik）矣（De L'Isle《北京志》5页）。

今北京城址附近，古昔有一要城，纪元前1121年，黄帝后裔某受封于蓟，中国考据家以其城在今城西北三四里。前723至前221年间，蓟为燕国都城。秦始皇灭燕，此城降为州郡，历称曰蓟、曰燕、曰幽州。986年，辽以为南京。自是以后，迄于今日，除中间有短期之中断外，常为帝都。1151年金建中都于此，领大兴、宛平二县，与今同。

1215年成吉思汗取金中都，时亦名燕京。嗣后仅在半世纪中降为州郡治所。忽必烈汗自哈剌和林徙都燕京。在1264至1267年间，于燕京旧城之东北，建一新城。1271年，汉人始名此城曰大都。蒙古人则名之曰汗八里。金之旧城在元代名曰南城,而新城则名北城。明嘉靖时(16 世纪),建外罗城(即欧洲人所称之汉城),燕京故迹遂不复存矣(参看樊国梁〔Favier〕撰《北京志·导言》,布莱慈奈德书 13 至 23 页)。

根据上引诸书,汗八里城北部超过今满城之北。明代洪武皇帝以旧城过大,将北城削去五里,今城北五里有土城尚存,尚高二三十尺,其名即曰土城,殆为元大都北城之遗迹欤。

布莱慈奈德即根据此土城之存在,考订元代汗八里之旧址。考《辍耕录》及新旧《元史》所著录东西两城之城门,齐化、平则二门之北别有二门,则旧城超过今城之北,为说可信。马可波罗谓钟楼在城之中央,亦可参证斯说也。

但据此以求汗八里之面积,未免过大。布莱慈奈德于是以为汗八里南城城墙在今城之北一里(同书 29 页)。然其说亦不无疑义。其所据以考订汗八里东南角之观象台,当时不在今日观象台建设之处。考宋君荣神甫之说,今台实建于明嘉靖(1522 至 1567)中。元代之观象台则在皇城内。紫禁城外西南角附近,今南长街西尚有地名观象台也(参看 De L'Isle 书 20 页及 23 页)。

至若南城距双塔寺三十丈之说,似不可能,因为萧墙即距此城不远也。故布莱慈奈德(28 页)亦云:"上述双塔寺与大都南城墙之距离,记载容或有误。盖据其他中国载籍,此南城墙之所在,与今日满城之南城墙同也。"由是观之,究竟大都四至何在,尚待考证。

[3] 金代导西山诸泉水入都城,尚不足以供给由通州连接白河之通惠河之需,故当时曾有在麻峪导浑河水以广河流之举。惟河水浑浊,致将引导此水之路口河淤塞,反成水灾,此种计划遂废。波罗在此处所言之水,必非路口河,而为文明河。案:南城有文明门,此文明河应流经南城之外。今日北京西有一小溪名三里河,导望海楼之湖水入满城西南角壕中,殆为文明河之遗迹也(参看普意雅

〔G. Bouillard〕撰文，见《支那》第五年刊 1143 至 1172 页）。

[4] 剌木学本后文有云：“但一部分之居民忠诚可恃者，许仍留居旧城中，盖新都虽大，不足容其居民全数也。”

[5] 据此面积，汗八里城墙高宽，与今城相等，仅城头较薄而已（三步合四公尺半，今则有十四公尺半）。颇节书（第一册 274 页）引剌失德丁书云：“大都（Daidou）城墙用土建筑，其地习用两板夹土，掷湿土于其中，用大木桩捣之使坚，已而去板，土遂成墙。大汗晚年曾命运石甃墙，然工未成而身死。若上帝许可，此种计划将由铁木耳汗完成之。”

[6] 马可波罗及斡朵里克皆言汗八里有十二门，其后宋君荣、卫匡国二神甫记载之数亦同，疑采自波罗书。中国载籍皆言只有十一门，北面仅辟二门，疑元代北面原有三门，后将中门闭塞也。

[7] “各大街两旁，皆有种种商店屋舍。全城中划地为方形，划线整齐，建筑房舍。每方足以建筑大屋，连同庭院园囿而有余。以方地赐各部落首领，每首领各有其赐地。方地周围皆是美丽道路，行人由斯往来。全城地面规划有如棋盘，其美善之极，未可言宣。”（剌木学本第二卷第七章）

由是观之，今日北京道路整齐，规模盖始于元代矣。

[8] “此外有巡逻之人，三四十人为一队，终夜巡逻街市，视钟鸣三下以后，道上有无行人。如见行者，立即捕而投之狱，翌日黎明，由官吏定其罪名，视其罪之轻重，杖责之数不等，间有罪至死者。寻常惩罚之法如是，盖其星者名八合失之人不欲有流血之刑也。”（同上）

卫匡国云，其时中国诸城中设有漏壶，守者按时鸣锣以报时刻，设有火灾，亦鸣锣以警众。

马可波罗所言之钟楼，非今日所见之钟楼。“今之钟楼建于 1271 年，然今之钟楼实建于 18 世纪时。元代之钟楼昔在鼓楼之东，今万宁寺即其故址也。此寺确在我所考订汗八里之中央"（布莱慈奈德书 38 页）。此说与马可波罗"城之中央"一语相合，则所谓中央者，盖指南北线之中央矣。此钟楼毁于明洪武时（冯秉正书第十册 20 页）。

［9］"惟因星者之说，致使其心中存有疑忌中国种族之意。"（剌木学本第二卷第七章）

第八四章重　汗八里城之谋叛及其主谋人之处死[1]

下所言者，皆实事也。有一会议，正式任命十二人组合成之，职司处分土地官爵及一切他物，惟意所欲。中有一人是回教徒，名称阿合马（Ahmed），为人较狡黠而有才能，权任甚重，颇得大汗宠任。大汗宠之甚切，任其为所欲为，但至阿合马死后，始知其曾用魔术蛊惑君主，致使言听计从，任其为所欲为。

此人管理政府一切官司，任命一切官吏，宣布一切裁判，其所厌恶之人而彼欲除之者，不问事之曲直，辄进谗言于大汗曰："某人对于陛下不敬，罪应处死。"大汗则答之曰："汝意所乐，为之可也。"于是阿合马立杀其人，其权力由是无限，大汗宠眷亦无限，无人敢与之抗言。是以官位权力无论大小，莫不畏之。凡有人受谗因蒙大罪而欲自解者，绝不能提出其自解之法，盖无人敢庇之而与阿合马抗，由是枉死者为数甚众。

不仅此也，凡有美妇而为彼所欲者，无一人得免。妇未婚，则娶以为妻。已婚，则强之从己。如闻某家有美女，则遣其党徒语其父曰："汝有女如是，曷不嫁之伯罗（bailo）阿合马（盖人称其为伯罗，犹之吾人之称副王也），则彼将授汝以高官显职，荣任三年。"女父若以女献，阿合马则言于汗曰："某官缺人，或某官行将任满，某人可以铨

选。"大汗辄答之云:"汝以为是,为之可也。"女父遂立受显职,由
是或因他人盼得高官显职,或因他人畏其权势,阿合马尽得美妇为其妻
妾。 彼有子二十五人,皆任显要,其中有若干子因父荫,而淫纵亦如
其父,所行无耻无义。 此阿合马聚积多金,盖欲任显职或他官者,必
须以重赂贿之也。[2]

彼执行此无限权势,垂二十二年。 迄后国人,质言之契丹人,因
其妻女或本身蒙大辱或受奇害者,忍无可忍,乃相谋杀之而叛政府。
其中有一契丹人名陈箸(Tchen-tchou)者,身为千户,母及妻女并为阿合
马所辱。 愤恨已极,遂与别一契丹人身为万户名称王箸(Wang-tchou)
者同谋杀之。 决定在大汗驻跸汗八里三个月满,驾幸上都驻跸三月之
时举事。 时皇太子成吉思亦离都城往驻他所,仅阿合马留守都城,有
事则由阿合马遣人往上都请旨。

王箸、陈箸同谋以后,遂以其谋通知国中之契丹要人。 诸人皆
赞成其谋,并转告其他不少城市友人,定期举事,以信火为号,见
信火起,凡有须之人悉屠杀之。 盖契丹人当然无须,仅鞑靼人、回
教徒及基督教徒有须也。 契丹人之厌恶大汗政府者,盖因其所任之
长官是鞑靼人,而多为回教徒,待遇契丹人如同奴隶也。 复次大汗
之得契丹地,不由世袭之权,而由兵力,因是疑忌土人,而任命忠
于本朝之鞑靼人、回教徒或基督教徒治理,虽为契丹国之外人,在
所不计也。

迨至约定之日,王箸、陈箸夜入皇宫,王箸据帝座,燃不少灯火于
前。 遣其党一人赴旧城,矫传令旨,伪称皇太子已归,召阿合马立入
宫。 阿合马闻之大异,然畏皇太子甚,仓卒遽行,入城门,鞑靼统将统
一万二千人守备大都名火果台(Cogotai)者,询之曰:"夜深何往?"答
曰:"成吉思已至,将往谒之。"火果台曰:"皇太子秘入都城,缘何我
毫无所闻。"遂与偕行,并率领一部分人护从。 阿合马入宫,见灯光大
明,以为据宝座之王箸是皇太子,进前跪谒。 陈箸俟其跪,举刀断其
首。 火果台在宫门见状,呼曰:"中奸计。"立张弓发矢,射杀王箸。

同时命所部擒陈箸，布告城中，不许居民外出，有至街市者，立即杀之。契丹人见其谋泄，主谋者一死一擒，不敢出外，不能举信号通知其他诸城。火果台立遣使者驰奏大汗。大汗立命严搜叛人，捕同谋者悉杀之。翌日黎明，火果台搜查诸契丹人，同谋罪重者多伏诛，其他诸城所为亦同。

大汗还汗八里后，欲知此次叛事之原因，已而得阿合马罪状，始知其父子作恶多端，如前所述。阿合马本人及其七子（盖诸子非尽恶也）娶妻妾无算，强取者尚未计焉。大汗命人没收旧城中阿合马所积之一切货财，徙之新城，尽入帝库，至是始发现其数甚巨。并命发墓剖棺，戮阿合马尸，置之街市，纵犬食之。诸子之为恶者，生剥其皮。[3]

经此事变以后，大汗始知回教对于异教之人纵使本教之人犯罪，甚至杀人亦所不辞。既见此教使阿合马父子纵为奸恶，遂痛恶之，所以召诸回教徒来前，对于其教命为之事，多严禁之。例如命其娶妻从鞑靼俗，杀牲遵鞑靼法，不许再用断喉之法，只许破腹取脏，皆此类也。[4]

此种事变经过之时，马可波罗阁下适在其地。

[1] 此章仅见剌木学本（第二卷第八章），所志诸事，并经中国载籍证明，足见孛罗在此案中任务之重。冯秉正书（第九册412至413页）引中国史书云："阿合马死，大汗犹不深知其奸，令中书勿问其妻子。及询孛罗，乃尽得其罪恶，始大怒曰，王箸杀之诚是也。"

[2] 阿合马生于药杀水（Yaxartes、Syr-daria）畔，察必（Djamui）皇后未入宫时，已识其人。迨入宫后，以为媵臣，1264年始居理财要职。忽必烈需财日巨，因不问理财人员之贪廉，及其征取之方法。阿合马多才善辩，迎合帝意，言无不从。皇太子真金及汉官数人甚恶之。许衡因阿合马子忽辛（Housin）有金枢密院之命，独执议曰："国家事权，兵、民、财三者而已，今其父典民与财，子又典兵，不可。"帝曰："卿虑其反耶？"衡对曰："彼虽不反，此反道也。"（《元史》卷一五八《许衡传》）

[3] 《元史》卷二五《奸臣传》曰："十九年（1282）三月，世祖

在上都，皇太子从。有益都千户王箸者，素志疾恶，因人心愤怨，密铸大铜锤，誓愿击阿合马首。会妖僧高和尚以秘术行军中，无验而归，诈称死，杀其徒，以尸欺众逃去，人亦莫知。箸乃与合谋，以戊寅日诈称皇太子还都作佛事，结八十余人，夜入京城，旦遣二僧诣中书省，令市斋物，省中疑而讯之，不伏。及午，箸又遣崔总管矫传令旨，俾枢密副使张易发兵若干，以是夜会东官前。易莫察其伪，即令指挥使颜义领兵俱往，箸自驰见阿合马，诡言太子将至，令省官悉候官前。阿合马遣右司郎中脱欢察儿等数骑出关北十余里，遇其众，伪太子者责以无理，尽杀之。夺其马，南入健德门。夜二鼓，莫敢何问。至东官前，其徒皆下马，独伪太子立马指挥。呼省官至前，责阿合马数语，箸即牵去，以所袖铜锤碎其脑，立毙。继呼左丞郝祯至，杀之，囚右丞张惠。枢密院、御史台、留守司官皆遥望莫测其故。尚书张九思自官中大呼以为诈。留守司达鲁花赤博敦遂持挺前，击立马者坠地。弓矢乱发，众奔溃，多就擒。高和尚等逃去，箸挺身请囚。中丞也先帖木儿驰奏，世祖时方驻跸察罕脑儿，闻之震怒。即日至上都，命枢密副使孛罗、司徒和礼霍孙、参政阿里等驰驿至大都，讨为乱者。庚辰，获高和尚于高梁河。辛巳，孛罗等至都。壬午，诛王箸、高和尚于市，皆醢之，并杀张易。箸临刑大呼，王箸为天下除害，今死矣，异日必有为我书其事者。阿合马死，世祖犹不深知其奸。令中书勿问其妻子。及询孛罗，乃尽得其罪恶。始大怒曰，王箸杀之诚是也。乃命发墓剖棺，戮尸于通玄门外，纵犬啖其肉。百官士庶聚观称快，子侄皆伏诛，没入其家属财产。"

[4] 马可波罗所言忽必烈不喜回教徒之事，并见于剌失德丁书及多桑书。有谮于帝者，谓《可兰经》命杀崇拜多神教徒。忽必烈乃召诸回教博士至，询经中有无是语，诸人对曰有之。忽必烈曰："汝曹以为《可兰》授自上帝钦？"对曰："吾人从未疑之。"帝曰："上帝即命汝曹杀多神教徒，何以汝曹不从其命？"对曰："时

未至，而我曹之力尚未强也。"帝怒曰："然则我今可杀汝曹也。"遂命立将其人处死。 时有回教官吏数人请暂停刑，召其他较明教义之回教博士询之。 乃召一哈的（cadi）至，问之如前，其人对曰："上帝命我曹杀多神教徒，其事属实，惟其所指之多神教徒，盖为不信有一最高主宰者。 陛下在一切诏敕中既首列上帝名，则不能在此类之列。"忽必烈意乃释，遂释诸回教博士而不罪。

顾回教徒之在忽必烈国中者，为数颇众。 昔有一事，致使其受虐待者亘七年。 有回教商人献白海青及异鹰于帝，帝赐之食，商人不食。 忽必烈询其故，对曰，杀牲未遵摩诃末教法，肉不洁，故不食。 帝恚，益以左右刺麻进谗，遂重申成吉思汗法令，禁止用断喉之法杀羊，违者死，籍其家，以赏首告之人。 于是告密者纷至，多破回教徒家而致富。 奴婢之欲获得自由者，亦告其主，如是者七年。 丞相桑哥乃进言于帝，言回教商人不复至中国，例献之物因缺，而关税亦无所得，忽必烈遂收回其禁令。

第八五章　名曰怯薛丹之禁卫一万二千骑

应知大汗之禁卫，命贵人为之，数有一万二千骑，名称怯薛丹（Quesitan），法兰西语犹言"忠于君主之骑士"也。 设禁卫者，并非对人有所疑惧，特表示其尊严而已。 此一万二千人四将领之，每将各将三千人。 而此三千人卫守宫内三昼夜，饮食亦在宫中。 三昼夜满，离宫而去，由别一三千人卫守，时日亦同，期满复易他人。 由是大汗常有名称怯薛丹之禁卫三千骑更番宿卫。 此一万二千人轮番守卫各有定日。 周而复始，终年如此。[1]

大汗开任何大朝会之时，其列席之法如下：大汗之席位置最高，坐于殿北，面南向。 其第一妻坐其左。 右方较低之处，诸皇子侄及亲属之座在焉。 皇族等座更低，其坐处头与大汗之足平，其下诸大臣列坐于他席。 妇女座位亦同，盖皇子侄及其他亲属之诸妻，坐于左方较低之处，诸人臣骑尉之妻坐处更低。 各人席次皆由君主指定，务使诸席布置，大汗皆得见之，人数虽众，布置亦如此也。[2] 殿外往来者四万余人，缘有不少人贡献方物于君主，而此种人盖为贡献异物之外国人也。

大汗所坐殿内，有一处置一精金大瓮，内足容酒一桶（un tonneau communal）。[3] 大瓮之四角，各列一小瓮，满盛精贵之香料。 注大瓮之酒于小瓮，然后用精金大杓取酒。 其杓之大，盛酒足供十人之饮。 取酒后，以此大杓连同带柄之金盏二，置于两人间，使各人得用盏于杓中取酒。 妇女取酒之法亦同。 应知此种杓盏价值甚巨，大汗所藏杓盏及其他金银器皿数量之多，非亲见者未能信也。[4]

并应知者，献饮食于大汗之人，有大臣数人，皆用金绢巾蒙其口鼻，俾其气息不触大汗饮食之物。[5] 大汗饮时，众乐皆作，乐器无数。 大汗持盏时，诸臣及列席诸人皆跪，大汗每次饮时，各人执礼皆如上述。

至若食物，不必言之，盖君等应思及其物之丰饶。 诸臣皆聚食于是，其妻偕其他妇女亦聚食于是。 食毕撤席，有无数幻人艺人来殿中，向大汗及其他列席之人献技。 其技之巧，足使众人欢笑。 诸事皆毕，列席之人各还其邸。

刺木学本第二卷第九章增入之文如下：

（一）但在昼间，未番上之怯薛歹（Quésitaux）不得离开宫中。 惟奉大汗使命，或因本人家事，而经怯薛长许可者，始能放行。 设若有重大理由，如父兄及其他亲属之丧，抑非立归必有重大损害之类，则应请求大汗许可。 然在夜中，此九千人可以还家。

（二）君等勿以为人人皆可坐于席上。 尚有官吏，甚至有贵人不少，无席可列，应坐于殿中毡上而食。 复有无数人在殿外，此种人盖来自各州贡献远地异物者。 其中间有土地被没收之若干藩主冀将土地发还者，此辈于朝会及皇子结婚之日常临殿外。

（三）殿中有一器，制作甚富丽，形似方柜，宽广各三步，刻饰金色动物甚丽。柜中空,置精金大瓮一具,盛酒满,量足一桶。柜之四角置四小瓮,一盛马乳,一盛驼乳,其他则盛种种饮料。柜中亦置大汗之一切饮盏,有金质者甚丽,名曰杓(vernique),容量甚大,满盛酒浆,足供八人或十人之饮。列席者每二人前置一杓,满盛酒浆,并置一盏,形如金杯而有柄。

(四)此外命臣下数人接待入朝之外国人,告以礼节,位置席次。此辈常在殿中往来,俾会食者不致有所缺,设有欲酒乳肉及其他食物者,则立命仆役持来。

每殿门,尤其大汗所在处之殿门,有大汉二人持杖列于左右,勿使入者足触其阈。设有触者,立剥其衣,必纳金以赎。若不剥衣,则杖其人。顾外国人得不明此禁,如是命臣下数人介之入,预警告之,盖视触阈为凶兆,故设此禁也。但出殿时,会食之人容有醉者,罚之则不如入门之严。

(五)大汗每次饮时,侍者献盏后,退三步,跪伏于地,诸臣及其他在场之人亦然。乐器齐奏,其数无算,饮毕乐止,会食者始起立。大汗每次饮时,执礼皆如是也。

[1]《元史》所志宿卫之制甚详,卷九十九《兵志》云:"元制,宿卫诸军在内,而镇戍之军在外,内外相维,以制轻重之势,亦一代之良法哉。方太祖时,以木华黎、赤老温、博尔忽、博尔术为四怯薛。领怯薛歹,分番宿卫。及世祖时,又设五卫,以象五方,始有侍卫亲军之属,置都指挥使以领之。而其后增置改易,于是禁兵之设殆不止于前矣。……若夫宿卫之士,则谓之怯薛歹,亦以三日分番入卫。其初名数甚简,后累增为万四千人。揆之古制,犹天子之禁军,是故无事则各执其事,以备宿卫禁庭,有事则惟天子之所指使,比之枢密各卫诸军,于是为尤亲信者。然四怯薛歹自太祖以后,累朝所御斡耳朵,其宿卫未尝废。是故一朝有一朝之怯薛,总而计之,其数滋多,每岁所赐钞币,动以亿万计,国家大费每敝于此焉。"

据 Palladius 书，此怯薛歹显与蒙古语克什克腾（Keshikten）相对，人致用以名称汗之近卫者也。考其语源，本于 keshik，其义犹言番直宿卫，蒙古语古训如此，今义则不同也。玉耳上校曾列举此字诸义，我拟采下说。案：印度帖木儿（Tamerlan）朝诸王宫中，尚有 kishik，以称番直宿卫之士，……波斯国王之宿卫，则名 Keshikchi 云（Palladius 书 42 至 43 页）。

[2] 斡朵里克所志亦奇，据云："我居此汗八里城三年，常莅朝会。我辈在朝中有一特备之居处，所以亲见宫中之事甚详。……大汗坐朝时，皇后坐于左，其座较低。妃嫔二人坐更下。一切命妇头载一物，上被鹤羽，饰金及大珠，全世界之珠未见有如是大者。皇长子坐于大汗之右，其下皇族列坐。大汗足下有书记四人，列坐记载汗言。汗前则由诸臣侍立，其数甚众。汗未命其发言，除赞礼者外，无敢言者……"（戈尔迭本斡朵里克书 369 至 370 页）

[3] 钧案：原缺。

[4]《辍耕录》亦言有大汉持杖立殿门，汗侧亦有大汉二人执御斧侍立左右（Palladius 书 43 页）。

[5] 此种卫生方法，出于游牧部落之蒙古人，似不应知之，殆因袭汉人之制。1421 年沙哈鲁使臣志明代之事有云："两宦者侍立，口覆厚纸，覆及耳下。……每次进馔于帝前，乐人皆奏乐。"（颇节本 281 页引 Quatremère 译文）

第八六章　每年大汗之诞节

应知每年鞑靼人皆庆贺其诞生之日。大汗生于阳历 9 月即阴历八月二十八日。是日大行庆贺，每年之大节庆，除后述年终举行之节庆外，全年节庆之重大无有过之者也。[1]

大汗于其庆寿之日，衣其最美之金锦衣。同日至少有男爵骑尉一万二千人，衣同色之衣，与大汗同。所同者盖为颜色，非言其所衣之金锦与大汗衣价相等也。各人并系一金带，此种衣服皆出汗赐，上缀珍珠宝石甚多，价值金别桑（besant）确有万数。[2]此衣不止一袭，盖大汗以上述之衣颁给其一万二千男爵骑尉，每年有十三次也。[3]每次大汗与彼等服同色之衣，每次各易其色，足见其事之盛，世界之君王殆无有能及之者也。

庆寿之日，世界之一切鞑靼人及一切州区皆大献贡品于大汗。此种贡品皆有定额，并有他人献进厚礼以求恩赏。大汗选任男爵十二人，视其应颁赏之数而为赏赐。是日也，一切偶像教、回教、基督教之教徒，及其他种种人，各向其天主燃灯焚香，大事祈祷礼赞，为其主祝福求寿。大汗寿诞之日，庆祝之法盖如此也。[4]

此事言之既详，兹请为君等一述年终举行名曰白节之节庆。

剌木学本第二卷第十一章较有异文，兹转录如下：

（一）有男爵骑尉二万人，所服之衣与大汗同式同色。……此外各人别受一羚羊皮带，上饰金银丝甚奇，又受有靴一双。

（二）此种衣服有若干袭，上缀宝石珍珠，其价有逾金别桑一千者。其男爵忠诚可恃而得近大汗者，名称怯薛歹（Quiecitan）。

（三）此种衣服专在大庆贺时服之，鞑靼人每年大节视阴历十三月之数共举行十三次，其衣服之盛，各人俨如国王。此种衣服诸男爵常应预备，预备云者，非言每年更新，盖其衣有服至十年内外者也。

[1] 新旧《元史》本纪并载忽必烈诞生于乙亥年（1215）阴历八月乙卯。

[2] Vinc. Lazari 本（339 页）谓此处所言之别桑，乃为一种东罗马币名，在当时价值约略与物搦齐亚（Venitie）之色干（sequin）相等，等如法国货币十一弗朗八十九生丁。剌木学本既作千别桑，此处之万别桑应是传写之误。

[3] 剌木学谓此"十三"数目与阴历十三月相应。地理学会

之拉丁文本与此文合，惟作"十二"。核以后此第八十六章之文，谓诸男爵有衣十三袭各易其色，而阴历每十九年间有七年置一闰月，则此十三数目应非讹写。

"此一万二千男爵受衣于大汗各十三袭，则其总数共有十五万六千，其价值之贵重未能以数计也。"（参看地理学会法文本99页）

颇节本（285页）疑"十三"为"三"之误，但其所引《元史》卷七八《舆服志》之文不关此事，而译文亦有舛误也。

[4] 马可波罗所志大汗举行诸节庆及宫中所服之衣服，皆与当时中国著述所志相符。每年之大节庆有二，即元旦节与万寿节是已。又据斡朵里克之说，其数有四，别有一即位纪念节，一皇太子诞生节（参看 Palladius 书44至45页）。

第八七章　年终大汗举行之庆节

其新年确始于阳历 2 月，[1]届时大汗及其一切臣属复举行一种节庆，兹述其情形如下：

是日依俗大汗及其一切臣民皆衣白袍，至使男女老少衣皆白色，盖其似以白衣为吉服，所以元旦服之，俾此新年全年获福。[2]是日臣属大汗的一切州郡国土之人，大献金银、珍珠、宝石、布帛，俾其君主全年获有财富欢乐。臣民互相馈赠白色之物，互相抱吻，大事庆祝，俾使全年纳福。[3]

应知是日国中数处入贡极富丽之白马十万余匹。是日诸象共有五千头，身披锦衣甚美，背上各负美匣二，其中满盛白节宫廷所用之一切金银器皿甲胄。并有无数骆驼身披锦衣，负载是日所需之物，皆列行于大汗前，是为世界最美之奇观。[4]

尚有言者，节庆之日黎明，席案未列以前，一切国王、藩主，一切公侯伯男骑尉，一切星者、哲人、医师、打捕鹰人，以及附近诸地之其他不少官吏，皆至大殿朝贺君主。 其不能入殿者，位于殿外君主可见之处。 其行列则皇子侄及皇族在前，后为诸国王、公爵，其后则为其他诸人，各按其等次而就位。

各人就位以后，其间之最贤者一人起立，大声呼曰："鞠躬拜。"呼毕，诸人跪拜，首触于地，祝赞其土事之如神。 如是跪拜四次，礼毕，至一坛前。 坛上置一朱牌，上写大汗名，牌前置一美丽金炉，焚香，诸人大礼参拜毕，各归原位。[5]

诸礼皆毕后，遂以前述贡献之物上呈大汗，其物颇美而价值甚贵。大汗遍视诸物毕，然后将一切席案排列，各人案序就位，进食如前所述。 食毕，诸艺人来前作术以娱观众。 诸事毕后，诸人各归其邸。

此年初之白节，既已备述如前，兹请言大汗之一豪举，即前此言诸节庆日（大朝会及大宴飨）颁赐诸男爵之衣服一事是已。

［1］中国旧用太阴历，然其元旦常在太阳入双鱼宫（signe de Poisson）后，由是其日常在阳历1月21日至2月19日之间，则其日无定也。 盖以阳历年与阴历月不能时常相应，于是每阴历年十九年间，必有七年置一闰月，而置闰之年共有十三月。

［2］今蒙古人尚名正月曰"白月"，忽必烈官廷新年服白衣事，纯为一种蒙古风俗。 1421年沙哈鲁使臣入朝明帝时，曾受预告，禁衣白衣，盖中国人丧服用白色，今俗尚然也。

［3］剌木学本在此处加入一段，表示蒙古人重视九数。 其文云："此外有一种风俗，凡诸州之进贡品于大汗者，必须进呈九数之九倍。 例如某州献马，须献九九八十一匹。 金帛银锭之数亦然。"考《帖木儿传》有一事与此相类，打耳班主亦不剌金（Sheik Ibrahim de Derbent）入贡之物，每种九数，惟奴隶仅有八人，司礼官曾询之曰："第九人何在？"亦不剌金对曰："即仆是已。"帖木儿闻言甚喜，遂厚款之（玉耳本第一册392页）。

［4］此种贡献之物，盖为一种变相之赋税。 突厥斯单、鞑靼地域及其他诸州应献马驼，印度、缅甸则须贡象。 后此第一百六

213

十一章所记1273年忽必烈攻取交趾时，此国老王请降，约每年贡象二十头，即其例也。此后北京蓄象，遂以为常。乾隆时有象六十头，乃由缅甸或安南从云南贡献而至。1860年后，其数日减，至1886年，因逸象伤人，遂禁止贡象来京。北京蓄象之处名曰象坊，即民国时代国会所在之处。

[5] 颇节本曾在此处迻译《元史》卷六十七《礼乐志》之文，核以刺木学本之文，若合符节。刺木学本云："各人就位以后，有大官一人唱曰：'跪拜。'诸人立跪伏，以首触地。大官赞曰：'圣躬万福。'诸人齐答曰：'如所祝。'大官复赞曰：'祈天增洪福，保佑百姓安宁，全国隆盛丰赡。'诸人齐答曰：'如所祝。'"（刺木学本第二卷第十二章）

第八八章　男爵一万二千人于大节庆日
各受金袍十三袭事

应知大汗待遇其一万二千委质之臣名曰怯薛歹者，情形特别，诚如前述。[1] 缘其颁赐此一万二千男爵袍服各十三次。每次袍色各异，此一万二千袭同一颜色，彼一万二千袭又为别一颜色，由是共为十三色。

此种袍服上缀宝石、珍珠及其他贵重物品，每年并以金带与袍服共赐此一万二千男爵，金带甚丽，价值亦巨，每年亦赐十三次，并附以名曰不里阿耳（Bolghari）之驼皮靴一双。[2] 靴上绣以银丝，颇为工巧。彼等服之，俨同国王，每年在十三次节庆中，命各人各衣其应服之袍服。君主亦有袍服十三袭，颜色与诸男爵之袍服同。惟较为富丽，而其价值未可以数计也。每次彼所服之色与诸男爵同。

君主颁赐一万二千男爵每人袍服十三袭，合计共有十五万六千袭，其价值甚巨，前已言之。带、靴之价亦巨。大汗之颁赐诸物者，盖欲其朝会之灿烂庄严。尚有一事前忘言之，今为君等补述，以广异闻。

应知节庆举行之日，引一大狮子至君主前，此狮见主即俯伏于前，似识其主而为作礼之状，狮无链绁，未见此事者，闻之必以为奇也。[3]

既将诸事作诚实的兼有系统的说明，兹请言大汗大猎之事，此所言者，乃其驻跸契丹都城汗八里城之大猎也。

[1] 关于怯薛歹者，可参看本书第八十五章及同章注[1]。至若每年颁赐一万二千男爵袍服十三次之事，本书第八十六章注[3]对于此十三数业已论及。玉耳之结论云：“观本章历言十三数，则不能谓十三数为三数传写之讹。惟本章之文除关于狮子一节外，与第八十六章之文似乎复见。此种复见之文，仅在法文钞本中有之，顾诸法文钞本皆有此文，吾人未便将其删削。”

[2] 此字今在亚洲全部之中尚用以名称“斡罗思皮”。缘昔日不里阿耳人在孚勒伽河畔制造皮革，故遗此名。多桑亦云：“斡罗思皮在不花剌尚名不里阿耳（boulgar）。观此古名，足见古昔此种皮革制于不里阿耳城也。”惟此本中之“驼皮”，译文虽出于 Klaproth，似乎有误。戈尔迭曾考订 Camut 或 Kamu 不应译作驼，而应译作鱼皮（chagrin），亚洲诸种族曾用此皮制靴及他物。剌木学本译作羚羊（chamois），亦非。伊本拔秃塔志其自孔士坦丁堡至孚勒伽河之行程，曾言易靴三次。一次易毛织靴（即今之袜），二次易毡靴，三次易不里阿耳靴。质言之，马皮与狼皮制作之靴也。今日即以马皮制成斡罗思皮，而蒙古诸部之靴亦用马皮制造也。

[3] 中国古昔或有狮子，然绝迹者已有千百余年，可断言也。518 年宋云曾在干陀罗（Gandhara）王庭见狮子儿两头。观其意气雄猛，与中国所画迥乎不同，即在今日所见雕刻之狮形，亦皆以意为之，足证中国人之不识狮子。马可波罗在忽必烈朝廷所见者，如确是狮子，则必是外国国王入贡之物，非土产也。

斡朵里克曾证明马可波罗之说，亦谓在大汗朝会中见有驯养之狮子向大汗作礼（戈尔迭本斡朵里克书 379 页）。

钱德明（Amiot）神甫曾云，帖木儿朝之一宗王名米儿咱拜桑合儿（Mirza Daisangar）者，曾献狮了一头，随沙哈鲁使臣入贡中国，其后常献是类贡品（《中国记录》第十四册 37 至 38 页）。

第八九章　大汗命人行猎

大汗居其都城之三个月中，质言之阳历 12 月、1 月、2 月中，在四围相距约四十日程之地，猎户应行猎捕鸟，[1] 以所获之鸟与大兽献于大汗。大兽中有牝鹿、花鹿、牡鹿、狮子，及其他种种大野兽，其数居猎物之强半。[2] 其人献兽之先，应破腹取脏，然后以车运赴汗所。行程有需二三十日者，而其数颇众也。其远道未能献肉者，则献其皮革，以供君主制造军装之用。

此事既已言毕，兹请叙述大汗驯养其游猎时所用之猛兽。

[1] 考《元史》卷一百一《兵志》鹰房捕猎条，腹里中书省之打捕鹰房人户，共有四千四百二十三户，分配于益都、泰安、卫辉、平阳等所。此外远地亦置有之，有远在云南者，则马可波罗所谓四十日程之距离，非过言也。

大汗常在每年初阴历二三月时猎于近郊，由漷州东北赴柳林，地在长城外不远（参看第九十二章注[3]）。秋日亦常行猎，然其地则在上都北（1277 年）、雪尼惕（Sounit）部中（1288 年）等处（参看《新元史》本纪卷七至十二）。

[2] 剌木学本此处有增入之文云：“此种地带之官吏，应将所获之一切大兽，若野猪、牡鹿、花鹿、熊之类者，献之于朝。其猎捕之法如下，每州官吏聚本地之猎户，群赴有猎物之区，设围捕之，或使猎犬，或常用弓矢。”

第九〇章　豢养以备捕猎之狮豹山猫

尚应知者，大汗豢有豹子，以供行猎捕取野兽之用。[1] 又有山猫（loupscerviers）[2] 甚夥，颇善猎捕。更有狮子数头，其躯较巴比伦（Babylonie）之狮子为大，毛色甚丽，缘其全身皆有黑朱白色斑纹也，[3] 此则豢养以供捕取野猪、熊鹿、野驴及其他大猛兽之用。此种狮子猎取猛兽，颇可悦目。用狮行猎之时，以车载狮，每狮辅以小犬一头，[4] 别有雕类无数，用以捕取狼、狐、花鹿、牡鹿等兽，所获甚多。惟猎狼者躯甚大而力甚强，凡狼遇之者无能免也。[5]

此事既已备述于前，兹请一言大汗豢养无数大犬之法。

[1] 此处所言之猎豹，非寻常之豹，乃小豹（guepard cheeta），其躯腿较之寻常猫类为长，不能登树，而其爪仅半牵缩也。说者以为此种小豹形处猫类、犬类之间，用此物以供捕获者，不仅忽必烈惟然，昔日欧洲之君主亦有用之者（参看玉耳第一册398页）。

[2] 据 Arm. David 之说，中国境地以内，北抵满洲诸山，西至西藏诸山，有一种山猫，名称土豹。别有一种山猫产于西部诸省，形与土豹略同，其学名曰 Lyncus Desgodini，盖追忆西藏传教师 A. Desgodins 而定斯名也。（戈尔迭说）

[3] 中世纪时，欧洲人对于虎之形状，似已不甚明了。当时有一物语书，言虎之形状云，“名称曰虎之兽，盖为一种蛇也”，足以证已。所以马可波罗误名虎豹曰狮，盖狮子不得有斑纹也（颇节本第一册300页）。

[4] 剌木学本此处增加之文云：“观狮之捕兽，其事甚奇。君主用笼盛狮，以车载之，各以小犬一头辅之，狮、犬甚为亲狎。盛狮于笼者，恐其猛追野物不能复制。其捕猎也须逆风而行，勿使

野物闻风而逃。"

[5] 今日东突厥斯单之乞儿吉思人名雕曰不儿忽惕（bourgout），即金雕，掔以捕狼、狐、花鹿、野羊等野兽。乞儿吉思人以一良马易一雕（玉耳书第一册 400 页）。

金雕学名 Aquila chrysaetus，北京土名黑雕（见 David & Oustalet 撰《中国鸟类志》8 页）。

第九一章　管理猎犬之两兄弟

大汗有两男爵，是亲兄弟，一名伯颜（Bayan），一名明安（Mingam）。人称此二人曰古尼赤（Cunici），[1] 此言管理番犬之人也。弟兄两人各统万人，每万人衣皆同色，此万人衣一色，彼万人衣又一色，此万人衣朱色，彼万人衣蓝色，每从君主出猎时，即衣此衣，俾为人识。

每万人队有二千人，各有大犬一二头或二头以上，由是犬数甚众。大汗出猎时，其一男爵古尼赤将所部万人，携犬五千头，从右行。别一男爵古尼赤率所部从左行。相约并途行，中间留有围道，广二日程。围中禽兽无不被捕者。所以其猎同猎犬、猎人之举动，颇可观。君主偕诸男爵骑行旷野行猎时，可见此种大犬无数，驰逐于熊、鹿或他兽之后，左右奔驰，其状极堪娱目也。[2]

管理猎犬者及其状况，既已备述如前，兹请言君主于别三月在他处行猎之事。

君主驻跸于其都城，逾阳历 12 月、1 月、2 月共三阅月后，阳历 3 月初即从都城首途南下，至于海洋，其距离有二日程。[3] 行时携打捕鹰人万人，海青五百头，[4] 鹰鹞及他种飞禽甚众，亦有苍鹰（autours），皆备沿诸河流行猎之用。然君等切勿以为所携禽鸟皆聚于一处，可以随意分配各所。每所分配禽鸟一二百，或二百以上，为数不等，此种打捕鹰人以其行猎所获多献大汗。

君主携其海青及其他禽鸟行猎之时，如上所述。此外尚有万人，以供守卫，其人名称脱思高儿（Toscaors），[5]此言守卫之人也。以两人为一队，警卫各处，散布之地甚广。

[1] 考《元史》卷九九《兵志》，有主鹰隼之事者，曰昔宝赤；主弓矢之事者，曰火儿赤。别有怯怜赤，似主猎犬之事，然与马可波罗书诸本所著录之 Cunici、Chinuchi 等写法对音皆有未符。伯希和云："此 Cunichi 似为 Cuiuci 传写之误，而为中国载籍所著录之贵赤或贵由赤之对音。考蒙古语动词 guyu 或 guyi，此言奔走，中国载籍之译名，得还原作 guyukci。又考《元史》卷一百三十五有《明安传》，其人曾领贵赤万人，马可波罗书之 Mingam，疑即此明安。又据剌失德丁书（Blochet 本第二册 501 页）有 Bayan-guyukci，疑亦指此伯颜。"（戈尔迭本第三册 70 页）

《辍耕录》贵由赤条云："贵由赤者，快行是也。每岁一试之，名曰放走，以脚力便捷者膺上赏。"

《元史》卷一三五《明安传》云："明安，康里（Kankalys）氏。至元十三年（1276）世祖诏民之荡析离居及僧道漏籍诸色人不当差徭者万余人，充贵赤，令明安领之。"传未言其有兄或弟名伯颜，此伯颜非后此第一百三十八章之伯颜，后一伯颜八邻（Barin）部人，《元史》卷一二七有传。

[2] 案：畋猎之事，中国人始终皆重视之。古代行猎之目的，或因兽类之有害于人，或因取其毛革以供诸用。清代盛时，皇帝围猎之目的，则在命士卒平时习骑射，不使其游惰而无能也。

南怀仁（Verbiest）、张诚（Gerbillon）二神甫曾随康熙帝于猎中，留有记录。据云："帝行猎时，扈从之马有十万匹，将士六万人，带刀矢分队而行，行时结围猎于山林。……"

南怀仁神甫云："帝选卫士三千人，执弓矢，于山之四周结大围，其对径至少有三千步。围者齐向前行，渐将其围缩小，帝命朝中贵人杂诸将中指挥猎事。及至猎围缩小至对径三百步时，围中诸兽如落网中，无能脱者。我曾见一日之中获山兔二三百头，狼、狐无算。又数在辽东省外，见有鹿千余被围于上述猎围中。亦有时猎取熊及野猪，并杀六十余虎，然其猎法猎具又与前异。"（见 Du Halde 书第四册 77 至 97 页）

剌木学本此处有增加之文云："此兄弟二人始阳历 10 月初，迄阳历 3 月杪，应供给宫中野物千头。鹑类不在数中。并应献鱼无数，以三人一餐所食之鱼数，等如野味一头。"

［3］此文于马可波罗之意似有未达，故马儿斯登以为此处所言之距离，非北京与海岸间之距离（盖其相距有四五日程，不止二日程），乃海岸与猎间之距离也。

［4］突厥、印度、波斯之君主，亦携鹰犬行猎，东方之俗似多相类（玉耳本第一册 409 页）。

据张诚神甫《第一次扈从行记》，康熙帝行围时亦携鹰人与俱。

［5］脱思高儿，犹言警卫之人，马儿斯登本作 Roscanor Rostaor，剌木学本作 Toscaol，玉耳以此写法为是。盖突厥语 Toskaul，犹言守卫道途之人也。烈缪萨云，蒙古语有 Tosiyal，犹言守夜（《亚洲杂纂》第一册 231 页）。Palladius 亦云，蒙古语围猎之人名曰 Toscaul，则其对音殆是脱思高勒矣。

第九二章　大汗之行猎

各人有一小笛及一头巾，以备唤鸟持鸟之用，俾君主放鸟之时，放鸟人勿须随之。盖前此所言散布各处之人，守卫周密，鸟飞之处不用追随，鸟须救助时，此辈立能赴之也。

君主之鸟，爪上各悬一小牌，以便认识。诸男爵之鸟亦然，牌上勒鸟主同打捕鹰人之名，鸟如为人所得，立时归还其主，如不识其主，则持交一男爵名曰不剌儿忽赤（Boulargoutchi）者，此言保管无主之物者也。[1] 盖若有人拾得一马一剑一鸟或一别物而不识其主者，立以此物付此男爵保管之。 如拾得者不立时交出，则由此男爵惩罚，失物者亦赴此男爵处求之，如有此物立时还付其人。

此男爵常位于众人易见之处，立其旌旗，俾拾物及失物者易见，而使凡失物皆得还原主。 君主由此路径赴海洋，其地距其汗八里都城有二日程，沿途景物甚丽，世界赏心娱目之事无逾此者。

大汗坐木楼甚丽，四象承之。[2] 楼内布金锦，楼外覆狮皮。 携最良之海青十二头。 扈从备应对者有男爵数人。 其他男爵则在周围骑随，时语之曰：“陛下，鹤过。”大汗闻言，立开楼门视之，取其最宠之海青放之。 此鸟数捕物于大汗前，大汗在楼中卧床观之，甚乐。 侍从之诸男爵亦然。 故余敢言世界之人，娱乐之甚，能为之优，无有逾大汗者。

前行久之，抵于一地，名称火奇牙儿末敦（Cocciar Modun），[3] 其行帐及其诸子诸臣友诸妇之行帐在焉。 都有万帐，皆甚富丽，其帐之如何布置，后此言之。 其用以设大朝会之帐甚广大，足容千人而有余。帐门南向，诸男爵骑尉班列于其中。 西向有一帐，与此帐相接，大汗居焉。 如欲召对某人时，则遣人导入此处。

大帐之后有一小室，乃大汗寝所。 此外尚有别帐、别室，然不与大帐相接。 此二帐及寝所布置之法如下：

每帐以三木柱承之，辅以梁木，饰以美丽狮皮。 皮有黑白朱色斑纹，[4] 风雨不足毁之。 此二大帐及寝所外，亦覆以斑纹狮皮。 帐内则满布银鼠皮及貂皮，是为价值最贵最美丽之两种皮革。 盖貂袍一袭值价金钱（livre d'or）二千，至少亦值金钱一千，鞑靼人名之曰“毛皮之王”。帐中皆以此两种毛皮覆之，布置之巧，颇悦心目。 凡系帐之绳，皆是丝绳。 总之，此二帐及寝所价值之巨，非一国王所能购置者也。

此种帐幕之周围，别有他帐亦美，或储大汗之兵器，或居扈从之人员。 此外尚有他帐，鹰隼及主其事者居焉。 由是此地帐幕之多，竟至不可思议。 人员之众，及逐日由各地来此者之多，竟似大城一所。 盖其地有医师、星者、打捕鹰人，及其他有裨于此周密人口之营业，而依俗各人皆携其家属俱往也。

大汗居此迄于〔复活节〕之第一夜。 当其居此之时，除在周围湖川游猎外，别无他事。 其他湖川甚多，风景甚美，饶有鹤、天鹅及种种禽鸟。 周围之人亦时时行猎，逐日献种种猎物无算。 丰饶之极，其乐无涯，未目击者决不信有此事也。

尚有一事须为君等言及者，此地周围二十日程距离之内，无人敢携鹰犬行猎。 在大汗所有辖地之中，有兽四种，无人敢捕，即山兔、牡鹿、牝鹿、獐鹿(chevreuil)是已。 此禁仅在阳历 3 月迄阳历 10 月之间有之。 违禁者罚。 顾其臣民忠顺，行于路者，虽见此种兽类卧地，亦不敢惊之。 由是繁息甚众，地为之满。 大汗取之惟意所欲。 惟逾此阳历 3 月至 10 月期限之外，则解其禁，各人得随意捕之。

大汗居留此距海不远之地，自阳历 3 月迄于阳历 5 月半间，然后携其一切扈从之人，重循来道，还其契丹都城汗八里。

[1] 颇节、玉耳考证此名出于蒙古语之不剌儿忽(boulargou)，此言失落，"赤"，蒙古语结尾词也，其意犹言保管无主物之人，与马可波罗之解释相合。 又据玉耳(第一册 407 页)之说，同一名称之职务，昔在波斯官廷亦见有之。

考《元史》卷八七《百官志》有不兰奚，又卷一〇一《兵志》有孛兰奚，蒙古语名犹言"无主"，应即此不剌儿忽赤之汉译。 元代常以此名用作人名，如卷一三三有传之孛兰奚，卷一三五《明安传》明安次子名孛兰奚，皆其例也。 《元史》卷八七《百官志》，宣徽院属有阑遗监，秩正四品，掌不阑奚人口头匹诸物。 又卷一〇五《刑法志》禁令门云："诸阑遗人口到监即移所称籍贯，召主识认，半年之上无主识认者，匹配为户，付有司当差。"

剌失德丁书所志波斯大猎之情形，与马可波罗书措词同。 且谓有不少使臣自大都赴波斯，以鹰隼、海青等异物赐波斯诸汗，征之

《元史》卷八五《百官志》，其事易明，兵部属有管领随路打捕鹰房民匠总管府，秩从三品。下云："初，太祖（成吉思汗）以随路打捕鹰房民户七千余户拨隶旭烈（Houlagou）大王位下。中统二年（1261）始置。至元十二年（1275），阿八合（Abaga）大王遣使奏归朝廷，隶兵部。"又"管领本投下大都等路打捕鹰房诸色人匠都总管府，秩正三品，掌哈赞（Gazan）大王位下事。大德八年（1304）始置，官吏皆王选用，至大四年（1311）省并衙门，以哈儿班荅（即 Oldjaitou）大王远镇一隅，别无官属，存设不废。"

[2] 剌木学本补云："盖因其有痛风疾，故用此法运载。"Palladius（48 页）引《高丽史》云："1267 年阴历九月，汗使奉诏至高丽，索鱼皮，鱼名 Akirho munho，形类牝牛。高丽国王对使臣云，汗足肿，宜以此鱼皮作靴。次月，高丽国王贡鱼皮十七张。"案：此鱼疑指海牛（Rhytina Stelleri），18 世纪时白泠（Behring）海中尚见有之，今其种全灭。

《高丽史》又云："1292 年阴历八月，高丽应诏献巫医，诊大汗手足疾。至大都，高丽国王适在朝，巫医入谒，取大汗手足诵咒，大汗为之欢笑。"

[3] 玉耳云，此火奇牙儿末敦不得为 d'Anville 地图著录之 Tchakiri mondou，后一地在乌苏里江畔，《元史》从未著录大汗在此处行猎也。

此地亦不得为 Palladius（45 页）所考订之河西务，缘剌木学本录马可波罗之语云："其地道路狭小，只能用二象或一象载乘舆行猎也。"

《元史》卷一百《兵志》马政门有地名合察木敦（戈尔迭本第三册 70 页），似亦非此火奇牙儿末敦，盖合察木敦在河套之北也。

[4] 马可波罗此处所指者，显是虎豹，此外所言之狮子，疑亦指虎豹（参看九十章注[3]）。

第九三章　大汗猎后设大朝会

大汗归其都城汗八里后，留居宫中三日，于是设大朝会，偕诸后妃大事宴乐。然后从汗八里宫出发，赴上都，即前此所述有大草原及竹宫，并驯养海青之地也。大汗留居上都，始阳历5月初，迄阳历8月之28日。是日洒马潼，如前所述。夫然后还其汗八里都城。在此都城于阳历9月中举行万寿节，嗣后历10月、11月、12月、1月、2月。于2月举行所谓白节之元旦节，亦如前此所述。至是向海洋畋猎，始阳历3月初，迄5月半。猎毕还居都城三日，偕诸后妃设大朝会，会毕复行，亦如前述。

由是全年如是分配，居汗八里都城大宫中六月，即阳历9月、10月、11月、12月、1月、2月是矣。

已而赴海岸举行大猎者三月，即阳历3月、4月、5月是矣。

猎后复返其汗八里宫中，留居三日。

其后赴其营建之上都，竹宫所在之地，历阳历6月、7月、8月。

最后复还其汗八里都城。

于是一年之中居其都城者六阅月，游猎者三阅月，居其竹宫避暑者三阅月。偶亦赴他处，惟意所欲。总之，其起居悉皆欢乐也。

　　此章在此本以前之法文本，如地学会之法文本及与法文本对照之拉丁文本中，并阙，惟其为马可波罗出狱后增入其原口授本之文，似可勿庸怀疑者也。此章虽节述前此诸章之语，要在使读者明了忽必烈之起居。此事只有马可波罗独能为之也(颇节本第一册311页)。

第九四章　汗八里城之贸易发达户口繁盛

应知汗八里城内外人户繁多，有若干城门即有若干附郭。此十二大郭之中，人户较之城内更众。 郭中所居者，有各地来往之外国人，或来入贡方物，或来售货宫中。 所以城内外皆有华屋巨室，而数众之显贵邸舍，尚未计焉。[1]

应知城内不许埋葬遗骸。 脱死者是一偶像教徒，则移尸于城郭外，曾经指定一较远之处焚之。 脱死者所信仰者为别教，则视其为基督教徒、回教徒或他教之人，亦运尸于郭外，曾经指定之远地殡葬。由是城内最适宜于卫生。[2]

尚应知者，凡卖笑妇女，不居城内，皆居附郭。 因附郭之中外国人甚众，所以此辈娼妓为数亦夥，计有二万有余，皆能以缠头自给，可以想见居民之众。[3]外国巨价异物及百物之输入此城者，世界诸城无能与比。 盖各人自各地携物而至，或以献君主，或以献宫廷，或以供此广大之城市，或以献众多之男爵骑尉，或以供屯驻附近之大军。 百物输入之众，有如川流之不息。 仅丝一项，每日入城者计有千车。[4]用此丝制作不少金锦绸绢，及其他数种物品。 附近之地无有亚麻质良于丝者，固有若干地域出产棉麻，然其数不足，而其价不及丝之多而贱，且亚麻及棉之质亦不如丝也。

此汗八里大城之周围，约有城市二百，位置远近不等。 每城皆有商人来此买卖货物，盖此城为商业繁盛之城也。[5]

此汗城之广大庄严，既已备述于前，兹请言大汗铸造货币之所，用以证明大汗之所为，诚有逾我之所言，及此书之所记者。 盖我言之无论如何诚实，皆不足取信于人也。

[1] 剌木学本补订之文有云："城外每门有附郭甚大，其街道与两邻近城门之附郭相接，延长有三四哩。 每一附郭或街道有华厦甚众，各地往来之商人居焉，每国之人各有专邸。"

[2] 城内不许埋葬遗骸之事，安文思书 58 页亦见著录。

[3] "新旧城附郭娼妓之数有二万五千，由一官吏总管，别设下级官吏，管理娼妓百人千人，皆总隶于主管者之一人。 至设置此总管之理由，则因诸外来使臣之来朝大汗者，应厚为款待。 此总管每

夜应供给使臣及其随从人员每人娼妓一人，夜夜更易，不取夜宿之
资，是即娼妓缴纳大汗之税金。"（剌木学本第二卷第七章）

[4] 每车所载不过五百公斤，则每日入城之丝平均有五十万公
斤，每年共有十八万吨。

[5]《元史》卷一一九《霸突鲁传》云："世祖在潜邸，从容语
霸突鲁曰：'今天下稍定，我欲劝主上驻跸回鹘以休兵息民，何
如？'对曰：'幽、燕之地龙蟠虎踞，形势雄伟，南控江、淮，北连
朔漠，且天子必居中以受四方朝觐，大王果欲经营天下，驻跸之所非
燕不可。'世祖怃然曰：'非卿言我几失之。'" 1259 年，"宪宗崩
于蜀，阿里不哥构乱和林，世祖北还，留霸突鲁总军务以待命。世
祖至开平即位，还定都于燕。尝曰：'朕居此以临天下，霸突鲁之
力也。'"

案：国号曰元，始于 1271 年（《元史》卷七）。改金中都曰大
都，事在 1272 年（《元史》卷七）。新城建筑于 1267 年动工，1283
年落成（《元史》卷七）。徙民之诏颁于 1285 年，"旧城居民之迁
京城者，以资高及居职者为先，仍定制以地八亩为一分，其或地过
八亩，及力不能作室者，皆不得冒据，听民作室。"（《元史》
卷十三）

第九五章　大汗用树皮所造之
纸币通行全国

在此汗八里城中，有大汗之造币局，观其制设，得谓大汗专有方士
之点金术，[1] 缘其制造如下所言之一种货币也。此币用树皮作之，树
即蚕食其叶作丝之桑树。此树甚众，诸地皆满。人取树干及外面粗皮
间之白细皮，旋以此薄如纸之皮制成黑色，[2] 纸既造成，裁为下式。

幅最小之纸值秃儿城之钱（denier tournois）一枚，较大者值物搦齐

亚城之银钱（gros vénitien）半枚，更大者值物搦齐亚城之银钱一枚。 别有值物搦齐亚银钱五枚、六枚、十枚者。 又有值金钱（besant d'or）一枚者，更有值二枚、四枚、五枚以至十枚者。[3]此种纸币之上，钤盖君主印信，由是每年制造此种可能给付世界一切帑藏之纸币无数，而不费一钱。

既用上述之法制造此种纸币以后，用之以作一切给付。 凡州郡国土及君主所辖之地莫不通行。 臣民位置虽高，不敢拒绝使用，盖拒用者罪至死也。 兹敢为君等言者，各人皆乐用此币，盖大汗国中商人所至之处，用此纸币以给费用，以购商物，以取其售物之售价，竟与纯金无别。 其量甚轻，致使值十金钱者，其重不逾金钱一枚。

尚应知者，凡商人之携金银、宝石、皮革来自印度或他国而莅此城者，不敢售之他人，只能售之君主。 有贤明能识宝货价值之男爵十二人专任此事。 君主使之用此纸币偿其货价，商人皆乐受之，盖偿价甚优，可立时得价，且得用此纸币在所至之地易取所欲之物，加之此种纸币最轻便可以携带也。

由是君主每年购取贵重物品颇多，而其帑藏不竭，盖其用此不费一钱之纸币给付也。 复次每年数命使者宣告城中，凡藏有金银、宝石、珍珠、皮革者，须送至造币局，将获善价，其臣民亦乐售之。 盖他人给价不能有如是之优，售之者众，竟至不可思议。 大汗用此法据有所属诸国之一切宝藏。

此种货币虽可持久，然亦有敝坏者，持有者可以倒换新币，仅纳费用百分之三。 诸臣民有需金银、宝石、皮革用以制造首饰、器皿、衣服或其他贵重物品者，可赴造币局购买，惟意所欲，即以此种纸币给价。[4]

大汗获有超过全世界一切宝藏的财货之方法，业已备述于前。 君等闻之，必解其理。 兹请言此城执行大权之诸大官吏。

剌木学本第二卷第十八章增补之文如下：

（一）钧案：此条原阙。

（二）"此薄树皮用水浸之，然后捣之成泥，制以为纸，与棉纸无异，惟其色纯黑。若主造纸既成，裁作长方形，其式大小不等。"

（三）"此种纸币制造之法极为严重，俨同纯金纯银，盖每张纸币之上，有不少专任此事之官吏署名盖章。此种程式完毕以后，诸官之长复盖用朱色帝玺，至是纸币始取得一种正式价值，伪造者处极刑。"

（四）"所有军饷皆用此种货币给付，其价如同金银。"

［1］卢不鲁克在马可波罗前已言："契丹之常用货币，用棉纸或竹纸制之，宽长有一掌，上印纹如同蒙哥汗之印纹。……"斡朵里克亦云："大汗国内全境不用货币，仅用一种证书代之。"

案：中国行用纸币，原来已久，汉有白鹿皮币，唐有飞钱，宋、金有交子，元盖袭用宋、金之制也。

"世祖中统元年（1260）始造交钞，以丝为本。每银五十两，易丝钞一千两。诸物之直，并从丝例。是年十月又造中统元宝钞，其文以十计者四，曰一十文、二十文、三十文、五十文；以百计者三，曰一百文、二百文、五百文；以贯计者二，曰一贯文、二贯文。每一贯同交钞一两，两贯同白银一两。又以文绫织为中统银货，其等有五，曰一两、二两、三两、五两、十两。每一两同白银一两，而银货盖未及行云。五年（1264）设各路平准库，主平物价，使相依准，不至低昂，仍给钞一万二千锭以为钞本。至元十二年（1275）添造厘钞，其例有三，曰二文、三文、五文。初钞印用木为版，十三年（1276）铸铜易之，十五年（1278）以厘钞不便于民，复命罢印。然元宝、交钞行之既久，物重钞轻，二十四年（1287）遂改造至元钞。自二贯至五文，凡十有一等，与中统钞通行。每一贯文当中统钞五贯文，依中统之初随路设立官库，贸易金银，平准钞法。每花银一两入库其价至元钞二贯，出库二贯五分；赤金一两入库二十贯，出库二十贯五百文。伪造钞者处死。首告者赏钞五锭，仍以犯人家产给之，其法为最善。 至大二年（1309），武宗复以物重钞轻，改造至大银钞，自二两至二厘，定为一十三等。 每一两准至元钞五贯，白银一两，赤金一钱。 元之钞法至是盖三变矣。 大抵至元钞五倍于中统，至大钞又五倍于至元。 然未及期年，仁宗即位，以倍数太多，轻重失宜，遂有罢银钞之诏。 而中统、至元二钞，终元之世盖常行焉。 凡钞之昏烂者，至元二年（1265）委官就交钞库以新钞倒换，除工墨三十文。 三年（1266）减为二十文，二十二年（1285）复增如故。其贯伯分明，微有破损者，并令行用，违者罪之。 所倒之钞，每季各路就令纳课正官解赴省部焚毁，隶行省者就焚之。 大德二年（1298）户部定昏钞为二十五样。 泰定四年（1327）又定焚毁之所，皆以廉访司官监临，隶行省者行省官同监，其制之大略如此。"（《元史》卷九三《食货志·钞法》，钧案：可参考《二十二史札记》元代专用交钞条）

[2] 中国用桑（楮）纸作货币，14 世纪时回教诸国业已识之。Ch. Schefer（《语言学校百年纪念刊》17 页）引 1338 年殁于 Caire 之阿剌壁某著作家之说云："契丹用纸以代货币，纸长方形，用桑之纤维制造，上印帝名。 纸若昏烂，则持往官府倒换新纸，微纳工费，与在我辈货币局之用金银掉换铸币者无异。"又（同书 20 页）云："中国货币，用桑皮所造之纸制之，其式大小不等。 ……用桑之嫩纤维制造，盖用帝印，然后流行。"

[3] 马可波罗所志钞之种类，并以西方货币计之，核以上文，其等值可约略比对如下：

物搦齐亚金钱一枚等若银一两。

物搦齐亚银钱一枚等若铜钱百文，或银一钱。

秃儿城钱一枚等如铜钱二十枚。

[4] 钞法之坏为元亡之一原因，兹录《元史》所志一事以征之："至正十年（1350），右丞相脱脱欲更钞法，乃会中书省枢密院御史台及集贤、翰林两院官共议之。 ……偰哲笃言更钞法，以楮币一贯文

省权铜钱一千文为母，而钱为子，众人皆唯唯不敢出一语。惟集贤大学士兼国子祭酒吕思诚独奋然曰：'中统、至元自有母子，上料为母，下料为子，比之达达人乞养汉人为子，是终为汉人之子而已，岂有故纸为父，而以铜为过房儿子者乎？' 一坐皆笑。思诚又曰：'钱钞用法以虚换实，其致一也。今历代钱及至正钱、中统钞及至元钞、交钞分为五项，若下民知之，藏其实而弃其虚，恐非国之利也。' 偰哲笃、武祺又曰：'至元钞多伪，故更之尔。'思诚曰：'至元钞非伪，人为伪尔。交钞若出，亦有伪者矣。且至元钞犹故戚也，家之童稚皆识之矣。交钞犹新戚也，虽不敢不亲，人未识也，其伪反滋多尔。况祖宗成宪岂可轻改？' 偰哲笃曰：'祖宗法弊亦可改矣。'思诚曰：'汝辈更法，又欲上诬世皇，是汝又欲与世皇争高下也。且自世皇以来，诸帝皆谥曰孝，改其成宪，可谓孝乎？'武祺又欲钱钞兼行，思诚曰：'钱钞兼行，轻重不伦，何者为母，何者为子？汝不通古今，道听涂说，何足以行，徒以口舌取媚大臣，可乎？' 偰哲笃曰：'我等策既不可行，公有何策？'思诚曰：'我有三字策曰行不得，行不得。'又曰：'丞相勿听此言，如向日开金口河，成则归功汝等，不成则归罪丞相矣。'……思诚归卧不出，遂定更钞之议。……十一年(1351)置宝泉提举司掌鼓铸至正通宝钱，印造交钞，令民间通用。行之未久，物价腾踊，价逾十倍。又值海内大乱，军储供给、赏赐犒劳，每日印造不可数计。舟车装运，轴轳相接，交料之散满人间者，无处无之。昏软者不复行用。京师料钞十锭，易斗粟不可得。既而所在郡县皆以物货相贸易，公私所积之钞遂俱不行，人视之若弊楮，而国用由是遂乏矣。"（《元史》卷九七《钞法》）

元亡，明太祖亦造宝钞，惟其制与元制异。元代钞与现货并行，明太祖虑钞不行，禁民间不得以金、银、铜钱交易，犯者罪致死，而钞仍不行。1420年沙哈鲁使臣入朝时，宝钞尚值千钱，1448年时跌至三钱，1455年以后，不复见有著录宝钞之文矣（钧案：此不知何所本。 考《明史》，正统元年黄福奏，洪武间银一两当钞三五贯，今一两当钞千余贯，则在 1436 年时，钞一贯不值一钱矣）。

第九六章　执掌大权之十二男爵

应知大汗选任男爵十二人，指挥监察其国三十四区域中之要政。[1]兹请述其执行之方法及其衙署。

应知此十二男爵同居于一极富丽之宫中，宫在汗八里城内。 宫内有分设之房屋亭阁数所，各区域各有断事官一人、书记数人，并居此宫之内，各有其专署。 此断事官及书记等承十二男爵之命，处理各该区域之一切事务。 事之重大者，此十二男爵请命于君主决之。[2]

然此十二男爵权力之大，致能自选此三十四区域之藩主。 迨至选择其所视为堪任之人员以后，入告于君主，由君主核准，给以金牌，俾之授职。 此十二男爵权势之大，亦能决定调度军队，调发必要之额数，遣赴其视为必要之处所。 然此事应使君主知之。 其名曰省（scieng），此言最高院所是已。 其所居之宫亦名最高院所，是为大汗朝廷之最大卿相，盖其广有权力，可随意施惠于其所欲之人。 此三十四区域之名称，后在本书中分别言之，今暂不言及。

兹置此事不言，请言大汗如何遣派使臣铺卒，及其如何有业已预备之马匹以供急行。

　　刺木学本之文大异，标题作"节制军队之十二男爵及管理普通政务之其他十二男爵"。 其文曰：

　　"大汗选任强大男爵十二人，决定关于汗事之一切问题，如遣调驻所，更迭主将，抑调动军队于认为必要之地，征发战时所需之军额等事是已。 此外分别勇懦而为黜陟，勇者升，懦者降。 设有千夫长不称职者，上述之诸男爵降之为百夫长；反之，设其人勇敢堪于任使，则升之为万夫长。 惟此种黜陟常应使君主知之，所以彼等欲降

231

某官时，必语君主曰某人不称职，君主则曰降其职。欲升某官时，亦语君主曰某千夫长称职，足任万夫长。君主则按职以牌符赐之，如前所述（见本书第八十章），然后厚给赏赐'俾能鼓励他人'。

"此十二男爵所组织之高等会议，名称曰台（thai）。此言最高院所，缘其上除大汗外，别无他官管辖也。

"除上述之男爵外，别有十二男爵执司指挥三十四区域之一切政务。汗八里城为诸区域置有富丽宫殿一所，内有房室甚众，各区域有断事官一人、书记多人居此宫内，各有专室，承此十二男爵之命，处理本区域之一切事务。彼等有权选任一切区域之长官、法官，选择堪任之员以后，上呈大汗核准，视各人之官位赐以金银牌符。此种男爵并监察贡赋之征收及其使用分配，除关于军队之事务外，大汗之一切其他事务并隶属之。

"此高等会议组织之所，名称曰省（singh）。此言第二最高院所，盖其亦直隶大汗，不受他官管辖也。

"由是观之，此二院所名曰省、台者，直隶大汗，不隶他官。惟台，质言之，职司调度军事之院所，视为一切官署中最高贵之官署。"（剌木学本第二卷第十九章）

马可波罗所志此管理军务之十二男爵，与《元史》卷八六《百官志》所载之枢密院相近。元代总政务者曰中书省，秉兵柄者曰枢密院，司黜陟者曰御史台。省秩正一品，院秩从一品，台秩从二品。枢密院掌天下兵甲机密之务，凡宫禁、宿卫、边庭、军翼、征讨、戍守、简阅、差遣、举功、转官、节制、调度，无不由之。

[1] 案：《元史》卷八五《百官志》，在外者有行省，有行台，有宣慰司，有廉访司。其牧民者，则曰路、曰府、曰州、曰县。马可波罗所言之三十四区域，必非路、府、州、县。元代有行省十二，廉访司二十二，其中有八道隶御史台，十道隶江南行台，四道隶陕西行台，合计省道之数共为三十四，与马可波罗所言之数相符（参看《元史》卷八六《百官志》）。

［2］剌失德丁书之 Diwan（参看颇节本 330 页），恰与《元史》之中书省相合。 则玉耳（第一册 432 页）谓剌失德丁书之省（sing），显是马可波罗书之省（scieng），不为无见。 然非剌木学本之省（singh）也。

第九七章　从汗八里遣赴各地之使臣铺卒

应知有不少道路从此汗八里城首途，通达不少州郡。 此道通某州，彼道通别州，由是各道即以所通某州之名为名，此事颇为合理。如从汗八里首途，经行其所取之道时，行二十五哩，使臣即见有一驿，其名曰站（Iamb），一如吾人所称供给马匹之驿传也。[1]每驿有一大而富丽之邸，使臣居宿于此，其房舍满布极富丽之卧榻，上陈绸被，凡使臣需要之物皆备。 设一国王莅此，将见居宿颇适。

此种驿站中备马，每站有多至四百匹者。 有若干站仅备二百匹，视各站之需要而为增减。 盖大汗常欲站中存有余马若干，以备其所遣使臣不时之用。 应知诸道之上，每二十五哩或三十哩，必有此种驿站一所，设备如上所述。 由是诸要道之通诸州者，设备皆如此；赴大汗所辖之诸州者，经行之法如此。[2]

设若使臣前赴远地而不见有房屋邸舍者，大汗亦在其处设置上述之驿站。 惟稍异者，骑行之路程较长。 盖上所述之驿站，彼此相距仅有二三十哩；至若此种远地之驿站，彼此相距则在三十五哩至四十五哩之间。 所需马匹百物，悉皆设备，如同他驿，俾来往使臣不论来自何地者皆获供应。[甲]

是为最盛大之举，从未见有皇帝、国王、藩主之殷富有如此者。盖应知者，此种驿站备马逾三十万匹，特供大汗使臣之用，驿邸逾万所，供应如上述之富饶。 其事之奇，其价之巨，非笔墨所能形容者也。[乙]

尚有一事，前此忘言，兹应补述。 应知此一驿与彼一驿之间，无论在何道上，大汗皆命在每三哩地置一小铺，铺周围得有房屋四十所，递送大汗文书之步卒居焉。 每人腰系一宽大腰带，全悬小铃，俾其行时铃声远闻。 彼等竭力奔走一切道路，止于相距三哩之别铺，别铺闻铃声，立命别一铺卒系铃以待。 奔者抵铺，接替者接取其所赍之物，暨铺书记所给之小文书一件，立从此铺奔至下三哩之铺。 下铺亦有一接替之铺卒，辗转递送。 由是每三哩一易铺卒，所以大汗有无数铺卒，日夜递送十日路程之文书消息。 缘铺卒递送，日夜皆然，脱有必要时，百日路程之文书消息，十日夜可以递至，此诚伟举也。 复次此种铺卒递送果实及其他异物于大汗，于一日间奔走十日程途之地。[丙]

大汗对于此种人不征赋税，反有赐给。 尚有言者，上述诸铺别有人腰带亦系小铃，设有急须传递某州之消息，或某藩主背叛事，或其他急事于大汗者，其人于日间奔走二百五十至三百哩之远，夜间亦然。其法如下：其人于所在之驿站取轻捷之良马，疾驰至于马力将竭，别驿之人闻铃声亦备良马铺卒以待；来骑抵站，接递者即接取其所赍之文书或他物，疾驰至于下站；下站亦有预备之良马铺卒接递，于是辗转接递，其行之速，竟至不可思议。

此种人颇受重视，头胸腹皆缠布带，否则不堪其劳。 常持一海青符，[丁]俾其奔驰之时，偶有马疲或其他障碍之时，得在道上见有骑者即驱之下，而取其马。 此事无人敢拒之，由是此种铺卒常得良马以供奔驰。

上所言之马，驿站中数甚众。 应知大汗对于此种马匹毫无所费，兹请述其理由如下：大汗命人调查各站及邻城附近居民人数，俾知其能出马若干。 所出之马给之站铺，[戊]城乡供给驿马之法悉皆如此。 惟在远道及荒地驿站，则由大汗供给马匹。

使臣驿站之事，既已详细诚实叙述如前，兹请言大汗每年两次施惠于其人民之事。

第二卷

剌木学本第二卷第二十章之异文如下：

〔甲〕"命人居住此等处所，耕种田亩，兼服站役，由是在其地建设不少大村；凡由大汗所辖国土入朝之使臣，及大汗派往之使臣，皆得安适便利。……"

〔乙〕"或有疑及服役之人不能有如是之众，而人众不能得其食粮者，吾人将答之曰：一切佛教徒如同回教徒，皆视其力之能养赡，娶妻六人、八人、十人不等。所生子女甚多，且有不少人有子三十余人，能与其父共执兵器者，斯盖因妻妾之众有以致之。至若吾人国内，一人仅娶一妻，有时且无所出而致绝后，我辈人口单弱之理在此。至若食粮，彼等甚为半足，盖其主要食物为米稷粟，尤以在鞑靼、契丹、蛮子境内为甚。其处田亩种植此三种谷食，每一容量（setier）足以收获百倍。此种民族不识面包，仅将其谷连同乳或肉煮食，其处小麦产额则不如是之半，收获小麦者仅制成饼面而食。境内无荒地，牲畜繁殖无限，乡间每人自用之马至少有六八头。上述诸地人众食丰之理即在此也。……"

〔丙〕"果实成熟之时，常见晨摘之果，于翌晚可以递送至距离十日程之上都城中，进奉大汗。"

"每站程内相距三哩即置一铺，每铺有一书手，记录铺卒到达之日时，及所辖转递人出发之日时，一如驿站簿记之法。此外尚有监察人，每月亲至此种驿站，视察铺卒怠慢而处罚之。"

〔丁〕"彼等持海青符，示其必须急行，设有使者二人同在一地出发，共登二良骑后，即包头束腰，纵马疾驰。迨近一站，即吹角，俾站内人闻之，从速备马。到站即跃登彼骑，由是终日疾驰，迄于日晡，每日可行二百五十哩。设有大事，则须夜行，若无月光，站中人持炬火前导。惟使者夜行不速，盖持炬火者步行，不能如骑者之速也。凡使者疾驰而能耐疲劳者，辄被重视。"

〔戊〕"大汗命各城官府调查本城可以供应邻站马匹若干，乡村可供应若干，征发并以此为准。诸城互约各城供应之额（盖两站

235

之间必有一城），诸城以应缴大汗之赋税养马。所以每人视其应纳之额等若一马或马之一部者，奉命供养邻站之马。"

"但应知者，诸城并不长年供养每站之马四百匹，仅供养应役之马约二百匹，其余二百匹则留牧地。应役之马一月期满，取牧地之马代役；役毕之马则赴牧地休养，各以半数互相更代。设在某地有一川一湖，步行或骑行之使臣、铺卒必须经过者，应由邻城预先供应船只三四。设其必须经行距离数日程之沙漠而不见民居者，则由最近之城供应马匹、食粮于使臣及其从人，止于沙漠彼端。然此城将受一种赔偿，至若距离大道甚远之驿站，其驿马之供应，一部分出自君主，一部分出自邻近之城村乡里。"

[1] 元制站赤者，驿传之译名也。现代蒙古语尚名驿传之所曰 djam 或 dzam。意大利语 iam 可读作 djam，则与汉语站之对音合矣。沙哈鲁《使臣日记》名站曰 yam，马可波罗书之 iamb，疑是站夫之对音。

[2] 斡朵里克书（戈尔迭本 364 页）、沙哈鲁《使臣行记》（颇节本 336 页）所言皆与马可波罗合。兹取《元史》之文以证之：

"元制站赤者，驿传之译名也。盖以通达边情、布宣号令，古人所谓置邮而传命，未有重于此者焉。凡站，陆则以马以牛，或以驴，或以车，而水则以舟。其给驿传玺书谓之铺马。遇军务之急则又以金字圆符为信，银字者次之。内则掌之天府，外则国人之为长官者主之。其官有驿令，有提领，又置脱脱禾孙于关会之地，以司辨诘，皆总之于通政院及中书兵部，而站户阙乏逃亡，则又以时金补，且加赈恤焉。于是四方往来之使，止则有馆舍，顿则有供帐，饥渴则有饮食，而梯航毕达，海宇会同。元之天下，视前代所以为极盛也。"

"至元十七年（1280）二月，诏江、淮诸路增置水站，除海青使臣及事干军务者方设驰驿，余者自济州水站为始，并令乘船往来。"

"仁宗皇庆二年（1313）四月，增给陕西行台铺马圣旨八道。六月，中书省臣言，典瑞监掌金字圆牌及铺马圣旨三百余道。至大四年（1311），凡圣旨皆纳之于翰林院，以金字圆牌不敷，增置五十面。盖圆牌遣使初为军情大事而设，不宜滥给，自今求给牌面不经中书省、枢密院者，宜勿与。从之。"（见《元史》卷一〇一《兵志》站赤门）

"古者置邮而传命，示速也。元制设急递铺，以达四方文书之往来，其所系至重，其立法盖可考焉。世祖时，自燕京至开平府，复自开平府至京兆，始验地里远近、人数多寡，立急递站铺。每十里或十五里、二十五里则设一铺，于各州县所管民户及漏籍户内佥起铺兵。中统元年（1260），诏随处官司设传递铺驿，每铺置铺丁五人。各处县官置文簿一道付铺，遇有转递文字，当传铺所即注名件到铺时刻，及所辖转递人姓名，置簿令转送人取下铺押字交收时刻还铺，本县官司时复照刷稽滞者治罪。其文字本县官司绢袋封记，以牌书号。其牌长五寸，阔一寸五分，以绿油黄字书号。若系边关急速公事，用匣子封锁，于上重别题号，及写某处文字发遣时刻，以凭照勘迟速。其匣子长一尺，阔四寸，高三寸，用黑油红字书号。已上牌匣俱系营造小尺，上以千字文为号，仍将本管地境置立铺驿卓望地名递相传报。铺兵一昼夜行四百里，各路总管府委有俸正官一员，每季亲行提点，州县亦委有俸末职。正官上下半月照刷，如有急慢，初犯事轻者笞四十、赎铜，再犯罚俸一月，三犯者决。总管府提点官比总管减一等，仍科三十。初犯赎铜，再犯罚俸半月，三犯者决。铺兵、铺司痛行断罪。至元八年（1271），申命州县官用心照刷，及点视阙少铺司、铺兵，凡有递转文字到铺司，随即分明附籍，速当令该铺兵裹以软绢包袱，更用油绢卷缚，夹板束系，赍小回历一本，作急走递到下铺交割附历讫。于回历上令铺司验到铺时刻，并文字总计角数，及有无开拆、磨擦、损坏或乱行批写字样。如此附写一行，铺司画字回还。若有违犯，易为究问。随路铺兵不许雇人领替，须要本户少壮人力正身应役。每铺安置十二时轮子一枚，红绰屑一座，并牌额，及上司行下诸路申上铺历二本。每遇夜常明灯烛，其铺兵每名备夹板、铃攀各一付，缨枪一，软绢包袱一，油绢三尺，蓑衣一领，回历一本。各处往来文字先用净检纸封里，于上更用厚夹纸印信封皮。各路承发文字人吏每日逐旋发放，及将承发到文字验视有无开拆、磨擦、损坏、批写字样，分朗附簿。九年（1272）左补阙祖立福合言：诸路急递铺名不合人情。急者，急速也。国家设官署名字必须吉祥者为美，宜更定之，遂更为通远铺。二十年（1283），留守司官言：初立急递铺时，取不能当差贫户，除其差发，充铺兵，又不敷者，于漏籍户内贴补。今富人规避差发求充铺兵，乞择其富者令充站户，站户之贫者却充铺兵。从之。二十八年（1291），中书省定议：近年入递文字封缄杂乱，发遣无时。今后省部并诸衙门入递文字，其常事皆付承发司，随所投下去处类为一缄；如往江淮行省者，凡江淮行省不以是何文字通为一缄；其他官府同省部台院，凡有急速之事，别置匣子发遣，其匣子入递，随到即行。铺司须能附写文历，辨定时刻。铺兵须壮健善走者，不堪之人随即易换。三十一年（1294），大都设置总急递铺提领所，降九品铜印，设提领三员。英宗至治三年（1323），各处急递铺，每十铺设一邮长，于州县籍记司吏内差充，使之专督其事。一岁之内，能尽职者，从优补用；不者，提调官量轻重罪之。凡铺卒皆腰革带，悬铃、持枪、挟雨衣，赍文书以行，夜则持炬火，道狭则车马者、负荷者闻铃避诸旁，夜亦以惊虎狼也。响及所之铺，则铺人出以俟其至，囊板以护文书，不破碎，不襞积，折小漆绢以御雨雪，不使濡湿之。及各铺得之，则又展转递去。"（见《元史》卷一〇一《兵志》急递铺兵门）

第九八章　歉收及牲畜频亡时
大汗之赈恤其民

应知大汗遣使臣周巡其国土州郡，调查其人民之谷麦是否因气候不时或疾风暴雨受有损害，抑有其他疫疠。^[甲]其受损害者，则蠲免本年赋税，并以谷麦赐之，俾有食粮、种子。是为大汗之一德政。冬季既届，又命人调查畜养牲畜者是否因死亡频繁或其他疫疠受有损害。其受损害者，亦蠲免本年赋税，并以牲畜赐之。^[乙]大汗每年赈恤其臣民之法如此。

剌木学本第二卷第二十一章补订之文如下：

[甲] "雨水过度，暴风为灾，或因蝗灾虫害及其他灾害。……"

[乙] "设若某州牲畜频亡，则以他州所缴什一税之牲畜赈恤之。"

"其意之所注，惟在赈恤其人民，俾能生存劳作富庶。"

"然大汗尚有别事而为吾人所不应遗漏者：若有雷震大小家畜畜群，不问其属于一人或数人，亦不问其数多寡，概免除其什一税三年。设有装载商货之船为雷所击，亦免除其一切差税。缘其视此种灾害如同凶兆。据云：天罚物主，大汗不欲取此种曾遭天怒之物也。"

《元史》云："救荒之政，莫大于赈恤。元赈恤之名有二：曰蠲免者，免其差税，即《周官》大司徒所谓薄征者也；曰赈贷者，给以米粟，即《周官》大司徒所谓散利者也。然蠲免有以恩免者，有以灾免者。赈贷有以鳏寡孤独而赈者，有以水旱疫疠而赈者，有以京师人物繁凑而每岁赈粜者。若夫纳粟补官之令，亦救荒之一策也。其为制各不同。"（见《元史》卷九六《食货志》）

又云："元初，取民未有定制。及世祖立法，一本于宽。其用之也，于宗戚则有岁赐，于凶荒则有赈恤。 大率以亲亲爱民为重，而尤惓惓于农桑一事。 可谓知理财之本者矣。 世祖尝语中书省臣曰：'凡赐与，虽有朕命，中书其斟酌之。'"（见《元史》卷九三《食货志》）

第九九章　大汗命人沿途植树

并应知者：大汗曾命人在使臣及他人所经过之一切要道上种植大树，各树相距二三步，俾此种道旁皆有密接之极大树木，远处可以望见，俾行人日夜不至迷途。 盖在荒道之上，沿途皆见此种大树，颇有利于行人也。 所以一切通道之旁，视其必要，悉皆种植树木。

剌木学本第二卷第二十二章之文微异，其文云：

"大汗尚有别一制设，既有裨益，亦重观瞻，即沿大道两旁命人种植树木是已。 务以将来树身能高大者为限。 各树相距两步，由是行人易识道途。 此事有裨于行人，且使行人愉快。 所以在一切要道之旁，视地土所宜，为此种植。 第若此种道路经过沙碛不毛之地，或岩石山岭，而不能种植树木者，则立标柱，以示路途；并任命官吏保持路途，使之不致损坏。 其使大汗乐于种植树木者，且因亚师星者曾预言爱植树者必长寿也。"

第一〇〇章　契丹人所饮之酒

尚应知者：契丹地方之人大多数饮一种如下所述之酒，彼等酿造米酒，置不少好香料于其中，其味之佳，非其他诸酒所可及。 盖其不仅味佳，而且色清爽目。 其味极浓，较他酒为易醉。[1]

兹置此事不言，请言别事。

[1] 9 世纪时，阿剌壁旅行家之至中国者，已知"中国人所饮之酒用米酿造，不制葡萄酒，而外国亦不输入。则其不识不饮葡萄酒可以知也。彼等且用米制醋，制 nabid（一种发酵之饮料），制 nathf（一种果酱）等物"（见 Reinaud 书第一册 23 页）。

卢不鲁克 1254 年行抵哈剌和林时，亦云：人以米酒饮其引导之人，并谓其酒最佳。斡朵里克叙述杭州城时，名此酒曰 bigun、bigni。元代大都、上都置有尚饮、尚酝等局，掌酝造上用细酒，及诸王百官酒醴，并隶宣徽院属光禄寺。当时饮茶之风，通行已久。马可波罗未曾言及者，殆染有蒙古人之习惯，仅饮马湩及其他发酵之饮料也。

第一〇一章　用石作燃料

契丹全境之中，有一种黑石，采自山中，如同脉络，燃烧与薪无异。其火候且较薪为优，盖若夜间燃火，次晨不息。其质优良，致使全境不燃他物。所产木材固多，然不燃烧。盖石之火力足，而其价亦贱于木也。

剌木学本第二卷第二十三章补订之文云："此种石燃烧无火焰，仅在初燃时有之，与燃桴炭同。燃之以后，热度甚高。……其地固不缺木材，然居民众多，私人火炉及公共浴场甚众，而木材不足用也。每人于每星期中至少浴三次，冬季且日日入浴。地位稍高或财能自给之人，家中皆置火炉，燃烧木材势必不足。至若黑石取之不尽，而价值亦甚贱也。"

中国始用石炭，两千年前业已见之。《汉书·地理志》曰："豫章郡出石，可燃为薪。"（颇节本第一册 344 页）

伊本拔秃塔所志与马可波罗同，亦云："中国及契丹居民所燃之炭，仅用一种特产之土。此土坚硬，与吾人国内所产之黏土同。 置之火中，燃烧与炭无异，且热度较炭为高。 及成灰烬，复溶之水中，取出晒干，可以复用一次。 ……"

第一〇二章　物价腾贵时大汗散麦赈恤其民

应知君主见其人民麦丰价贱之时，即在诸州聚积多量，藏于大仓之中，保存甚善，可存三四年而不朽。 所藏者诸麦皆具，如小麦、大麦、粟、稻、稷及其他谷类，悉皆有之。 一旦诸谷中有若干种价贵之时，君主视其所需之量，取此谷于诸仓中，以贱价粜之人民。 如每石(mesure)售价一别桑(besant)，则以同一价值粜四石于需要粮食之人。

大汗市粜之法如此，务使其民不受价值腾贵之害。 举凡管辖之地，办理之法悉皆如此。 盖其在各地聚积粮粟，一旦查明，必须和粜之时，各人皆得有其必需之粮也。

此种赈粜之法，在中国史中发源最古。 其制汉已有之，然大盛于唐。 阿剌壁人《古行纪》有云："粮价腾贵之时，中国算端取必须之粮食于公仓中，贱价粜之于民，由是物价腾贵不能持久。 粮食云者，乃指米、麦、粟及其他诸谷也。"(Reinaud 书第一册 39 页)

元时设置公仓，特委官吏调和物价，俾在荒年物价不能逾常，而丰年农民亦不致受贱价之害。 丰年米价甚贱之时，官吏聚积粮食于仓，以备荒年之用；荒年米价腾贵之时，官吏则出粮食于仓以粜之。

第一〇三章　大汗之赈恤贫民

大汗在物价腾贵之时，赈粜百物于民一事，业已备述于前。 兹欲言者，其赈恤汗八里城贫民之事。

大汗在此城中，选择贫户，养之邸舍之中，每邸舍六户、八户、十户不等，由是所养贫民甚众。 每年赈给每户麦粮，俾其能供全年之食，年年如此。 此外凡欲逐日至宫廷领取散施者，每人得大热面包一块，从无被拒者。 盖君主命令如是散给，由是每日领取赈物之人，数逾三万。 是盖君主爱惜其贫民之大惠，所以人爱戴之，崇拜如同上帝。[1]

其朝廷之事既已备述于前，兹从汗八里城发足，进入契丹境内，续言其中伟大富庶之事。

[1] 剌木学本增订之文云："且以衣服散之贫民。 盖其每年规定税额，凡毛、丝、麻及其他可能制作衣服之物，十分取一，在一特别局所织造，凡工匠于每星期中应供应工作一日，制成之衣服皆散给上述之贫户，由是诸贫户冬夏衣服不缺。 大汗并以衣服散给军队，而在各城纺织布匹，其原料亦取于地方什一税中。"

"应知鞑靼人未奉偶像教时，从来不为施舍。 脱有苦人来求者，则詈之云：'可往他处诉苦。 天若爱汝如爱我同，则汝之境遇亦如我也。' 但佛教之贤者，尤其是前此（第七十四章）所述之八合失（Bacsis）进言于大汗，谓救恤贫民乃为善举，为斯举者，天必佑之。 自是以后，宫廷从未拒绝求食者之请。 ……"（剌木学本第二卷第二十四章）

第一〇三章重　汗八里城之星者

汗八里城诸基督教徒、回教徒及契丹人中，有星者、巫师约五千人，大汗亦赐全年衣食，与上述之贫户同。 其人惟在城中执术，不为他业。

彼等有一种观象器，上注行星宫位，经行子午线之时间，与夫全年之凶点。 各派之星者每年用其表器推测天体之运行，并定其各月之方位，由是决定气象之状况。 更据行星之运行状态，预言各月之特有现象。例如某月雷始发声，并有风暴，某月地震，某月疾雷暴雨，某月疾病、死亡、战争、叛乱。彼等据其观象器之指示，预言事物如此进行，然亦常言上帝得任意增减之。记录每年之预言于一小册子中，其名曰"塔古音"（Tacuin），[1]售价一钱（gros）。其预言较确者，则视其术较精，而其声誉较重。

设有某人欲经营一种大事业，或远行经商，抑因他事而欲知其事之成败者，则往求此星者之一人，而语之曰："请检汝辈之书，一视天象，盖我将因某事而卜吉凶也。"星者答云：须先知其诞生之年月日时，始能作答。既得其人年月日时以后，遂以诞生时之天象，与其问卜时之天象，比较观之，夫然后预言其所谋之成败。

应知鞑靼人用十二生肖纪年：第一年为狮儿年，次年为牛儿年，三年为龙儿年，四年为狗儿年，其数止于十二。所以每询某人诞生之年时，其人则答以某儿年某日某夜某时某分。此种时刻曾由亲属笔之于册。计年之十二生肖既满，复用此十二生肖继续计之。

上第一〇三重章并出剌木学本第二卷第三章。

[1] 塔古音，波斯语犹言历书。据 Tavernier 书，"塔古音"原为行星经纬推算表之称，内载预言战争、瘟疫、饥馑等事，指示穿着新制衣服、放血、服泻药、旅行等事之适宜时间，人颇信之（Tavernier 书第五卷第十四章）。马可波罗之用此字，足证其常与往来者皆外国人，而其行纪中所常用者乃波斯语也。伯希和云："是为玉耳之说，余以为其说不误。如马可波罗在十二生肖中以狮易虎，其一例也。沙畹曾假定马可波罗所识之十二生肖乃蒙古制，其所言之狮乃指豹子。但突厥、蒙古语之巴儿思（bars）仅训曰虎，不知其缘何释为狮。设若吾人承认其所用者为波斯语，则此疑可解。盖中亚全境所用之波斯字失儿（sir），含有狮、虎两义也。又如马可波罗名称中国南方曰蛮子（Manzi），亦与波斯载籍若剌失德丁书之类所著录者相合。但蒙古人之称中国南方，尚有别一名称曰南家思（Nangias）者，未见马可波罗书著录。"（《亚细亚

学报》1912 年五六月刊 592 页注；可参考《中国杂纂》〔Var. sin〕
第二十一册，黄神甫撰《中国历》；Palladius 书 52 至 53 页；常福
元撰《天文仪器志略》）

第一○三章三　契丹人之宗教关于灵魂之信仰及其若干风习

其人是偶像教徒，前已言之。各人置牌位一方于房壁高处，牌上写一名，代表最高天帝。每日焚香礼拜，合手向天，扣齿三次，求天保佑安宁。所祷之事只此。此牌位之下，地上供一偶像，名称纳的该（Natigai），奉之如同地上一切财产及一切收获之神，配以妻子，亦焚香侍奉，举首扣齿祷之。凡时和年丰、家人繁庶等事，皆向此神求之。

彼等信灵魂不死。以为某人死后，其魂即转入别一体中。视死者生前之善恶，其转生有优劣。质言之，穷人行善者，死后转入妇人腹中，来生成为贵人。三生入一贵妇腹中，生为贵人。嗣后愈升愈高，终成为神。反之，贵人之子行恶者，转生为贱人之子，终降为狗。

其人语言和善，互相礼敬。见面时貌现欢容。食时特别洁净。礼敬父母，若有子不孝敬父母者，有一特设之公共法庭惩之。

各种罪人拘捕后，投之狱，而缢杀之。但大汗于三年开狱，释放罪人一次。然被释者面烙火印，俾永远可以认识。

现在大汗禁止一切赌博及其他诈欺方法，盖此国之人嗜此较他国为甚。诏令禁止之词有云："我既用兵力将汝曹征服，汝曹之财产义应属我。设汝辈赌博，则将以我之财产为赌注矣。"虽然如此，大汗从未使用其权擅夺人民产业。

尚不应遗漏者，大汗诸臣朝仪之整肃也。诸臣行近帝座，距离约有半哩时，各卑礼致敬，肃静无声。由是在场者不闻声息。既无呼唤之音，亦无高声谈话者。凡臣下莅朝时，皆持有一小唾壶，无人敢唾于

地，欲唾时揭壶作礼而唾。彼等尚携有白皮之靴，其为君主召见之人，入殿时易此白靴，以旧靴付仆役，俾殿中金锦地衣不为旧靴所污。

上第一〇三之三章并出剌木学本第二卷第三十六章。

剌木学本之标题虽作"鞑靼人之宗教……"，然本章之内容显指中国人之信仰，惟将纳的该神名掺入耳。

第一〇四章　契丹州之开始及桑干河石桥

应知君主曾遣马可波罗阁下奉使至西方诸州。[1]彼曾志其经行之事于下：自汗八里城发足，西行亘四月程。所以我为君等述其在此道上往来见闻之事。

自从汗八里城发足以后，骑行十哩，抵一极大河流，名称普里桑干（Pulisangin、Pulisangan）。[2]此河流入海洋。商人利用河流运输商货者甚夥。河上有一美丽石桥，各处桥梁之美鲜有及之者。桥长三百步，宽逾八步，十骑可并行于上。下有桥拱二十四，桥脚二十四，建置甚佳，纯用极美之大理石为之。桥两旁皆有大理石栏，又有柱，狮腰承之。柱顶别有一狮。此种石狮巨丽，雕刻甚精。每隔一步有一石柱，其状皆同。两柱之间，建灰色大理石栏，俾行人不致落水。桥两面皆如此，颇壮观也。[3]

兹述此美桥毕，请言其他新事。

剌木学本第二卷第二十七章增订之文如下：

"此普里桑干桥有二十四拱，承以桥脚二十五（内有桥台二），皆立基水中，用蛇纹石建筑，颇工巧。桥两旁各有一美丽栏杆，用大理石板及石柱结合，布置奇佳。登桥时桥路较桥顶为宽，两栏整齐，与用墨线规画者无异。"

"桥口（两方）初有一柱甚高大，石龟承之，柱上下皆有一石狮。"

"上桥又见别一美柱，亦有石狮，与前柱距离一步有半。"

"此两柱间，用大理石板为栏，雕刻种种形状。 石板两头嵌以石柱，全桥如此。 此种石柱相距一步有半，柱上亦有石狮。 既有此种大理石栏，行人颇难落水，此诚壮观，自入桥至出桥皆然也。"

[1] 马可波罗所循之道途，似非北京、西安间之官道，此道南通开封、武昌、桂林，而抵于安南之顺化。 其在长江以北，每五里有墩台，每一里有窝铺，城中有馆舍。 正定有道通山西，马可波罗未取此道，盖其由涿州西行，遵当时上都经大同、太原而赴西安之邮道也。

[2] 普里桑干，马尔斯登据波斯文训作石桥。 但据布莱慈莱德之考订，Sangan 盖为桑干之对音，即剌失德丁书之 Sagin，但非今之卢沟桥。

[3] 马可波罗所见之桥，距建筑时已有百年，比较现有之桥为长。 此桥毁于 1668 年，耶稣会士殷铎泽（Intorcetta）已有记录；别一耶稣会士安文思（Magalhaens）谓是拒马河上之石桥，误也。

第一○五章　涿州大城

从此石桥首途，西行二十哩，沿途皆见有美丽旅舍、美丽葡萄园、美丽园囿、美丽田亩及美丽水泉。 行毕然后抵一大而美丽之城，名曰涿州（Giogiu）。[1] 内有偶像教徒之庙宇甚众，居民以工商为业，织造金锦丝绢及最美之罗，亦有不少旅舍以供行人顿止。[2]

从此城首途，行一哩，即见两道分歧：一道向西，一道向东南。 西道是通契丹之道，东南道是通蛮子地域之道。[3]

遵第一道从契丹地域西行十日，沿途皆见有环以城垣之城村，及不少工商繁盛之聚落，与夫美丽田亩，暨美丽葡萄园，居民安乐。[甲] 惟其地无足言者，兹仅述一名太原府（Tainfu）之国。

247

［甲］剌木学本第二卷第二十八章增订之文如下：

"从此地输酒入契丹境内，缘契丹境内不酿酒也。此处亦饶有桑树，其桑叶足使居民养蚕甚多。居民颇有礼貌，盖沿途城市密接，行人来往甚众，商货灌输甚多故也。"

"行上述十日之五日毕，即闻人言，有一城较太原府更为壮丽。城名阿黑八里（Achbaluch），自此达彼，皆属君主游猎禁地。除君主及诸宗王暨名列打捕人匠、总管府之人外，无人敢在其地猎捕。然在其地界外，只须身为贵人，可以随意行猎，顾大汗从前未至此地行猎。野兽繁殖甚众，尤以山兔为多，颇伤全境禾稼。大汗闻悉此事，遂率领全宫之人至此捕获野兽无数。"

［1］涿州有 Giogiu、Giugiu 等写法，惟剌木学本有作 Gouza 者，但同本后又作 Gingiu，足证其误。州城周围九里，辟四门，初为土城。1450 年前后始用砖砌，是为三国时刘备、张飞之故里。

［2］波罗书云："内有偶像教徒之庙宇甚众。"今日此小城中，计有居民二万，尚有各种庙宇五十八所。波罗又云："织造金锦丝绢及最美之罗。"考《金史》卷二四，涿州输罗。又考《元史》卷八五，涿州有罗局，掌织造纱罗段匹。波罗书又云："有不少旅舍以供行人顿止。"案：涿州为历代冲要之区，今其城门尚有联曰："日边冲要无双地，天下繁难第一州。"

［3］契丹、蛮子之称，盖指金、宋旧境。据金代地图，两国境界，西起秦岭之巅，达洵水之源；东南沿申水，经丹水之南，横断汉江，在南阳、襄阳中间东行，自淮水源而达于海。

本书所志之分道，在今日地图上尚可见之：一为南行之大道，次为西行之道。西道即 1213 年成吉思汗大军西征之道。

阿黑八里原写作 Achbaluch，应是 Ak-Baligh 之误。此言大城（钧案：此误。突厥语阿黑，此言白。阿黑八里，犹言白城也），应指今之大同，必非正定。正定不足与太原并称。据马可波罗书第一〇三章及第一三一章，波罗似曾身经正定，则非耳闻之阿黑八里可以知也。

剌失德丁记成吉思汗之役，有地名察罕巴勒哈逊（Tchagan-balgasoun），此言白城子，中国人名之曰正定府（Jentzinfu）。顾阿黑既不训为白，则此白城子必非阿黑八里矣。

第一○六章 太 原 府 国

自涿州首途，行此十日毕，抵一国，名太原府（Tainfu）。所至之都城甚壮丽，与国同名，[1]工商颇盛，盖君主军队必要之武装多在此城制造也。其地种植不少最美之葡萄园，酿葡萄酒甚饶。契丹全境只有此地出产葡萄酒，亦种桑养蚕，产丝甚多。[2]

自此太原府城，可至州中全境。向西骑行七日，沿途风景甚丽，见有不少城村，环以墙垣；其中商业及数种工业颇见繁盛，有大商数人自此地发足前往印度等地经商谋利。

行此七日毕，抵一城，名平阳府（Pianfu）。[3]城大而甚重要，其中恃工商业为活之商人不少，亦产丝甚饶。

兹置此事不言，请言一名哈强府（Cacianfu）之大城。然欲述此城，须先言一名称该州（Caigiu）或太斤（Thaigin）之名贵堡塞。[4]

[1] 太原在汾水流域，唐为北都，今为山西省治。

[2] 马可波罗在此处志及蚕桑，复在第一○九章中对于同一山西省及更后对于陕西省，亦有同一著录。今其地不复产丝，殆因气候变化所致。野生葡萄在中国古代疑已有之，家生葡萄则在汉武帝时由张骞从大宛（Ferghana）携回。太原之葡萄酒在唐代已知名，元代传播更广。

[3] 平阳在本书中写作 Pianfu，即沙哈鲁《使臣行纪》中之 Bikan。相传帝尧之都在今城南五里，成吉思汗之时，平阳有学校一所、天文台一所。太平军事以后，旧日盛迹仅余城墙而已。其地之

黄土（lœss）及窑洞，未经马可波罗著录。

[4] 法文写本人致写其名作 Caigiu，剌木学本写其名作 Thaigin，有一颇节写本独写作 Taicin。 马可波罗谓此堡塞在平阳西二日程，黄河东二十哩，则此堡只能当吉州。 按吉州之名始于金、元，迄今仍沿用此名，然古称耿州。 马可波罗之 Caigiu，疑即吉州或耿州之对音。 至若剌木学本之 Thaigin，应是 Tsaigiu 之误。 按《宋史·地理志》名吉州曰慈州，或为此 Tsaigiu 之对音也。

第一○七章　该州或太斤堡

从平阳府发足，西向骑行二日程，则见名贵堡塞该州（Caigiu）。 昔为此地一国王所筑，王名黄金王。 堡内有一宫，极壮丽，宫中有一大殿。 昔日此地国王皆有绘像列于其中，像作金色，并其他美色，颇为娱目。 诸像之成，乃由君临本地之王陆续为之。[1]

兹请据此堡人之传说，一述此黄金王与长老约翰之一故事。[2]

据说昔日此黄金王与长老约翰战，黄金王据险要，长老约翰既难进兵，亦不能加害此王，缘是甚怒。 长老约翰时有幼年骑尉十七人，相率建议与长老约翰，愿生擒黄金王以献。 长老约翰答言极愿彼等为此，事成必厚宠彼等。

诸骑尉别其主长老约翰以后，结成一种骑尉队伍，往投黄金王所。及见王，遂语之曰："彼等来自外国，愿仕王所。"王慰而录用之，不虞其有恶意也。 由是此种怀有异心之骑尉，遂为黄金王臣，竭尽臣职，王甚宠之，置之左右。

彼等留王所亘二年，所行所为，毫不微露叛意。 一日随王出游，其他扈从之人甚少，盖王信任彼等，而不虞有他故也。 追渡一河后，河距堡约有一哩，时仅彼等与王相随，遂互议曰："执行所谋，此其时矣。"于是皆拔剑胁王立随彼等行，否则杀之。 王见状，既惊且惧，语诸人曰："汝曹所言何事，欲余何往？"诸人答曰："往吾主长老约翰所。"

[1] 刺木学本第二卷第三十一章之异文云："此黄金王是一强大君主，昔在境内所役皆美女，为数甚众。在宫内游行，驾小轻车，命诸女曳之而行。凡事皆命诸女为之，惟意所欲。此王善治其国，成及全境。此堡异常坚固。据土人云：此黄金王是王罕(Umcan)之藩臣，此王罕即前此著录之长老约翰，然此王因骄傲而欲自立，遂叛王罕。……"

"据传此黄金王之事，尽于此矣。"

[2] 据马儿斯登之说，此黄金王殆为金朝王之对称，然考《金史》，无其事也。

假定马可波罗所言之金为晋之误，则此长老约翰殆指三世纪末年五胡中之匈奴。考匈奴中之刘氏、石氏原据地，即后日汪古部境，亦马可波罗所称"长老约翰之地"也，建立汉国以后，都平阳，继迁邺。然则本章之平阳王，殆指晋怀、愍二帝矣。

第一○八章　长老约翰之如何待遇黄金王

黄金王闻言，忧郁几濒于死，语诸人曰："我既宠待汝曹，何不悯而释我，俾不致陷敌手。脱汝曹为此，则犯大恶而为不义矣。"诸人答言："势必出此。"遂拘之至其主长老约翰所。

长老约翰见黄金王至，大喜，而语之曰："汝既来此，将不获善待。"王不知所答。长老约翰立命人监守之，命其看守牲畜，然未加虐待，由是沦于牧畜之役矣。长老约翰怒此王甚，欲抑贱之，而表示其不足与彼相侔也。

如是看守牲畜垂两年。长老约翰招之来前，以礼待之，赐以华服，而语之曰："王，今汝知否势不我敌？"王答曰："固也。我始终皆知我力不足与君抗。"长老约翰乃曰："我别无他求。自今而后，将以礼待，

而送君归。"于是赠以马匹鞍辔，命人护送归其本国。嗣后黄金王遂称
藩而奉长老约翰为主君。

兹置此黄金王故事不言，请言他事，以续本书。

第一〇九章　哈剌木连大河及哈强府大城

离此堡后，向西骑行约二十哩，有一大河，名哈剌木连
（Karamouren）。[1]河身甚大，不能建桥以渡，盖此河流宽而深也。此
河流入环绕世界全土之大洋，河上有城村数处，皆有城墙，其中商贾甚
夥，河上商业繁盛；缘其地出产生姜及丝不少，禽鸟众至不可思议，野
鸡三头仅值物搦齐亚银钱（gros）一枚。[甲]

渡此河后，向西骑行二日，抵一名贵城市，名称哈强府（Cacianfu）。居
民皆是偶像教徒。兹应为君等申言者，契丹居民大致皆属偶像教徒
也。[乙]此城商业茂盛，织造种种金锦不少。[2]

此外别无可述，兹请接言一名贵城市，此城是一国之都会，名曰京
兆府（Quengianfu）。

　　[甲]剌木学本第二卷第三十二章增订之文云："此河附近之
地，种植一种大竹，其数颇众，（其圆径）致达一尺至一尺有
半者。"

　　[乙]"城中商业茂盛，艺业繁多。土产之中，饶有丝、姜、
高良姜（galangal）、唇形科植物（lavande）及吾国未见之其他不少香
料。"（剌木学本第三十三章）

　　[1]哈剌木连，乃蒙古语名称黄河之一名，此言黑水也。此
名并见斡朵里克、玛利诺里（Marignolli）、剌失德丁等书著录。今
日蒙古人常名黄河曰合敦噶勒（Khatoun-gol）。参看本书第六十七
章注[2]。

　　[2]据 Klaproth 之考订，谓此哈强府即是河中府之对音，河中

府，蒲州府之旧称也。此说似误。案：ca 固可对"河"，然 cian 或 can 不能对"中"。观后此第一百十一章关中（Cuncun）之例可以证已。反之，cian 可以对"山"，此哈强府之对音疑是华山府，则指华州矣。惟元代华州非府，益以剌木学本及他本所志，此哈强府与西安府之距离，不仅八日程，而且倍之，此问题尚难决也。

第一一〇章　京兆府城

离上述之哈强府城后，[甲]西向骑行八日，沿途所见城村，皆有墙垣。工商发达，树木园林既美且众，田野桑树遍布，[1]此即蚕食其叶而吐丝之树也。居民皆是偶像教徒，土产种种禽鸟不少，可供猎捕畜养之用。

骑行上述之八日程毕，[2]抵一大城，即前述之京兆府（Quengianfu）是已。[3]城甚壮丽，为京兆府国之都会。昔为一国，甚富强，有大王数人，富而英武。惟在今日，则由大汗子忙哥剌（Mangalay）[4]镇守其地。大汗以此地封之，命为国王。此城工商繁盛，产丝多，居民以制种种金锦丝绢，城中且制一切武装。凡人生必需之物，城中皆有，价值甚贱。

城延至西，居民是偶像教徒。城外有王宫，即上述大汗子国王忙哥剌之居也。宫甚壮丽，在一大平原中，周围有川湖泉水不少，高大墙垣环之，周围约五哩。墙内即此王宫所在，其壮丽之甚，布置之佳，罕有与比。宫内有美丽殿室不少，皆以金绘饰。此忙哥剌善治其国，颇受人民爱戴，军队驻扎宫之四围，游猎为乐。[5]

今从此国首途，请言一名关中（Cuncun）之州。州境全在山中，道路难行。

[甲]剌木学本第二卷第三十四章之异文云："离哈强府后，西向骑行七日，沿途陆续见有城村，皆有墙垣环之。商业茂盛，

并见有园圃及耕种之田亩不少。全境桑树遍布，此树用以产丝。居民人多数是偶像教徒，然亦有基督教徒、突厥种人、聂思脱里教徒及若干回教徒。[6]可在其地猎取不少野兽，并可捕取不少种类禽鸟。别又骑行七日程，抵一名贵大城，名称京兆府（Quenzanfu）。"剌木学本此段异文未可忽视。盖1556年之法文译本（65页）、Müller之拉丁文译本（89页）、Bergeron本，并证明此文之非误。然则应承认马可波罗之哈强府所指者乃二城，并在黄河西二日程。其一是前章之华州，其一城不属京兆府也（剌木学本第三十三章）。

由是推之，势须将马可波罗渡黄河处远徙于北。考宋、金时陕西东部仅有二府：一为京兆，一为延安。延安在平阳西，东距黄河二日程，与《行纪》所言之距离完全相符。又考地图，太原、西安间有两道：一为经行平阳、蒲州一道，一为经行延安一道。马可波罗来去之时，似从此道去而循彼道归，由是哈强、京兆间两个七日程之记载始得其解。抑况野兽繁殖可供捕猎之处，只能在山地中也。但是哈强、延安音韵难以相对，殆马可波罗后此改订其《行纪》时，漏言延安，误记哈强欤。

[1]陕西气候在马可波罗以后大有变化，天时甚寒，已不复能种植桑竹，须至西安府东南三百公里汉水上之老河口，始见有纺丝者也。

[2]渭南一道，经行华州、渭南、临潼而至西安，为中国之一良好道路。盖其经过溪涧，多有桥梁，而有若干公里之地，沿途皆经左宗棠种植柳树也。

[3]京兆府即今西安府，自汉迄于1280年时，固名京兆。但在是年置安西路，1312年改奉元路，惟京兆旧称仍存，故马可波罗书仍以京兆名之。伯希和云（远东法国学校校刊第四册711页）："马可波罗之Quengianfu，即是波斯著作家之Kindjanfou，并指西安府也。此波斯语名曾经汉文转讹曰金张夫，固得为京兆府之对音，然未敢必其是也。"

254

西方所识最古之中国城市，即此西安。9 世纪时阿剌壁人行纪著录其名曰 Khumdan，此名应出于日本所藏一梵、汉字书中之 Kumudana（伯希和说，出处同前），亦是 7 世纪东罗马史家 Théophylacte 著录之 Khoubdan，或者并是 2 世纪时 Ptolémee 书之 Sear Metropolis，及 1 世纪佚撰人名之 Périple de la Mer Erythrée 书之 Thinai 也。

[4] 案：忙哥剌离西安时，在1277 年，然则可以藉知马可波罗经过西安时，在此年前后。

忙哥剌，忽必烈子也。1272 年封安西王，以京兆为分地，命驻兵六盘，置王相府，统河西、土番、四川等处。次年益封秦王，一藩二印，两府并开，在长安者曰安西，在六盘者曰开成（今固原），诏治宫室，冬夏分驻焉。1277 年，王奉诏自六盘帅师北行讨乱。1280 年王死（参看《蒙兀儿史记·安西王忙哥剌传》）。

[5] 黄土地宜于作穴，狐獾之属易处其中。冬日常见狼类还向山中，禽鸟较他处为繁殖，诚宜于游猎之地也。

[6] 马可波罗在此处所言之基督教徒，是否为聂思脱里派以外之基督教徒，尚无确证。惟在后此第一百三十章中，言及 Pazanfu 时，亦云其地有某种基督教徒建有基督教堂一所，然此亦不足证明其为聂思脱里派教徒以外之教徒。西安景教碑仅证明聂思脱里教传布之年始于 653 年，然与基督教本教无涉也。

第一一一章　难于跋涉之关中州[1]

离上述忙哥剌之宫室后，西行三日，沿途皆见有不少环墙之乡村及美丽平原。居民以工商为业，有丝甚饶。行此三日毕，见有高山深谷，地属关中（Cuncun）州矣。其中有环墙之城村，居民是偶像教徒，恃地之所产及大林中之猎物以为生活。盖其地有不少森林，中有无数猛兽，若狮、熊、山猫及其他不少动物，土人捕取无数，获利甚大。由是逾山越谷，沿途见有不少环墙之城村、大森林及旅人顿止之大馆舍。[2]

现从此州发足，将言别一地域，说详后方。

[1] 本书之 Cuncun，仅法文本中有此写法，盖指关中。关中亦称关内，今陕西省地也。《关中记》云："东自函关（在河南灵宝县），西至陇关（微在渭水源北），二关之间，谓之关中。"徐广曰："东函谷，南武关（商州东南），西散关（宝鸡县南），北萧关（甘肃固原县东），居四关之中，故曰关中，亦曰四塞。"（《辞源》戌集94页）

[2] 所言之地，盖指秦岭。史载逾岭之道有三，曰子午谷、曰傥骆谷、曰褒斜谷。

子午谷　在陕西长安县南，为川陕要道。《汉书》颜师古注："子，北方也；午，南方也。今京城直南山有谷通梁汉道，名子午谷。"《长安志》："子午谷长六百六十里，北口曰子，在府南；南口曰午，在洋县东。"（《辞源》寅集4页）

此道必非马可波罗所循之道，盖今自西安抵秦岭南，须程七日也。

傥骆谷　陕西终南山之谷也。北口曰骆谷，在併阖县西南；南口曰傥谷，在洋县北，总名傥骆谷。谷长四百二十里（《辞源》子集241页）。

马可波罗所循者，应为此道。1258年蒙哥汗命皇弟末哥侵蜀，亦由此道入米仓关（巴州北）。

褒斜谷　陕西终南山之谷也。南口曰褒，在褒城县北；北口曰斜，在嘬县西南，长四百五十里。《史记》："巴蜀四塞，然栈道千里，唯褒斜绾毂其口。"《元和志》："褒斜道一名石牛道，至今犹为往来要途，谓之北栈，亦曰连云栈。"连云栈，即褒斜栈道也。《国策》："秦栈道千里，通于蜀。"汉张良劝汉王烧绝栈道，皆即此。亦曰阁道。《舆程记》："陕西栈道长四百二十里，自凤县东

北草凉驿为入栈道之始，南至襄城之开山驿，路始平，为出栈道之始。"（《辞源》申集 178 页，又酉集 194 页）

第一一二章　蛮子境内之阿黑八里大州

骑行逾关中诸山，行二十日，抵一蛮子之州，名阿黑八里（Acbalec）。[1] 州境全处平原中，辖有环墙之城村甚众，隶属大汗。居民是偶像教徒，恃工商为活。此地出产生姜甚多，[2] 输往契丹全境，此州之人恃此而获大利。彼等收获麦稻及其他诸谷，量多而价贱，缘土地肥沃，宜于一切种植也。

主要之城名称阿黑八里。

此平原广延二日程，风景甚丽，内有环墙之城村甚众。行此二日毕，则见不少高山深谷丰林。由此道西行二十日，见有环以墙垣之城村甚众。居民是偶像教徒，恃土之所出，及牲畜，与夫饶有之野兽猎物为活。亦有不少兽类产生麝香。[3]

兹从此地发足，请依次历言其他诸地。

[1] 马可波罗经关中而抵阿黑八里，复循一平原行二日，入一距离二十程之山地。据此以考其所行之平原，应是汉水流域，而阿黑八里只能当今之汉中府也。惟今汉中府境不足以当大州之称，波罗所指者，殆是利州路。此路在宋时，东起兴安府，西达甘肃东南及四川东北，久以嘉陵江上之广元为治所，而名利州。后徙治所于汉中。波罗先误以此城即嘉陵江上之阿黑八里，嗣后明其误，遂在剌木学本中合第一一一及第一一二两章为一章，重题为"契丹、蛮子边界"。阿黑八里在剌木学本中写作 Achbaluch，与第一〇六章著录之名同，地学会本解曰："蛮子边界之一城。"剌木学本解曰："蛮子边界之白城。"

[2] 当时欧洲人尚不识姜，甚至在 17 世纪时尚无专名以指此

物。卫匡国(Martini)神甫云，"Sina 之根，只有此州出产，然野生者到处有之"，可以证已。《元史》卷九四著录汉中莨课一百二十七锭二百七十九两。

[3]波罗所志此道甚简，似即 1258 年蒙哥入蜀之道，亦即忽必烈修理之道。《元史》卷六至元四年(1267)本纪秋七月："发巩昌、凤翔、京兆等处未占籍户一千，修治四川山路、桥梁、栈道。"

第一一三章　成　都　府

向西骑行山中，经过上述之二十日程毕，抵一平原，地属一州，名成都府(Sindufu、Sindafu)，[1]与蛮子边境为邻。此州都会是成都府，昔是强大城市，历载富强国王多人为主者垂二千年矣。然分地而治，说如下文：[2]

此州昔有一王，死时遗三子，命在城中分地而治，各有一城。然三城皆在都会大城之内，由是此三子各为国王，各有城地，各有国土，皆甚强大。[3]大汗取此三王之国而废其王。

有一大川，经此大城。川中多鱼，川流甚深，广半哩，长延至于海洋，其距离有八十日或百日程，其名曰江水(Quiansuy)。水上船舶甚众，未闻未见者，必不信其有之也。商人运载商货往来上下游，世界之人无有能想象其盛者。此川之宽，不类河流，竟似一海。[4]

城内川上有一大桥，用石建筑，宽八步，长半哩。桥上两旁，列有大理石柱，上承桥顶。盖自此端达彼端，有一木制桥顶，甚坚，绘画颜色鲜明。桥上有房屋不少，商贾工匠列肆执艺于其中。但此类房屋皆以木构，朝构夕拆。桥上尚有大汗征税之所，每日税收不下精金千量。[5]

居民皆是偶像教徒。出此城后，在一平原中，又骑行五日。见有城村甚众，皆有墙垣。其中纺织数种丝绢，居民以耕种为活。其地有野兽如狮、熊之类不少。[6]

骑行此五日毕，然后抵一颇遭残害之州，名称土番（Tibet），后此述之。

[1] 此平原即成都府平原，在利州西，为成都府路治所。 地学会法文本及刺木学本明言州与城同名，具见波罗未以四川名之。 盖四川行中书省建置于忽必烈时，则颇节（367 页）之假定谓其名似作 Sardansu，而为蒙古语或突厥语"四川"译名一说，误也。 姑无论传写如何讹误，地学会本之拉丁文本（396 页）写 Syndifu 作 Anchota，实不可解。 吾人以为 Sindufu 写法似较可取。

[2] 四川久以蜀名。 纪元前 13 世纪时，始有蜀国，嗣后蜀国皆以成都为都会。 三国时之蜀国，890 至 925 年间王建之蜀国，933 至 965 年间孟氏之蜀国，皆是已。 宋灭蜀，分其地为三路，马可波罗仅著录有二，即阿黑八里与成都两路是已，尚有潼川路在成都路东。

[3] 据 E. H. Parker 之考订，马可波罗书所志兄弟国王三人，疑指吴玠、吴璘、吴挺（戈尔迭本第三册 79 页）。

[4] 刺木学本第二卷第三十六章增订之文云："有不少重要川流，来自远方山中，流经此城周围，且常穿过城内。 诸川有宽至半哩者，其他仅宽二百步，然诸川水皆深，有不少壮丽石桥横架其上。 桥宽八步，桥长视川之宽狭为度。 此种桥梁自此端达彼端，两旁皆列有大理石柱，上承桥顶。 桥顶木构，饰红色，覆以瓦。 ……诸川离此城后，汇而为一大川，其名曰江（Quian）。 ……"

此江在颇节本中作江水。 盖江为本名，江水云者，犹洛水、渭水、汾水、河水等类之称耳。 中国地理学家昔以江水出于岷江，波罗所言与之合。 昔日容有宽半哩之大川流经成都，然今日岷江甚小，已无复当时之重要矣。

[5] 钧案：此注原阙。

[6] 地学会之法文本此下有增订之文云："彼等恃工业为活，

盖其纺织美丽 cendaux 及其他布匹，且在成都府城纺织也。"

第一一四章 土 番 州

行上述之五日程毕，入一极广森林，地属土番（Tibet）[1]州矣。 此州昔在蒙哥汗诸战中，曾受残破，所见城村，业已完全销毁。[2]

其中颇有大竹，粗有三掌，高至十五步，每节长逾三掌。 商贾旅人经行此地者，于夜间习伐此竹燃火，盖火燃之后，爆炸之声甚大，狮、熊及其他野兽闻之惊走，不敢近火。 此州自经残破以后，不复有居民，遂致野兽繁殖。 若无此竹燃火，爆炸作声，使野兽惊逃，则将无人敢经行其地。

兹请言此竹如何能发大声响之理。 其地青竹甚多，行人伐之，燃其数茎，久之皮脱，直裂，爆炸作声，其声之巨，夜间十哩之地可闻。[甲]脱有人未预知其事而初闻其声者，颇易惊惶致死，然熟悉其事者不复惊惧。 其实未习闻此声者，应取棉塞耳，复取所能有之衣服蒙其头面，初次如此，嗣后且屡为之，迄于习惯而后已。

马匹亦然。 设其未曾习闻此声，初次闻之，即断其索勒，如是丧失牲口者，已有旅客数人。 如欲保存其牲口者，势须系其四蹄，蒙其首与眼耳，然后可能驾驭，马匹数闻此声以后，始不复惊。 我敢断言初闻此声者，必以为世上可怖之声，无有逾于此者矣。[3]复次虽有此种预防之法，有时不能免狮、熊及其他野兽之为大害，盖其地野兽甚众也。

如是骑行二十日，不见人烟，行人势须携带一切食粮，从来不免遭遇此种可畏而为害之野兽，末后始见环墙之城村。[乙]此类城民有一种婚俗，兹请为君等述之。

此地之人无有取室女为妻者，据称女子未经破身而习与男子共寝者，毫无足重。 凡行人经过者，老妇携其室女献之外来行人，行人取之惟意所欲，事后还女于老妇，盖其俗不许女子共行人他适也。[丙]所以行人经过一堡一村或一其他居宅者，可见献女二三十人，脱行人顿止于土人之家，尚有女来献。 凡与某女共寝之人，必须以一环或一小物赠之，俾其婚时可以示人，证明其已与数男子共寝。 凡室女在婚前皆应为此，必须获有此种赠物二十余事。 其得赠物最多者，证其尤为人所喜爱，将被视为最优良之女子，尤易嫁人。 然一旦结婚以后，伉俪之情甚笃，遂视污及他人妻之事为大侮辱。[4]

其事足述，故为君等言之。 我国青年应往其地以求室女，将必惟意所欲，而不费一钱应人之请也。

居民是偶像教徒，品行极恶，对于窃盗或其他恶行，绝不视为罪过。 彼等且为世上最好揶揄之人，恃所猎之兽、牲畜所产之物及土地所产之果实为生。 尚有不少兽类出产麝香，[丁] 土语名曰古德里（Gouderi）。[5] 此种恶人畜犬甚多，犬大而丽，由是饶有麝香。 境内无纸币，而以盐为货币。 衣服简陋，所衣者为兽皮及用大麻或粗毛所织之布。 其人自有其语言，而自称曰土番人。 此土番地构成一极大之州，后此将申言之。

剌木学本第二卷第三十七章增订之文如下：

［甲］ "一到夜间，行人结此种青竹为束，置于其幕若干距离之处，然后燃之。 竹因热力皮脱而后炸裂，发声可畏，其声之巨，相距二哩之地可闻。 ……"

［乙］ "由是骑行此种荒野亘二十日，不见人烟食粮，仅在每三四日程之地，或者一得生活必需之物。 行此多日程毕，始见若干堡镇，建于悬崖之上或山岭之巅，然后入一有民居种植之地，遂不复畏惧野兽矣。"

［丙］ "由是商队至止结幕以后，有女待嫁之母，立携其女至幕，各求诸商选择其女共寝。 由是较动人之幼女为商人所择，其他皆失意而归。 被选择者与商人共处，迄于商人行时，至是还女于母。 ……"

［丁］ "此种产生麝香之兽甚众，其味散布全境，盖每月产麝

一次。 前次(第七十一章)已曾言及此种兽类,脐旁有一胞,满盛血,每月胞满血出,是为麝香。 此种地带有此类动物甚众,麝味多处可以嗅觉。 ……"

[1] 土番在唐、宋时为一强大国家,忽必烈之征服此国,不仅使用兵力,尤赖外交。 初以其地封其第七子奥鲁赤,既而鼓励剌麻之神权政治,沿袭迄于今日。 当时土番地大于今之西藏,并包括有甘肃、四川一部分地,其境北接唐古,南抵南诏。

甘肃境内属地名曰朵甘思,包有黄河上流及洮河流域。 自青海及大通河抵于岷山,置宣慰司,治河州。

四川境内属地包有扬子江上流鸦砻江、大渡河等流域之地,抵于成都平原西边,据有茂州、雅州、黎州(清溪县)三州之地。

西人之识土番之称,殆由阿剌壁旅行家得自中国人者。 中国人昔称土番曰吐蕃。 《辽史》 作铁不德及涂孛特。 《元史》卷一二二作拓跋,卷一二三作土波,卷八七及卷一二三作乌思藏。 明代仍以乌斯藏名。

土番分四部:中部达赖剌麻治之;后藏一名喀齐,班禅剌麻治之;西藏一名阿里,地最大,遂为今日汉人藏地全土之称,然藏人则名其全土曰 Bod-goul 或 Boud 之国也;前藏一名康,亦作喀木,包有今日打箭炉、巴塘、察木多等处山地。

马可波罗自四川西境行二十日,则其行程只能至里塘(理化县)矣。

[2] 蒙哥汗时代,1244 年时,蒙古用兵南诏,曾取道前藏。此处波罗所言之役,盖指 1252 至 1255 年用兵之事。

《元史·宪宗本纪》,1252 年七月,命忽必烈征大理。 ……八月,忽必烈次临洮。

1253 年九月,忽必烈次塔拉地,分兵三道以进。 冬十二月,大理平(《元史》本纪卷三)。

秋八月,师次临洮,遣人谕大理,不果行。 九月壬寅,师次塔拉,分三道以进。 大将兀良合台率西道兵由晏当路,诸王某率东道兵由白蛮,忽必烈由中道。 乙巳,至满陀城,留辎重。 冬十月丙午,过大渡河,又经行山谷二千余里,至金沙江,乘革囊及筏以渡。 摩娑蛮主迎降,其地在大理北四百余里。 十二月丙辰,军薄大理城(《元史》本纪卷四,参看《元史》卷一二一《兀良合台传》,卷一五四《郑鼎传》,卷一六六《信苴日传》,卷一二三《拜延八都鲁传》)。

[3] 马可波罗在当时尚不识近代炮声,故以燃竹爆炸之声为异。 然其所志,皆实情也。 惟圆径三掌,质言之圆径七十至七十五公分之竹,今尚未见有之。 今日越南半岛或中国南部之巨竹,最粗者,对径不过十六公分,圆径不过五十公分也。

[4] 戈尔迭曾引 Westermarck 所撰《人类婚姻》(81 页),谓有若干未开化民族,亦不以室女为可贵,如 Quito 地方之印度人、Aracan 山北部诸部落,皆此类也。 加尼(F. Garnier)行纪亦谓扬子江上流若干地方土人仍存此风。 此外可参看 Cooper 行纪第十章,所志其在巴塘西所遭遇土人强其结婚之事。

[5] 颇节本同地学会法文本,明言此 Gouderi 为土语。 然地学会之拉丁文本则以此字属鞑靼语。 Klaproth 以后说为然,盖此字属蒙古语,而在近代突厥语中尚见有之也。

第一一五章　重言土番州

此土番州是一极大之州,居民自有其语言,并是偶像教徒,前已言之。 地与蛮子及其他不少州郡相接,乐为盗贼,其境甚大,内有八国及环墙之城村甚众。 有数地川湖中饶有金沙,其量之多,足以惊人。 肉桂繁殖,珊瑚输入之地,即是此州。 其价甚贵,盖居民乐以此物为其妻及其偶像之颈饰也。[1]此州亦有种种金锦丝绢,并繁殖不少香料,概为吾国所未见者。

应知其地有最良之星者及最巧之魔术家，为诸州之所不及。 其人常施魔术，作最大灵异，闻之见之足以惊人，所以我在本书不为君等言及。 盖人将大为惊异，而不得何种良好印象也。

其人衣服简陋，前已述之。 有无数番犬，身大如驴，善捕野兽。[2]亦有其他猎犬数种。 并有良鹰甚多，其飞甚疾，产自山中，训练以作猎禽之用。

关于此土番州之诸事，既已略述于前，将置此不言。 请言别一名称建都（Caindu）之州。 惟关涉土番者，君等应知其隶属大汗，一如本书随时著录之其他国土州郡之隶属东方君主阿鲁浑（Argoun）之子者无异。 顾此东方君主以宗王及藩臣之资格，受地于大汗，则谓诸地并属大汗，亦无不可。 自本州以后，凡将著录之其他诸州，虽未特别注明其隶属大汗者，君等亦须作是解也。

兹置此事不言，请言建都州。

［1］土番东部之一切川流，甚至一切溪流之中，并有金沙。 行人自打箭炉赴巴塘之途中，常见有淘金人五六百，勤慎工作。 盖土番法律禁止发掘金银矿，犯者严惩，但淘金沙者无禁。 今有不少土番村名用 ka 殿后，此字犹言矿，如 Tsa-ka 此言盐矿，Ser-ka 此言金矿，Kia-ka 此言铁矿，等类是已。 大金沙江（Irraouaddi）流域缅甸北方野人所居之地，溪流中亦有金沙不少，有一水汉名小龙江者，旁有银矿一所，为他处银矿之所不及，盖其银纯而精，无须熔化，而商人乐于受之也。

土番人所嗜之珊瑚宝石，多来自印度，珊瑚愈大，价值愈重。大如指头者，可值相当分量之黄金，色愈深而价愈贵。（Desgodins 撰《西藏志》360 页及 402 至 403 页）

［2］Klaproth 志土番狗有云："此种番狗大逾印度狗两倍，头大毛长，颇狞猛，其力可以敌狮。" 刺木学本在此处谓此狗"力甚强，足制种种猛兽，尤能制大而可畏、名称 beyamini 之野牛"。 此种野

牛非西藏北部之野生牦牛（yack），乃指一种 gaur（bos gaurus）也。中国境内颇少见之。英国旅行家 Baber（行纪 39 至 40 页）曾在四川建昌境内雅州、大渡河间，闻有此类野牛，然颇罕见。

第一一六章　建　都　州

建都（Caindu）[1]是西向之一州，隶属一王。[甲]居民是偶像教徒，臣属大汗。境内有环墙之城村不少。有一湖，内产珍珠，然大汗不许人采取。盖其中珍珠无数，若许人采取，珠价将贱，而不为人所贵矣。惟大汗自欲时，则命人采之，否则无人敢冒死往采。[2]

此地有一山，内产一种突厥玉（turquoise），极美而量颇多，除大汗有命外，禁人采取。

此州有一种风俗而涉及其妻女者，兹为君等述之。设有一外人或任何人奸其妻女、其姊妹或其家之其他妇女者，居民不以为耻，反视与外人奸宿后之妇女为可贵。以为如是其神道偶像将必降福，所以居民情愿听其妇女与外人交。

设其见一外人觅求顿止之所，皆愿延之来家。外人至止以后，家主人命其家人善为款待，完全随客意所欲；嘱毕即离家而去，远避至其田野，待客去始归。客居其家有时亘三四日，与其妻女、姊妹或其他所爱之妇女交，客未去时，悬其帽或其他可见之标识于门，俾家主人知客在室未去。家主人见此标识，即不敢入家。此种风俗全州流行。[3]

至其所用之货币，则有金条，按量计值，而无铸造之货币。其小货币[乙]则用盐。取盐煮之，然后用模型范为块，每块约重半磅，每八十块值精金一萨觉（saggio），则萨觉是盐之一定分量。其通行之小货币如此。[4]

境内有产麝之兽甚众，所以出产麝香甚多。其产珠之湖亦有鱼类不少。野兽若狮、熊、狼、鹿、山猫、羚羊以及种种飞禽之属，为数亦夥。 其他无葡萄酒，然有一种小麦、稻米、香料所酿之酒，其味甚佳。此州丁香繁殖，亦有一种小树，其叶类月桂树叶，惟较狭长，花白而小，如同丁香。 其地亦产生姜、肉桂甚饶，尚有其他香料，皆为吾国从来未见者，所以无须言及。

此州言之既详，但尚有言者：若自此建都骑行十日，沿途所见环墙之城村仍众，居民皆属同种，彼等可能猎取种种鸟兽。 骑行此十日程毕，见一大河，名称不里郁思（Brius），[5] 建都州境止此。 河中有金沙甚饶，两岸亦有肉桂树，此河流入海洋。

此河别无他事足述。 兹置之不言，请言别一名称哈剌章（Carajan）之州。

剌木学本第二卷第三十八章增订之文如下：

［甲］ "然自经大汗征服后，遣官治之。 我言其为西向之一州者，切勿以为此地属于西域，盖吾人来自东北方诸地，而此地在吾人所遵行程之西也。 ……其都会亦名建都，位置距州北境不远。其地有一大咸湖，中有白珠甚众，然珠形不圆。 ……"

［乙］ "此国中有咸水，居民取盐于其中，置于小釜煮之，水沸一小时则成盐泥，范以为块，各值二钱（denier）。 此种盐块上凸下平，置于距火不远之热砖上烤之，俾干硬，每块上盖用君主印记，其印仅官吏掌之，每八十盐块价值黄金一萨觉。 第若商人运此货币至山中僻野之处，则每金一萨觉可值盐块六十、五十、甚至四十，视土人所居之远近而异。 诸地距城较远而不能常售卖其黄金及麝香等物者，盐块价值愈重，纵得此价，采金人亦能获利，盖其在川湖可获多金也。"

"此种商人且赴山中及上言土番州之其他诸地，其地盐块亦通行，商人亦获大利。 盖其地居民用此盐为食，视其为必需之物，城居之民则用碎块，而将整块作货币使用也。"

［1］ 建都即建昌，亦即罗罗之地（Lolotie），地处今四川境内宁远府，汉名邛都，元名建昌。 《元史》卷六一《地理志》云：建昌

路，本古越巂地，唐初设中都府，治越巂（今宁远）。至德中（756～757），没于吐蕃。贞元中（785～804）复之。懿宗时（860～873），蒙诏（即大理国）立城曰建昌府，以乌、白二蛮实之。其后诸酋争强，不能相下，分地为四，推段兴为长。其裔浸强，遂并诸茜，白为府土。大理不能制，传至阿宗，娑洛兰部建蒂女沙智，元宪宗朝，建蒂内附，以其婿阿宗守建昌。至元十二年（1275），析其地置总管府五、州二十三，建昌其一路也，设罗罗宣慰司以总之。

案：《元史·地理志》隶罗罗宣慰司之路府，曰建昌路，当今之宁远府；曰德昌路，在建昌西南，安宁河右岸；曰会川路，当今之会理州；曰柏兴府，当今之盐源县。

建都之名虽不见于《元史·地理志》，然屡见《世祖本纪》著录。兹条列如下：

（一）至元元年（1264）五月，邛部川（今越巂）六番安抚招讨使都王明亚为邻国建都所杀，敕其子伯陀袭职，赐金符（本纪卷五）。

（二）至元四年（1267）八月，命怯绵征建都（本纪卷六）。

（三）至元五年（1268）三月，敕怯绵率兵二千招谕建都。——八月，命忙古带率兵六千征西番建都（本纪卷六）。

（四）至元十年（1273）十月，西蜀都元帅也速答儿与皇子奥鲁赤合兵攻建都蛮，擒酋长下济等四人，获其民六百，建都乃降（本纪卷八）。

（五）至元二十一年（1284）八月，搠完上言：建都女子沙智治道立站有功，已授虎符，管领其父元收附民为万户，今改建昌路总管，仍佩虎符。从之（本纪卷十三）。

［2］剌木学本作"珍珠湖"，似即宁远城东北二公里之湖。Legendre 博士谓其面积有四十方公里，其水不热不咸。

罗罗地方产珠，已见《元史》卷九四著录。剌木学本谓其珠不圆,疑非蚌珠。《文献通考》已言蚌珠之外有珠曰江珠,亦名光珠,产于云南永昌。

波罗对于突厥玉之记载亦实。汉时今会理州城东山中出产铜与碧(即突厥玉),今已不复识其旧迹。《元史》卷九四《食货志》著录产碧甸子之所,曰和林、曰会川(今会理)。《元史》卷十六本纪至元二十七年(1290)十一月,罢云南会川路采碧甸子。

建都产金,并见《元史》本纪(卷十六)。至元二十八年(1291)七月,"云南省参政怯剌言:建都地多产金,可置冶令旁近民炼之以输官。从之"。

[3]波罗前在本书第五十八章曾言哈密居民有此风俗。然今之罗罗族颇知羞耻,未闻有此风也。其所指者殆为总名西番之么娑族,今么娑族居金沙、鸦砻二江间,昔日约有居民百万,据地五六万方公里,然今已地减人稀矣。自汉以来,罗罗、么娑两族据有云南高原与四川平原中间之地,其国十数,邛都最大。8世纪时,建昌之地没于吐蕃。9世纪时,没于大理。《元史》著录罗罗之名不一:一名狆鹿,一名狆鲁,一名罗落,一名罗罗斯,尚有落兰,疑亦是其对音。至元十年(1273),有摩沙(即么娑)酋罗罗将獶鹿、茹库内附,可见么娑酋亦有名獶鹿者矣。关于罗罗之种种名称者,可参考《亚洲学报》1914年刊178至182页,Vissière撰文。

[4]用盐作交易货币,在缅甸掸(Chan)种诸国及云南等地,昔颇风行,曾见伽尼(F. Garnier)行纪著录。

[5]不里郁思只能为扬子江上流,盖波罗位置此水于云南、建昌之间也。据 Rockhill (*Land of the Lamas*, 196, n)之考订,此Brius应是西藏语 Dré-tchou 之译音,乃西藏语指扬子江上流之称也。蒙古语则名此段江流曰木鲁乌苏,汉名金沙江,乃指巴塘、叙州间扬子江之称。此外复有丽江、马湖江等名,叙州以下始名长江,或名大江,常省称为江,如本书第一一三章及第一四六章所著录者是已。至若扬子江之称,盖指镇江、扬州间之江流也。

第一一七章　哈剌章州

渡此河后，立即进入哈剌章（Carajan）州。[1]州甚大，境内致有七国，地延至西，居民是偶像教徒，而臣属大汗。　汗之一子君临此地，其名曰也先帖木儿（Essentimour），是为一极大而富强之国王，为人贤明英武，善治其国。[2]

从前述之河首途，西向行五日，见有环墙之城村甚众，是一出产良马之地。　人民以畜牧耕种为生，自有其语言，颇难解。　行此五日毕，抵一主城，是为国都，名称押赤（Jacin）。[3]城大而名贵，商工甚众。人有数种，有回教徒、[甲]偶像教徒及若干聂思脱里派之基督教徒。[4]颇有米麦，然此地小麦不适卫生，不以为食，仅食米，并以之掺合香料酿成一种饮料，味良而色明。　所用货币则以海中所出之白贝而用作狗颈圈者为之。　八十贝值银一两，等若物搦齐亚城钱（gros）二枚，或二十四里物（livres）。　银八两值金一两。[5]

其地有盐井而取盐于其中，其地之人皆恃此盐为活；国王赖此盐收入甚巨。[6]

居民不以与他人妻奸宿为异，只须妻同意可矣。[7]

尚有一湖甚大，广有百哩，其中鱼类繁殖，鱼最大，诸类皆有，盖世界最良之鱼也。　尚有为君等言者，此地之人食生肉，不问其为羊、牛、水牛、鸡之肉，或其他诸肉，[乙]赴屠市取兽甫破腹之生肝，归而脔切之，置于热水掺合香料之酺料中而食。　其食其他一切生肉，悉皆类此。　其食之易，与吾人之食熟食同。

兹记述此事毕，然尚有关于哈剌章州之若干事而须续言者。[8]

[甲]剌木学本作"回教徒，然偶像教徒最众"。

[乙]"脔切肉为细块，先置盐中腌之，然后用种种香料调合，是为贵人之食。　至若贫民，则将脔切之肉置于蒜制之酺料中而食。　其食

269

之易，与吾人食熟食同。"（剌木学本第二卷第三十九章）

[1] 案：哈剌章一名中之哈剌，世人久已识为突厥、蒙古语之"黑"。然"章"字或如 Laufer 之考订，为西藏语名称云南西北丽江府一部落之称欤，抑为"戎"之讹欤？

但吾人以为哈剌章之"章"得为"蚺"之对音。盖《魏略·西戎传》有青氏、白氏、蚺氏，元代之哈剌章及察罕章，或即青蚺、白蚺之译名，亦即中国载籍之乌蛮、白蛮也（钧案：伯希和以章对爨之说较长，沙氏未见其文，故有此臆说）。但据中国著作家之考订，乌蛮或哈剌章，乃指东爨；白蛮或察罕章，乃指西爨。唐时东西爨分乌、白蛮二种。贞观中，西爨袭杀东爨首领，南诏王阁罗凤以兵胁西爨，徙之至龙和，皆残于兵。东爨乌蛮复振，居西爨故地，世与南诏为婚，居故曲靖州（《元史》卷六一《地理志》）。

由是观之，乌蛮或哈剌章，较之白蛮势力为大，白蛮被逐至于西南（后章之金齿），马可波罗殆因旧状而随蒙古人名大理国曰哈剌章。盖南诏、大理似皆属歹夷（Thai）种，而非乌蛮也。

案：云南诸路在波罗经过之时（1280），甫经设置，其数不定。本章所谓之"七国"，殆指本章及此后各章所著录之哈剌章、金齿、缅、朋加剌、交趾国、阿宁（Anin）、秃落蛮七地也。至若不列建都者，盖建都仅在 1282 年隶属云南（见《元史》卷十二），而波罗视其为土番人种也。

[2] 也先帖木儿非忽必烈子，乃忽必烈子忽哥赤之子，故波罗后在第一二〇章中更正其误。

[3] 案：Jacin 应作 Jaci，今云南省会昆明也。《元史》写作押赤或鸭赤，然从未视为行政区域之称。南诏第二主凤伽异筑城曰柘东，六世孙劝丰祐改曰善阐，809 年为大理国之第二都城，名曰东都，嗣名上都（大理为西都，嗣名中都）。1254 年蒙古取此城，1276 年置中庆路治所于此，1280 年立云南行中书省，1288 年诸王之镇云南者，驻于此城。

今昆明城建于明初(1320)。押赤旧城在今城东南十五里，滇池之旁。

[4]在此远州著录有聂思脱里派之基督教徒，亦无足异。盖传布福音之事，已达印度洋沿岸。其后二百年，有人曾偕传教士同行，自榜葛剌(Bengale)抵于白古(Pogou)也。

据剌失德丁书，押赤居民皆是回回教徒。顾此史家足迹未离波斯，亦未注明来源，其说未足据也。盖云南在蒙古时代以前，似无回回教徒，波罗所见者，殆为随兀良合台或赛典赤而来之回回教徒也。

[5]中世纪时，意大利人名 Cyprea moneta 曰 porcellana，亦即印度人之 cauri 也。印度已不复用此为货币，惟在老挝(Laos)及掸(Chan)种诸国尚用之。此种海贝面有釉色，后来遂移为上釉陶器之称，世人且信中国瓷器用此物制造。

据波罗之说，银与贝之价值，每八十贝值银一两；金与银之价值，为八与一之比(后章作六与一之比)，则较《元史》卷十二所著录之价值为低。盖据《元史》，每一百(八贝)值金一两也。

[6]参看第一一六章注[4]。

[7]剌失德丁对于印度赴中国道上沿途所见之居民，所志亦同。据云："若至土番边境，则见此食生肉之民族，崇拜偶像，不以妇女有外遇为耻。"

[8]参考《元史·兀良合台传》，可以略知本书所著录之民族。兹节录其文于下：

甲寅(1254)秋，"复分兵取附都善阐，转攻合剌章水城，屠之。合剌章，盖乌蛮也。前次罗部府(今罗次县南)大酋高升集诸部兵拒战，大破之于滇可浪山下，遂进至乌蛮所都押赤城。城际滇池，三面皆水，既险且坚。选骁勇以炮摧其北门，纵火攻之，皆不克；乃大震鼓钲，进而作，作而止，使不知所为，如是者七日。伺其困乏，夜五鼓遣其子阿术潜师跃入，乱斫之。遂大溃至昆泽，擒其国王段智兴及其渠帅马合剌昔以献。 余众依阻山谷者，分命裨将也里、脱伯、押真掩其右，合台护尉掩其左，约三日卷而内向。 及围合，与阿术引善射者二百骑，期以二日，四面进击，兀良合台陷阵鏖战，又攻纤寨，拔之。 至千德哥城（应即今之澄江府），兀良合台病，委军事于阿术。 环城立炮，以草填堑，众军始集。 阿术己率所部搏战城上，城遂破。 乙卯（1255），攻不花合因、阿合、阿因等城。 阿术先登，取其三城；又攻赤秃哥（即贵州西部之鬼蛮）山寨，阿术缘岭而战，遂拔之，乘胜击破鲁厮国塔浑城；又取忽兰城，鲁鲁厮国大惧，请降。 阿伯国（今临安、蒙自等地，即本书第一二七章之阿宁州）有兵四万，不降，阿术攻之，入其城，举国请降。 复攻阿鲁山寨，进攻阿鲁城（应是元之云远路，今之顺宁府，亦即本书之金齿），克之，乃搜捕未降者，遇赤秃哥军于合打台山，追赴临崖，尽杀之。 自出师至此凡二年，平大理五城八府四郡，泊乌、白等蛮三十七部，兵威所加，无不款附。 丙辰（1256），征白蛮国（本书第一一九章之金齿）、波丽国（应是昔沅江路之步日部，今他郎），阿术生擒其骁将，献俘阙下。 诏以便宜取道与铁哥带儿兵合，遂出乌蒙（今昭通府），趋泸江，划秃剌蛮（即本书一二八章之秃落蛮）三城，却宋将张都统兵三万，夺其船二百艘于马湖江，斩获不可胜计，遂通道于嘉定、重庆，抵合州，济蜀江，与铁哥带儿会。"（《元史》卷一二一《兀良合台传》）

第一一八章　重言哈剌章州

从前述之押赤城首途后，西向骑行十日，至一大城，亦在哈剌章州中，其城即名哈剌章。[1]居民是偶像教徒，而臣属大汗，大汗之别一子名忽哥赤（Cogacin）者为其国王。[2]此地亦产金块甚饶，川湖及山中有之，块大逾常，产金之多，致于交易时每金一两值银六两。 彼等亦用前述之海贝，然非本地所出，而来自印度。

此州出产毒蛇大蟒，其躯之大，足使见者恐怖；其形之丑，闻者惊异。 兹请言其巨大之形。

其身长有至十步者，或有过之，或有不及，粗如巨靴，则巨有八掌矣。 近头处有两腿，[甲]无足而有爪，如同鹰、狮之爪。 头甚大，其眼大逾一块大面包，其口之大，足吞一人全身。 其形丑恶狞猛，人兽见之者，无不惊惧战栗。

捕之之法如下：应知此种大蟒日中避热，藏伏土内，夜出捕食诸兽，而饮水于川湖及泉中。 其躯之重，夜出求食时，曳尾而行，在沙中成一深坑，如曳一满盛酒浆之桶而行者无异。 猎人取之之法，仅植猎具于其所过之道上，盖其逆知蟒必循旧道而归也。 其法深植一木桩于地，桩上置一铁，形同剃刀，锋甚锐利，然后以沙掩之，俾蟒行时不见此机。 蟒所经行之处，植此种桩铁数具，蟒归时行其上，破腹至脐，立死。[3]

猎人捕之之法如此，[乙]捕得以后，取其腹胆售之，其价甚贵。 盖此为一种极宝贵之药品，设有为疯狗所啮者，用此胆些许，量如一小钱（denier）重，饮之立愈。[丙]设有妇女难产者，以相当之量治之，胎儿立下。 此外凡有疾如癣疥或其他恶疾者，若以此胆些许治之，在一最短期间内，必可痊愈，所以其售价甚贵。

彼等亦售此蟒肉，盖其味佳，而人亦愿食之也。 此种蟒蛇饥甚之时，偶亦至狮、熊或其他大野兽巢穴之中捕食其子，父母不能救，亦捕取大兽而食，兽亦不能自防。

此州亦产良马，躯大而美，[4]贩售印度。 然应知者，人抽取其尾筋二三条，俾其不能用尾击其骑者。 尚应知者，其人骑马用长骑（montent long）之法，与法兰西人同；[丁]其甲胄用熟皮为之，执矛盾弩，并以毒药傅其矢。[戊]大汗未征服其地时，其人有一种恶事，请为君等述之。 脱有人体态威严尊贵，或体貌完全无缺，而顿止于土人之家者，土人即毒杀之，或以他法杀之。 其杀之者非为夺取其资，乃因其以为被害者之良魂良宠良识，完全留存于身死之家。 由是在大汗侵略其地以前，杀人甚众；但在侵略以后，质言之，约有三十五年来，上人不复再犯此罪，而弃此恶行。 盖大汗有禁，而土人畏威也。[5]

既述此地毕，请于后章接言别地。

剌木学本第二卷第四十章增订之文如下：

［甲］“上身近头处有两小腿，各具三爪，如同虎爪。 眼大逾四钱（sous）之面包，颇光亮。 牙长而锐。 其躯最小者不过八步、六步或五步。……”

［乙］“蟒死后，立有乌鸦聚噪，猎人闻声，知蟒已死，循声觅取蟒躯剥之。……”

［丙］“一钱（denier）之量置酒中饮之。”

［丁］“其人骑马用长镫，如法兰西人习自吾人之法。 兹言长镫者，盖鞑靼人及其他一切民族几尽用短镫，以便易于引弓，而于发矢时在马上起立也。……”

［戊］“确闻此辈作恶者多藏毒药于身，俾事泄被捕时服之，免受拷问。 服毒后，死甚速。 然其君主知其人有此自毙之法，曾常备有狗矢，见罪人服毒时，立取狗矢强使吞之，俾将毒药吐出，由是对于此辈恶人有解毒之法矣。”（剌木学注云：“Strabon 书第三卷末称西班牙人常携带毒药而自杀。”）

［1］哈剌章即大理府，《元史》卷六一《地理志》曰：“本汉楪榆（是为当时之大理湖名，楪榆县地在今大理之东北）县地。 唐于昆明（非今昆明，唐之昆明在今盐源县治）之桥栋州置姚州都督府，治楪榆洱河蛮。 后蒙舍诏（今蒙化境内有蒙舍山）皮罗阁逐河蛮（即洱河蛮），取太和城（今大理城南十五里有太和村，即其故址），至阁罗凤，号大蒙国。 云南先有六诏，至是请于朝，求合为一，从之。 蒙舍在其南，故称南诏。 徙治太和城，至异牟寻，又迁于喜郡史城（史城疑是《通考》著录之大厘城，在大理北四十

里,今邓川州境)。 又徙居羊苴咩城(今大理城),即今府治,改号大礼国。 其后郑、赵、杨三氏互相篡夺,至石晋时(936—947),段思平更号大理国。 元宪宗三年(1253)收附,六年(1256)立上下二万户。 至元七年(1270),并二万户为大理路。"注云:"有点苍山,在大理城西,周广四百里,为云南形胜要害之地。 城中有五花楼,唐大中十年(856),南诏王券丰祐所建。 楼方五里,高百尺,上可容万人,世祖征大理时,驻兵楼前,至元三年(1266)赏赐金重修焉。"

[2]忽哥赤是忽必烈第五子(《新元史》谓是第六子),1271年死。 则马可波罗所言者,并非当时存在之人。 仅谓有两王,一镇押赤,一镇哈剌章。 质言之,皆云南尚未统一时事。 1280年,也先帖木儿袭父职为云南王,然未镇大理;至1288年,忽必烈始命"皇孙云南王也先帖木儿帅兵镇大理等处"(《元史》卷十五)。 1290年皇孙甘麻剌、1293年皇曾孙松山,继续镇守云南。

据《新元史》(卷一二四),忽哥赤、也先帖木儿父子二人相承时间之中,九年间,镇守云南者,是贵由孙火忽子南平王秃鲁(亦作秃剌)。 此说虽有所本,然似有误。 盖据《元史》卷七,1272年正月,南平王秃鲁始随西平王奥鲁赤等同征建都;次年,奉命镇六盘山。 卷八,1275年正月,命土鲁(即秃鲁)至云南趣阿鲁帖木儿入觐,顾此时在赛典赤治理云南之后二年,则秃鲁不能为镇守云南之要人也。 抑况1277年其父火忽叛附海都后,秃鲁亦叛,被西平王擒于武川(《新元史》卷一一二)。

又据《元史》卷七,1271年十一月,遣阿鲁忒儿(即阿鲁帖木儿)等抚治大理。 前引之文既证明其人1275年尚在云南,则1273年"赛典赤行省云南统合剌章鸭赤赤科(云南东部)金齿、茶罕章诸蛮"时,所见者应为阿鲁帖木儿也。 则赛典赤本传中之宗王脱忽鲁,疑误。

忽哥赤被毒杀事,见《元史》卷七。 1271年二月,"大理等处宣慰都元帅宝合丁、王傅阔阔带等，协谋毒杀云南王。火你亦、曹祯发其事，宝合丁、阔阔带及阿老瓦丁，亦速夫并伏诛，赏祯、火你赤及证左人金银有差。"

《元史》卷一六七《张立道传》识忽哥赤被害事甚详。时立道为大理等处劝农官兼领屯田事。"云南三十七部都元帅宝合丁专制岁久，有窃据之志，忌忽哥赤来为王，设宴置毒酒中，且赂王相府官，无泄其事。立道闻之，趋入见，守门者拒之。立道怒与争，王闻其声，使人召立道，乃得入，为王言之。王引其手使探口中，肉已腐矣。是夕王薨。宝合丁遂据王座，使人讽王妃，索王印。……宝合丁及王府官尝受赂者皆伏诛。有旨召立道等入朝，问王薨时状。帝闻立道言，泣数行下，歔欷久之，曰：'汝等为我家事甚劳苦，今欲事朕乎，事太子乎，事西安王乎？惟汝意所向。'立道等奏：'愿留事陛下。'于是赐立道金五十两，以旌其忠。"

[3] H. Imbert 所撰《中国之鳄（crocodiles）及短吻鳄（alligators）》曾云："据马儿斯登、Baldelli-Boni 及玉耳之说，马可波罗所闻者，盖为关于短吻鳄之事。然吾人以为其间尚掺杂有云南蟒蛇之事也。其叙述之文上半所言两腿、大眼、大口，固与短吻鳄状态大致相符，然本地载籍从未志有用鳄胆治病之事。反之，云南及海南岛之大蟒，身长常有七公尺至十公尺也。"

但波罗"毒蛇大蟒"之著录已甚明了，并未言其有四足，仅言有未成形之二足；而且鳄无大逾一块面包之眼，盖鳄为蜥蜴类，常生活于水中，仅离水而求食也。

余以为其叙述之蛇，勿宁为蚺或蟒。"蚺，蛇类之最大者，长者至三四丈，有斑纹如古锦缬，肛门两侧尚存后脚之迹。产于岭南，南美等热地亦有之。常栖树上，虽无毒齿，而筋力强大，能绞杀人畜而吞食之。肉可食。""《南史》虞愿为晋安太守，郡旧出蚺蛇胆，可为药。有遗愿蛇者，愿不忍杀，放二十里外山中。明杨继盛，字椒山，因劾严嵩被杖，或馈蚺蛇胆，继盛却之曰：

'椒山自有胆，何�蛇为。'见《明史》。 相传蚹蛇胆能已痛。"
（《辞源》申集 119 页）

由是观之，若将"近头处有两腿"之两腿移于后，则其必为蚹
蛇无疑矣。

[4]"大而美之马"，疑为传写之误。 广西高地及云南省中固
产健马，然其躯小而健，故玉耳以为其文应改作多数之马。

[5] Gill（行纪 104 页）曾云：昔在成都，将北赴松潘厅前，往
谒主教 Pinchon。 主教语余云："行将经过之途中，理番府境内蛮
子有一种信仰，以为毒杀富人者，将继承其好运。 所以对于外来
富人借宿其家者，辄下药毒之。 逾二三月毒性始发，病者泻痢而
死。 主教劝我在成都携带食粮往，勿食土人食。 此种迷信恰与马
可波罗所志者相符。"

第一一九章　金　齿　州

离大理府后，西向骑行五日，[1]抵一州，名称匦儿丹丹
（Zardandan，即金齿）。[2]居民是偶像教徒，而臣属大汗。 都会名称永
昌（Vocian）。 此地之人皆用金饰齿，别言之，每人齿上用金作套如齿
形，套于齿上，上下齿皆然。 男子悉如此，妇女则否。[3]其俗男子尽
武士，除战争、游猎、养鸟之外，不作他事。 一切工作皆由妇女为之，
辅以战争所获之俘奴而已。[4]

妇女产子，洗后裹以褓褓，产妇立起工作，产妇之夫则抱子卧床四
十日。 卧床期间，受诸亲友贺。 其行为如此者，据云妻任大劳，夫当
代其受苦也。[5]

彼等食一切肉，不问生熟，习以熟肉共米而食。 饮一种酒，用米
及香料酿造，味甚佳。 其货币用金，然亦用海贝。 其境周围五月程之
地无银矿，故金一两值银五两。 商人携多银至此易金而获大利。[6]

其人无偶像，亦无庙宇，惟崇拜其族之元祖，而云："吾辈皆彼所出。"[7]

彼等无字母，亦无文字，斯亦不足为异。盖其地处蛮野之区，入境不易，遍布高山大林，颇难通行；空气不洁，外人之入境者，必有丧命之忧。土人缔约，取一木杖，或方或圆，中分为二，各刻画二三符记于上。每方各执一片，负债人偿还债务后，则将债权人手中所执之半片收回。[8]

〔尚应言者，此押赤、大理、永昌三州无一医师，如有人患病，则召看守偶像之巫师至；病者告以所苦，诸巫师立响其乐器，而为歌舞，迨其中一人昏厥如死始止。此事表示鬼降其人之身，同伴巫师与之语，问病者所患何疾，其人答曰："某神罚其病卧，盖其侮此神，而神不欢也。"其他诸巫师遂祝神曰："请汝宥其过，而愈其疾，任汝取其血或他物以为报。"祝毕，静听卧地人附身之神作答，如答语为"此病者对于某神犯有某种恶行，神怒，不许宥之"，则犹言病者应死。

然若病者应愈，则答诸人，命献羊两三头，作饮料十种或十二种。其价甚贵，味甚佳，而置香料亦甚众；并限此种羊应有黑首，或神所欲之其他颜色，如是诸物应献某神，并应有巫师若干、妇女若干与俱。献诸物时，应为赞词歌颂，大燃灯焚香。病者若应愈，神之答复如此。病者亲属闻言，立奉命而行，其倒地之巫师遂起。

诸人立时献所索某色之羊，杀而洒其血于所指之处，然后在病人家熟其肉，延巫师、妇女如指定之数，祭祀此神。诸人齐至，预备已毕，遂开始歌舞，作乐器而祝神，取食物、饮料、肉、沉香及香灯甚众，并散饮食及肉于各处，如是历若干时，复见巫师中之一人倒地，口喷涎沫，诸巫师询此人曰："神是否已宥病者？"有时答曰："宥。"有时答曰："否。"若答曰否，则尚应献神复欲之物，俾病者获宥。重献既毕，其人乃云："病者获宥，其病将愈。"诸人得此答复，乃言神怒已息，如是欣然聚食，其晕厥于地者亦起，与诸人同食。诸人饮食毕，各归其家。至是病

者立起，其病若失。〕[9]

此民族之风俗及其恶习，既已叙述于前，兹请不复再言此州，接言其他诸州，依次切实述之于后。

[1]《Gill 上尉行纪》（第二册 343 页）云：马可波罗之五日程，"似为疾行之程，盖吾人经行其地之时，共有八日。顾第一日程只到下关，则可缩其程为七日也。Grosvenor 在同一程途行十一日，并停留一日，合计为十二日。Margary 在同一程途中行九日至十日。就事实言，若每夜不宿止村中，则程途可以缩短。观马可波罗书第一一四章所志夜间燃竹发声之事，具见无好馆舍可供顿止。今日商贾之赴西藏者，情形亦同。行路疲乏时，见有草地，则卸马之鞍勒，任其自由放牧，在附近之一大树下燃火度夜。如是每日所经程途甚长，则自大理赴永昌仅行五日，非不可能之事也。"

[2]案：匝儿丹丹，业经 Klaproth 考订为波斯语 zardandan 之对音，犹言金齿也。是为唐以来名称此种民族之通称。其据地延至永昌以南，东起澜沧江（Mekong），西南抵于缅甸。潞江（Salouen）以东置镇康路，其名至今仍存。江之西名建宁路，即与缅人争夺之地，13 世纪末年蒙古屡次用兵之所也。

《元史》卷六一《地理志》云："中统（1260～1264）初，金齿、白夷诸酋各遣子弟朝贡。二年（1261），立安抚司以统之。至元八年（1271），分金齿、白夷为东西两路安抚使。十二年（1275），改西路为建宁路，东路为镇康路。十五年（1278），改安抚为宣抚，立六路总管府。二十三年（1286），罢两路宣抚司，并入大理、金齿等处宣抚司。"注云："金齿六路一睅，岁赋金银各有差。"

以金嵌齿之俗，南海岛中常见有之（参看马儿斯登撰《苏门答剌史》法文译本第一册 91 页，玉耳本第二册 91 页）。

[3]"女子如同男子，皆有用薄金片嵌齿之习，既嵌之后，永不取下。此外男子刺黑线纹于臂腿下，刺之之法，结五针为一

279

束，刺肉出血，然后用一种黑色颜料涂擦其上，既擦永不磨灭。此种黑线为一种装饰，并为一种区别标识。……"（剌木学本第二卷第四十一章）

[4] 伽尼（F. Garnier）《越南半岛探路记》（34 页）所志老挝（Laos）居民之俗亦同："老挝人甚懒，如家不甚富，不能蓄奴婢者，则命其妇作诸事，不但理家务，且为舂米、耕田、操舟等事，男子仅为渔猎而已。"

[5] 法文中有 couvade 一字，此言"坐月"，似出于 Basque 语者。此族昔日似有此风。《文献通考》引《千里异物志》，亦谓獠族昔有此俗。今日贵州之威宁州土人，及 Assam 高原土人，此风尚存。

[6] 波罗时代，云南产金似甚饶，致使金与银为一与五之比，盖当时官定金价为十换也。此价在 17 世纪末年尚然。至 19 世纪时，中国金价较欧洲为高，自十八换、二十换以至三十换不等。1895 年时，且高至三十三换。仅在世界大战中，1918 年时，金价跌至十五换。

波罗所志云南金价，多寡不一。盖有僻远蛮野之区尚未发现银矿也。但至 17 世纪时，卫匡国神甫曾言云南有银矿不少。19 世纪时，伽尼在澜沧江流域发现矿脉。今日云南有矿区十余所，其最重要者，在蒙自、开化之间，及蒙化之东南。

元代产金之区，以曲靖产金为最多。《元史》卷六一《地理志》载曲靖路岁输金三千五百五十两。

[7] 祭祀祖先之教，不但中国国民有之，安南、暹罗人亦然。苗族亦有祀祖者。

[8] 据中国载籍，此刻符之俗，今在贵州土人中尚存。据天主教传教师之记录，云南、四川之罗罗族，据 Harmand 之说；老挝中部民族，据 Lefévre-Pontalis 之说；南掌（LuangPrabang），据 Phayre 之说，掸种诸国，并有此风。

[9] 此种降神治病之术，越南半岛高原，雪山（Himalaya）山麓，印度及锡兰若干部落，西伯利亚，美洲之红人，甚至孔士坦丁堡之教师（derviches），皆见有之（参看玉耳本第二册 97 页引 Cardwell 说）。

第一二〇章　大汗之侵略缅国及班加剌国

应知昔在匣儿丹丹州永昌国中有一大战，前忘言之。今在本书详细述其始末。

基督诞生后 1272 年时，[1] 大汗遣多军戍守此永昌及哈剌章等国，防备恶人之为害。时尚未遣皇子出镇其地。嗣后始命已故皇子某之子皇孙也先帖木儿为其地国王。所以当时缅（Mien）及班加剌（Bangala）之国王据有土地、财货、人民甚众；其势甚强，尚未臣属大汗。然其后不久，大汗即征服之，而取上述之两国。

此缅及班加剌之国王，闻大汗军至永昌，自云：彼为国主，势力较强，将尽歼大汗军，俾其不再遣军至此。

于是此王大聚其众，与夫兵械，得大象二千头。各象上负木楼，极坚固，楼中载战士十人或十二人以战。别有步骑六万，其军如是之众，具见其为强主，而此军足以鏖战也。

彼作此大筹备毕，不久即遣军出发，往敌鞑靼。沿途无事足述。行至大汗军顿止处三日程之地结营，俾其军队休息，时大汗军在匣儿丹丹国内永昌城中也。[2]

[1] 中国载籍皆志缅人侵入金齿事在 1277 年，则此处之 1272 年，殆为传写之误，而以 MCCLXXII 为 MCCLXXVII 也。

[2] 据后引之文，蒙古军仅有千骑，时屯腾越西南之南甸，距永昌百余公里。

第一二一章　大汗军将与缅国国王之战

鞑靼军统将名纳速剌丁（Nacireddin），[1] 闻知此国王确以其众至，而已所将众仅一万二千骑，初颇迟疑。 已而自信雄武，善将兵，而习于战阵，遂激励其众，使用种种方法以自防。 盖其所部为善战之武士也。 于是鞑靼军一万二千骑，乘良骑，相率进至永昌平原而迎敌，在其地列阵以待。 其为此者，因其用善策而有良将，恃此平原附近有一极大森林，树木遍布也。

兹暂置鞑靼不言，请言其敌。

缅国王休息其军毕，自其地率军出发，至于永昌平原，距鞑靼备战之处有一哩，整顿象楼，列战士于楼中，复列步骑备战。 布置既毕，开始进军击敌。 鞑靼见之，伪作毫不惊异之状，仍整列前进，及两军既接，甫欲交锋之时，鞑靼军马见敌军战象，大惊骇，遂退走，缅国王乘势率众进逐。[2]

[1] 马可波罗谓统将是纳速剌丁，其说非误。 纳速剌丁虽未自将，然为云南路宣慰使都元帅，镇大理（参看《元史》卷一二五《纳速剌丁传》，又卷一六六《信苴日传》），骑兵千人发自大理，应为彼所遣也。 纳速剌丁者，赛典赤（时年六十七岁，后二年死）子，此 1277 年春一役以后，纳速剌丁于是年阴历十月，复率三万八千人征服潞江以西金齿诸部，进至大金沙江。 次年（1278）夏，因天热，始率兵还。 云南之回教徒视纳速剌丁（Nasir ed-din）为其教之主要传布人，后死于 1292 年。

[2] 象阵之破骑兵，其例常有。 盖马见其形，闻其声，嗅其味，辄骇而退走，迄今尚然也（参看 Armandi 撰《象之战史》245 页）。

第一二二章　重言此战

鞑靼见之大恚怒，不知所为，盖其明见其在战前若不将马勒回，将必全军败没也。然其将知战略，一如早已预知者然，立命各人下骑，系马于附近森林树上，已而引弓发矢射象，鞑靼善射，无人能及，前进之象，未久死伤过半。敌军士卒射不如鞑靼之精，亦伤亡甚众。

时矢如雨下，象负伤者奔逃，践踏声大，俨若世界土地全陷，诸象逃散入林中，楼甲等一切战具尽毁。

鞑靼见象逃不敢再战，遂重登骑，进击其敌，持刀与骨朵与敌酷战。缅王军虽众，然非善战之士，亦未习于战，否则鞑靼军少，绝不能以少胜众也。

由是见刀与骨朵互下者有之，骑士战马被屠杀者有之，头足臂手矸断者有之，死伤卧地而永不能再起者无算。两军呼喊之声甚巨，脱有雷声而莫能闻。双方战斗奇烈，终由鞑靼获胜。

此战始于不利于缅王军队之时，迄于正午，缅王军不能复敌，遂溃而逃。鞑靼见敌败走，乘胜追逐，杀戮无算，见之诚可悯也。追击久之，始止。[1]已而还至林中，捕取逃象，谋捕象，伐象藏伏处之大树。虽如此，若无缅军俘虏之助，仍不能得。盖象性较他兽为灵，俘虏识其性，教以捕之之法，得二百余头。自此战后，大汗始有多象。[2]此国王败于鞑靼之策略，经过如此。

[1] 剌木学本叙述此战较为详细生动，然无要事可采。兹仅取中国载籍之文以证之，缘其所志更加详也。

据载此战不在永昌附近，而在大金沙江（Iraouaddy）左岸之一支流。此支流并非流经南甸而具有种种名称，在新街（Bhamo）注入大金沙江之河流，只能为龙川江（Shweli，即麓川江）也。元代循此流域有三道可通缅地。《元史》卷二一〇《缅国传》云："至元十二年

（1272）四月，建宁路安抚使贺天爵言，得金齿头目阿郭所云：……今白衣头目是阿郭亲戚，与缅为邻。尝谓入缅有三道，一由天部马，一由骠甸，一由阿郭地界，俱会缅之江头城。"

案：第一道久为要道，即今出天马关入缅之道。此道自南甸发足，经石竹隘南，入南碗河流域，经行杉木笼、龙川、南散、章凤。

第二道以骠甸名。骠甸即是 1285 年蒙古军与缅人相见议事之地，在今孟密（Mong-mit，即孟乃甸）国北，今新街（当时尚无此城）之南，则似即今由腾越赴新街之道。惟不在蛮允（Manwaing）及 Myothit 间过大盈江峡，而绕道其南，出虎踞关耳。此关在天马关北，类弄地方附近。1283 年宗王相吾答儿从南甸至骠甸，应取此道（见后）。

第三道即经行阿郭地界之道，应亦是 1277 年缅人进攻阿郭之道。此道自今之昆明，经景东顺宁，在腊猛逾潞江，于镇安所西循龙川江左岸，经龙陵、芒市、回环，在猛卯逾龙川江，出汉龙关。关在天马关南，南碗河支流西。

根据史文，此战应在龙陵南，龙川江左岸支流芒市河流域也。兹录《缅国传》之文于下：

"至元十四年（1277）三月，缅人以阿禾内附，怨之。攻其地，欲立砦腾越、永昌之间。时大理路蒙古千户忽都、大理路总管信苴日、总把千户脱罗脱孩，奉命伐永昌之西腾越、蒲骠、阿昌、金齿未降部族，驻扎南甸。阿禾告急，[甲]忽都等昼夜行，与缅军遇一河边。[乙]其众约四五万，象八百，马万匹；忽都等军仅七百人。缅人前乘马，次象，次步卒。象披甲，背负战楼，两旁夹大竹筒，置短枪数十于其中，乘象者取以击刺。忽都下令，贼众我寡，当先冲河北军，亲率二百八十一骑为一队。信苴日以二百三十三骑傍河为一队，脱罗脱孩以一百八十七人依山为一队。交战良久，贼败走，信苴日追之三里，抵寨门，旋泞而退。忽南面贼兵万余绕出官军后，

信苴日驰报忽都，复列三阵，进至河岸击之，又败走。 追破其十七
砦，逐北至窄山口，转战三十余里，贼及象、马自相踩，死者盈三巨
沟。 日暮，忽都中伤收兵，明日追之至干额，不及而还，捕虏甚众。
军中以一帽、一雨靴、一毡衣易一生口，其脱者又为阿禾、阿昌邀
杀，[同]归者无几。 官军负伤者虽多，惟蒙古军获一象不得其性，被
击而毙，余无死者。"（《元史》卷二一〇，参看远东法国学校校刊
1909 年刊 666 页至 668 页 Huber 撰文）

[2]《元史》卷十本纪，至元十六年（1279）六月"军还，献驯象
十二"，应是此役所获之战象。 又卷十一，至元十七年（1280）十月
"始制象桥"，同年"二月丁丑，诏纳速剌丁将精兵万人征缅国。 乙
酉，赏纳速剌丁所部征金齿功银五千三百二十两"。 此役应在前一
役之后。

[甲]《缅国传》中之何禾、阿郭，应是同名异译。 初著录为金
齿头目，后著录为金齿、干额总管。 后此于 1283 年一役中复见其名
（见后）。

据大威思（H. Davies）所撰《云南行纪》附图，大车河、槟榔河
汇流处有地名干崖，似是元代之干额。

阿禾地界昔为元镇西路之全部或一部。 《元史》卷六一《地理
志》云："镇西路在柔远路正西，东隔麓川（龙川江），其地曰干赖
睒、曰渠澜睒，白夷蛮居之。"明代此干赖睒、渠澜睒与赖睒、镇西
合为干崖安抚司。 考《广舆图》卷一（86 页），此干赖、渠澜等地在
龙川江上流，南甸之南，距大威思地图所载现代干崖位置之处甚远，
殆因治所已有变迁欤。

[乙]设其为一大河，必录其名。 案：经行阿郭地界之第三道，
发自芒市，循龙川江左岸之一支流行。 此支流由两分流合成，二流
分经芒市之南北，应是昔日战场。

[丙]《元史》卷六一《地理志》："南睒在镇西路西北，其地有
阿赛睒、午真睒、白夷、峨昌所居。"此峨昌应是《缅国传》中之

285

阿昌。

第一二三章 下 一 大 坡

离前述之州后，不久至一大坡，亘两日有半，行人始终循此坡下行。[1]在此距离全途之中，无事足述。仅见有一重要处所，昔为一大市集，附近之人皆于定日赴市。每星期开市三次，以其金易银。盖彼等有金甚饶，每精金一两易纯银五两，银价既高，所以各地商人携银来此易金，而获大利。至若携金来市之土人，无人知其居处。盖土人畏惧恶人，皆居僻地，不在通道之上；居宅在荒野处所，与人隔绝，使外人不能为患。土人不欲世人知其居处，从不许人随行。

行此二日有半，下坡讫，抵于一州，位置南方，与印度邻近，其名曰阿缅（Amien）。[2]复自是骑行十五日。所经之地，路鲜行人，皆行丛薄中，其间有象、犀及其他野兽甚众，既无人烟，亦无居宅。所以吾人不复言此野地，缘其间无足述者。兹请述一故事。

[1] 战场西南出金齿州境以前，须下一大坡，始入缅境。然则永昌赴 La-meng 一道之说（玉耳、戈尔迭本第三册 89 页）不足采也。矧此道中无此远道商人常赴之市集。吾人以为马可波罗所言之"市集"，不在潞江之上，盖其两岸气候不洁，不容外人至此也，应在金齿边境之龙川江上，疑指昔之麓川路，即中国地图著录之回环。此处龙川江接缅境，为大坡尽处，自此以下分为数支流，坡度甚小。

允矣玉耳之言曰："缅国之实际都城，当时在北纬二十一度十三分之蒲甘（Pagan）在此短期中（十五日），行人似不能从陆道抵此。吾人以为马可波罗所至之处，盖为太公（Tagaung）城，在大金沙江上，北纬二十三度二十八分间，亦名老蒲甘者是已。"此外若波罗诚然下至蒲甘，可循大江一部行，无须言及经行荒野地域之一道也。

复次吾人行将在后此两章中，证明前一章所言者为上缅甸，其都城为太公；后一章所言者为下缅甸，其都城为蒲甘。波罗名前者曰缅国，名后者曰班加剌国，则不能谓其混两国为一也。

[2] 1277 年龙川江上之战，及 1277 至 1278 年间纳速剌丁诸役，曾将缅人驱逐于掸种诸国以外。其后诸年，缅人所防守者乃本国境，终为蒙古所征服。据《元史》卷二一〇《缅国传》，征缅之役，自 1280 年迄 1287 年，几年有之。兹引其文如下，以资参稽：

"至元二十年(1283)十一月，官军伐缅，克之。先是，宗王相吾答儿、右丞太卜、参知政事也罕的斤，奉诏征缅。是年九月，大军发中庆(今昆明)。十月，至南甸，太卜由罗必甸[甲]进军。十一月，相吾答儿命也罕的斤取道阿昔江达镇西阿禾江。[乙]造舟二百，下流至江头城，断缅人水路。自将一军从骠甸径抵其国，与太卜军会，令诸将分地攻取，破其江头城，击杀万余人；别令都元帅袁世安以兵守其地，积粮饷以给军士，遣使持舆地图奏上。"[丙]（《元史》卷二一〇《缅国传》）

[甲] 此道即前此著录之天部马道，循南碗河行，罗必甸在此道中。《元史》卷六一《地理志》平缅路属有罗必四庄，即其地也。

[乙] 阿禾江即龙川江。阿昔江只能为此江之上流，应在阿昔甸境内。1285 年宗王也先帖木儿离永昌后，曾经此阿昔江及阿昔甸，阿昔殆为部落名，据地似在永昌南，潞江左岸；由是应为柔远路全境或其一部，此路西与镇西路或阿禾境连界。

[丙] "至元二十一年(1284)正月丁卯，建都王、乌蒙及金齿一十二处俱降，建都先为缅所制，欲降未能。时诸王相吾答儿及行省右丞太卜、参知政事也罕的斤分道征缅，于阿昔、阿禾两江造船二百艘顺流攻之，拔江头城，令都元帅袁世安戍之。遂遣使招谕缅王，不应；建都太公城乃其巢穴，遂水陆并进，攻太公城，拔之。故至是皆降。"（《元史》卷十三本纪）

"二十一年(1284)与右丞太卜、诸王相吾答儿分道征缅，造舟于阿禾、阿昔两江，得二百艘，进攻江头城，拔之，获其锐卒万人，命都元帅袁世安守之，且圆其地形势，遣使诣阙，具陈所以攻守之方。先是，既破江头城，遣黑的儿、杨林等谕缅使降，不报；而诸蛮叛据建都、太公城以拒大军，复遣僧谕以祸福，反为所害，遂督其军水陆并进，击破之。建都、金齿等十二城皆降。"（《元史》卷一三三《也罕的斤传》）

准是以观，Devéria 谓有一建都国在上缅甸境内，包括龙川江诸口及江头、太公两城，亦自有其理由。又据博至（J. Beauvais）之考订（1905 年《通报》213 页注一八二），江头在大金沙江右岸，龙川江汇流处下流，今 Katha 之下。太公（Tagaung）在大金沙江左岸，与 Tigyaing 隔江相对。此太公古城今尚有城墙遗迹可寻，即波罗在后章所言之缅国也。

"至元二十二年（1285）十一月，缅王遣其盐井大官阿必立相至太公城欲来纳款，为孟乃甸白衣头目觲塞阻道不得行，遣誉马宅者持信札一片来告骠甸[子]土官匿俗，乞报上司，免军马入境。匿俗给榜遣誉马宅回江头城，招阿必立相赴省，且报镇西、平缅、麓川等路宣慰司宣抚司差三掺持榜[丑]至江头城付阿必立相、忙直卜算二人，期两月领军来江头城，宣抚司率蒙古军至骠甸，相见议事。阿必立相乞言于朝廷，降旨许其悔过，然后差大官赴阙，朝廷寻遣镇西、平缅[寅]宣抚司达鲁花赤兼招讨使怙烈使其国。"（《元史》卷二一○《缅国传》）

[子] 骠甸为前述三道之一，1283 年冬，相吾答儿进兵之道也。孟乃甸（在龙川江右岸）既能阻塞其道，则骠甸应在其西，大金沙江上，是为蒙古军与缅人议事之处。1406 年中国使臣名其地曰贡章（见上引 Huber 文 652 页），明代名其地曰可滩，殆为近代之 Katha 欤（博歪说，见 1905 年《通报》200 页注七四）。

至若江头城，今尚未能考订其处。博歪谓尚有别一江头城在 Mandalay 区中（见上引文 222 页注二六六），而今日华人又移此名以称八莫（Bhamo）也。

[丑] 犹言持三榜，每路一榜也。 若循龙川江而上，过麓川、平缅两路而至镇西，则镇西亦应在龙川江上，不在槟榔江上矣。 槟榔江在元代为金齿所属六路外一托名南者之区域，在镇西之西北。

[寅] 此处又可证明镇西、平缅两路连界。 《元史》卷二一〇《缅国传》云："二十三年（1286）十月，云南王以行省右丞爱鲁奉旨征金齿，察罕（即白衣）送吉涟地拨军一千人。 是月，发中庆府（今昆明），继至永昌府与征缅省官会。 经阿昔甸，差军五百人护送招缅使怯烈至太公城。 二十四年（1287）正月，至忙乃甸，缅王为其庶子不速速古里所执，囚于昔里怯答剌（Prome）之地，又害其嫡子三人，与大官木浪周等四人为逆。 云南王所命官阿难答等亦受害。 二月，怯烈自忙乃甸登舟，留元送军五百人于彼，云南省请今秋进讨，不听。 既而云南王与诸王进征至蒲甘（Pagan），丧师七千余，缅始平，乃定岁贡方物。"（参照上引 Huber 撰文 668 至 670 页）

蒲甘虽为当时缅国都城，《元史》著录其名，仅此一见，此外本纪亦无著录，殆为太公之名所掩歉。

第一二四章　上缅国之都城城有二塔一金塔一银塔

行人经行上述之荒地中，人烟断绝，必须携带食粮。 骑行十五日毕，至此缅州，主要城市亦名阿缅（Amien）。[1] 城极大而名贵，是为国之都城，居民是偶像教徒，自有语言，臣属大汗。 城中有一物，极富贵，请为君等述之。

昔日此城有一富强国王，弥留时，命在其墓上建二塔，[甲] 一金塔，一银塔，以石为之。 其一上傅以金，有一指厚，全塔俨若金制；其一塔建筑与金塔同，上傅以银，全塔俨若银制。 每塔高十步，其大与其高度相称,上部皆圆形,周围悬铃,金塔悬金铃,银塔悬银铃,风起作声。[乙]国王为其生前光荣及死后英灵,特建此二塔,诚为世界最美观之物,太阳照之,光明灿烂,远处可见。

大汗征服其地之法如此:先是朝中有幻人术者甚众,大汗一日与之言,欲彼等前往征服缅州,将辅以良助及善将之人。语毕,命彼等作一切适于一军之筹备,遣将一人及士卒一队辅之。彼等遂行,至于缅州,全取其地,及见城中有此金、银二塔,甚为惊奇,请命于大汗,如何处置。大汗知其王建此为死后安灵之所,命彼等切勿毁坏,保存如故,由是世界之鞑靼无敢手触死者之物者。

此州有象及野牛甚众,余若美丽鹿獐及其他大兽亦复甚多。

既述此缅州毕,请言一名班加剌(Bangala)之别地。

剌木学本第二卷第四十四章增订之文如下:

[甲]"二塔为三尖塔(pyramide)形,建于墓之两端,全用大理石建,高十步。……"

[乙]"其墓亦然,一部分包金,一部分包银。"

[1]波罗习以国名为都城名,故名此都城曰 Amien 或 Mien,皆缅之对音也。至若发语之"阿",别无他意,盖歹夷(Thai)语中用"阿"发声之法极其普通也。

缅国在中国载籍中古称骠国,自元代迄于今日,皆名为缅。波罗之时,其国建都蒲甘,此章所称之缅国,盖为蒲甘所属之地也。

第一二五章 班加剌州

班加剌(Bangala)者,向南之一州也。基督诞生后之 1290 年,马可波罗阁下在大汗朝廷时,[1]尚未征服,然已遣军在道。[2]应知此州自有一种语言,居民是极恶偶像教徒,与印度(小印度)为近邻。其地颇多阉人,诸男爵所有之阉人,皆得之于此州。

其地有牛，身高如象，然不及象大。居民以肉、乳、米为粮，种植棉花，而棉之贸易颇盛，香料如莎草（souchet）、姜糖之属甚众。印度人来此求阉人及男女奴婢，诸奴婢盖在战争中得之于他州者也，售之印度商贾，转贩之于世界。

此地别无他事足述，所以离此而言别一名称交趾国（Cangigu）之州。[3]

"班加剌州在其南（缅南），近印度（小印度）边境，大汗征服其地，适在马可波罗在朝之时。此国及其国王并强盛，如上所述，故久攻始臣服之。其州自有一种特别语言。"

"其人崇拜偶像，中有教师，教授魔术及偶像教仪式，其说通行于国内诸藩主中。……"

"有不少印度人来此购买土产及阉人之为奴者，其数甚众。盖此辈为战争俘虏，获之即阉割，遂成阉人，顾诸藩主或男爵皆欲得阉人看管妇女，故商人来此购买，贩售他方，而获大利。"

"此州广三十日程，东尽处，抵一别州，名曰交趾国。"（剌木学本第二卷第四十五章）

[1] 观此足证1291年时波罗不复在朝，则波罗等于1290年秋东北信风起时离泉州（Zayton）矣。顾至泉州以前，须在雨季中（阳历7、8、9月）作陆行，则其离汗八里时，殆在阳历5月，大汗赴上都之时矣。由是波罗居留中国之时间，不能计算1290年为全年，据地学会本（12页）云"与大汗共处确有十七年"，若视1273年全年在大汗所，则有十七年余。其抵中国之年，应在1272年杪，然则可以解说襄阳一役波罗参加之事矣（参看本书第一四五章）。

[2] 忽必烈时，蒙古军仅至蒲甘，盖《元史·缅国传》于1287年进至蒲甘一役后，即接言大德（1297～1307）年号也。当时波罗不在云南，对于取蒲甘事知之未详，故在初刻本中言："缅国及班

加剌国王尚未臣服大汗，其后未久大汗取此二国。"后在剌木学之修订本中，复改止如上文。

[3] 班加剌（Bangala）应是缅语蒲甘（Pagan）之转，考玉耳本第二册 114 页，1274 年缅王在蒲甘建有满加剌制底（Mangala Chaitya），陈蒲甘前王五十一人之像于其中。顾缅语发声常将 m 转为 b，如明之蛮莫，今作八莫（Bhamo），为其一例，则波罗之班加剌，亦得为玉耳之满加剌矣。

案：蒲甘一名之著录，始于 1106 年，《文献通考》卷三三二云："宋崇宁五年（1106），蒲甘遣使入贡，诏礼秩视注辇（Coromandel）。尚书省言，注辇役属三佛齐（Palembang），故熙宁中（1068～1077）敕书，以大背纸缄以匣檏。今蒲甘乃大国藩王，不可下视附庸小国，欲如大食（Arabe）、交趾（Tonkin）诸国礼，凡制诏并书以白背金花绫纸，贮以间金镀匣，银管篇，用锦绢夹檏，缄封以往，从之。"

《元史》卷二一《缅国传》云："缅国为西南夷，不知何种，其地有接大理，及去成都不远者，又不知其方几里也。其人有城郭、屋庐以居，有象、马以乘，舟筏以济。其文字进上者，用金叶写之，次用纸，又次用槟榔叶，盖誊译而后通也。"

第一二六章　交　趾　国　州

交趾国（Cangigu）[1]是东向日出处之一州，有国王，居民是偶像教徒，自有其语言，臣属大汗，每年入贡。其国王贪淫，致有妻三百人，如见国内有美妇，即娶以为妻。

此州有金甚饶，亦有香料甚众，然其地距海远，土产价值甚贱，产象多，亦有其他数种野兽及猎物不少。居民以肉、乳、米为粮，有酒，用米及香料酿之，味甚佳。其人多用针刺身，作狮、龙、鸟及其他各物形，文身以后，其色永远不灭。此种文身之事，或在面颈胸上为之，或在臂手上为之，或在腹上为之，或在全身上为之，以此为美，刺愈多者，其美更甚。

兹置此州不言，请言其东向日出处一名阿木（Amu）之州。

［1］近代诸解释家承认颇节之考订，以此 Cangigu 为老挝（Laos）并以其为 Caugigu 之讹，盖交趾国之对音也（伯希和说，见远东法国学校校刊 1903 年刊 299 页注一），然不承认其为景迈（Xieng-mai）之地。但据后此波罗之说，此地使用海贝，本章内且言距海远而物价贱，其东有一山居畜牧之国，名曰阿木，此类记载，皆与安南之北圻不合。然则何以有此 Cangigu 之名欤，吾人以为或即产里国之对音也。

考《逸周书》，有地名产里，即后之车里，其民皆焰夷。元置彻里路军民总管府，领六甸，后又请置耿冻路耿当、孟弄二州。明改车里宣慰司，地与八百媳妇犬牙相错，元代此两地似合为一国。《元史》卷一三二《步鲁合答传》云"又从征八百媳妇国，至车厘。车厘者，其酋长所居也"，可以为证。《明史·土司传》曰："八百，世传部长有妻八百，各领一寨，因名八百媳妇。其地东至车里，南至波勒，西至大吉喇，与缅邻，北至孟艮，自姚关东南行五十程始至。平川数千里，有南格剌山，下有河，南属八百，北属车里。好佛恶杀，寺塔以万计。有见侵乃举兵，得仇即已，俗名慈悲国。嘉靖间为缅所并，其酋避居景线（Xien-sien）名小八百，缅酋应里以弟应龙居景迈城，倚为右臂焉。"

准是以观，当时之八百媳妇国北有今普洱府境，南兼边外之江洪（Xien-hong）地方（即元之耿冻路），而南格剌山为今之九龙山，其河为今之南垒河矣。马可波罗名之曰产里国者，殆袭古名，以称其北之彻里或车厘也。

第一二七章 阿 木 州

阿木(Amu)是东向日出处之一州,其民是偶像教徒,臣属大汗,以畜牧耕种为活,自有其语言。[1]妇女腿、臂带金银圈,价甚贵,男子亦然,其价较女子所戴者更贵。 产马不少,多售之印度人而为一种极盛之贸易。 其地有良土地,好牧场,故牛及水牛亦甚多,凡生活必需之物,悉皆丰饶。

则应知此阿木国后为交趾国,相距十五日程,[2]交趾国后有班加剌国,相距三十日程。

今从此阿木州发足,东向日出处行,八日至一别州。

[1] 诸本著录此州名虽作 Amu,颇节以为有两钞本著录之 Aniu 不误,而以其为南越之对音。 第证以方位距离,其说非是,不得为安南之北圻也。

玉耳据 Müller 本(106 页)之别写,作 Anyn,以其名似应作 Anin,盖其名或指元代之阿宁万户府(治今阿迷州),或指安宁州(在开化及富州之间)。

然吾人以为阿僰或阿白一说或者近似,盖《元史·地理志》临安、广西、元江等路,皆著录有阿僰部也。 临安路条下云,阿僰部蛮居之,元宪宗六年(1257)内附,以本部为万户。 广西路师宗州条下云,昔爨蛮逐獠、僰等居之。 元江路条下云,阿僰诸部蛮自昔据之。 足证诸路并是阿僰部据地,则波罗名其地为阿僰,良非无故,复由音转变阿僰为阿木云。

[2] 剌木学本此处作二十五日程,较为可采。 伽尼(Francis Garnier)云:"自江洪(Xieng-hong)发足行二十五日,足迹不能逾阿迷州,盖其地山道崎岖,入临安境后,道路始平。 马可波罗时代道路情形,当不逾是。"(参看玉耳本第二册 128 页)

顾吾人前此已言阿㸑之中心既在临安，而不在阿迷，虽有伽尼之说，仍不足为反证也。

第一二八章　秃落蛮州

秃落蛮（Tholomau）[1]是东向之一州，[2]居民是偶像教徒，自有一种语言，臣属大汗。其人形色虽褐色而不白皙，然甚美，善战之士也。有环墙之城村甚众，并有高山天险。

人死焚尸，用小匣盛其余骸，携之至高山山腹大洞中悬之，俾人兽不能侵犯。[3]

此地有金甚饶，然使用海贝，如前所述。上述诸州若班加剌、交趾国、阿木等州，亦习用海贝、黄金。其地商人甚富，而为大宗贸易。居民以肉、乳、米为粮，用米及最好香料酿酒饮之。

此外无足言者，兹置此州不言，请言东方别一名称叙州（Ciugui）之州。

[1]案：Tholoman 间有若干本作 Coloman，然不得为猓猓蛮之对音，猓猓即罗罗，居地在扬子江上流左岸，即本书第一一六章所志之建都，此部落中不得有作大贸易之富商也。

前引《兀良合台传》有秃剌蛮，得为此处之秃落蛮，《元史》写此名亦作土老或秃老，皆指土獠也。《元史》卷十本纪至元十五年（1278）四月，云南行省招降秃老蛮高州（今桐梓）、筠连州（今筠连）等城寨十九所。则土獠据地距叙州不远，与本书后章所言距叙州上流十二日程之说不合。

马可波罗自临安（前章之阿木）赴叙州（见后章），所循之道，自南达北，只能为南盘江同牛栏江流域，前者南流，后者北流。此种天然道路，今昔未变，是以今日云南省会通叙州之直道，经过昭通，元时必亦然也。《元史》卷十六本纪，至元二十八年

（1291）二月："云南行省言，叙州、乌蒙水陆险恶，舟多破溺，宜自叶稍水站出陆，经中庆，又经盐井、土老、必撒诸蛮，至叙州庆符，可治为驿路，凡立五站，从之。"

叶稍应在牛栏山下，东川、昭通道路通过处，殆为近代地图之江底，牛栏江航尽处也。

中庆路治今昆明，由昆明北行，必经嵩明，当时既无驿道，则马可波罗似曾东行，取道曲靖，复循牛栏江而至叙州。乌蒙即今昭通，水路既然险恶，改经土老，则可见土老据地在牛栏江右岸，及叙州以上之扬子江流域也。

盐井州在今叙州西南，大关东北，戈魁河上。

吾人既考订前章之阿僰据地在南盘江及红河上流之间，又据后章上半言及土獠之文，则本章所言者，疑是僰、獠之混种。《元史》卷六一《地理志》之"、僰剌二种"应是"、僰獠二种"之讹，其居地应在今曲靖、马龙、霑益一带。曲靖产金，《元史·地理志》业已著录，则本章之秃落蛮，疑是僰獠蛮（Poloman）之讹也。

[2] 马可波罗历述交趾、阿木、秃落蛮，并言东向者，非言某州在某州正东，仅言其在东北而已，观后此第一百六十重章之文，可以证之。

[3] 此种山中山洞甚多，故中国地志亦名之曰洞山。洞石灰质，且有若干山洞流水自此口入，而至山之别方出也。

第一二九章　叙　　州

圭州（Cuiguy）[1]是东向之一州，自秃落蛮地发足，沿一河骑行十二日，沿途见有环墙之城村甚众，然无他事足供特别记录。沿河行此十二日毕，抵一城，名风古勒（Fungulo），[2]城甚大而名贵，居民是偶像教徒，臣属大汗。恃商工为生，用某种树皮织布，甚丽，夏季衣之。彼等善战，而用纸币。 自是以后，吾人遂在使用大汗纸币之地矣。

其地多虎，无人敢夜宿屋外，纵在夜间航行此河之上，若不远离河岸，诸虎即至舟中，搏人而食。 此州之人若无一种良助，将无人敢行于道，盖虎数甚多，其躯大而性猛也。[3]

幸而此地有 种犬，身人而猛，若两犬同行，其勇叵拒猛虎，所以行人常携犬二头与俱，犬若见虎，即奋勇往搏，虎返击，犬亦善避，不为虎伤，常随虎吠，龁虎尾、虎腿或其他可能龁及之处。 虎若无所作为者，然有时怒而搏犬，得则杀之。 然犬颇知自防，最后虎闻犬吠逃走向一林中，倚一树下，俾犬不能龁其后。 行人见虎逃，即引弓射虎（盖其人善射），虎贯矢而死，行人取虎之法如此。

其地产丝及其他商品甚众，赖有此河，运赴上下游各地。

已而沿此河骑行十二日，沿途见有城市甚众。 居民是偶像教徒，臣属大汗，使用纸币，而业工商，其间颇有战士。 骑行此十二日毕，抵于本书业已著录之成都府城。

自成都府城起行，骑行七十日，经行业已经过之诸州郡城村。 七十日后，抵于前已著录之涿州。[4]

再从涿州起行，复行四日，经过环墙之城村不少。 居民商工茂盛，崇拜偶像，使用大汗纸币。 行此四日毕，抵哈寒府（Cacanfu）城，城在南方，属契丹地域，后章言之。

[1] 此名一作 Cuiguy，得为 Ciuguy 之误，Richthofen 前已言之，然亦有写作 Cuguy 者，至若 Fungul，只有叙州可以当之。 盖叙州处金沙江与岷江交流处，由叙州至成都，循岷江行，其程确有十二日也。 波罗未抵叙州以前，见有城村甚众，后言上下游商业茂盛，则只有扬子江足以当之（参看玉耳、戈尔迭本第二册129至130页）。

[2] Fungul 一名虽无别解，疑为 Jungui 之误，盖指戎州也。《元史》卷六十《地理志》云："叙州路，古僰国，唐戎州，贞观（627～649）初徙治僰道，在蜀江之西三江口。 宋升为上州，属东

川路，后易名叙州。咸淳中（1265～1274），城登高山为治所。元
至元十二年（1275），郭汉杰挈城归附。十二年（1276）立安抚司，
未几毁山城，复徒治三江口，罢安抚司，立叙州。十八年（1281）
复升为路，隶诸部蛮夷宣抚司，领县四、州二。"

吾人之说如此，戈尔迭（同书131页）则云："从云南至叙府，
陆道经过东川、昭通，须二十二日程，Coloman州应位在临安及澂
江一带。"

[3] 此种山中有虎甚众，常于夜间出搏家畜而食，今已绝迹，
然在中国西南及东北一带，尚见有之。《元史》卷一三二《玉哇失
传》，载玉哇失从蒙哥汗征蜀，于重庆，出猎遇虎，拔刀杀虎
之事。

[4] 剌木学本作二十日，应是传写之误。马可波罗还至本书
第一○五章著录之涿州，复南行，述沿江海之地，及襄阳、扬州、
杭州等诸大城。

第一三○章　哈　寒　府　城

哈寒府（Cacanfu）[1]是一贵城，居民是偶像教徒，人死焚其尸，使
用纸币，恃工商为生，饶有丝，以织金锦丝罗，其额甚巨。此城领治一
广大之地，所辖环墙之城村甚众。[4]

兹从此城发足，南向骑行三日，抵一城，名强格路（Cianglu），后此
述之。

此哈寒府若不证以剌木学本增订之文，颇难考订其方位，剌木
学第二卷第四十三章之文曰：

"距涿州四日程，有巴章府（Pazanfu），[2]位置于南方（涿州
南），属契丹地域，还（向南）时经行此地域之别一部分，则见此
城。此城居民崇拜偶像，人死焚其尸，城内尚有若干基督教徒，

置有教堂一所。[3]有一大河流经此城，[4]转运不少商货至于汗八里城，盖有不少运河沟渠通都城也。"

波罗在前章引导读者复回涿州南两道分道处（见一○五章），第一道通西方及西南方诸省，业已叙述于前，兹言第二道，即东南通蛮子地域或江南之道，然其所言之方向，并不严格，木可以为准也。自是以后，波罗经行大平原中，此处所言四日不误，盖三十年前乘骡车由涿州赴正定者，即需此时间也。

[1] 哈寒府不得为河间府，盖核以波罗译例，建都之建作cain，而不作can，河间虽为九河流域，然河流大减，无此处所著录之大河也。况且此城三面有天然河渠，从来无须人造运河以达北京。复次波罗位置"小盐""大渔"之地强格路于哈寒府外三日程，顾河间之东南无此渔盐之利，仅西方深州、顺德一带有之。由是观之，循涿州南之大道，四日程或不及四日程中，所经之地，盖为保定、定州、正定，则哈寒府只能为正定矣。

[2] 巴章府，昔人久已认为此种写法非哈寒府传写之误，而视其为保州府之对音，盖今之保定，宋、辽、金为保州也。然玉耳（绪言101页）以其对音未合，不取此说。

[3] 据今日之调查，尚未发见古基督教徒及其教堂之遗迹。

[4] 宋、金二史曾著录有修理正定河流之事（《金史》卷二七、《宋史》卷九五）。今正定，元置真定路总管府，领司一、县九、府一、州五，府领三县，州领十八县（《元史》卷五八《地理志》）。

第一三一章　强　格　路　城

强格路（Cianglu）[1]亦是向南之一大城，隶属大汗，而在契丹地域之中，使用纸币，崇拜偶像，人死焚其尸。[2]应知此城制盐甚多，其法如下：

取一种极咸之土，聚之为丘，泼水于上，俾浸至底，然后取此出土之水，置于大铁锅中煮之，煮后俟其冷，结而成盐，粒细而色白，运贩于附近诸州，因获大利。[3]

此外别无足述，[4]前行又五日，抵一州，名强格里（Ciangli），后此述之。

[1] 钧案：原考以强格路对音为襄国，遂臆断其地为顺德，是殆沿前考哈寒为正定之误，其实哈寒之为河间，亦自有其理由，盖其对音较近，而涿州、河间间，昔亦有道可通，且自大都东南行者，无沿今平汉铁路线之理由，不自通州循运河行，即取道河间也。窃以为本章之强格路，应是 Cingui 或 Cingiu 之误，核其里程，似为景州。后章之强格里，似为临清。

[2] 今焚尸之俗，仅僧家有之。

[3] 用此法制成之盐，所含海盐甚少，盖取碱地之土煮成者也，俗名小盐，今冀州、衡水县等地尚用此法（钧案：小盐应是硝盐之误）。

[4] 剌木学本增订之文云："此地产鱼甚众，其味佳，其体巨，每鱼有权 Troy 之量二磅者（等如七百五十公分）。"

第一三二章　强格里城

强格里（Ciangli）[1]是契丹向南之一城，隶属大汗，居民是偶像教徒，使用纸币。此城附近有一宽大之河，其运赴上下流之商货，有丝及香料不少，并有其他物产及贵重货品甚多。

兹从强格里城发足，请言南向距离六日程之别一城，其名曰中定府（Cundinfu）。

剌木学本第二卷第五十一章之异文云："强格里距强格路五日

程，沿途见有环墙之城村甚众，皆隶属大汗。 其中商业茂盛，为大汗征收赋税，其额甚巨。 此强格里城中央有一宽而深之河流经过，河上运输有丝、香料及其他巨价货物不少。"

[1] 钧案：原考以强格里为沧州，其误不待辩而自明，盖前章既以强格略为顺德，何致又东北行远至于津南之沧州耶？ 窃以为此处之强格里似指临清，大河似指运河。

第一三三章　中定府城

自强格里城发足，向南骑行五日，沿途在在皆见有不少环墙之城村，外颇美观，内甚繁盛。 居民是偶像教徒，人死而焚其尸，臣属大汗，使用纸币，执商工业，适于生活之百物悉皆丰饶。 然沿途别无殊异之事足述，故下此即言中定府（Cundinfu）城。[1]

应知中定府是一极大城市，昔日曾为国都，大汗曾用兵力征服。[2] 此城为此地一带最大之城，有商人兀数经营大规模之商业，产丝之饶竟至不可思议。 此外有园林，美丽堪娱心目，满园大果。 应知此中定府城所辖巨富城市十有一所，商业茂盛，产丝过度而获利甚巨。

基督诞生后 1273 年时，大汗曾命其男爵一人，名李璮将军（Liytan sangon），[3] 率军约八万骑，戍守此城及此州境。 此将守境无几时，遂谋叛，并劝此州绅耆共叛大汗。 于是彼等共推此李璮为主，而举叛旗。 大汗闻讯，遣其男爵二人，一名阿术（Eguil），一名茫家台（Mangatay），[4] 率骑兵十万及步兵甚众，往讨。 惟此次叛事极为严重，盖李璮与此州及附近从叛之人，数逾十万骑，且有步兵甚众也。 虽然如是，李璮与其党大败，讨叛之二男爵大胜。 大汗闻之甚欢，命将诸谋叛首领悉加诛戮，其余胁从者悉加原宥。 此二男爵遂将此次乱事之诸重要首领并处极刑，位置低微者悉皆赦免。 自是以后，彼等遂忠于其主。[5]

兹既述此乱事毕，请言更南之别一地，其名曰新州马头（Singuy-

Matu）。

[1] 钧案：原考臆断此地为兖州，盖以后晋置广晋府，因以此中定府为广晋府之对音也。案：诸本著录此地名，多不一致，较古本或作 Condinfu，或作 Candinfu，剌本学本作 Tudinfu，Müller 本作 Tadinfu，窃以其皆为东平府之误，盖核以里程，及后章之新州马头，似舍此莫属也。

[2] 原考以为此次用兵乃指太祖十七年（1222）取大名事，然与兖州渺不相涉也，不如以属太祖十五年（1220）严实以二府六州附蒙古，太祖以实行台东平事，实死，子忠继为东平路管军总管，行总管府事，则与本章谓此城昔为国都之说亦符。

[3] 剌木学本作"统率八万骑之男爵名 Lucansor 者"，疑是"都元帅"（Tuvansai）传写之误。李璮《元史》卷二〇六有传。

[4] 阿术，地学会本作 Aguil，剌本学本作 Angul，应是兀良合台子阿术，《元史》卷一二八有传，中统三年（1262）从诸王拜出帖哥征李璮有功。茫家台，应是"囊家歹"之误，《新元史》卷一六一有传，曾随诸王合必赤征李璮有功。

[5]《元史》卷五本纪记载此役之文如下：

中统三年（1262）"二月己丑，李璮反，以涟、海三城献于宋，尽杀蒙古戍军，引麾下趋益都。……甲午，李璮入益都，发府库犒其将校。"

"甲辰，发诸蒙古、汉军讨李璮。……壬子，李璮据济南。"

"三月癸酉，命史枢、阿术各将兵赴济南，遇李璮军，击破之，斩首四千，璮退保济南。……戊寅，大破李璮兵于高苑。"

"四月丙戌朔，大军树栅凿堑，围璮于济南。丁亥，诏博兴、高苑等处军民尝为李璮胁从者，并释其罪。"

"五月庚申，筑环城，围济南，璮不得复出。"

"七月甲戌，李璮穷蹙，投大明湖水中，不即死，获之，并蒙古军囊家歹伏诛，体解以徇。"

302

李璮死在济南，故马儿斯登曾考订此中定府为济南府。

第一三四章　新　州　马　头

离中定府后，南向骑行三日，沿途见有环墙之城村甚众，皆贵丽，工商业颇盛，有种种猎物，百物悉皆丰饶。

骑行此三日毕，抵一贵城名称新州马头（Cinguymatu），[1] 颇富丽，工商茂盛。居民是偶像教徒，为大汗臣民，使用纸币。有一河流，彼等因获大利，兹请言其故。

此河来自南方，流至此新州马头城，城民析此河流为二，半东流，半西流，使其一注蛮子之地，一注契丹之地。此城船舶之众，未闻未见者，绝不信其有之，此种船舶运载货物往契丹、蛮子之地，运载之多，竟至不可思议，及其归也，载货而来，由是此二河流来往货物之众可以惊人。

兹请接言更南之一州，其名曰临州（Linguy）。

[1] 钧案：此地旧考作济宁，似近真相。然沙氏独以之为东平路，谓新州为须朐，马头为马踏湖，缘诸写本中亦有写 Singuymatu 作 Singuymata 者也，并引《治河方略》卷四之文为证。

第一三五章　临　州　城

从新州马头发足，南向骑行八日，沿途所经诸地，在在皆见有环墙之城村甚众，皆大而富丽，工商茂盛，人死焚其尸，臣属大汗，使用纸币。行此八日毕，则见临州（Linguy）城，州名与城名同，盖国之都也。是为一富贵城，居民是善战之士，颇务工商，有带羽毛之猎物甚饶，凡适于生活之物，悉皆丰富。其城位置于上述之河上，[1] 河中有船舶甚众，船身大于前章所著录者，所载贵重货物甚多。

兹置此州此城不言，请言其他新事。

［1］钧案：原考以此地当利国冶，盖将 Linguy 读作 Liguy，而以今读求其对音，里程虽似相近，然未能必其是也。

第一三六章　邳　州　城

离此临州城后，南向骑行三日，沿途皆见有环墙之城村，并富丽，尚属契丹境。居民是偶像教徒，人死焚其尸，臣属大汗，使用纸币，不用其他货币，有世界最良之鸟兽以供猎捕，凡适于人生之百物皆饶。

行此三日毕，抵邳州（Piguy），城大而富贵，工商业颇茂盛，[1]产丝甚饶。此城在蛮子大州入境处，[2]在此城见有商人甚众，运输其货物往蛮子境内及其他数个城市聚落。此城为大汗征收赋税，其额甚巨。

此外无足述者，故离此而去，接言更南之别一城，其名曰西州（Siguy）。

［1］Piguy 亦写作 Pinguy，此处所言之城，并非现在地图上位置于距黄河旧道（1853 年前之旧道）五十公里、燕子河右岸及运河东之新城，盖此新城建于康熙以后，而马可波罗之旧邳州，昔在沂、泗两水汇流处，1571 年时被水淹没也。

［2］"在蛮子入境处"，犹言"近蛮子入境处"，盖当时蛮子境界不在泗水上，而在淮水上也。

第一三七章　西　州　城

离邳州城后，向南骑行二日，经行美丽丰饶之地，其中颇有带羽毛之猎物。行此二日毕，遂抵西州（Siguy）城。[1]城大而华富，营工商业，居民是偶像教徒，人死焚其尸，有纸币，而臣属大汗。此地一带有极广之田亩与美丽之平原，产小麦及其他谷类颇丰饶。惟此外别无他事足述，所以离此而言前途诸地。

离此西州城后，南向骑行三日，在在见有美地、美村、美聚落、美农舍，与夫垦植之田亩。其地饶有野味与小麦，并其他谷类。居民是偶像教徒，而臣属大汗。[2]

行此三日毕，抵哈喇木连（Caramoran）大河，来自长老约翰之地。是为一极大河流，宽逾一哩，水甚深，大舟可航行于其上。水中有大鱼无数，河上有属于大汗之船舶，逾一万五千艘，盖于必要时运输军队赴印度海诸岛者也。缘此地距海仅有一日程，每舟平均足容水手二十人，可载马十五匹暨其骑者，与夫食粮、军械、甲胄。

此河两岸各有一城，此岸有一小城，彼岸亦有一城，隔岸相对。[3]小城名海州（Cai-guy），对岸大城名淮安州（Coiganguy）。渡此河后，[4]遂入蛮子大州境内。[甲]兹请叙述大汗侵略此蛮子大州之事于后。

[甲] 刺木学本第二卷第五十四章增订之文云："君等切勿以为吾人曾将契丹全境完全作有系统之说明，业已著录者实不及（应说明者）二十分之一。马可波罗君经行此境之时，仅著录其沿途所见诸城，而置（此种种道上）道外及距离中之他城未言，盖若完全记录，势必成为一种冗长无味之工作也。"

[1] 此城名有 Siguy、Cingui、Cuiguy 种种写法，前人考订并作宿迁，然非颇节（449 页）所拟为泗州之对音也。案：泗州于宋、金、元时，位在今安徽盱眙县治之北，康熙时沦入洪泽湖中。至若宿迁，自唐以来，其名未改。

考《辞源》寅集 68 页："宿豫，县名，本汉㕔犹县，晋改名，亦作宿预，后魏置郡，唐仍为县，后改为宿迁，故城在今江苏宿迁县东南。"然则本书较善写法，应作 Siugiu 或 Ciugiu 矣。

[2] 波罗所见之城，非今城也。泗水自 1324 年来，为黄河所

占，不复流入运河，运河改道以后，在宿迁与黄河相接，在宿迁南七十公里之地，与旧河槽并行。波罗所言丰饶之地，盖指其东抵于海岸之原野也。

[3] 凡记载今日运河之文，在此处将无所用之，盖其所记者，皆波罗时代以后之事也。金、元以来，黄河自淮阴县西南清江入淮，旧运河不在淮阴入河，应在其东。淮安府既在旧运河上，位于黄河右岸，今县治之东北，其对岸之小城，只能为安东也，当时为安东州治。至若海州，则在其北八十公里。波罗不名安东而名海州者，殆因传闻有误。

[4] 哈喇木连此言黑水，即指黄河，已见本书第一〇九章。

第一三八章　大汗之侵略蛮子地域

蛮子(Mangi)大州[甲]有一国王，名称法黑福儿(Faghfollr)，[1]甚强大，广有财货、人民、土地，世界君主除大汗外无有及之者。惟此国之人非战士，仅知沉湎于女色之中，而其国王尤甚，其所顾及者，惟诸妇女及赈恤其贫民而已。全境之中无马，其民未习战争武器，亦不谙兵术。此蛮子地域是一防守坚固之地，盖所有城市皆以水环之，水深，而宽有一矢之远，仅有桥可通，脱其民为战士，将永不至于陷落，然其人非战士，遂致其地为人所得。

基督诞生后 1268 年时，[乙][2]现今在位之大汗决定征服此国，命其男爵一人名伯颜丞相(Bayan Chincsan)者奉命前往，伯颜丞相，犹言百眼之伯颜也。先是，蛮子国王卜其国运，知其国只能亡于一百眼人之手，其心遂安。盖世上绝无百眼之人，缘其不知此人之名，因而自误。[3]

此伯颜率领大汗之步骑甚众，挈船舶无数，运载步骑进至蛮子境中。全军行抵蛮子地界之时，即吾人现在所止之淮安州(Coyganguy)，谕居民

306

降，居民拒不纳款，伯颜弃之而去，进至一城，亦拒不降，又弃而去，率军前进，其为此者，盖知大汗别遣有大军在后也。

由是经五城，五城不战不降，皆未攻取，至第六城，始以兵攻陷之，已而复取一城，已而取一第三城，又取一第四城，陆续攻取城市十有二所。攻取诸城以后，进至国之都城，名曰行在（Quinsay），国王及其王后所居之处也。[4]

国王见伯颜率如许大军至，既未习见此事，甚惧，遂率领其不少臣民，登千舟，逃入印度海洋诸岛之中，仅留王后镇守。王后以胜败事及敌军将领名询之星者，始知敌将即百眼之伯颜，遂知全国必亡于此人，于是举其全国一切城堡降于伯颜，不复防卫。是为一种最大侵略，盖世界诸国无与此国相侔，国王财货之众，竟至不可思议。兹请述其举动如下：

其国诸州小民之不能养其婴儿者，产后即弃，国王尽收养之。记录各儿出生时之十二生肖以及日曜，旋在数处命人乳哺之。如有富人无子者，请求国王赐给孤儿，其数惟意所欲。迨诸儿长大成人，国王为之婚配，赐资俾其存活，由是每年所养男女有二万人。

国王尚有别事足以著录者，当其骑而出，经行城市时，若见某家房舍过小，辄询其故，如答者谓物主过贫，无资使房屋高大，国王立出资，命将其屋扩大而美饰之，俾与他屋相等。设若房屋属于富人，则命其立时增高。职是之故，其蛮子都城之中，凡有房屋悉皆壮丽。别有巨大宫殿邸舍无数，尚未计焉。

执役于国王所者，男女仆役逾千人，衣饰皆富丽。国王治国至公平，境内不见有人为恶，城中安宁，夜不闭户，房屋及层楼满陈宝贵商货于其中，而不虞其有失。此国人之大富与大善，诚有未可言宣者也。

兹既述国王及其国毕，请言王后。王后至大汗所，大汗礼待之，然其夫国王则永不离去海岛，而殁于其中。兹置国王、王后不言，[5]请回言蛮子大州及其风习，以续前记，按次述其端末，首言淮安州城，从此继述蛮子地域侵略之事。

剌木学本第二卷第五十五章增订之文如下：

［甲］"蛮子地域为东方全境最开化而最富足之地，1269 年顷，隶于一君主名范福儿（Fanfur）[1]者，此范福儿为近百年所未见之富强君王，然其人平和而好善，自信以为世界之君主无有加害于彼者，缘其爱民之切，而有极大河流保护其国，遂不事军备，亦不鼓励其人民注意及此。……"

［乙］"鞑靼君主大汗之性质，与国王范福儿迥乎不同，只知好战，侵略国土，崇尚武功，既得不少州郡国土以后，又决定侵略蛮子之地，征集步骑甚众，组成一强大军队，命一名称丞相伯颜（Chinsam baian）者统之。丞相伯颜，此言百眼。……"

［1］当时南宋君主庙号度宗（1265 至 1274），法黑福儿乃中国君主之别号，由波斯语名 bagaputhra 转为阿剌壁语之 baghpour，皆汉语"天子"之意译也（Blochet 书 76 页注）。

［2］此 1268 年仅为侵宋一役开始之年，先围襄阳（见后第一四五章），后至 1276 年取杭州，宋朝始亡。

［3］案：伯颜百眼，殆因音近而有斯谣。当时且有作百雁者。《辍耕录》江南谣条引《玉堂嘉话》云："宋未下时，江南谣云'江南若破，百雁来过'，时莫喻其意。及宋亡，盖知指丞相伯颜也。"

伯颜《元史》卷一二七有传，蒙古八邻（Barin）部人，长于西域。1263 年，旭烈兀遣入奏事，世祖见其貌伟，听其言厉，曰："非诸侯王臣也，其留事朕。"与谋国事，恒出廷臣右，世祖益贤之，敕以中书右丞相安童女弟妻之，曰："为伯颜妇，不惭尔氏矣。"

1275 年正月，伯颜至江州，江州守吕师夔设宴庚公楼，选宋宗室女数人盛饰以献。伯颜怒曰："吾奉圣天子明命，兴仁义之师，问罪于宋，岂以女色移吾志乎？"斥遣之（以上见《元史·伯颜传》）。

［4］波罗略汉、江之役不言，仅记后役，止于取临安事。兹再引《元史·伯颜传》以证之：

1275 年八月癸卯，伯颜受命还行省，付以诏书，俾谕宋主。乃取道益都，行视沂州等军垒，调淮东都元帅勃鲁欢、副都元帅阿里伯，以所部兵溯淮而进。

九月戊寅，会师淮安城下，遣新附官孙嗣武叩城大呼，又射书城中，谕守将使降，皆不应。

庚辰，招讨别里迷失拒北城西门，伯颜与孛鲁欢、阿里伯亲临南城堡，挥诸将长驱而登，拔之。溃兵欲奔大城，追袭至城门，斩首数百级，遂平其南堡。

丙戌，次宝应军。戊子，次高邮（此二地名见后二章）。

十月庚戌，围扬州，诏诸将指授方略，留孛鲁欢、阿里伯守湾头新堡，众军南行。

壬戌，至镇江，罢行院，以阿塔海、董文炳同署事。

十一月乙亥，伯颜分军为三道，期会于临安。参政阿刺罕等为右军，以步骑自建康出四安，趋独松岭；参政董文炳等为左军，以舟师自江阴循海趋澉浦、华亭；伯颜及右丞阿塔海由中道节制诸军，水陆并进。

壬午，伯颜军至常州。先是，常州守王宗洙遁，通判王虎臣以城降，其都统制刘师勇与张彦、王安节等复拒之，推姚訔为守，固拒数月不下。伯颜遣人至城下，射书城中招谕，勿以已降复叛为疑，勿以拒敌我师为惧，皆不应。乃亲督帐前军临南城，又多建火炮，张弓弩，昼夜攻之。……甲申，伯颜叱帐前军先登，竖赤旗城上。诸军见而大呼曰："丞相登矣。"师毕登，宋兵大溃。拔之，屠其城（《元史·伯颜传》）。

[5] 嗣后江以南诸城，苏州、嘉兴、乍浦、澉浦、长安镇、崇德县、临平镇皆下。

1276 年正月甲申，次高亭山，阿刺罕以兵来会，宋主遣其保康军承宣使尹甫、和州防御使吉甫等，赍传国玉玺及降表诣军前。……伯颜既受降表、玉玺，复遣囊加带以赵尹甫、贾余庆等还临安，召宰相出议降事。

乙酉，师次临安北十五里，囊加带、洪模以总管殷俊来报，宋陈宜中、张世杰、苏刘义、刘师勇等挟益、广二王出嘉会门，渡浙江遁去，惟太皇太后、嗣君在官。伯颜丞使谕阿剌罕、董文炳、范文虎率诸军先据守钱塘口，以劲兵五千人追陈宜中等，过浙江不及而还。

丙戌，伯颜下令，禁军士入城，违者以军法从事，遣吕文焕赍黄榜安谕临安中外军民，俾安堵如故。……又遣人入官安谕太后谢氏。

戊子，宋主祖母谢氏遣其丞相吴坚、文天祥等来见伯颜于明因寺，伯颜顾文天祥举动不常，疑有异志，遂令万户忙古带、宣抚唆都羁留军中，且以其降表不称臣，仍书宋号，遣程鹏飞、洪君祥偕来使贾余庆复往易之。

己丑，军次湖州市，遣千户囊加带、省掾王祐赍传国玉玺赴阙。

庚寅，伯颜建大将旗鼓，率左右翼万户，巡临安城，观潮浙江，于是宋宗室大臣以次来见，暮还湖州市。

辛卯，张弘范、孟祺、程鹏飞赍所易宋主称臣降表至军前。

二月庚子，宋主㬎率文武百僚诣祥曦殿望阙上表，乞为藩辅，遣右丞相兼枢密使贾余庆……奉表以闻，宋主祖母太皇太后亦奉表及笺。是日，宋文武百司出临安府，诣行中书省，各以其职来见，行中书省承制以临安为两浙大都督府，都督忙古带、范文虎入城视事。

辛丑，伯颜令张惠……等入城，取军民钱谷之数，阅实仓库，收百官诰命符印，悉罢宋官府，散免侍卫禁军。宋主㬎遣其右丞相贾余庆等充祈请使，诣阙请命，右丞相命吴坚、文天祥同行。行中书省右丞相伯颜等以宋主㬎举国内附，具表称贺。两浙路得府八、州六、军一、县八十一，户二百九十八万三千六百七十二，口

310

五百六十九万二千六百五十。

庚申，召伯颜偕宋君臣入朝。

甲子，董文炳、唆都发宋随朝文士赵褎然及三学诸生赴京师，太学生徐应镳父子四人同赴井死。帝既平宋，召宋诸将问曰："尔等何降之易耶？"对曰："宋有强臣贾似道擅国柄，每优礼文士，而独轻武官，臣等久积不平，心离体解，所以望风而送款也。"帝命董文忠答之曰："借使似道实轻汝曹，特似道一人之过耳，且汝主何负焉？正如所言，则似道之轻汝也固宜。"

乙亥，伯颜等发临安。

丁丑，阿塔海、阿剌罕、董文炳诣宋主官，趣宋主㬎同太后入觐。郎中孟祺奉诏宣读，至"免系颈牵羊"之语，太后全氏闻之，泣谓宋主㬎曰："荷天子圣慈活汝，当望阙拜谢。"宋主㬎拜毕，子母皆肩舆出宫，唯太皇太后谢氏以疾留（以上均见《元史》卷九本纪）。

第一三九章　淮　安　州　城

淮安州（Coyganguy）[1]是一甚大城市，在蛮子地界入境之处，居民是偶像教徒，焚死者之尸骸，臣属大汗。其城有船舶甚众，并在黄色大河之上，前已言之也。此城为府治所在，故有货物甚众，辐辏于此。[2]缘此城位置此河之上，有不少城市运货来此，由此运往不少城市，惟意所欲。[3]应知此城制盐甚多，供给其他四十城市之用，由是大汗收入之额甚巨。

兹述此城毕，请言别一名称宝应（Pauchin）之城。

[1]案：Coyganguy 为淮安州之对音，盖沿宋代之称也。1283 年升淮安总管府为淮安府路，并淮安、新城、淮阴三县，入府治之山阳，兼领临淮府、海宁、泗、安东四郡，其盱眙、天长、临

淮、虹、五河、赣榆、朐山、沭阳各归所隶。1290 年革临淮府，以盱眙、天长隶泗州。户九万一千二十二，口五十四万七千三百七十七(《元史》卷五十九《地理志》)。

[2] 淮安府城现几荒废，有南北二城，一为商城，一为官城，并荒寂。1905 年在江北设江淮省，旋废。其省会应在淮安府，然其巡抚驻清江浦，盖船舶仅一经过淮安，皆止于清江浦也。

[3] 城依运河东堤，其城头不逾运河之水平线，是以下河之船舶航行东方低地者，不能驶入运河。至若宝应县、高邮州两地亦然，仅有仙女庙、邵伯镇两处可以通运河。下河一带出产之盐，皆由邵伯镇一道运赴扬州，并循江运赴仪征。

研究扬子江与旧黄河槽中间之运河，必须注意下列之事实：

(一) 13 世纪以前运河之水北流，吸收诸湖之水而入淮。

(二) 1194 至 1851 年间黄河屡次迁徙，洪泽湖及淮水流域因之积高，由是北方高于南方，运河河流转而南向。

(三) 仅在运河之东下河一带，流水仍向北流。

顾自波罗时代以来，陵谷颇有变迁，昔日流经淮安之大河，今日仅存旧槽，地势既高，不复再有流水矣。

第一四〇章　宝应县城

离淮安州后，东南向沿堤骑行一日。此堤用美石建筑，在蛮子地界入境之处。[1]此堤两岸皆水，故入其境只有此道可通。[甲]行此一日毕，则抵宝应(Pauchin)美城。[2]居民是偶像教徒，人死焚其尸，臣属大汗，其货币为纸币，恃商工为活，有丝甚饶，用织金锦丝绢，种类多而且美，凡生活必需之物皆甚丰饶。

此外无足述者，请言别一名曰高邮(Cayu)之城。

[甲]剌木学本第二卷第五十七章之异文云："堤外两面湖泽

甚广，水深可以行舟，除此堤外，别无他道可通其地，除非用舟船，如大汗统将率其全军进航之法也。"[3]

[1] 此处所言者，乃运河东之长堤，其成非一代之力，亦非百年之功。1004 年，宋真宗在高邮北三十五里筑长堤，真宗以前，邵伯镇亦有一相类之堤，嗣后续建新堤，至 1194 年，陈损之始竣其工，自扬州达淮安，运河有双堤围护（Gandar 书 20 页）。

[2] 宝应县旧为宝应军，1276 年为安宜府，1280 年废府为县，属高邮府（《元史》卷五十九《地理志》）。

本书之写法不一，有 Pauchin、Panchym、Panghin 等写法，似皆为宝应之对音也。

[3] 此处隐喻者，盖为本书第一三九章注[4]载 1275 年孛鲁欢等将所部兵溯淮而上一事。

孛鲁欢《元史》卷一二一有传，作博罗欢。伐宋之后，"分大军为二，右军受伯颜、阿术节度，左军受博罗欢节度。俄兼淮东都元帅，罢山东经略司，而以其军悉隶焉。遂军于下邳，召将佐谋曰：'清河城小而固，与昭信、淮安、泗州为犄角，猝未易拔，海州、东海、石秋远在数百里之外，必不严备，吾顿大兵为疑兵，以轻骑倍道袭之，其守将可擒也。'师至，三城果皆下，清河亦降。宋主以国内附，而淮东诸城犹为之守，诏博罗欢进军，拔淮安南堡，战白马湖及宝应，掠高邮，自西小河入漕河，据湾头，断通、泰援兵，遂下扬州"。（《元史》卷一二一《博罗欢传》）

第一四一章　高　邮　城

离宝应城东南骑行又一日，抵高邮（Cayu）城，城甚大。[1]居民是偶像教徒，使用纸币，臣属大汗，恃工商为活，凡生活必需之物悉皆丰饶。产鱼过度，野味中之鸟兽亦夥。物搠齐亚城银钱（gros）一枚不难购得良雉三头。

兹从此地发足，继续前进，请言一别城，此城名称泰州（Tiguy）。

[1] 最近六百年来，中国城市受水灾之甚者，莫逾高邮。 以 1494 年、1569 年、1630 年、1665 年、1668 年、1700 年等年水灾为最重。 丧失人口无算，此种水灾之要因，盖因黄河流沙积聚于洪泽湖北岸，地势既高，河水下泻入湖，因而溃决成灾（Gandar 书 29 页、37 页）。

第一四二章　泰　州　城

从高邮城发足，向东南骑行一日，沿途在在皆见有村庄、农舍，与夫垦治之田亩，然后抵泰州（Tiguy），城不甚大，[1] 然百物皆丰。 居民是偶像教徒，使用纸币，臣属大汗，恃商工为活，盖其地贸易繁盛，来自上述大河之船舶甚众，皆辐辏于此。 应知其地左延向东方日出处，距海洋有三日程。 自海至于此城，在在制盐甚夥，盖其地有最良之盐池也。

尚有一城，名称真州（Tinguy）。[2] 城甚大，出盐可供全州之食，大汗收入之巨，其数不可思议，非亲见者未能信也。 居民是偶像教徒，使用纸币。

兹从此地发足，重返前述之泰州，请言别一名称扬州（Ianguy）之城。

[1] 今泰州城几尽荒废，城内仅存废塔或耕田，盐之运输业已移徙于仙女庙，今泰州仅为邵伯连接如皋县北盐河之河渠中之一站耳。 虽距黄河有一百六十公里，波罗得在其地见有"来自上述大河之船舶甚众"也。

[2] 案： 此地名，颇节本写作 Tinguy，而地学会本及剌木学本均作 Cingui，应以后一写法为是，盖指真州，则 T. W. Kingsmill 考

订为仪征之说不误矣(玉耳本第二册 154 页注)。

"真州,五代以前地属扬州,宋以迎銮镇置建安军,又升为真州。 元至元十三年(1276)初立真州安抚司,十四年(1277)改真州路总管府。 二十一年(1284)复为州,隶扬州路,领二县,扬子、六合。"(《元史》卷五九《地理志》,参看《新元史》卷七一)

第一四三章 扬 州 城

从泰州发足,向东南[1]骑行一日,终抵扬州(Iangui)。 城甚广大,所属二十七城,皆良城也。 此扬州城颇强盛,大汗十二男爵之一人驻此城中,盖此城曾被选为十二行省治所之一也。 应为君等言者,本书所言之马可波罗阁下,曾奉大汗命,在此城治理亘三整年。[2]居民是偶像教徒,使用纸币,恃工商为活。 制造骑尉战士之武装甚多,盖在此城及其附近属地之中驻有君主之戍兵甚众也。[3]

此外无足述者,后此请言西方之两大州,此两州亦在蛮子境内。兹请首述名称南京(Nanghin)之城。

[1] "向东南骑行",应是"向西南骑行"之误,盖扬州在泰州之西南也。 马可波罗叙述扬州未毕以前,曾列举附近诸要城,惟遗瓜州,后在第一四七章中始补述之。

[2] 扬州路,"唐初改南兖州,又改邗州,又改广陵郡,又复为扬州。 宋为淮东路。 至元十三年(1276)初建大都督府,置江淮等处行中书省,十四年(1277)改为扬州路总管府,十五年(1278)置淮东道宣慰司,十九年(1282)省宣慰司,以本路总管府直隶行省,二十一年(1284)行省移杭州,复立淮东道宣慰司,止统本路属淮安二郡,而本路领高邮府及真、滁、通、泰、崇明五州,二十二年(1285)行省复迁,宣慰司遂废,所属如故。 后改立河南、江北等处行中书

315

省，移治汴梁路，复立淮东道宣慰司，割出高邮府为散府，直隶宣慰司。户二十四万九千四百八十六，口一百四十七万一千一百九十四。"（《元史》卷五十九《地理志》）

钧案：《元史》同卷汴梁路条云："二十八年(1291)以濒河而南、大江以北，其地冲要，又新入版图，置省南京(开封)以控治之。"核以上文"二十二年行省复迁"之语，则扬州行省仅在二十一年移置杭州，自十三年(1276)迄二十八年(1291)间，始终皆为江淮行省所在，且其时并在马可波罗居留中国之时也。

[3] 马可波罗离中国后约三十五年，修士斡朵里克亦曾经过扬州，而写其名作 Iamathay、Iansu、Ianzu 种种写法。曾见"城中有方济各派(frères mineurs)之修道院一所，与夫其他教士之礼拜堂数处，惟此种礼拜堂是属于聂思脱里派之礼拜堂。此城甚广大，其户至少有四十万，亦云有五十二万。凡基督教团所需之物皆备。君主每年在此城征收赋税五十万巴里失(balich)，每巴里失合一佛罗铃(florin)半(约值十七弗郎半)。……城中有船舶甚众"（戈尔迭本《斡朵里克行纪》358 至 359 页）。

第一四四章　南　京　城

南京(Nanghin)[1]是一大州，位置在西。居民是偶像教徒，使用纸币，臣属大汗，恃工商为活。有丝甚饶，以织极美金锦及种种绸绢。是为一富足之州，由是一切谷粮皆贱。境内有野味甚多，且有虎。有富裕之大商贾包办其所买卖商货之税额，君主获有收入甚巨。[2]

此外无足述者，兹从此地发足，请言甚大之襄阳府(Saianfu)城。此城堪在本书著录，盖有关系此城之一大事必须叙述也。

[1] 颇节以前有若干注释家误以此城为扬子江下流之南京，虽经刘应(Visdelou)神甫同 Klaproth 改正其误，然在 1907 年时，John

Masefield 所刊行之马可波罗书尚沿其误也。

地学会本(160页)云:"吾人从此处(扬州)发足,请言两大州,此两州即在契丹境中。 ……"案:元代江淮、四川两行省间,可当大州之名者,仅有河南、湖广。 波罗名前者曰南京,名后者曰襄阳府 其地然契丹、蛮子两地之间,故此本谓在契丹境内。

考其同时人刺失德丁亦著录有南京之名,谓为"位置西方之一州,哈刺木连(黄河)流经境内,契丹王之一都城在其境中"。 则其为金之南京,今之开封,无疑也。

《元史》卷五九《地理志》云:"汴梁路,唐置汴州总管府,石晋为开封府。 宋为东京,建都于此。 金改南京,宣宗建都焉,金亡归附。 ……二十五年(1288)改南京路为汴梁路。 二十八年(1291)以濒河而南、大江而北,其地冲要,又新入版图,置省南京以控治之。"

[2] 颇节旧考作安庆,玉耳因之,皆误。 波罗虽言及真州,然尚未言及长江,后此始详言之。 若以此处为安庆,殊与其叙述次第不合也。

第一四五章　襄阳府大城及其被城下炮机夺取之事

襄阳府(Saianfu)是一极重要之大城,所辖富裕大城十有二所,并为一种繁盛工商业之中区。 居民是偶像教徒,使用纸币,焚死者尸,臣属大汗。 产丝多,而以制造美丽织物,亦有野味甚众。 节而言之,凡一大城应有之物,此城皆饶有之。

现应知者,此城在蛮子地域降服以后,尚拒守者三年。 大汗军队不断猛攻之,但只能围其一面,质言之,北面,盖其余三面皆有宽深之水环之,防守者赖以获得食粮及其他意欲之物。 脱无下述之一事,余敢保其

317

永远不能攻下。

大汗军队围攻此城二年而不能克，军中人颇愤怒。 由是尼古剌波罗阁下，其弟玛窦波罗阁下及尼古剌波罗阁下之子马可波罗阁下献议，谓能用一种器械可取此城，而迫其降。[1] 此种器械名曰茫贡诺（Mangonneau），形甚美，而甚可怖，发机投石于城中，石甚大，所击无不摧陷。

大汗及其左右诸男爵，与夫军中遣来报告此城不降之使臣，闻此建议，颇为惊异。 盖此种地域中人，不知茫贡诺为何物，亦不识战机及投石机，而其军队向未习用此物，既未识之，亦从未见之，所以闻议甚喜。 大汗乃命此二兄弟及马可阁下从速制造此机，大汗及其左右极愿亲睹之，因其为彼等从来未见之奇物也。

上述之三人立命人运来材木如其所欲之数，以供造机之用。[2] 彼等随从中有二人详悉一切制造之事，其一人是聂思脱里派之基督教徒，其一人是日耳曼之日耳曼人，亦一基督教徒也。[3] 于是此二人及上述之三人制造三机，皆甚壮丽。 每机可发重逾三百磅之石，石飞甚远，同时可发六十石，彼此高射程度皆相若。 诸机装置以后，大汗及其他观者皆甚欢欣，命彼等当面发射数石，发射之后，皆极惊赏其制作之巧。大汗立命运机至军中，以供围城之用。[4] 机至军中，装置以后，鞑靼未见此物一次，见之似甚惊奇。

此机装置以后，立即发石，每机各投一石于城中，发声甚巨，石落房屋之上，凡物悉被摧陷。 此城中人从来未见未闻此物，见此大患，皆甚惊愕，互询其故，恐怖异常，因聚议，皆莫筹防御此大石之法。 彼等信为一种巫术，情形窘迫，似只能束手待毙。 聚议以后，皆主降附，遣使者往见主将，声明愿降附大汗，与州中其他诸城相同。 大汗闻之甚喜，而许其降。 于是此城遂下，待遇与其他诸城同。[5] 此皆尼古剌阁下、其弟玛窦阁下及其子马可阁下之功也。 此功诚不为小，盖此城及此地在昔在今皆为良土，大汗可在其境中获得重大收入也。[甲]

兹既述赖有上述三人所造机械迫使此城降附之事毕，请言别一名曰新州(Singui)之城。

[甲] 颇节所用之主要本为 G 字本，其文简而不明，故吾人取472 至 473 页注录 C 字本之文代之，此本与玉耳所选之地学会法文本颇相近。

剌木学本第二卷第六十二章之文虽较简略，然录之足供比对，兹录其文如下：

"尼古剌波罗及玛窦波罗所取之襄阳府城[1]"

"……襄阳府具有属于大城之一切优点，赖其形势坚固，虽在大汗侵略蛮子地域之后，尚拒守三年而不降附。 其故在此，盖军队仅能近城之北面，其余三面皆有极大湖沼环之，保其粮道继续不断，而为围攻者势所不能及。 大汗知之，极感不快，盖蛮子全境咸已降顺，只有此城固守不下也。 时尼古剌、玛窦弟兄二人在朝，闻悉此事，立入谒，愿用西方之法，制造茫贡诺，可发重三百磅之石，足使围城中人死屋摧。"

"大汗闻此议甚喜，命其统率最良之铁匠、木匠执行。[2]诸匠中有若干聂思脱里派之基督教徒，深谙工作。[3]无何，诸匠依波罗弟兄之指导，制造茫贡诺三具，在大汗及全朝人之前试之，发射各重三百磅之石。"

"立将此种机械用舟载赴军中，[4]及至，遂在襄阳城下装置，发第一石，坠势猛烈，一屋几尽摧毁。 居民惊骇，有如雷从天降，乃决议投降。 于是遣使者出城纳款，其归降条件与蛮子全境之归降条件同。"

"此役之奇捷，遂增波罗弟兄二人在大汗所及全朝之声望及信任。"

[1] 行纪诸本皆著录有波罗等在大都造机试机及在襄阳发炮等事，其事诚无可疑，且与波罗等留居十七年余之时间相符，盖彼等之还欧洲在 1290 年也。

考中国史载炮攻襄阳事，在 1272 年阴历十月，攻襄阳前，曾先炮击樊城。假定其距离期间有一月，又假定从大都运炮至军中有一月，装置炮机又费时月，则造炮之时应在是年阴历十月，而波罗等行抵大都时，应在阳历 7 月间，距其在阿迦城首途东还之时（1271 年 10 月初）仅八月余矣。本书第一卷第十三章称其"归程已费时三年有半"，殆包括去来之时间而言也。执此以考其第一次从大都西还之时，得在 1268 年 8 月。

[2] 此处所言之炮，非铁炮，而为石炮，1274 年阴历八月在东征日本一役中亦曾用之。

[3] 据多桑引剌失德丁书，尚有西里亚籍之弟兄三人，一名阿不别克（Aboubeker）、一名亦不剌金（Ibrahim）、一名麻合谋（Mahomet），随其父自 Damas 或 Balbek 来至军中。又据《元史》卷二〇三，忽必烈遣使征炮匠于宗王阿八合（Abaga），阿八合以西域人阿老瓦丁（Ala-eddin）、亦思马因（Ismael）应诏，二人至京师，首造大炮，竖于五门前，帝命试之。1274 年，元兵渡江，平章阿里海牙遣使求炮手匠，命阿老瓦丁往破潭州、静江等郡，悉赖其力。1273 年亦思马因从元兵攻襄阳未下，乃相地势，置炮于城东南隅，重一百五十斤，机发声震天地，所击无不摧陷，入地七尺。宋安抚吕文焕惧，以城降。

[4] 1556 年法文译本云："立将三机用二舟载赴军中。"

[5] 此处记录，完全与中国载籍之记录相符，兹略引数条于下：

至元九年（1272）十一月己卯，"参知行省政事阿里海牙言：'襄阳受围久未下，宜先攻樊城断其声援。'从之。回回亦思马因创作巨石炮来献，用力省而所击甚远，命送襄阳军前用之。"（《元史》卷七本纪）

至元九年（1272）九月，"先是，襄、樊两城汉水出其间，宋兵植木江中，联以铁锁，中设浮梁以通援兵，樊恃此为固。至是，阿术以机锯断木，以斧断锁，焚其桥，襄兵不能援。十二月，遂拔樊城。

襄守将吕文焕惧而出降。"（《元史》卷一二八《阿术传》）

"九年（1272）二月，破樊城外郭，其将复闭内城守。阿里海牙以为襄阳之有樊城，犹齿之有唇也。宜先攻樊城，樊城下，则襄阳可不攻而得。乃入奏，帝始报可。会有西域人亦思马因献新炮法，因以其人来牟中。十年（1273）正月，为炮攻樊，破之。先是，宋兵为浮桥以通襄阳之援，阿里海牙发水军焚其桥，襄援不至，城乃拔，详具《阿术传》。阿里海牙既破樊，移其攻具以向襄阳，一砲中其谯楼，声如雷霆震城中。城中汹汹，诸将多逾城降者。刘整欲立碎其城，执文焕以快其意。阿里海牙独不欲攻，乃身至城下，与文焕语曰：'君以孤军城守者数年，今飞鸟路绝，主上深嘉汝忠，若降则尊官厚禄可必得，决不杀汝也。'文焕狐疑未决。又折矢与之誓，如是者数四，文焕感而出降。"（《元史》卷一二八《阿里海牙传》）

第一四六章　新　州　城

从襄阳城发足，向东南骑行十五哩，[1] 抵一城，名曰新州（Singui）。[2] 城不甚大，然商业繁盛，舟船往来不绝。居民是偶像教徒，臣属大汗，使用纸币。并应知者，其城位在世界最大川流之上，其名曰江，宽有十哩，他处较狭，然其两端之长，逾百日行程。所以此城商业甚盛，盖世界各州之商货皆由此江往来，故甚富庶，而大汗赖之获有收入甚丰。

此江甚长，经过土地城市甚众，其运载之船舶货物财富，虽合基督教民之一切江流海洋运载之数，尚不逮焉。虽为一江，实类一海。[3] 马可波罗阁下曾闻为大汗征收航税者言，[4] 每年溯江而上之船舶，至少有二十万艘，其循江而下者尚未计焉，可见其重要矣。沿此江流有大城四百，别有环以墙垣之城村不在数内，并有船舶停止。其船甚大，所载重量，核以吾人权量，每船足载一万一二千石(quintaux)，其上可盖席篷。[5]

此外无足述者，因是重行，请言一名瓜州(Caigui)之城。然有一事前此忘言，请追述之。应知上行之船舶，因江流甚急，须曳之而行，无缆则不能上。[6]曳船之缆长三百步，用竹结之，其法如下：劈竹为长片，编结为缆，其长惟意所欲，如此编得之缆，较之用大麻编结者为坚。[7]

[1] 地学会法文本作"从 Angui(疑指扬州)发足"，颇节诸本作"从南京、开封发足"，应皆有误，盖观此章足证波罗所言者为扬子江中流湖广省境也。况其在剌木学本中改定其发足地为襄阳，其文云："离此城向东南行十五哩，至新州城。"此文亦不能保其不误，此两大城不应如是之近，益以新州位在江上，而襄阳距江逾二百哩也。但诸本并作十五哩，其故未详。

考克鲁思迦本(Testo della Crusca)云"今离此州(指襄阳)，请言一名称新州之别州"，后章接云"从此发足……"，则所言者为两州交界之处，殆谓自交界处达新州有十五哩欤。

[2] Singui 有作 Cingui 者，不得为郢州，盖郢州在安陆府也。若谓其为武昌，然又不类鄂州之对音，余以为此名为"荆湖"之转。

《元史》卷六三《地理志》武昌路，唐初为鄂州，又改江夏郡，又升武昌军。宋为荆湖北路。元宪宗末年(1259)世祖南伐，自黄州阳罗洑横桥梁、贯铁锁，至鄂州之白鹿矶，大兵毕渡，进薄城下，围之数月，既而解去，归即大位。至元十一年(1274)，丞相伯颜从阳罗洑南渡，权州事张宴然以城降。自是湖北州郡悉下，是年立荆湖等路行中书省，并本道安抚司。十三年(1276)设录事司。十四年(1277)立湖北宣慰司，改安抚司为鄂州路总管府，并鄂州行省入潭州行省。十八年(1281)迁潭州行省于鄂州，移宣慰司于潭州。十九年(1282)随省处例罢宣慰司，本路隶行省。大德五年(1301)以鄂州首来归附，又世祖亲征之地，改武昌路。

复证以《元史》卷五九之《地理志》襄阳路，足证湖广行省初名荆湖，治所原在武昌。此荆湖之称，宋代业已有之(《宋史》卷八八《地理志》)。

[3]斡朵里克(戈尔迭本345页)亦名江曰达赖(Talay)，蒙古语犹言海也。波罗叙述次序谨严，前此已言扬子江上流(第一一三及第一一六章)，后章则言扬子江下流，此章应言扬子江中流，参看此下诸注足以证之。

[4]脱新州在江淮境内，其语气绝不如此。况其他诸本(地学会本、Muller本、剌木学本)有云："我马可经过此新州城一次时，曾在其地五千舟中见……"足证其仅经过其地一次，非其管辖所及也。

[5]此种船舶不得为扬子江下流之船舶，盖下流船舶具三四桅，可以航海，如上文黄河条(第一三七章)所记录者是已。

[6]下流从无曳舟之事，江流亦不甚急，潮汐影响有时可及九江，则波罗所言只能为九江以上江流之情形。

[7]剌木学本结语云："此江之上及不少地方，见有岩石山丘，上有佛寺及其他居所，沿岸咸见有乡村人烟。""有一定处所宽十哩，他处宽八哩六哩。"

观此语，似波罗已作长江之行。

案本书叙述通例，后章所言之城，在前章末必先言之。脱下章之瓜州城在新州附近，波罗必亦用此例，乃在此处则不然，故地学会之法文本(164页)云："今从此地发足回至瓜州。"

第一四七章 瓜 州 城

瓜州(Caigui)是东南向之一小城，居民臣属大汗而使用纸币，位置在前所言大江之上。[1]此城屯聚有谷稻甚多，预备运往汗八里城以作大汗朝廷之用，盖朝中必需之谷，乃自此地用船由川湖运输，不由海道。大汗曾将内河及湖沼连接，自此城达于汗八里，凡川与川间、湖与湖间，皆掘有大沟，其水宽而且深，如同大河，以为连接之用。由是满载之大船，可从此瓜州城航行至于汗八里大城。此外尚有一陆道，即将掘沟之土积于两岸，聚而成堤，人行其上。[2]

应知此瓜州城对面江中，有一岩石岛，上建佛寺[3]一所，内有僧人二百，此寺管理不少偶像教徒庙宇，如同基督教徒之大主教堂也。

兹从此地首途渡江，请言一名镇江府（Chingianfu）之城。

[1] 瓜州是一小城，为运河入江尽处，与一岩石岛相对，渡江始至镇江。刺木学本谓"其在西南境"，此新州条所无之著录也。瓜州非行政区域，故不见于《元史·地理志》，然在纪传中数引之。此城今渐为江水所侵蚀，不久势将完全消灭，其故城仅存东北角一段，长仅数百公尺。城内除废庙侧柏外，空无所有。居民已徙居运河西岸，是即昔日波罗所见大汗谷仓位置之所。

[2] 昔有会通河，在1289年开掘，1292年竣工，马可波罗必已识之。然读者且勿以为当时江南之船可以直达汗八里，彼所言者仅为内地交通可以航行无阻而已。在未行汽船之前，曾用运河运输漕米至于京师。今日其南段（杭州至清江浦一段）同北段（天津至临清一段）虽尚得其用，然其中段自临清达济宁，业已淤塞不能航行矣。

[3] 此岛应是金山，岛上有金山寺，晋（205至419）始立，寺有钟，鸣时江两岸皆闻，宋改名龙游。1684年康熙帝南行时，曾题寺额（颇节本480页注）。

玉耳（第二册176页）云："此寺藏有中国最著名之佛经一部，第一次中英战役，曾为英国军队所得，欲运走，会和议成，退还，后毁于1860年太平之乱。寺尽毁，仅存寺塔。自是以后，金山不复为一孤岛（盖江流蚀其北岸，而冲积其南岸），前此不久尚有一深四哩之水道，今则变为菜园矣。"

第一四八章　镇　江　府　城

镇江府（Chingianfu）[1] 是一蛮子城市，居民是偶像教徒，臣属大汗，使用纸币，恃商工为活。产丝多，以织数种金锦丝绢，所以见有富商大贾。野味及适于生活之百物皆饶。其地且有聂思脱里派基督教徒之礼拜堂两所，建于基督诞生后之1278 年，兹请述其缘起。

是年耶稣诞生节，大汗任命其男爵一人名马薛里吉思（Mar-Sarghis）者，治理此城三年。[2] 其人是一聂思脱里派之基督教徒，当其在职三年中，建此两礼拜堂，存在至于今日，然在以前，此地无一礼拜堂也。[3]

兹置此事不言，请先言一甚大之城，名曰镇巢军（Chingingui）。

[1] 此地之为镇江，久经卫匡国（Martini）神甫考订（《中国地图》106 页）。据云："读波罗书者，将见其所称之 Cingiam，显是镇江府，城建于江岸，附郭在运河之西，人烟亦盛。"——吾人所引之文，盖出北京北堂图书馆藏1655 年之拉丁文本。

[2] 案：薛里吉思一名，在中国之聂思脱里派教徒中似甚风行，颇节曾在西安景教碑之西利亚文人名中见之，（A. C. Moule，《通报》1915 年刊630 页）又在《元史》中检出昔儿吉思或昔里吉思，识其皆是 Sergius 之同名异译，马儿斯登已言西利亚文之 Mar-Sargis 与拉丁文之 Dominus Sergius 相对也。

马薛里吉思，《元史》无传，Palladius 及夏鸣雷（Havret）神甫引有至顺《镇江志》，复经 Moule 在其中检出其人之事迹："其人出生于撒麻耳干（Samarkand），当时此城为基督教徒之名都。其先世业医，特善制蜜水（hydromel），名曰舍里八，1222 年忽必烈父拖雷得疾，服之而愈。1268 年忽必烈召薛里吉思至京师制造蜜水，1272 年遣之往云南，1275 年往闽、浙，1277 年命为镇江府路总管府副达鲁花赤。虽登荣显，持教尤谨，常有志于推广教法。一夕

梦天使二人命其兴建教堂七所，赠以白物为记。 觉而有感，遂休
官务建寺，首于铁瓮门舍宅建大兴国寺，次得西津竖土山建云山
寺及聚明寺，又于丹徒县开沙建四渎安寺，登云门外黄山建高安
寺，大兴国寺侧又建甘泉寺，杭州荐桥门建大普兴寺。 任镇江五
年，连兴土木之役，秋毫无扰于民。"（《通报》1915 年刊 633 至
638 页）

[3] 同一文中谓家之人口受戒者，悉为也里可温，则此也里可
温译名最初所指者，乃聂思脱里派之教士矣。 蒙古语之 ärkägün，
欧洲著述中之 archaon、arcan、arkaiun、arkhehun，皆其对音也。

《元史》卷八九《百官志》曰："崇福司，秩二品，掌领马儿
哈昔、列班、也里可温、十字寺祭享等事。""至元二十六年
（1289）置，延祐二年（1315）改为院……省并天下也里可温掌教司
七十二所，悉以其事归之，七年（1320）复为司。"

据上引至顺《镇江志》之记载，镇江城内有寺三所，与地学会
拉丁文本 423 页之记录相符。 杭州之第七寺，本书第一五一章亦
谓有之。 此外尚有续建者，有名安马吉思者于 1295 年在丹阳馆南
建大光明寺，通吴门外有大法兴寺。 然不久遭遇摧残，1311 年将
云山、聚明二寺改为佛寺。 据 1331 年之调查，镇江有也里可温户
二十三，口一〇六，躯一〇九。 此外元代基督教徒之仕于镇江者
不乏其人（《通报》1915 年刊 639 至 656 页）。

18 世纪末年，德金（Deguignes，老德金之子）曾在镇江南二十
五公里之丹阳县之一旧寺中，见有别建之房屋一所，相传是一基督
教徒故居，三百年前其人来自西域康居（Sogdiane），而殁于此
（《北京行纪》第二册 49 页）。

第一四九章　镇巢军城

从镇江府城发足，东南向骑行三日，抵镇巢军(Chingingui)，城甚大。[1]居民是偶像教徒，使用纸币，臣属大汗，恃工商为活。丝及供猎捕之禽兽甚多，种种粮食皆饶，盖此地为一丰富之地也。

兹请言此城人所为一次恶行而受重惩之事，[甲]先是蛮子大州略定之时，军帅伯颜遣一队名称阿兰(Alains)[2]之人往取此城。诸阿兰皆是基督教徒，取此城人据之，在城中见有美酒，饮之醉，酣睡如同猪豚，及夜，居民尽杀之，无能脱者。

伯颜闻其遣军被袭杀，别遣一将率一大军攻取此城，尽屠居民，无一免者，此城人民完全消灭之法如此。

兹置此事不言，请言别一名称苏州(Sugui)之城。

[甲] 剌木学本第二卷第六十六章之异文云："居民甚贱恶，丞相伯颜平定蛮子地域之时，曾遣若干信奉基督教之阿兰，统率本军一队，往取此城。军至城下，未受抵抗，即入据之。此城有两城垣，诸阿兰既据外城，发现藏酒甚多，彼等颇饥疲，取酒饮之至醉。内城居民见其敌醉卧于地，乘隙尽屠之。丞相伯颜闻其军被屠，怒甚，遣他队往讨，取此城，尽屠居民，男女老少无一免者。"

[1] 钧案：此城名在本书中作 Chingingui，地学会本作 Cingingui，剌木学本作 Tingingui，写法不一。考其事实，应皆是镇巢军名传写之误，"东南"应作"西南"。沙氏以属常州，谓为晋陵郡之对音，未免过于武断。

[2] 屠杀阿兰人之事，《元史》卷一三二已有著录，其中《杭忽思传》云：杭忽思"戍镇巢，民不堪命，宋降将洪福以计乘醉而杀之。"又《玉哇失传》云："玉哇失父也烈拔都儿下沿江诸城，宋

洪安抚既降复叛,诱其入城宴,乘醉杀之。"又《昂吉儿传》云:
"镇巢军降,阿速(即阿兰)军戍之,人不堪其横,都统洪福尽杀戍者
以叛,昂吉儿攻拔其城,擒福。"则后遣之将是昂吉儿矣(并见《元
史》卷一三二,参看 Bretschneider《中世纪寻究》第二册 84 至 90 页,
玉耳《契丹纪程》第一册 373 页,Ddvéria《蒙文碑录》七五页,伯希
和撰文见 1914 年《通报》641 至 643 页)。

第一五〇章　苏　州　城

苏州(Sugui)是一颇名贵之大城,[1]居民是偶像教徒,臣属大汗,
恃商工为活。产丝甚饶,以织金锦及其他织物。其城甚大,周围有六
十哩,[2]人烟稠密,至不知其数。假若此城及蛮子境内之人皆是战
士,将必尽略世界之余土,幸而非战士,仅为商贾与工于一切技艺之
人。此城亦有文士、医师甚众。

此城有桥六千,皆用石建,桥甚高,其下可行船,甚至两船可以并
行。[3]此城附近山中饶有大黄,[4]并有姜,其数之多,物搦齐亚钱(gros)一
枚可购六十磅。此城统辖十六大城,并商业繁盛之良城也。此城名称苏
州,法兰西语犹言"地",而其邻近之一别城行在(Quinsay),则犹言
"天",因其繁华,故有是名。[5]行在城后此言之。

兹从苏州发足,先至一城,名曰吴州(Vouguy),[6]距苏州一日程,
是一工商繁盛之富庶大城也。顾无他事足述,请离此而言别一名称吴
兴(Vughin)[6]之城。此吴兴尚为一大而富庶之城,居民是偶像教徒,
臣属大汗,使用纸币,产丝及其他不少贵重货物甚饶,皆良商贾与良工
匠也。

兹从此城发足,请言强安(Ciangan)城。[6]应知此强安城甚大而富
庶,居民是偶像教徒,臣属大汗,使用纸币,恃工商为活,织罗
(taffetas)甚多,而种类不少。此外无足言者,请从此处发足前进,而

言他城。 兹请先言极名贵之行在城，蛮子之都会也。

[1]诸本及剌木学本多写其名作 Singui 或 Siguy，顾其所指者必是苏州，故取地学会法文本第一五一章著录之 Sugui。 此地在元代为平江路，唐以来名苏州，明代复用此名迄于今日。 首先考订此城为苏州者，亦是卫匡国神甫（《中国地图》101 页）。

[2]谓苏州城周围有六十哩（犹言六十里）一说，与斡朵里克同卫匡国并谓杭州城周围有一百哩（犹言一百里）一说，皆可承认，盖其所言者为外罗城，而非子城也。 马可波罗书诸本著录苏州城周围之里数不同，法文本作六十哩，Lazari 本作四十哩，剌木学本作二十哩，殆一言罗城、一言子城也。

[3]桥梁之数如是之多，显非真相，此数仅见地学会法文本中，至地学会之拉丁文本则作一千六百，剌木学本毫无数字之记录，至近代之旅行家则谓苏州有桥一百五十至二百。

[4]据植物学家之说，江南不产大黄，亦无姜，苏州得为屯聚此物之所，然其出产地确在甘肃或四川也。 本书第六十章肃州条曾有大黄之著录，殆因肃州、苏州译音之相近，误以肃州之出产属于苏州也。

[5]斡朵里克亦谓行在为天城，缘中国有"上有天堂，下有苏杭"之谚，不可执此以责波罗之不谙汉语也。 中国尚有别一谚语："生在苏州，住在杭州，食在广州，死在柳州。"

[6]诸旧本（地学会法文本、颇节 C 字本）在苏州、杭州之间并著录有三城名，其他诸本（Berne 本，颇节 A、B 两本）仅著录有吴州、强安二城，剌木学本仅有吴州一城，Müller 本并一城亦无，殆因此诸城不在同一方向，亦不互相统属，后来波罗修订此本时有所改订。 但初写本既将此三城列在苏州条内，则其方位应在苏、杭之间，盖据后文，强安距杭州三日，又据 Müller 本，苏州至杭州须程五日也。 此中间之城市既非松江、嘉兴，则只能为邻近太湖之城矣。

据 T. W. Kingsmill 之说，距苏州一日程之地，仅有今吴江县治可以当之，此城宋以来即名吴江，元代为一州，则此吴州得为吴江州之省称也。

案：Vughin 亦作 Ughim，应是今湖州府治吴兴。

案：Ciangan 亦作 Caingan，又作 Siangan，似是长安之对音。玉耳曾将其 Caingan 别写改作 Caing-an，谓为嘉兴之对音，其说非是。颇节松江一说亦非，盖松江在当时名曰华亭也。吾人以为波罗之强安，应是今之长兴镇，镇在湖州西，太湖旁，元代为一州治。元代固有长安县，在运河上，但距杭州仅数小时航程，与本书所志三日程之距离不合也。

第一五一章　蛮子国都行在城

自强安城发足，骑行三日，经行一美丽地域，沿途见有环墙之城村甚众，由是抵极名贵之行在（Quinsay）城。[1] 行在云者，法兰西语犹言"天城"，前已言之也。既抵此处，请言其极灿烂华丽之状，盖其状实足言也，谓其为世界最富丽名贵之城，良非伪语。兹请续言此国王后致略地之伯颜书，请其将此书转呈大汗，俾悉此城大佳，请勿毁坏事。吾人今据此书之内容以及马可波罗阁下之见闻述之。[2]

书中首称此行在城甚大，周围广有百哩。[3] 内有一万二千石桥，桥甚高，一大舟可行其下。其桥之多，不足为异，盖此城完全建筑于水上，四围有水环之，因此遂建多桥以通往来。[4]

书中并言此城有十二种职业，各业有一万二千户，每户至少有十人，中有若干户多至二十人、四十人不等。其人非尽主人，然亦有仆役不少，以供主人指使之用。诸人皆勤于作业，盖其地有不少城市，皆依此城供给也。

此书又言城中有商贾甚众，颇富足，贸易之巨，无人能言其数。

应知此职业主人之为工厂长者，与其妇女，皆不亲手操作，其起居清洁富丽，与诸国王无异。 此国国王有命，本业只能由子承袭，不得因大利而执他业。

城中有一大湖，[5]周围广有三十哩，沿湖有极美之宫殿，同壮丽之邸舍，并为城中贵人所有。 亦有偶像教徒之庙宇甚多。 湖之中央有二岛，各岛上有一壮丽宫室，形类帝宫。 城中居民遇有大庆之事，则在此宫举行。 中有银制器皿、乐器，举凡必要之物皆备，国王贮此以供人民之用。 凡欲在此宫举行大庆者，皆任其为之。

在此城中并见有美丽邸舍不少，邸内有高大楼台，概用美石建造，城中有火灾时，移藏资财于其中，盖房屋用木建造，火灾时起也。

居民是偶像教徒，自经大汗经略以后，使用纸币。[6]彼等食一切肉，基督教徒绝不食之狗肉及其他贱畜之肉亦食。 自从大汗据有此城以后，于一万二千桥上，每桥命十人日夜看守，俾叛乱之事不致发生。[7]此城有一山丘，丘上有一塔，塔上置一木板，每遇城中有火警或他警时，看守之人执棰击板，声大远处皆闻，人闻板声，即知城内有火警或乱事。[8]

大汗在此城警戒甚严者，盖因其为蛮子地域都城，并因其殷富，而征收之商税甚巨，其额之巨，仅闻其说而未见其事者绝不信之。

城中街道皆以石铺地，蛮子地域之一切道路皆然，由是通行甚易，任往何处不致沾泥。 蛮子地域多泥泞，设若道路不以石铺地，则步骑皆难跋涉，盖其地低而平，雨时颇多陷坑也。[9]

尚应知者，此行在城中有浴所三千，水由诸泉供给，人民常乐浴其中，有时足容百余人同浴而有余。[10]

海洋距此有二十五哩，在一名澉浦（Ganfu）城[11]之附近。 其地有船舶甚众，运载种种商货往来印度及其他外国，因是此城愈增价值。 有一大川自此行在城流至此海港而入海，由是船舶往来，随意载货，此川流所过之地有城市不少。[12]

大汗区分蛮子地域为九部，而为九国，每国遣一国王治之。 诸国王皆臣属大汗，每年各以国中会计上之都城计院。 行在城驻在之国王，所辖富庶大城一百四十。 应知此广大蛮子地城共有富庶大城一千二百余所，其环墙之村庄及城市无数，尚未计焉。 此一千二百城，大汗各置戍兵一队，最少者额有千人，有至一万、二万、三万人者，由是其人之众不可胜计。 此种戍守之人皆契丹州人，善战之士也，然不人尽有马，步卒甚众，皆隶大汗军。[13]

凡关涉此城之事，悉具广大规模。 大汗每年征收种种赋税之巨，笔难尽述。 其中财富之广，而大汗获利之大，闻此说而未见此事者，必不信其有之。

此地之人有下述之风习，若有胎儿产生，即志其出生之日时生肖，由是每人知其生辰。 如有一人欲旅行时，则往询星者，告以生辰，卜其是否利于出行，星者偶若答以不宜，则罢其行，待至适宜之日。 人信星者之说甚笃，缘星者精于其术，常作实言也。

人死焚其尸，设有死者，其亲友服大丧，衣麻，携数种乐器行于尸后，在偶像前作丧歌，及至焚尸之所，取纸制之马匹、甲胄、金锦等物并尸共焚之。 据称死者在彼世获有诸物，所作之乐，及对偶像所唱之歌，死者在彼世亦得闻之，而偶像且往贺之也。

此城尚有出走的蛮子国王之宫殿，是为世界最大之宫，周围广有十哩，环以具有雉堞之高墙，内有世界最美丽而最堪娱乐之园囿，世界良果充满其中，并有喷泉及湖沼，湖中充满鱼类。 中央有最壮丽之宫室，计有大而美之殿二十所，其中最大者，多人可以会食。 全饰以金，其天花板及四壁，除金色外无他色，灿烂华丽，至堪娱目。

并应知者，此宫有房室千所，皆甚壮丽，皆饰以金及种种颜色。此城有大街一百六十条，每街有房屋一万，计共有房屋一百六十万所，壮丽宫室夹杂其中。 城中仅有聂思脱里派基督教徒之礼拜堂一所。[14]

尚有一事须言及者，此城市民及其他一切居民皆书其名、其妻名、其子女名、其奴婢名以及居住家内诸人之名于门上，牲畜之数亦开列焉。 此家若有一人死则除其名，若有一儿生则增其名，由是城中人数，大汗皆得知之。 蛮子、契丹两地皆如是也。

一切外国商贾之居留此种地域者，亦书其名及其别号，与夫入居之月日，暨离去之时期，大汗由是获知其境内来往之人数，此诚谨慎贤明之政也。

兹请言大汗在此城及其辖境所征收之赋税于后。

[1] 昔日耶稣会士以此 Quinsay 为京师之对音，后人因之。案：波罗书诸本尚有 Quinsai、Quiensay、Quisay、Chisai、Chesai 种种写法，末后三种写法似是传写之误，其余诸写法，上半对京，可无疑义，下半只能为南方沿海诸地之读法，据 Moule 之说，泉州方言确读京师二字作 kingsai 也。

但此同一学者又持别说，谓斡朵里克之写法有 Cansay、Campsay、Chansay 等称，东方诸撰述家有作 Khanzai 者（Wassaf），有作 Khanza 者（Aboulféda & Ibn-Batouta），遂疑其对音得为杭州。 其说亦不乏根据之点，斡朵里克书写扬州作 Iamsay，则杭州亦可对 Camsay，其证一，宋以来杭州方言读杭州作 ang-tsé，其证二，南宋案牍之文仅称开封为京师，但有若干次要撰述亦名杭州为京师者，其证三（王立《亚洲协会报》〔J. R. A. S.〕1917 年刊 8 至 10 页）。

钧案：尚有行在一说，自经藤田丰八阐明以后，较前二说为圆，今从之，而写本章标题作"行在"。

[2] 参看后章补录剌木学本增订之文第一条第一段。

[3] "并其附郭，此城足有意大利哩百哩有余，故自南至北，自东至西，足有五十哩也。"（卫匡国书 134 页）

但在今日，其面积甚小，城墙周围不过三十六里。

[4] 斡朵里克亦谓有"万余桥"。 马利诺里云："旅者言有美丽石桥万座，初聆其言，似未可信，但细审之，殆非虚语。"但吾人以为此万数为数之极，犹之"皇帝万寿"、"万里长城"等称，盖言其多，未必确有万桥也。

[5] 指西湖，可参看后章第五条剌木学本增订之文。

波罗谓湖在城中，非误，盖据民众传说，昔日湖外有城，今已无迹可寻云。

[6] 参看后章第二条剌木学本增订之文。

[7] 参看后章第三条剌木学本增订之文。

[8] 参看后章第七条剌木学本增订之文。

[9] 参看后章第五条末二段剌木学本增订之文。

[10] 参看后章第二条末段剌木学本增订之文。地学会法文本谓为热水浴，其文曰："此城有浴所四千，是为蒸气浴。居民喜浴，爱清洁，月赴浴所数次。此处之浴场为世界最大最美而最良之浴场。"

[11] 马可波罗所言之澉浦，疑在今海盐县南澉浦镇附近。此名甚古，《水经注》卷二九已有著录云"谷水由县出为澉浦以通巨海"。唐、宋、元时皆为市舶重地。

10 世纪时，阿剌壁人所至之 Khanfu，只能为广州。盖阿剌壁人之行纪言及 879 年黄巢（写作 Banshoa）之乱，中外商业因之暂时停止，嗣后改赴一名 Kanpou 或 Kantou 之海港，港在杭州附近。此港即波罗书之 Ganfu，亦剌木学本之 Gampu 也。阿剌壁人位置此 Kanpou 于古 Khanfou 之北，并云，自此港东行，遵海而至新罗（Sila）。

[12] 此川即今之钱塘江，"古渐水，以其多曲折，故曰浙江，又曰之江。上游有二源，北曰新安江，亦曰歙港，水清；南曰兰溪，水浊。二水合于建德县东南，东北流至桐庐，曰桐江，至富阳曰富春江，至旧钱塘县境曰钱塘江。江之两岸有龛、赭二山，南北对峙如门，广五十里，曰鳖子门，旧日江水由此分三道入海。潮汐为龛、赭二山所束，势极湍悍，其来如万马奔腾，八月望日午潮尤甚。清乾隆时江势北趋，由赭山北入海，龛、赭间及龛山南二水道已涸成田矣。"（《辞源》巳集 82 页）

[13] 参看后章第八条剌木学本增订之文。

[14] 礼拜堂业经 Moule 在至顺《镇江志》中发现，为马薛里吉思所建七寺之一，名样宜忽木剌大普兴寺，在杭州荐桥门附近。 荐桥门乃俗称，实名崇新门，今之城头巷乃昔日东城墙所在，今城乃改建于 1359 年时也（《通报》1915 年刊 657 页注二六）。

第一五一章重　补述行在（出剌木学本）

（一）离吴州（Vugiu）后，连续骑行三日，沿途见有环墙城村，富庶聚落。 ……行在城所供给之快乐，世界诸城无有及之者，人处其中，自信为置身天堂。 马可波罗阁下数至此城，曾留心其城之事，以其见闻，笔之于书，后此诸行，特为其节略而已。

据共同之说，此城周围有百哩，道路河渠颇宽展，此外有衢，列市其中，赴市之人甚众。

城之位置，一面有一甘水湖，水极澄清，一面有一甚大河流。 河流之水流入不少河渠，河渠大小不一，流经城内诸坊，排除一切污秽，然后注入湖中，其水然后流向海洋，由是空气甚洁。 赖此河渠与夫街道，行人可以通行城中各地。 街渠宽广，车船甚易往来，运载居民必需之食粮。 人谓城中有大小桥梁一万二千座，然建于大渠而正对大道之桥拱甚高，船舶航行其下，可以不必下桅，而车马仍可经行桥上，盖其坡度适宜也。 就事实言，如果桥梁不多，势难往来各处。

（二）城与湖相对，围城有渠，长有四十哩，甚宽，乃由昔日此地诸国王开掘而成，以备容纳诸河流漫溢之水者也，平时则导上述河流之水于其中。 此渠且供防守此城之用，掘渠之土，聚而成堤，围绕此城。

城中有大市十所，沿街小市无数，尚未计焉。 大市方广每面各有半哩，大道通过其间。 道宽四十步，自城此端达于彼端，经过桥梁甚众。此道每四哩必有大市一所，每市周围二哩，如上所述。 市后与此大道并行，有一宽渠，邻市渠岸有石建大厦，乃印度等国商人挈其行李商货顿止之所，利其近市也。

每星期有三日为市集之日，有四五万人挈消费之百货来此贸易。 由是种种食物甚丰，野味如獐鹿、花鹿、野兔、家兔，禽类如鹧鸪、野鸡、家鸡之属甚众，鸭、鹅之多，尤不可胜计，平时养之于湖上，其价甚贱，物搦齐亚城银钱一枚，可购鹅一对、鸭两对。 复有屠场，屠宰大畜，如小牛、大牛、山羊之属，其肉乃供富人大官之食，至若下民，则食种种不洁之肉，毫无厌恶。

此种市场常有种种菜蔬果实，就中有大梨，每颗重至十磅，肉白如面，芬香可口。 按季有黄桃、白桃，味皆甚佳。 然此地不产葡萄，亦无葡萄酒，由他国输入干葡萄及葡萄酒，但土人习饮米酒，不喜饮葡萄酒。

每日从河之下流二十五哩之海洋，运来鱼类甚众，而湖中所产亦丰，时时皆见有渔人在湖中取鱼。 湖鱼各种皆有，视季候而异，赖有城中排除之污秽，鱼甚丰肥。 有见市中积鱼之多者，必以为难以脱售，其实只须数小时，鱼市即空，盖城人每餐皆食鱼肉也。

上述之十市场，周围建有高屋。 屋之下层则为商店，售卖种种货物，其中亦有香料、首饰、珠宝。 有若干商店仅售香味米酒，不断酿造，其价甚贱。

包围市场之街道甚多，中有若干街道置有冷水浴场不少，场中有男女仆役辅助男女浴人沐浴。 其人幼时不分季候即习于冷水浴，据云，此事极适卫生。 浴场之中亦有热水浴，以备外国人未习冷水浴者之用。 土人每日早起非浴后不进食。

（三）其他街道，娼妓居焉。 其数之多，未敢言也，不但在市场附近此辈例居之处见之，全城之中皆有。 衣饰灿丽，香气逼人，仆妇甚众，房舍什物华美。 此辈工于惑人，言词应对皆适人意，外国人一旦涉足其所，即为所迷，所以归去以后，辄谓曾至天堂之城行在，极愿重返其地。

其他街道居有医士、星者，亦有工于写读之人，与夫其他营业之人，不可胜计，居所皆在市场周围。 每市场对面有两大官署，乃副王任命之法官判断商人与本坊其他居民狱讼之所。 此种法官每日必须监察附近看守桥梁之人是否尽职，否则惩之。

上述自城此端达彼端之大道，两旁皆有房屋宫殿，与夫园囿。 然在道旁，则为匠人之房屋。 道卜往来行人之众，无人能信有如许食粮可供彼等之食，除非在市集之日，见买卖之人充满于中，车船运货络绎不绝，运来之货无不售者，始能信也。

兹取本城所食之胡椒以例之，由是可知平常消耗其他物品若肉、酒、香料之属之众。 马可波罗阁下曾闻大汗关吏言，行在城每日所食胡椒四十四担，而每担合二百二十三磅也。 ……

（四）……居人面白形美，男妇皆然，多衣丝绸，盖行在全境产丝甚饶，而商贾由他州输入之数尤难胜计。 ……

……此种商店富裕而重要之店主，皆不亲手操作，反貌若庄严，敦好礼仪，其妇女妻室亦然。 妇女皆丽，育于婉娩柔顺之中，衣丝绸而带珠宝，其价未能估计。 其旧王虽命居民各人子承父业，第若致富以后，可以不必亲手操作，惟须雇用工人，执行祖业而已。 其家装饰富丽，用巨资设备饰品、图画、古物，观之洵足乐也。

行在城之居民举止安静，盖其教育及其国王榜样使之如此。 不知执武器，家中亦不贮藏有之。 诸家之间，从无争论失和之事发生，纵在贸易制造之中，亦皆公平正直。 男与男间，女与女间，亲切之极，致使同街居民俨与一家之人无异。

互相亲切之甚，致对于彼等妇女，毫无忌妒猜疑之心。 待遇妇女亦甚尊敬，其对于已婚妇女出无耻之言者，则视同匪人。 彼等待遇来共贸易之外人，亦甚亲切，款之于家，待遇周到，辅助劝导，尽其所能。 反之，彼等对于士卒，以及大汗之戍兵，悉皆厌恶，盖以其国王及本地长官之败亡，皆缘此辈有以致之也。 ……

（五）……湖中有两岛，各有宫一所，宫内有分建之殿阁甚众。 脱有人欲举行婚礼，或设大宴会者，即赴一宫举行。 其中器皿、布帛皆备，是皆城民公置，贮之宫中，以供公用者也。 有时在此可见人众百群，或设宴会，或行婚礼，各在分建殿阁之中举行，秩序严整，各不相妨。

此外湖上有大小船只甚众，以供游乐。 每舟容十人、十五人或二十人以上。 舟长十五至二十步，底平宽，常保持其位置平稳。 凡欲携其亲友游乐者，只须选择一舟可矣，舟中饶有桌椅及应接必需之一切器皿。舟顶用平板构成，操舟者在其上执篙撑舟湖底以行舟(盖湖深不过两步)，拟赴何处，随意所欲。 舟顶以下，与夫四壁，悬挂各色画图。 两旁有窗可随意启闭，由是舟中席上之人，可观四面种种风景。 地上之赏心乐事，诚无有过于此游湖之事者也，盖在舟中可瞩城中全景，无数宫殿、庙观、园囿、树木，一览无余。 湖中并见其他游船，载游人往来，盖城民操作既毕，常携其妇女或娼妓乘舟游湖，或乘车游城。 其车游亦有足言者，城民亦以此为游乐之举，与游湖同也。

首应知者，行在一切道路皆铺砖石，蛮子州中一切道途皆然，任赴何地，泥土不致沾足。 惟大汗之邮使不能驰于铺石道上，只能在其旁土道之上奔驰。

上言通行全城之大道，两旁铺有砖石，各宽十步，中道则铺细砂，下有阴沟宣泄雨水，流于诸渠中，所以中道永远干燥。 在此大道之上，常见长车往来，车有棚垫，足容六人。 游城之男女日租此车以供游乐之用，是以时时见车无数，载诸城民行于中道，驰向园囿，然后由看守园囿之人招待至树下休息，城民偕其妇女如是游乐终日，及夜，始乘原车返家。

（六）行在居民风习，儿童诞生，其亲立即记录其生庚日时，然后由星者笔录其生肖。 儿童既长，经营商业，或出外旅行，或举行婚姻，须持此纸向星者卜其吉凶。 有时所卜甚准，人颇笃信之。 此种星者要为巫师，一切公共市场中为数甚众。 未经星者预卜，绝不举行婚姻。

尚有别一风习，富贵人死，一切亲属男女，皆衣粗服，随遗体赴焚尸之所。 行时作乐，高声祷告偶像，及至，掷不少纸绘之仆婢、马驼、金银、布帛于火焚之。 彼等自信以为用此方法，死者在彼世可获人畜、金银、绸绢。 焚尸既毕，复作乐，诸人皆唱言，死者灵魂将受偶像接待，重生彼世。

（七）此城每一街市建立石塔，遇有火灾，居民可藏物于其中（盖房屋多用木料建造，火灾常起）。 此外大汗有命，诸桥之上，泰半遣人日夜看守。 每桥十人，分为两班，夜间五人，日间五人，轮流看守。 每桥置木梆一具，大锣一具，及日夜识时之沙漏一具。 夜中第一时过，看守者中之一人击梆、锣一下，邻近诸户知为一时，二时以后则击二下，由是每逾一时多击一下，看守者终夜不眠。 日出之后，重由第一时击起，每时加增，与夜间同。

有一部分看守之人巡行街市，视禁时以后是否尚有灯火，如有某家灯火未息，则留符记于门，翌晨传屋主于法官所讯之，若无词可藉，则处罚。 若在夜间禁时以后有人行街中，则加拘捕，翌晨送至法庭。 日间若在街市见有残废穷苦不能工作之人，送至养济院中收容。 此种养济院甚多，旧日国王所立，资产甚巨。 其人疾愈以后，应使之有事可作。

若见一家发火，则击梆警告，由是其他诸桥之守夜人奔赴火场救火，将商人及其他被害人之物，或藏之上述之石塔中，或运至湖岛。 纵在此情况中，任何城民皆不能离家外出进至火场。 只见运物之人及救火之人往来其间，救火者其数至少有一二千人。

此种看守之人，尚须防备城中居民叛乱之事。 大汗常屯有步兵、骑兵无数于此城中及其附近，并遣忠诚可恃之大藩主来此镇守。 盖其视此州极为重要，既为都会，而其财富为世界其他诸城所不及也。

又在同一目的中，每距一哩之地，建立不少土丘，每丘之上置一木架，悬一大响板，一人持板，一人以木槌击板，响声远处可闻。 有看守人永在此处看守，遇有火警，则击板以警众，盖若火警报告不速，全城一半将成灰烬。 又如前述叛乱之事，警板一响，附近诸桥之看守人立执兵奔赴。 ……

（八）……君等切勿以为蛮子诸城此种戍兵皆是鞑靼，要以契丹人为最众，盖鞑靼为骑士，其屯驻之地要在土地干燥平坦可以驰骋之所，不能屯驻于饶有池泽诸城也。 至在潮湿之地，则命契丹人及蛮子地方堪服军役之人前往戍守。 每年大汗选其臣民之能执兵者编入军队，命为士卒。其在蛮子州中征集之人，不戍本城，应往戍守远距二十日程之地，戍期四五年，然后调还。 此法并适用于契丹人及蛮子地域之人也。

从诸城征收之赋税，大部分入大汗之库藏，用以养给此种戍兵。 设有某城叛乱，即抽调邻近诸城戍兵前往平服，盖叛乱时起，若从契丹州调兵平乱，需时二月也。 职是之故，行在城中常置戍兵三万，其他诸城或置步兵，或置骑兵，至少亦有千人。

（九）今请言一华丽宫殿，国王范福儿（Fanfur）之居也。 其诸先王围以高墙，周有十哩，内分三部，中部有一大门，由此而入，余二部在其两旁。（东西）见一平台，上有高大殿阁，其顶皆用金碧画柱承之。正殿正对大门，漆式相同，金柱承之，天花板亦饰以金，墙壁则绘前王事迹。

每年偶像庆日，国王范福儿例在此殿设大朝会，大宴重臣高官及行在城之富商。 诸殿足容万人列席，朝会延十日或十二日。 其盛况可惊，与宴者皆服金衣绸衣，上饰宝石无数，富丽无比。

此殿之后有墙，中辟一门，为内宫门。 入门有一大廷，绕以回廊，国王及王后诸室即在其中，装饰华丽，天花板亦然。 逾廷入一廊，宽六步，其长抵于湖畔。 此廊两旁各有十院，皆长方形，有游廊，每院有五十室，园囿称是，此处皆国王宫嫔千人所居。 国王有时偕王后携带宫嫔游行湖上，巡幸庙宇，所乘之舟，上覆丝盖。

墙内余二部，有小林，有水泉，有果园，有兽圈，畜獐鹿、花鹿、野兔、家兔。 国王携诸宫嫔游此两部，有驾车者，有乘马者，男子不许擅入。 有时携犬猎取上述之兽，宫嫔驰逐既疲，则入小林，尽去衣服，游泳水中，国王观之甚乐，泳毕皆还宫院。 有时国王息于林中树下，命诸宫嫔进食。 由是日亲女色，不识武器为何物，怯懦至于亡国，土地悉为大汗所得，蒙耻忍辱，如前所述也（本书第一三八章）。

以上乃我在此城时所闻行在某富商之言。 其人年甚老，曾事国王范福儿，熟悉其生平诸事。 既已目睹宫廷之旧状，乃携我往游。 今为大汗任命副王之驻所，前殿尚保存如故，然后宫则已颓废，仅余遗迹，林园之围墙亦倾圮，不复见有树木兽畜。 ……

（十）……大汗使臣征收年赋检括户口之时，马可阁下适在行在城中，曾检阅户口有一百六十秃满（toman）。 每户等于一家，每秃满等于一万，则城中共有一百六十万家矣。 人数虽有如是之众，仅有聂思脱里派之礼拜堂一所。 ……

蛮子州中贫民无力抚养儿女者，多以儿女售之富人，冀其养育之易，生活之丰。[1]

[1] 上录剌木学本之文较为完备丰赡，足补旧本之阙。 故除颇节本中相同之记录外，尽采录之。 其中一百六十万家之数，似有疑义，但亦并见于幹朵里克书（戈尔迭本 299 至 305 页）。 兹并录于下，以资对照。

"一称哈秃寨（Catusaie）之哈寨（Casay）大城。"

"我至一城名曰哈秃寨，法兰西语犹言天城。 周有百哩，而在此大圈中，无一旷土不见民居。 所以在不少居宅，内容有十家以上。 此城有附郭数处，而其居民超过他城之上。 城有十二要门，各门外相距八里之地，皆有大城，较物搦齐亚城更大。 自诸门达于诸城，街镇连续不断。 由是行人可行六七日，自拟所行之路甚少，盖其行程常在城与城间、户与户间也。 此城位在低地，处湖沼池泽之间，与物搦齐亚城相类。 有一万二千桥，每桥有看守之人，奉大汗之命看守。"

"城之一面，有一极大河流流经其间，所以此城长度过于宽度。 我曾详细访问之于诸基督教徒、回教徒及佛教徒，众人皆言此城周围有百余哩，而上述各城门外八哩之十二城镇，尚未计焉。 此城完全臣属大汗，征收赋税之多，竟至不可思议。"

"每户每年缴纳一巴里失（balich），质言之，有类丝绸之纸券五张，价值物搦齐亚城之佛罗铃（florin）一枚有半。 然其人口甚众，每户之中致有十家或十一家者，总计城中户口，有佛教徒八十五万户、回教徒四万户，两共八十九万户，其他若基督教徒及外国商贾人数奇多，不在上列户数之中，所以我以为治理同在一处如是众多之人为世界之一异事。城中种种食粮若面、肉、米、酒，与夫百物，悉皆丰饶，其美酒名称 bigum。"

"此为蛮子州国王习驻之王城。此城有一要人，曾因方济各派教士（fréres mineurs）之劝化，归依基督之教，将我接待于其宅中。彼常称我曰阿塔（Atha），犹言父也。某次导我游览市城，至一道院。彼呼一教士而语之曰：'熟视此富浪列班（Rabbin Frank），我今携之来此。此教士来自日没之地，旨在劝化大汗，所以请汝将此处若干灵异示之。'此教士遂导我至一处，出示两大器，内盛残食，旋开园门，导我至园中一小山下。击一钟，山中有人面之畜三千有余，闻声而下。诸畜下山有序，性极温和。此教士将残食置于诸银碗中，列诸畜前，待其食毕，复击钟，诸畜乃各还其穴。我甚惊异，询为何物。据答是为贵人之灵，今推上帝之爱，故而饲之。我严责其不应信有此事，且谓此非人灵，仅为未具理性之畜类而已。我言虽如此，彼仍胶执成见如故。且谓贵人之灵变为贵畜，贫贱人之灵则变为污畜、恶虫。语毕不欲再聆他言。"

"有欲叙录此城者，将成巨帙，然节而言之，是为全世界最大而最名贵之城也。"

第一五二章　大汗每年取诸行在及其辖境之巨额赋税

行在城及其辖境构成蛮子地方九部之一，兹请言大汗每年在此部中所征之巨额课税。第一为盐课，收入甚巨。每年收入总数合金八十秃满（toman），[1] 每秃满值金色干（sequin）七万，则八十秃满共合金色干五百六十万，每金色干值一佛罗铃（florin）有奇，其合银之巨可知也。[2]

述盐课毕，请言其他物品货物之课。 应知此城及其辖境制糖甚多，蛮子地方其他八部，亦有制者，世界其他诸地制糖总额不及蛮子地方制糖之多，人言且不及其半。 所纳糖课值百取三，对于其他商货以及一切制品亦然。 木炭甚多，产丝奇饶，此种出产之课，值百取十。 此种收入，合计之多，竟使人不能信此蛮了第九部之地，每年纳课如是之巨。

叙述此事之马可波罗阁下，曾奉大汗命审察此蛮子第九部地之收入，除上述之盐课总额不计外，共达金二百一十秃满，值金色干一千四百七十万，收入之巨，向所未闻。

大汗在此第九部地所征课额，既如是之巨，其他八部收入之多，从可知也。 然此部实为最大而获利最多之一部，大汗取之既多，故爱此地甚切，防守甚密，而以维持居民安宁。

兹从此地发足请言他城。[甲]

[甲] 刺木学本第二卷第六十九章，所记微异，兹录其文如下，以资参稽：

"大汗之收入"

"兹请略言大汗在此行在城及其所辖诸城所取之课税。 此城同构成蛮子地方第九部之其他诸城，别言之，蛮子境内九国之一国，所纳之课，首为盐课，其额最巨，年入之额值金八十秃满[1]，每秃满值八万金色干，每金色干值一金佛维罗铃有奇，则共值六百四十万色干矣。[2] 其故乃在此州位在海洋沿序，由是饶有池泽，夏季海水蒸发，所取之盐足供蛮子其他五国之食。[3]"

"其地制糖甚多，其课值百取三点三三，与其他诸物同，又如米酒及上述共有一万二千店肆之十二业之出产亦然。 商人或输入货物至此城，或遵陆输出货物至他州，抑循海输出货物至外国者，亦纳课百分之三点三三。 然远海之地如印度等国输入之货物，应纳课百分之十。 一切土产若牲畜、果实、丝绸之类，亦纳什一之税于副王。"

"马可阁下曾审察其额，除上述之盐课不计外，君主年入共有二百一十秃满，每秃满值八万金色干，则共有一千六百八十万金色干矣。"

[1] 诸本皆著录有此八十秃满之总额，秃满犹言万，则合为八十万，特未言其本位为何，仅言其为金而已。《新元史》卷七十一盐课门云，1286 年，两浙盐场出盐四十五万引，每引分二袋（合二百四十公斤），值中统钞二十二贯，则四十五万引共值九百九十万中统钞矣。假定钞对银仍保存其法定价值，应共值金九十九万两，我依波罗之语法，作九十九秃满。至若每引二十二贯之价非永远定价，时有增减，据《新元史》1277 年每引值中统钞九贯，1282 年又增四贯。波罗所记者未详为何年之价，假定事在 1289 年以前，则其八十秃满之数，与吾人计算之数，相悬亦不甚远也。

至若钞银价值之悬殊，可以《新元史》卷七十一盐课门之文考之："太宗二年（1230），始定盐法，一引重四百斤，价银十两。中统二年（1261），减为七两。至元十三年（1276），每引改为中统钞九贯。二十六年（1289），增为五十贯。元贞二年（1296），又增为六十五贯。至大二年（1309）至延祐三年（1316），累增为一百五十贯。"

[2] 以现在货币合之，每银一两合八弗郎二二七（玉耳本第二册 217 页），则波罗时代之金一两合八十二弗郎二十七生丁，而其八十秃满共值金币六千五百八十一万六千矣。

波罗又云此种收入值物搦齐亚城之色干五百六十万，颇节（511 页）计算每色干值十一弗郎十一生丁，则共有六千五百五十二万弗郎，与吾人前此计算之数相近，并证明诸古本中五百六十万之数，较优于剌木学本六百四十万之数。

[3] 谓行在盐场之盐足供其他五州之食，未免言过其实，盖当时南方诸盐场除四川、云南不计外，蛮子境内尚有两淮、福建、广东、广海诸盐场也。

第一五三章　塔皮州城

白行在发足骑行一日，抵塔皮州（Tacpiguy），[1]城甚壮丽富庶而隶属行在。居民臣属大汗而使用纸币。彼等是偶像教徒，而焚其死者尸，其法如前所述。恃工商及种种职业为活。凡生活必需之物，悉皆丰饶而价贱。

此外无足言者，所以前行言一别城，城名武州，[2]距塔皮州有三日程。居民是偶像教徒，臣属大汗，使用纸币而隶属行在。彼等恃商工为活。

此外无足言者，因是仍前行。

距此两日程，有衢州（Giuguy）[3]城甚壮丽。居民使用纸币，产丝多，而恃工商为活，食粮丰饶。此城隶属行在，有竹最粗长，为蛮子地方最，粗四掌，长十五尺。此外无足言者，因是仍前行。

自衢州发足，骑行四日，经行一最美之地，中有环墙之城村甚众，然后抵于强山，[4]城甚壮丽，位在一丘陵上，将流赴海洋之河流，析而为二。此城亦在行在辖境之中。蛮子全境不见绵羊，惟多山羊与牛。居民是偶像教徒，而恃商业及种种技艺为活。臣属大汗而使用纸币。

此外无足言者，因是仍前行。

离强山后，骑行三日，抵信州城。[5]居民是偶像教徒，臣属大汗而使用纸币。彼等恃工商为活。此城壮丽，乃此方向中行在所辖之末一城。至若吾人现在行抵之福州（Fugui）则为蛮子九部中之一部，与行在同也。

此外无足言者，请仍前行。

[1] 钧案：此城诸本著录之写法不一，颇节本亦作 Tacpinguy，剌木学本作 Tapinzu，地学会法文本作 Tampigui，拉丁文本作 Tampigui。沙氏原考作绍兴府，不但对音不符，而且方向亦误，盖

波罗如南行至福州，似无须取道绍兴，且诸本中亦无渡江之语，似仍循钱塘江左岸行，其城应在杭州之西南。

[2] 钧案：此城名颇节本作 Vugui，地学会本作 Vugui，Bald-Boni 本（第一册 145 页）作 Uguy，剌木学本作 Uguiu。沙氏原考作婺州，亦误，既未渡江，则亦不能取道金华也。

[3] 地学会本有 Ghingui、Ghenguy、chengui 等写法，若改 n 作 u，则皆为衢州之对音矣。

[4] 地学会本有 Ciancian、Ciansan、Cianscian 等写法，可对常山，然亦可对江山，核以析河水为二之记载，似指常山，此河疑指金溪也。

[5] 颇节本写此城名作 Giuguy，核以地学会拉丁文本 Cinguy 之写法，亦应改 u 作 n，盖指昔之信州，今之广信。昔日伊本拔秃塔曾从鄱阳湖赴杭州，亦循同一道途，但未著录有经过之城名云。

第一五四章　福　州　国

从行在国最后之信州（Cinguy）城发足，则入福州（Fuguy）国境，[甲] 由是骑行六日，经行美丽城村，其间食粮及带毛带羽之野味甚饶。亦见有虎不少，虎躯大而甚强。产姜及高良姜过度，物搦齐亚城银钱一枚，可购好姜四磅。并见有一种果，形类泊夫蓝（safran），用以为食。应知其地居民，凡肉皆食，甚至人肉亦极愿食之，惟须其非病死者之肉耳。所以此辈寻觅被害者之尸而食其肉，颇以为美。[1]

其赴战者，有一种风习，请为君等述之。此辈剃其额发，染以蓝色，如同剑刃。除队长外皆步行，手执矛，而为世界上最残忍之人。盖其辄寻人而杀，饮其血而食其肉。

兹置此不言，请言他事。上述之六日程行三日毕，[乙] 则见有城名格里府（Quelifu），城甚广大。[2] 居民臣属大汗，使用纸币，并是偶像教徒。 城中有三石桥，世界最美之桥也。 每桥长一哩，宽二十尺，皆用大理石建造，有柱甚美丽。[3]

居民恃工商为活。 产丝多，[4] 而有姜及高良姜甚饶。[5] 其妇女甚美。 有一异事，足供叙录，其地母鸡无羽而有毛，与猫皮同。 鸡色黑，产卵，与吾国之卵无异，宜于食。[6]

此外无足言者，请言他事。[丙] 再行三日又十五哩，抵一别城，名称武干(Vuguen)，[7] 制糖甚多。 居民是偶像教徒而使用纸币。

此外无足言者，此后请言福州之名贵。

刺木学本之异文如下：

[甲] "离行在国最后一城名称吉匝(Gieza-Cinguy)之城后，入崇迦(Concha)国境，其主要之城名曰福州。 由此东南行六日，过山越谷。 ……其地产姜、高良姜及他种香料甚饶，用一值物搁齐亚城银钱一枚之货币，可购生姜八十磅。 尚有一种植物，其果与真正泊夫蓝之一切原质无别，有其色味，人甚重之，而用为一切食馔中之酌料，所以其价甚贵。 ……其人作战时，垂发至肩，染面作蓝色，甚光耀。 ……"（第七十五章）

[乙] "行此国六日至格陵府(Quelinfu)，[2] 城甚广大。 有三桥甚美，各长百余步，宽八步，用石建造，有大理石柱。[3] 此城妇女甚美，生活颇精究。 其地产生丝甚多，用以织造种种绸绢，并纺棉作线，染后织为布，运销蛮子全境。[4]……闻人言，其地有一种母鸡，无羽，而有黑毛如猫毛，产卵，与吾国之卵无异，颇宜于食。[6] 其地有虎甚众，颇为行人患，非聚多人不能行。"（第七十六章）

[丙] "自建宁府出发，行三日，沿途常见有环墙之城村，居民是偶像教徒，饶有丝，商业贸盛。 抵温敢(Unguem)城，[7] 此城制糖甚多，运至汗八里城，以充上供。 温敢城未降顺大汗前，其居民不知制糖，仅知煮浆，冷后成黑渣。 降顺大汗以后，时朝中有巴比伦(Babylonie，指埃及)地方之人，大汗遣之至此城，授民以

制糖术，用一种树灰制造。"（第七十七章）

[1] 食人之事，本书第一卷已见著录，然在波罗以前阿剌壁之旅行家曾云："至在中国偶有某长官不遵王命，则杀其人食之。中国人对于凡被剑杀之人，辄食其肉。"（Reinaud 书 52 至 53 页）

此种恶习，在中世纪时使人惊愕，不如今日之甚，缘其非一族独有者也。基督教国家中亦见其事，十字军之贱民亦曾杀回教徒而食其肉也。

福建境内，此种山民乃属蛮族，而非汉人。曾德照（Semedo）、卫匡国（Martini）二神甫谓汀州府境高山中，此风尚存，其人与台湾山中之土著有血统上之关系。

[2] 两说不同，一说谓行六日中之三日抵格里府，一说谓行六日毕抵格陵府。地学会之法文本则云：自国境至格陵三日，自格陵至温敢二日又十五哩，自温敢至福州十五哩。据卫匡国之考订，此格里府或格陵府，应是闽江、松溪两水汇流处之建宁府。

[3] 地学会法文本云："此城有三桥，美丽为世界最，长一哩，宽九步，全以石建，而有大理石柱。其丽奇之极，虽罄一大库藏，亦只能修建其一也。"观此文具见原文非谓一桥长一哩，乃谓三桥合长一哩，剌木学本有各桥长百余步之语，尤足参证此说也。

[4] 剌木学本所增关于丝棉之文确实不误。今昔建宁纺丝甚多，而所制染色棉线，为此城及福建其他诸城之流行品，其名曰红绿锦（菲力卜思〔C. Phillips〕说，见《通报》1890 年刊 224 页）。

[5] 产姜之地，本书曾著录有汉中（第一一二章）、苏州（第一五〇章）两地，然东北沿海诸省亦饶有之。

高良姜（galangal）为译音，出梵语之 Kulanjana，波斯语作 kulijan（玉耳、戈尔迭本第二册 229 页）。

剌木学本谓此地尚产其他药材，然未言其地所产之茶，而此茶在 9 世纪时，阿剌壁旅行家已有著录也。建宁府属崇安县有武夷山，以产福建名茶而著名，即英语之 Bohea tea 是已。

[6] 斡朵里克经行福州时，亦言有此鸡，谓"其无羽，与吾辈之母鸡异，仅有毛，类羊毛"。此种鸡中国各处几尽有之，其名曰丝毛鸡或乌骨鸡。

[7] 武干一地，似即尤溪。此城在延平府南直径四十八公里。菲力卜思（《通报》1890 年刊 224 至 225 页）曾云："自延平循闽江下行八十五里，至尤溪水汇流处，溯尤溪上行八十里，抵尤溪县城。行人至此，舍舟从陆，而赴永春州及泉州府，是为自尤溪赴海岸常循之道。我以为剌木学本之温敢，应是今之永春，土语称此名与波罗书之温干（Unguen）颇相近也。"

余以为如谓其可对永春，亦可以对漳州北一百五十公里之永安。但此二城距建宁府皆远，而永安相距有八十七公里也。菲力卜思虽谓永春有一传说，昔有西方人至此，授以制糖术，然不能因此遽谓制糖之所仅限于一地也（参看《通报》1896 年刊 226 页）。

波罗之赴泉州不止一次，或经福州（本书下章），或经漳州（剌木学本下章），或直接取道永春（如菲力卜思之说）。武干既为诸道所必经，而尤溪之名不仅限于一城，在唐代且包括今永安、永福两县境，今之永福即古之尤溪也。

第一五五章　福州之名贵

应知此福州（Fuguy）城，[1]是楚伽（Chouka）国[2]之都城，而此国亦为蛮子境九部之一部也。[3]此城为工商辐辏之所。居民是偶像教徒而臣属大汗。大汗军戍此者甚众，缘此城习于叛变，故以重兵守之。[甲]

有一大河宽一哩，穿行此城。[乙]此城制糖甚多，而珍珠、宝石之交易甚大，盖有印度船舶数艘，常载不少贵重货物而来也。此城附近有剌桐（Zayton）港[4]在海上，该河流至此港。[丙]

在此（福州）见有足供娱乐之美丽园囿甚多。此城美丽，布置既佳，凡生活必需之物皆饶，而价甚贱。[5]

此外无足言者，请仍前行。

地学会法文本有增订之文如下：

［甲］"军队戍此者甚众，盖其境内城村屡有叛变之事，故大汗以数军戍之，由是若有叛变发生，福州之戍军立取叛城毁之。"

［乙］"此城建造不少船舶，以供航行此河之用。"

［丙］"有不少印度船舶来此，亦有商人赴印度诸岛贸易。 尚须为君等言者，此城近海上之刺桐港，印度船舶运载不少货物赴此港者甚众。 诸船离此港后，上溯前述之大河而至福州城。 此城因此输入印度之贵重货物。"

［1］仅有剌木学本写此地名作漳州（Cangin），不作福州，脱此洵为波罗之遗文，则不能谓此漳州为福州传写之误，盖剌木学在第七十五章开始即谓福州为崇迦国之都城，而在此处（第七十八章）仅谓其为一城，未言漳州为都城也。

［2］此名或作楚伽，或作崇伽，疑是"诸家"之对音，盖因闽越王无诸而得此名，今城外乡间妇女称城内妇女曰诸娘，可以证之。

［3］波罗所谓蛮子九部，盖指南宋旧境，则云南、建昌、土番等地与金国旧境皆不在数中。 顾当波罗之时，行省时有迁移，颇难考证其名。 姑就本书之记录，参以《元史》之文，大致可以下列九省当之：

（一）行在即江浙行省（一五一至一五三章）。

（二）福州即福建行省（一五四至一五六章）。

（三）扬州即江淮行省（一三九至一四三章）。

（四）南京即河南行省（一四四及一四五章）。

（五）阿黑八里即利州路（一一二章）。

（六）成都府即四川行省（一一三章）。

（七）新州即荆湖行省（一四五及一四六章）。

其余二省未经本书著录者，疑是湖广、江西两行省。但后章言蛮子九国，仅述行在、扬州、福州三省，其他皆略，未识何故。

[4]诸本写此名作 Caiton、Cayton、Zaitum，而颇节本独作 Kayteu，似是 Zayten 之误，兹改正。

[5]后数年斡朵里克至福州时，叙述甚简，仅言周围有三十哩，其地公鸡较他处为大，母鸡色白如雪，无羽而有毛，类羊毛（戈尔迭本265页）。

波罗谓有一河穿行此城，语意似不明，盖河距城有三公里也。顾河两岸皆有民居，迄于南门，人烟不绝，殆误以附郭为城内软。此误甚细，盖今人亦常称南台为福州也。

第一五六章　刺　桐　城

离福州后，渡一河，在一甚美之地骑行五日，则抵刺桐（Caiton）城，[1]城甚广大，隶属福州。此城臣属大汗。居民使用纸币而为偶像教徒。应知刺桐港即在此城，印度一切船舶运载香料及其他一切贵重货物咸莅此港。是亦为一切蛮子商人常至之港，由是商货宝石珍珠输入之多竟至不可思议，然后由此港转贩蛮子境内。我敢言亚历山大（Alexandrie）或他港运载胡椒一船赴诸基督教国，乃至此刺桐港者，则有船舶百余，所以大汗在此港征收税课，为额极巨。

凡输入之商货，包括宝石、珍珠及细货在内，大汗课额十分取一，胡椒值百取四十四，沉香、檀香及其他粗货值百取五十。

此处一切生活必需之食粮皆甚丰饶。并知此刺桐城附近有一别城，名称迪云州（Tiunguy），[2]制造碗及磁器，既多且美。除此港外，他港皆不制此物，购价甚贱。此迪云州城，特有一种语言。大汗在此崇迦（Concha）国中征收课税甚巨，且逾于行在国。

蛮子九国，吾人仅言其三，即行在、扬州、福州是已。其余六国虽亦足述,然叙录未免冗长,故止于此。

由前此之叙述,既使君等详知契丹、蛮子同其他不少地方之情形,于种族之别,贸易之物、金银,与夫所见之其他诸物,悉具是编。然吾人所欲言者,本书未尽。尚有印度人之事物,及举凡足供叙述之印度大事,至为奇异,确实非伪,吾人亦据波罗阁下之说笔之于书。盖其久居印度,对于风习及特点,知之甚审,我敢言无有一人闻见如彼之多也。

剌木学本此章较详,兹全录其文,以资参考。

"刺桐(Zaitum)城港及亭州(Tingui)城

"离漳州(Cangiu)后先渡一河,然后向东南行五日,见一美地,城市民居接连不断,一切食粮皆饶,其道经过山丘、平原同不少树林,林中有若干出产樟脑之树,是一野味极多之地。居民是偶像教徒,臣属大汗而隶漳州。行五日毕,则抵壮丽之城刺桐,[1]此城有一名港在海洋上,乃不少船舶辐辏之所,诸船运载种种货物至此,然后分配于蛮子全境。所卸胡椒甚多,若以亚历山大运赴西方诸国者衡之,则彼数实微乎其微,盖其不及此港百分之一也。此城为世界最大良港之一,商人、商货聚积之多,几难信有其事。

"大汗征收税课为额甚巨,凡商货皆值百抽十。顾商人细货须付船舶运费值货价百分之三十,胡椒百分之四十四,沉香、檀香同其他香料或商品百分之四十,则商人所缴副王之税课连同运费,合计值抵港货物之半价,然其余半价尚可获大利,致使商人仍欲载新货而重来。

"居民是偶像教徒,而有食粮甚饶。其地堪娱乐,居民颇和善,乐于安逸。在此城中见有来自印度之旅客甚众,特为刺青而来(语见第一二六章),盖此处有人精于文身之术也。[3]

"抵于刺桐港之河流甚宽大,流甚急,为行在以来可以航行之一支流。其与主流分流处,亭州城在焉,此城除制造磁质之碗盘外,别无他事足述。制磁之法,先在石矿取一种土,暴之风雨太阳之下三四十年。其土在此时间中成为细土,然后可造上述器皿,上加以色，随意所欲，旋置窑中烧之。 先人积土，只有子侄可用。 此城之中磁市甚多，物搪齐亚钱一枚，不难购取八盘。

"崇迦（Concha）国是蛮子九州之一，大汗所征税额与行在国相等。 今既述此国若干城市毕，其余诸国置之不言，盖波罗阁下在余国居留，皆不及居留行在、崇迦两国之久也。

"尚应言者，蛮子全境各地有种种方言，犹之吉那哇人（Génois）、米兰人（Milanais）、弗罗郎司人（Florentins）、阿普里人（Apuliens）各有一种语言，仅有本地之人能解，第蛮子全境仅有一种主要语言，一种文字也。[4]

"波罗阁下所欲言者吾人述之未尽，兹结束此第二卷，[5]请述大印度、小印度、中印度之州郡城邑。 波罗阁下曾奉大汗命亲莅其中若干城邑，而最后归国时曾偕其父叔送王妃于国王阿鲁浑也。 由是彼有机会述其亲览之异事，而对于所闻可信之人之言，与夫航行于印度者的地图之所载，亦毫无遗漏焉。"

[1] Klaproth 曾考订此名为"刺桐"之对音（《关于亚洲之记录》第二册 210 页），并引《一统志》谓泉州古名刺桐，盖建城时，植刺桐于城外，由是俗称其城曰刺桐。

《辞源》子集 336 页刺桐条云："一名海桐，落叶乔木，枝干皆有刺，叶圆大，稍似梧桐，甚繁密，春暮色深红，其实如枫。 福建晋江县（泉州府治）唐时环城皆植刺桐，故号桐城。"

又据 F. Hirth（《通报》1894 年刊 388 页）引 1274 年之一汉籍之说，谓泉州亦名瑞桐，此又一说也。

卫匡国神甫之说以此城当漳州，似误。 漳州虽发现有基督教之遗物，然吾人不应忘者，1312 至 1362 年间，方济各派曾在泉州建有礼拜堂三所，置有主教四人。 中国之回教礼拜堂最古者亦在泉州，14 世纪时，回教徒在此城建一第二礼拜堂，甚壮丽，迄今尚存。 可参考《通报》1902 年刊 686 至 726 页。

玉耳及戈尔迭引剌失德丁书之中国行省表，谓"第七福建行省，先在剌桐,后徙福州,今尚在其地"。 又据颇节所引《元史》至元十五年(1278)置行中书省于泉州,十八年(1281)迁泉州行省于福州,十九年(1282)复还泉州,二十年(1283)仍迁福州,二十二年(1285)并入杭州。 足证波斯史家之剌桐,即是《元史》之泉州矣。

布莱慈奈德引《元史·食货志》市舶条云:"至元十四年(1277)立市舶司一于泉州,立市舶司三于庆元、上海、澉浦,令福建安抚使督之。"泉州为当时舶商贸易之要港,则中世纪西方旅行家之剌桐为泉州彰彰明矣。 此外中国载籍可以参证此说者不少(《中世纪寻究》第一册186至187页)。

泉州在此时代必系外人时常往来之海港,1290年波罗等西还时即在此登舟,数十年后,伊本拔秃塔、马利诺里亦然。 忽必烈远征日本、爪哇之舟师皆在泉州出发,而出使外国之使臣,几亦尽在此处登陆也。

伊本拔秃塔书(第四册268至269页)叙述此城云:"兹请回述吾人旅行之细情,吾人海行后,首先登陆之城为剌桐(Zayton)城。 剌桐,阿剌壁语虽训作橄榄,然城中无此树,而在中国他处及印度亦未见有之(案: 此说不实)。 此城甚壮丽,织造绒及一种名称剌桐缎(zeitounyyah)之缎子,较之行在、汗八里所织之缎为优。 剌桐港为世界最大海港之一,竟可谓为世界极大之海港,我在港中见有大舶约有百艘,至若小舶未能以数计。 是为一大海湾,伸入陆地与大河连接。 此城一如其他中国诸城,每居民皆有园一所、田一处,而其居屋则在中央。 ……职是之故,中国人之城市甚大。"

泉州缎在中世纪时颇著名,波斯人名之曰 zeituni,迦思梯勒人(Castilians)名之曰 setuni,意大利人名之曰 zetani,而法兰西语之 satin,疑亦出于此也。

泉州港之衰微,似始于元末。 1362年,最后主教 Jacques de Florence 被害后,泉州之回教徒叛乱,烧杀亘数月。 官吏平乱后,严惩回教徒，不许入士籍。自是以后，外国贸易大为减少。16世纪初年，要在1506年至1522年间，废市舶司，漳州遂代兴（见1902年《通报》Arniz 神甫撰文）。

［2］钧案：Tiungui 旧考作汀州或德化，沙氏乃误作洪州，大误。余前此因饶窑，亦误以此德化为江西之德化，忘记福建德化之建窑，本章所言之瓷器应是建窑。至若 Tiuugui 疑是泉州之对音，德化属泉州，波罗名晋江之港曰剌桐，而称德化为泉州，亦理中或有之事也。

［3］不可因此文遽谓福建之汉人有文身之习，殆亦海上之人往来泉州之众，因执业于此港也。阿剌壁人名此术曰 Usciam。

［4］其意犹言此国方言甚多，彼此各异，然有一种文字可以通行。

［5］马可波罗书大致厘为三卷，据此可以证明。波罗在后卷兼述其未至之地，叙录其所闻之异说。至其所言之地图，殆指阿剌壁人航行印度、中国诸海所用之地图，亦后日葡萄牙最初航海家所用之地图也。

第二卷译后语

马可波罗书四卷以此卷为最长，而难题亦以此卷为最多。此卷专记中国事，论理地名可从中国，其实有不然者。此书不过是大德年间一部撰述，在中国人视之，不能算为古本，但因传本太多，写法不一，其难一。波罗路线不明，如自涿州至西安，又自涿州至淮安，中间究竟经行何地，别无他书可以参考，其难二。沙氏个人考订，颇多附会穿凿，往往妄改原书地名，改行在为杭州府，尚有说也，写镇巢军作常州府、写塔皮州作绍兴府，未免过于武断，由是于地名错杂之中，更加紊乱，其难三。职是之故，译文于本卷之地名，经沙氏妄改者皆复其旧，大致不误者录其原名，稍涉疑义者写其对音，所以有该州、哈强府、阿木州、秃落蛮、哈寒府、强格路、强格里、中定府、新州马头、临州、西州、新州、塔皮州等无从比附之译名。 此类译名之对音，未敢必其读法不误，缘此书涉及语言甚多，固有主张原本为法文本之说者，然其中有若干写法多从意大利文，故本卷译音大致从意大利语读法。复次，本书对于同一地名，著录之写法不一，如第一五四章注甲之崇迦，第一五五章又作楚迦，乃其一例，译文两录之，他皆仿此。 此外译文，务求不失原文朴质风味，原文编次虽欠条理，且多复词叠句，然未敢稍加改窜，宁失之干燥，不愿钩章棘句而失其真。 总之，本卷中之难题甚多，足供考据家之爬梳也。

1935 年 8 月 1 日冯承钧识

第三卷

日本，越南，东印度，南印度，
印度洋沿岸及诸岛屿，东非洲

第一五七章　首志印度述所见之异物
并及人民之风俗

前述诸地，叙录既毕，此后请言印度及其异物，而首言商人所附以往来印度诸岛之船舶。

应知其船舶用枞木（sapin）制造，仅具一甲板。各有船房五六十所，商人皆处其中，颇宽适。船各有一舵，而具四桅，偶亦别具二桅，可以竖倒随意。[甲] 船用好铁钉结合，有二厚板叠加于上，不用松香，盖不知有其物也，然用麻及树油掺合涂壁，使之绝不透水。

每船舶上，至少应有水手二百人，盖船甚广大，足载胡椒五六千担。[乙] 无风之时，行船用橹，橹甚大，每具须用橹手四人操之。每大舶各曳二小船于后，每小船各有船夫四五十人，操棹而行，以助大舶。别有小船十数助理大舶事务，若抛锚、捕鱼等事而已。大舶张帆之时，诸小船相连，系于大舟之后而行。然具帆之二小舟，单行自动与大舶同。

此种船舶，每年修理一次，加厚板一层，其板刨光涂油，结合于原有船板之上，其单独行动张帆之二小船，修理之法亦同。应知此每年或必要时增加之板，只能在数年间为之，至船壁有六板厚时遂止。盖逾此限度以外，不复加板，业已厚有六板之船，不复航行大海，仅供沿岸航行之用，至其不能航行之时，然后卸之。

既述往来海洋及诸印度岛屿之船舶毕，[1] 请先言印度之异物。

剌木学本第三卷第一章之异文如下：

[甲] "其商船用枞木、松木制造，诸船皆只具一甲板，上有船房，视船之大小，房数在六十所上下，每房有一船客，居甚安适。诸船皆有一竖舵，具四桅，张四帆，有时其中二桅可以随意竖倒。此外有若干最大船舶有内舱至十三所，互以厚板隔之，其用在防海险，如船身触礁或触饿鲸而海水透入之事。其事常见，

盖夜行破浪之时，附近之鲸见水起白沫，以为有食可取，奋起触船，常将船身某处破裂也。 至是水由破处浸入，流入船舱，水手发现船身破处，立将浸水舱中之货物徙于邻舱，盖诸舱之壁嵌隔甚坚，水不能透，然后修理破处，复将徙出货物运回舱中。 ……"

[乙] "诸船舶之最大者，需用船员三百人或二百人或一百五十人，多少随其大小而异，足载胡椒五六千包。 昔日船舶吨数常较今日为重，但因波浪激烈，曾将不少地方沙滩迁徙，尤其是在诸重要海港之中，吃水量浅，不足以容如是大舟，所以今日造船较小。 ……"

[1] 波罗所称"印度诸岛"，盖指位置中国海中之一切岛屿，并将日本包括在内。 其所详述之大海航船，必是中国船舶，当时中国船舶似较欧洲船舶为大。 剌木学本所志百五十人至三百人之数，已不为少，然有若干旅行家且谓其足载七百人（斡朵里克书），至千人（伊本拔秃塔书）也。 伊本拔秃塔谓中国船舶仅航行中国海中，而所记颇足以广异闻，然其文太长，未能转录于此（参看《伊本拔秃塔行纪》第四册 88 页以后，G. Stanton 书法文译本 第二册 341 页，《Deguignes 行纪》第二册 206 页，Charpentier Corsigny《广州行纪》224 页，《J. H. Grose 行纪》法文译本 165 至 166 页）。

第一五八章　日　本　国　岛

日本国（Zipangu）[1]是一岛，在东方大海中，距陆一千五百哩。 其岛甚大，居民是偶像教徒，而自治其国。 据有黄金，其数无限，盖其所属诸岛有金，而地距陆甚远，商人鲜至，所以金多无量，而不知何用。[2]

此岛君主宫上有一伟大奇迹，请为君等言之。 君主有一大宫，其顶皆用精金为之，与我辈礼拜堂用铅者相同，由是其价颇难估计。复次宫廷房室地铺金砖，以代石板，一切窗桄亦用精金，由是此宫之富无限，言之无人能信。[3]

有红鹧鸪甚多而其味甚美。亦饶有宝石、珍珠，珠色如蔷薇，甚美而价甚巨，珠大而圆，与白珠之价等重。[甲][4]

忽必烈汗闻此岛广有财富，谋取之。因遣其男爵二人统率船舶、步骑甚众而往。兹二男爵谨慎勇敢，一名阿巴罕（Abacan）、一名范参真（Vonsainchin），[5]率其部众自刺桐、行在两港登舟出发。既至，登陆，夺据一切平原、村庄，然未能攻下何种城堡，由是有下述之祸发生。

会北风大起，此岛沿岸少有海港，因是大受损害，风烈甚，大汗舰队不能抵御。诸帅见之以为船舶留此，势必全灭，于是登舟，张帆离去。航行不久，至一小岛，风浪漂流，欲避不能，船多破沉，其军多死，仅余三万人得免，避难于此岛中。[乙]

彼等既无食粮，不知所措，待死而已。然在绝望之中，见有若干船舶未遭难者疾驶返向本国，不来援救。盖统军之二男爵互相嫌忌，得脱走之男爵遂不欲回救其避难岛中之同僚。但风势不久便息，可以回舟援救，而彼不欲救之，径还本国。避难之岛，绝无人烟，除彼等外，不见他人。

刺木学本第三卷第二章增订之文如下：

［甲］"岛人死者，或用土葬，或用火葬，土葬者习含此珠一粒于口而殓。"

［乙］"风暴怒起，船舶破沉者甚众，仅有攀附破船遗物者得免，避难于邻近之一岛中，岛距日本国岸四哩。其他诸舟距岸较远者，未曾受难，二男爵及诸统将若百户、千户、万户等并在其中，遂张帆还其本国。"

［1］案：Zipangu 他本别有 Gypungu、Zapangu 等写法，并是汉语日本国之对音，至若欧洲语之 Japon、Japan 等写法，疑是出于马

来语之 Japun 或 Japang 者，剌失德丁书则写作 Gemcut。《元史》卷二〇八《日本传》云："日本国在东海之东，古称倭奴国，或云，恶其旧名，故改名日本，以其国近日所出也。"案：倭奴国亦作倭国，阿剌壁人地志中之 Wa-kwak 即其对音也。

[2]讫于 19 世纪中叶时，日本孤立，不与外通，所以金多而价贱（金三量易银一量）。阿剌壁地理学者 Edrisi，12 世纪中人也，曾谓日本诸岛黄金视同常物，狗之颈圈致以黄金制之。

[3]因有马可波罗"日本"条之叙述，复经 15 世纪学者之解释，遂使宇宙学者 Paolo Toscanelli 在 1474 年致此著名之信札于哥伦布（Christophe Colomb）云："日本国（Cipango）岛富有黄金、珍珠、宝石，用金砖盖其庙宇王宫，彼等欲其财宝不为人所发现，常埋藏之。"（Lazari 本 383 页）

赖有马可波罗书，尤赖有书中之"日本国"条，遂启哥伦布探险之举。当时相传中国距欧洲东十五时，而日本国更在其东，哥伦布自欧洲出发后，当然向西行而取捷道，不向东行而绕道非洲也。当时有一传说，谓马可波罗曾携有一航海地图及世界地图归欧洲，哥伦布或曾见此图也。哥伦布之事业尽人皆知，毋庸赘述。兹仅言其受马可波罗书影响之深，逮抵 Hispaniola 时，彼以为此地即是马可波罗书中之日本国也（Koempfer 书卷首 24 页）。

[4]蔷薇色珠甚稀，在今日尚为贵重之物。黑珠亦然，凡宝石商人终身所见之蔷薇色珠或黑色珠，不能有六粒也。日本人近年培养蚝珠，成绩似尚未显。

[5]东征日本之两帅名，曾据昔日耶稣会诸神甫考订，阿巴罕即是阿剌罕，其人殁于庆元（宁波），《元史》有传；范参真应是范文虎，《元史》无传。兹取《元史》卷二〇八《日本传》之文，以参稽互考之。

"日本为国去中土殊远，又隔大海，自后汉历魏、晋、宋、隋皆来贡，唐永徽（650～655）、显庆（656～660）、长安（701～704）、开元

（713～741）、天宝（742～755）、上元（760～761）、贞元（785～804）、元和（806～820）、开成（836～840）中并遣使入朝。宋雍熙元年（984）日本僧奝然与其徒五六人浮海而至，奉职贡并献铜器十余事。奝然善隶书，不通华言，问其风土，但书以对，云其国中有五经书及佛经、《白居易集》七十卷。奝然还后，以国人来者曰滕木吉，以僧来者曰寂照，寂照识文字，缮写甚妙。至熙宁（1068 至 1077）以后，连贡方物，其来者皆僧也。元世祖之至元元年（1264）以高丽人赵彝等言日本国可通，择可奉使者，三年（1266）八月，命兵部侍郎黑的给虎符充国信使，礼部侍郎殷弘给金符充国信副使，持国书使日本。书曰：‘大蒙古国皇帝奉书日本国王，朕惟自古小国之君，境土相接，尚务讲信修睦，况我祖宗受天明命，奄有区夏，遐方异域畏威怀德，不可悉数。朕即位之初，以高丽无辜之民久瘁锋镝，即令罢兵，还其疆域，反其旄倪。高丽君臣感戴来朝，义虽君臣，欢若父子，计王之君臣亦已知之。高丽，朕之东藩也，日本密迩高丽，开国以来亦时通中国，至于朕躬，而无一乘之使以通和好，尚恐王国知之未审，故特遣使持书布告朕志，冀自今以往，通问结好以相亲睦。且圣人以四海为家，不相通好，岂一家之理哉？以至用兵，夫孰所好，王其图之。’黑的等道由高丽，高丽国王王禃以帝命遣其枢密院副使宋君裴偕礼部侍郎金赞等，导诏使黑的等往日本，不至而还。四年（1267）六月，帝谓王禃以辞为解，令去使徒还，复遣黑的等至高丽谕禃，委以日本事，以必得其要领为期。禃以为海道险阻，不可辱天使，九月，遣其起居舍人潘阜等持书往日本，留六月，亦不得其要领而归。五年（1268）九月，命黑的、弘复持书往，至对马岛，日本人拒而不纳。执其塔二郎、弥二郎二人而还。六年（1269）六月，命高丽金有成送还执者，俾中书省牒其国，亦不报。有成留其太宰府守护所者久之。十二月，又命秘书监赵良弼往使。书曰：‘盖闻王者无外，高丽与朕既为一家，王国实为邻境，故尝驰信使修好，为疆场之吏抑而弗通。所获二人，敕有司慰抚，俾赍牒以还，遂复寂无所闻。 继欲通问，属高丽权臣林衍构乱，坐是弗果，岂王亦因此辍不遣使，或已遣而中路梗塞，皆不可知。 不然日本素号知礼之国，王之君臣宁肯漫为弗思之事乎？ 近已灭林衍，复旧王位，安集其民，特命少中大夫秘书监赵良弼充国信使，持书以往。 如即发使与之偕来，亲仁善邻，国之美事，其或犹豫以至用兵，夫谁所乐为也？ 王其审图之。'良弼将往，乞定与其王相见之仪。 廷议与其国上下之分未定，无礼数可言，帝从之。 七年(1270)十二月，谕诏高丽王禃，送国信使赵良弼通好日本，期于必达。 仍以忽林失、王国昌、洪茶丘将兵送抵海上，比国信使还，姑令金州等处屯驻。 八年(1271)六月，日本通事曹介升等上言： '高丽迂路导引国使，外有捷径，倘得便风，半日可到，若使臣去则不敢同往，若大军进征则愿为向导。'帝曰： '如此则当思之。'九月，高丽王禃遣其通事别将徐称导送良弼使日本，日本始遣弥四郎者入朝，帝宴劳遣。 九年(1272)二月，枢密院臣言： '奉使日本赵良弼遣书状官张铎来言，去岁九月与日本国人弥四郎等至太宰府西守护所。 守者云，曩为高丽所绐，屡言上国来伐，岂期皇帝好生恶杀，先遣行人下示玺书。 然王京去此尚远，愿先遣人从奉使回报。'良弼乃遣铎同其使二十六人至京师来见。 帝疑其国主使之来，云守护所者，诈也。 诏翰林承旨和礼霍孙以问，姚枢、许衡等皆对曰： '诚如圣算，彼惧我加兵，故发此辈伺吾强弱耳，宜示之宽仁，且不宜听其入见。'从之。 是月，高丽王禃致书日本，五月，又以书往，令必通好大朝，皆不报。 十年(1273)六月，赵良弼复使日本，至太宰府而还。 十一年(1274)三月，命凤州经略使忻都、高丽军民总管洪茶丘，以千料舟、拔都鲁轻疾舟、汲水小舟各三百，共九百艘，载士卒一万五千，期以七月征日本。 冬十月，入其国，败之，而官军不整，又矢尽，惟虏掠四境而归。 十二年(1275)二月，遣礼部侍郎杜世忠、兵部侍郎何文著、计议官撒都鲁丁往使，复致书，亦不报。 十四年(1277)，日本遣商人持金来易铜钱，许之。 十七年

（1280）二月，日本杀国使杜世忠等，征东元帅忻都、洪茶丘请自率兵往讨，廷议姑少缓之。 五月，召范文虎议征日本。 八月，诏募征日本士卒。 十八年（1281）正月，命日本行省右丞相阿剌罕、右丞相范文虎、忻都、洪茶丘等，率十万人征日本。 二月，诸将陛辞，帝敕曰：'始因彼国使来，故朝廷亦遣使往，彼遂留我使不还，故使卿辈为此行。 朕闻汉人言，取人家国，欲得百姓土地，若尽杀百姓，徒得地何用？ 又有一事，朕实忧之，恐卿辈不和耳。 假若彼国人至，与卿辈有所议，当同心协谋，如出一口答之。'五月，日本行省参议裴国佐等言：'本省右丞相阿剌罕、范右丞、李左丞，先与忻都、茶丘入朝时，同院官议定领舟师至高丽金州，与忻都、茶丘军会，然后入征日本。 又为风水不便，再议定会于一岐岛。 今年三月，有日本船为风水漂至者，令其水工画地图，因见近太宰府西有平壶岛者，周围皆水，可屯军船。 此岛非其所防，若径往据此岛，使人乘船往一岐，呼忻都、茶丘来会进讨为利。'帝曰：'此间不悉彼中事宜，阿剌罕辈必知，令其自处之。'六月，阿剌罕以病不能行，令阿塔海代总军事。 八月，诸将未见敌，丧全师以还。 乃言至日本，欲攻太宰府，暴风破舟，犹欲议战，万户厉德彪、招讨王国佐、水手总管陆文政等不听节制，辄逃去，本省载余军至合浦，散遣还乡里。 未几，败卒于阊脱归，言官军六月入海，七月至平壶岛，移五龙山，八月一日风破舟，五日文虎等诸将各自择坚好船乘之，弃士卒十余万于山下。 众议推张百户者为主帅，号之曰张总管，听其约束，方伐木作舟，欲还，七日本人来战，尽死，余二三万为其虏去。 九日至八角岛，尽杀蒙古、高丽、汉人，谓新附军为唐人，不杀而奴之，阊辈是也。 盖行省官议事不相下，故皆弃军归。 久之，莫青与吴万五者亦逃还，十万之众，得还者三人耳。 二十年（1183），命阿塔海为日本行省丞相，与彻里帖木儿右丞、刘二拔都儿左丞，募兵造舟，欲复征日本。 淮西宣慰使昂吉尔上言，民劳乞寝兵。 二十一年

（1284），又以其俗尚佛，遣王积翁与补陀僧如智往使，舟中有不愿行者，共谋杀积翁，不果至。二十三年（1286），帝曰，'日本未尝相侵，今交趾犯边，宜置日本，专事交趾。'成宗大德二年（1298），江浙平章政事也速答儿乞用兵日本。帝曰：'今非其时，朕徐思之。'三年（1299），遣僧宁一山者，加妙慈弘济大师，附商舶往使日本，而日本人竟不至。"

《新元史·日本传》兼辑诸本传文，虽有关系，然不常与正文相合。此外可参考钱德明（Amiot）书第十四册 63 至 74 页，冯秉正（Mailla）书第九册 405 及 409 页。最近山田（Nak. Yamada）所撰之《元寇》（Ghenko, The mongol invasion of Japan）一书，颇类大仲马（Alexandre Dumas）氏之小说，非信史也。

第一五九章　避难岛中之大汗军夺据敌城

留于岛中者有三万人，既无法得脱，待死而已。大岛之王闻敌兵一部避难岛中，另一部皆散走逃还本国，甚喜，遂聚集大岛一切船舶，已而进至小岛，环岛登岸。登岸以后，不留一人看守船舶，其谋至为不慎。鞑靼人较有策谋，见敌众登岸，乃伪作逃走之状，群登敌舟，舟中空无一人，登之甚易。

登舟以后，立即出发，航至大岛，登陆以后，执本岛君主旗帜，进向都城。城中戍守之众，未虞敌至，见本国旗帜，以为本国兵至，听其入城。彼等尽入城后，占据一切险要，尽驱城众出城，仅留美女，大汗军取城之法如此。

大岛之王及其军队，见都城、舰队尽失，大痛，然犹登余舟进至大岛沿岸，立集全军，近围都城，围之甚密，无人可以出入。城内之众守城七阅月，日夜谋以其事通知大汗，然交通既断，无法上闻也。及见不能再守，遂约免死求降，并许永不离去此岛。事在救世主诞生后之

1279 年也。[1]

二男爵中之一人逃归者大汗断其首，嗣后并杀留居岛中之别一人，盖在战中，练达之将不能有此失也。[2]

此次远征中尚有别一异事，前忘言之，兹请追述于此。初，大汗军在大岛登岸占据平原后，有一塔拒守不降，攻拔之，尽断守者之首，惟有八人不受刃伤。盖其臂上皮肉之间，巧嵌石块，以作护符，此石效力足使嵌之者可免铁伤。诸男爵闻其事，命杖杀其人，将各人之石取出而宝视之。[3]

兹置此事不言，请回言本题。

[1] 地学会本作 1269 年，Bâle 城钞本作 1289 年，剌木学本作 1264 年，颇节诸本作 1279 年，皆与前章注[5]所引《元史》记载之年数不符。足证征东之役，马可波罗未曾参预其事。至若难军夺取日本某城之事，未见载籍著录，殆是 1274 年一役事，抑为蒙古朝廷讳败之传说也。

[2] 剌木学对于第二男爵增订之文有云："流之主儿扯(Zorza)野岛中，用下述惩治罪人之法以正其罪。取新剥牛皮裹罪人，密缝之，皮干缩小，人体束于其中，不能动作，困顿以致于死。"此岛未详，殆是黑龙江口之一岛也。

[3] 修士斡朵里克记婆罗洲(Bonéo)土人事亦同："有一种藤，内藏宝石，有取之配带者不受铁伤。欲使此石有效，在诸子臂上破一深创，置石创中，旋用一种粉涂此创，创即合。此粉用鱼作之，然不知为何鱼。彼等因有此石保护，在海上战无不胜。其邻部之人知其可以御铁，乃用无铁之矛箭以战……。"（戈尔迭本斡朵里克书 176 页）

此种石块盖为兽类粪石，玉耳曾分别有鹿、驼、鱼、蛇之粪石数种。D'Herbelot 曾考订云："有 Badzeher 或 Bazeher 者，波斯语犹言驱毒之物，与希腊人所称 Antidotes 意义相同。然世人特用此名以指石块，吾人由传写之讹，遂一变而为 bezoar。若干阿剌璧著作家或以为此石出于矿中，或以为是某种蛇首所产，又有人以其出于鹿之眼角。 相传鹿食蛇后，石渐长大，痂脱石重，坠于中国土番野外沙中。 其性在能吸取创中之毒，以石就创，石即与创接，吸毒既毕，置石水中浸之，毒复出，以后重用此石治创辄有效。"（D'Herbelot 书 167 页）

"东方民族信仰护符之风，尚属普及，或以其能致大福，或以其能去大祸。 即若吾人此风亦遍，有军人佩戴曾经祝福之物于身，以为其效可御敌人炮弹也。"（颇节本 547 页注三）

第一六〇章　偶像之形式

应知契丹、蛮子之偶像与夫日本之偶像，悉皆相同。 有牛头者，别有猪头、狗头或羊头及其他数种形貌者。 又有若干四头者，别有三头者，两臂各有一头。 更有四手者、十手者及千手者，千手之像，受人信奉较甚于他像。 基督教徒曾询彼等，何以造作偶像形貌不同而不相类，彼等答曰，祖宗传之子孙，即已如此，而彼等留传于后人亦复如是，由是永远皆然。 应知此种偶像作为悉属魔术，未便述之。 所以置此偶像不言，请言他事。

尚应为君等言者，此岛（日本）及印度海其他诸岛之居民，俘一敌者，若敌不能用金赎还，俘敌之人则召集一切亲友，杀此人而聚食其肉，谓是为世上最美之肉。

兹置此事不言，请言他事。

应知此类岛屿所处之海，名称秦（Cin、Cim）海，[1] 犹言接触蛮子地方之海也。 盖此类岛民语言称蛮子曰秦，故以名之。 此海延至东方，据习于航行此海渔夫、水手之说，彼等时常往来水道之中，共有七千四百五十九岛，彼等除航海外不作他事，故熟知之。 诸岛皆出产贵重芬芳之树木，如沉香木及其他良木之类，亦有调味香料种类甚多。

例如制造胡椒,色白如雪,产额甚巨,即在此类岛屿也。[2] 由是其中一切富源,或为黄金、宝石,或为一切种类香料,多至不可思议,然诸岛距陆甚远,颇难到达,刺桐、行在船舶之赴诸岛者皆获大利。

来往行程须时一年,盖其以冬季往,以夏季归。缘在此海之中,年有信风二次,一送其往,一送其归。此二信风,前者亘延全冬,后者亘延全夏。[3] 君等应知其地距印度甚远,赴其地者须时甚长。此海虽名秦海,广大不下西方大海(指大西洋)。其在此处具此名,犹之在英吉利名海曰英吉利海,他处名海曰印度海,然此种种海,皆不失为西海之一部也。[4]

此地为难至之贵地,马可波罗阁下从未涉足其间。大汗与之毫无关系,诸岛对之不纳贡赋,不尽藩职。

所以吾人重返刺桐,是为小印度发航之所。

[1] 本书名中国曰 Cin、Cim,首见于此,亦独见于此。当时阿剌壁之地学家谓中国海起满剌加(Malacca)海峡,与今日同。至若 Cina、China、Chine 诸称,非出之中国,而出自波斯、阿剌壁、葡萄牙等地之航海家,皆为支那(Cina)之种种写法。支那者,秦以来亚洲其他民族以名中国之称也。

此名之起源,昔日学者颇有争持。19 世纪中叶时,卫匡国神甫业已主张支那之名本于秦,盖由纪元前 249 至 207 年间之一朝代名称所转出。此说为人承认久矣,然至近代 Von Richtofen、H. Yule、Terrien de Lacouperie、Chavannes 诸氏皆否认之。最后伯希和仍取卫匡国之旧说,以其"独与对音相合,而可认为中国全部之称。……此支那之称出于印度,固无可疑,第中国人亦自承此名所指者为中国。中国人固不以秦而自名,然此称尚引起其种族地域之观念。……准此以观,支那与秦相对,在音韵史地方面,皆能相合,故余采之。"(见远东法国学校校刊第四册 143 至 149 页,并参看《通报》1912 年刊 717 至 742 页,又 1913 年刊 427 至 428 页伯希和说)

[2] 调味香料,大致包括丁香、肉豆蔻、檀香、沉香、降香、

安息香、樟脑、胡椒、姜、肉桂、白豆蔻、苏木，及产于南海诸岛之其他不少香料而言。欧洲人未至以前，其交易全由中国船舶为之。中国人贩此种香料于印度，重载印度香料而归，尤以胡椒之额为巨（戈尔迭本斡朵里克106页）。斡朵里克有一章专言胡椒之生长，然未将黑、白胡椒判别为二，与马可波罗同。盖白胡椒仅为黑胡椒之漂白者，非另一种也。欧洲人忘马可波罗书之言，迄于18世纪末年，尚误以白胡椒与黑胡椒是两种树木之出产。

[3] 今日中国帆船航行南海与爪哇等岛贸易者，情形尚复如是。此种船舶之构成，不能抗逆风，所以循信风而去，待信风而归。凡航行中国海者，皆能证本书之说非误。冬日信风或东北信风始于阳历10月杪，止于6月，中国帆船在此时自中国海港开航，赴满剌加峡，夏日信风或西南信风始于阳历7月，止于10月，中国帆船归航在此期内。

[4] 此种舆地说盖为中世纪时流行之说，多承袭亚历山大（Alexandrie）学派之古地理学家者也。玉耳（第一册108页）曾撰一世界地图指示马可波罗对于地球之概念。

第一六〇章重　海南湾及诸川流[1]

从刺桐港发足向西，微偏西南行一千五百哩，经一名称海南（Cheinan）之海湾。[2]其海岸延长二月程，船沿行其北部全境，其地一方面与蛮子州东南部连界，一方面与阿木（Amu）、秃落蛮（Toloman）及其他业经著录之诸州境界相接。[3]湾内多有岛屿，泰半繁殖居民，岸边有金沙甚多，在诸川入海处拣之。亦产铜及他物，各岛以其产物贸易，此岛有者，他岛无之。岛民亦与陆地之人交易，出售金、铜及他种出产，而购入其所需之物。诸岛多半饶有谷食。此湾幅员之广，人民之众，似构成一新世界。[4]

[1]本章不见诸旧本，仅刺木学本（第三卷第五章）中有之。马可波罗经行此湾不止一次，刺木学本（第一卷第一章）谓其最后赴波斯而还欧洲时，曾奉命率船舶数艘循海而向东印度，则其奉使至占巴（Champa，即占城，今安南中圻沿岸也）老王所，殆在此役之中。既然数次沿广东、东京海岸行，获闻邻近台湾、海南、菲律宾等岛之消息，亦意中必有之事也。

[2]刺木学本后章谓渡湾一千五百哩至占巴国，则其所指者为东京湾，或以为是海南岛者误也。

案：昔之海南所指之地甚广，不专指今之海南岛也。《文献通考》云："海南诸国汉时通焉，大抵在交州南及西南，居大海中洲上，相去或三五百里，三五千里，远者二三万里。乘舶举帆，道里不可详知，外国诸书虽言里数，亦非定实也。……吴孙权遣宣化从事朱应、中郎康泰使诸国，其所经及传闻，则有百数十国，因立记传。"

[3]刺木学本此处写地名作 Ania，然在前此（第二卷第四十七章）又写同一名称作 Amu，吾人以为后一写法不误，故从之。

[4]观其所志海湾之广，岛屿之众，所言者似不仅近陆诸岛，兼包括有菲律宾等岛，盖菲律宾亦产金、铜也。

第一六一章　占巴大国

从刺桐出发向西、西南航行千五百哩，则抵一地，名称占巴（Ciampa、Cyamba），[1]是为一极富之地，自有国王，并自有其语言。居民是偶像教徒，每年贡象于大汗，除象以外不贡他物，兹请述其贡象之故。

基督诞生后 1278 年时，大汗遣其男爵一人名称撒合都（Sagatu）[2]者，率领步骑甚众，往讨此占巴国王。此男爵对于此国及其国王作大军事行动。国王年老，所部军不如男爵之众，见此男爵残破其国，颇痛心。遂遣使臣往大汗所,而致词曰:"我主占巴国王,以藩臣名义遣使入朝,国王年老,所治之国久已平和安宁。今愿称臣,每年贡象,其数惟君所欲。请赐怜悯,命君之男爵及所部之众不再残破我国,率众他适,以后国王奉君之命,代治此国。"

大汗闻言悯之,乃命其男爵率其部众离去此国,往侵他国。大汗命至,男爵及其部众遂行。此国王成为大汗藩臣之故如此,每年贡象二十头,乃国中最大而最美之象也。

兹置此事不言,请言占巴国王之若干特点。

应知此国之妇女,未经国王目见者,不得婚嫁,国王见而喜,则娶以为妻,不喜,则赐以嫁资,俾能婚嫁。并应知基督诞生后 1280 年时,马可波罗阁下身在此国,是时国王有子女三百二十六人,其中能执兵者一百五十。[3]

此国有象甚众,并见有大森林,林木黑色,名称乌木,以制箱匣。此外无足言者,此后接言他事。

剌木学本第三卷第六章增订之文如下:

[甲]"国王称阿占巴勒(Accambale),年事甚老,无军可敌大汗军,逃避于安宁可守之城堡中,然平原中之城市民居,悉遭残破。国王见敌众残破其一切领土,遂遣使臣往谒大汗致词,谓其年老,国家久安,请勿残破,命该男爵率部众他适,每年将进象及沉香,以充贡品。……"

[乙]"此国室女美者,非进献国王后,不得婚嫁,若国王见喜,留之若干时,然后赐以金,俾其婚嫁。……国王有子女三百二十五人,诸子多为勇武战士。此国产象甚众,而沉香亦甚多。……"

斡朵里克书亦有异文足资转录:

"纳覃(一作 Panthen)岛附近有一国名称占巴(Campe,即Champa),是一美丽之国,种种食粮、产物悉皆丰饶。我莅此国时,国王有子女二百人,盖王有妻数人,而妾甚众也。此王有象万头以供役使,命城人看守饲养之。此国有一异事,海中诸鱼辄聚于海岸，岸边只见有鱼，不见有水。每类轮流聚集岸边三日，期满则去，由是别种继至，停留之期亦同，迄于诸类皆至始止，每年如是。以询土人，土人答曰诸鱼来朝国王。我在此地曾见一龟，奇大无比，较之巴杜（padoue）城圣马儿丁（Saint-Martin）之钟楼更大。此地男子死，则将其妻生殉，[4]据云，妻宜随夫于彼世。"——戈尔迭本幹朵里克书187至188页。

[1]别有Cianba、Ziamba种种写法，皆是恒河沿岸国名瞻波之对音。纪元初时，印度人东徙时，以此名名其徙居之地，即后之占城，亦即玄奘之摩诃瞻波也。

《辞源》子集397页占城条云："本周越裳地，秦为林邑，汉为象林县。后汉末区连据其地，始称林邑王，自晋至隋仍之。唐时或称占不劳，或称占婆，其王所居曰占城，唐肃宗以后改国号曰环，五代周时遂以占城为号，明时为安南所灭。"

此国两见《文献通考》卷三三一及卷三三二著录，兹仅摘录其两段要文于下。《林邑传》云："马援北还，留下余户于铜柱处。至隋有三百余户，悉姓马。土人以为留寓，号曰马留人。铜柱寻没，马留人常识其处。"又《占城传》云："宋景德四年（1007）占城国王遣使奉表来朝，表函籍以文锦。其使言本国旧隶交州，后奔于佛逝，北去旧所七百里。"

案：占城旧都Indrapura，迄于10世纪末年。在今广南之茶荞，后徙今平定北之佛逝（Vijaya），即《越史》之阇槃也。

[2]撒合都即《元史》之唆都。《元史》卷二一○有《占城传》，兹录其文于下，以资参稽：

"占城近琼州，顺风舟行一日，可抵其国。世祖至元间，广南西道宣慰使马成旺尝请兵三千人、马三百匹征之。十五年（1278）右丞唆都以宋平，遣人至占城，还言其王失里咱牙信合八剌哈迭瓦（Sri Jaya Sinhavarmadeva）有内附意，诏降虎符，授荣禄大夫，封占城郡王。十六年（1279）十二月，遣兵部侍郎教化的、总管孟庆元、万户孙胜夫与唆都等使占城，谕其王入朝。 十七年（1280）二月，占城国王保宝旦拏啰耶邛南諔占把地啰耶（Pu Pontanaraja……Camparaja）遣使贡方物，奉表降。 十九年（1282）十月，朝廷以占城国王孛由补剌者吾襄岁遣使来朝，称臣内属，遂命左丞唆都等，即其地立省以抚安之。 既而其子补的专国，负固弗服。 万户何子志、千户皇甫杰使暹国，宣慰使尤永贤、亚阑等使马八儿（Ma'abar）国，舟经占城皆被执，故遣兵征之。 帝曰：'老王无罪，逆命者乃其子与一蛮人耳。 苟获此二人，当依曹彬故事，百姓不戮一人。'十一月占城行省官率兵自广州航海至占城港，港口北连海，海旁有小港五，通其国大州，东南止山，西旁木城，官军依海岸屯驻。 占城兵治木城，四面约二十余里，起楼棚，立回回三梢炮百余座，又木城西十里建行宫，孛由补剌者吾亲率重兵，屯守应援。 行省遣都镇抚李天祐、总把贾甫招之，七往终不服。 十二月招真腊国（Cambodge）使速鲁蛮请往招谕，复与天祐、甫偕行，得其回书云，已修木城，备甲兵，刻期请战。 二十年（1283）正月，行省传令军中，以十五日夜半发船攻城。 至期，分遣琼州安抚使陈仲达、总管刘金、总把栗全以兵千六百人由水路攻木城北面，总把张斌、百户赵达以三百人攻东面，沙觜省官三千人分三道攻南面。 舟行至天明泊岸，为风涛所碎者十七八。 贼开木城南门，建旗鼓，出万余人，乘象者数十，亦分三队迎敌，矢石交下，自卯至午贼败北。 官军入木城复与东北二军合击之，杀溺死者数千人。 守城供饷馈者数万人悉溃散，国主弃行宫，烧仓廪，杀永贤、亚阑等，与其臣逃入山。 十七日，整兵攻大州。 十九日，国主使报答者来求降。 二十日，兵至大州东南，遣报答者回，许其降免罪。 二十一日，入大州，又遣博思兀鲁班者来言降，王命国主太子后当自来。 行省传檄召之，官军复驻城外。 二十二日，遣其舅宝脱秃花等三十余人奉国王信物、杂布二百匹、大银三锭、小银五十七锭、碎银一瓮为质，来归款。 ……"

[3] 波罗奉使占城之年, 诸本著录各异, 惟颇节校订本及刺木学本皆作 1280 年, 兹从之。

[4] 刺木学本著录真腊 (柬埔寨) 亦有此风 (戈尔迭本斡朵里克书 200 页), 此事在印度化之越南半岛中毫无足异。

第一六二章　爪哇大岛

自占巴首途向南航行千五百哩, 抵一大半岛, 名称爪哇 (Jawa)。据此国水手言, 此地为世界最大之岛。 此岛周围确有五千哩, 属一大王而不纳贡他国。 居民是偶像教徒。 此岛甚富, 出产黑胡椒、肉豆蔻、高良姜、荜澄茄、丁香及其他种种香料, 在此岛中见有船舶商贾甚众, 运输货物往来, 获取大利。 大汗始终未能夺取此岛, 盖因其距离甚远, 而海上远征需费甚巨也。 刺桐及蛮子之商人在此大获其利。[1]

[1] 此文与其他诸本之文, 无甚殊异。 地学会法文本谓自占巴发航向东南南行, 岛周围仅逾三千哩, "刺桐及蛮子之商人悉在此获取大利, 而今尚在此处吸收一切黄金"。 刺木学本云: "黄金之多, 无人能信, 亦无人能言其额。 此岛供给香料甚多, 运往世界。 ……"

钧案: 原注以此岛面积甚广, 而下文有南有昆仑山 (Condur) 之语, 遂以其为安南之南圻 (Cochinchine), 大误。 近人对于此岛考证綦详, 沙氏征引偶疏, 兹仍著录爪哇之名。

第一六三章　桑都儿岛及昆都儿岛

自爪哇首途,[甲] 向南航行七百哩,[1] 见有二岛, 一大一小, 一岛名桑都儿 (Sandur), 一岛名昆都儿 (Condur)。[2] 此处无足言者,[乙] 请言更远之一地, 其地名称苏哈惕 (Soucat),[3] 在桑都儿岛外五百哩。[丙] 是一富庶良好之地，自有其国王。 居民是偶像教徒，自有其语言。 其地远僻，无人能来侵，故不纳页赋于何国。 设若有人能至其地，则大汗将尽征服之矣。

此地饶有吾人所用之苏木。 黄金之多，出人想象之外，亦有象及不少野味。 前述诸国用作货币之海贝，皆取之于此国也。[T]

此地甚荒野，往者甚稀，此外无足言者。 而且国王不欲人知其国之财富，亦不愿外人来此。

兹请接述朋丹（Pontain）岛。

剌木学本第三卷第八章增订之文如下：

［甲］“自此爪哇（Giava）岛首途向西南南航行七百哩。”

［乙］“盖此二岛，未有民居。 ……”

［丙］“隶属陆地，地大而富，名称 Lochac。”

［丁］“此地有一种果，名称 berci，[4] 大如柠檬，味佳可食。”

［1］地学会法文本及剌木学本并著录其方向在西南南。

［2］桑都儿疑是《星槎胜览》之孙陀罗，颇节考订为昆仑山（Poulo Condor）西之两兄弟岛，是也。 马来语 Sudara 犹言兄弟，波罗之 Sandur 与费信之孙陀罗，并是马来语名称之译音（《通报》1898 年刊 371 页注十四 Schlegel 说）。

Condur 亦作 Candur，即今之 Poulo Condor 群岛，亦中国载籍著录之昆仑山也。

［3］案：地学会法文本亦作 Lochac，与剌木学本合，则此本所著录之 Soucat 应误。 钧案：此下沙氏历引罗越、罗斛、罗刹诸说，皆未加以论断，此地或属暹罗，与昆仑山等岛并属传闻之地，故语皆不详也。

［4］考斡朵里克书 156 页，戈尔迭以此 berky 为面树（jaquier），然波罗谓其果大不逾柠檬，而面树果则大类南瓜也。 或有谓是莽吉柿（mangoustan）者，似乎近之。

第一六四章 朋 丹 岛

尚应知者,自罗迦克(Lochac)首途,向南航行五百哩,抵一岛,名称朋丹(Pontain),[1] 地甚荒野,一切树林满布香味之树。

此外无足言者,又在上言二岛间[甲]航行六十哩,此六十哩中水深仅有四步,由是大船经过者必须起舵。

行此六十哩毕,又行三十哩,见一岛,是为一国,名麻里予儿(Maliur)。[2] 居民自有国王,并其特别语言。其城大而美,商业繁盛。有种种香料,此外一切食粮皆饶。[3]

此外无足言者,请作更远之行。

[甲] 剌木学本第三卷第九章之异文云:"罗迦克州及彭覃(Pentam)岛间宽六十哩,水深多不过四步,所以航行之人必须起舵。向东南(应作西南)航行此六十哩后,复接行约三十哩,至一岛,岛为一国,都城名称麻剌予儿(Malaiur),故名麻剌予儿岛。"

波罗在此处叙述较为明了,"上言二岛",盖一指罗迦克州,殆视之为半岛(则指马来半岛),一距宽六十哩水深四步之海峡(星加坡老峡),然则非今地图上之万丹(Bintang)岛,而为星加坡(Singapour)岛矣。

[1] 按此岛名有 Pontain、Pentam、Pontam、Pentan 种种写法,显是今 Bintang 之对音传写之误,然波罗之 Pentam,不得为今之 Bintang,亦非今之 Patang 也。……按 Patang 周围有险滩,仅有小船可入,Bintang 亦然,仅其西南角今 Rhio 一处有路可通,14 世纪时岛之酋长即驻于此。波罗所乘之舟似无绕道至此小港之理由。况且此处海峡水深过四步,至若星加坡老峡西面水深逾二㖊(brasses)也。(今地图名此峡曰柔佛〔Johore〕峡,一名 Silit Tekrau。戈尔迭本第三册 105 页引纪利尼〔Gerini〕说)

"老峡"为惟一航行之水道，由来久矣，必亦为波罗航行之所经。峡大致宽一千五百公尺，有若下地点不逾五百公尺。G. Careri 在 17 世纪末年尚名之曰星加坡峡，然与今日常行之"新峡"则判别甚明，盖新峡为西班牙某长官之赴菲律宾者所开辟，曾名长官峡（del Gobernador）也。"苏门答剌及马来半岛间之诸岛构成数个颇难航行之海峡，尤以星加坡峡为甚，然以其道捷，赴暹罗、南圻、北圻、马尼剌（Manille）、中国、日本等地者多遵之。别一峡名长官峡，水深不能泊舟，然较前峡为宽，荷兰、英吉利、法兰西及其他欧罗巴人多取此途。其他诸峡若 Carvon、Dourion、Xavon、Djohor 等峡，则皆以构成之岛为峡名。仅有柔佛（Djohor）峡经行陆地与诸岛间，由此峡抵于柔佛城。"（G. Careri 书第三册 364 至 366 页）

"有一重要村庄名称万丹（Bentan）在此柔佛峡上，处东经一〇三度五三分间。与一名称马剌瑜（Malayu）之河流，在峡西数哩，然波罗所言之地疑指星加坡岛，至若 Malaiur，应是《元史》之麻里予儿也。"（见前引书 533 页纪利尼说）

[2] 观诸本之文，足证纪利尼、颇节考订之非误，波罗之麻剌予儿应在柔佛峡之西北三十哩。吾人所本之文更为明了，明言自麻剌予儿赴苏门答剌，则此处之麻剌予儿显与后章之苏门答剌显为二地，而苏门答剌岛中之 Malayu 别有所指也。

《元史》卷二一〇《暹国传》云："暹国当成宗元贞元年（1295）……以暹人与麻里予儿旧相仇杀，至是皆归顺，有旨谕暹人勿杀麻里予儿，以践尔言。"既相仇杀，足证暹罗麻里予儿为邻国，麻里予儿应在马来半岛上，殆即今之满剌加（Malacca）也（《通报》1898 年刊 287 至 290 页）。

中国载籍著录此麻剌予儿之译名甚夥，有木剌由、木来由、摩罗游、马来忽、没剌由、末罗瑜种种写法，而末一名乃义净之译名也（参看远东法国学校校刊 1918 年刊 25 至 27 页）。

[3] 波罗位置麻剌予儿在半岛西岸，并称星加坡岛曰万丹（Bintan），与诸阿剌壁地志同。 据 Ibn Said（13 世纪时人）云：

"麻剌予儿是一世人熟知之城，是一停船之地。 经度与哥罗（Kalah 在 Kra 地峡之西）同，纬度与南巫里（Lamuri，在苏门答剌之西北）同。 此岛诸城皆在河口。 岛长约八百哩。 左右有两岬，海水流经其中，宽有二哩。 海水不深。 人称此峡曰方丹（Bintan）。 ……"（参看 G. Ferrand 书 343 页）

第一六五章　小爪哇岛

自麻里予儿（Maliur）岛首途，向西南航行九十哩，则抵小爪哇（Jauva la mineur）岛，虽以小名，其周围实逾二千哩也。[1] 兹请全述关于此岛之事。

应知此岛有八国八王。[2] 居民皆属偶像教徒，各国自有其语言。此岛有香料甚多。[甲]

兹请为君等叙述关系此八国中大半数国之事。 然有一事先应知者，此岛偏在南方，北极星不复可见。[乙]

今请回言本题，首述八儿剌（Ferlec、Frelach）国。

应知回回教徒时常往来此国，曾将国人劝化，归信摩诃末（Mahomet）之教，然仅限于城居之人，盖山居之人生活如同禽兽，食人肉及一切肉，并崇拜诸物也。 此辈早起，崇拜其首见之物，终日皆然。[3]

既述此八儿剌国毕，请言巴思马（Basma、Basman）国。[4]

离八儿剌国后入巴思马国，亦一独立国也。 居民自有其语言，生活如同禽兽，盖其不信何教，虽自称隶属大汗，缘地过远而不纳贡赋。第若大汗可畏之士卒能抵此地，不难将其征服，然偶亦进奉异物于朝。[丙] 国中多象，亦有犀牛，鲜有小于象者。 此种独角兽，毛类水牛，蹄类象，额中有一角，色白甚巨，不用角伤人，仅用舌，舌有长刺甚坚利，其首类野猪，常俯而向地，喜居湖沼及垦地附近。[丁]此兽甚丑恶，人谓至女可以擒之，非事实也。 小见有猴甚众，计有数种。 并见有苍鹰，其黑如乌，躯大可饲养也。[5]

有携小人至吾国，而谓其产自印度者，盖伪言也，是即此岛所产之猴，兹请言其伪造之法。 有一种猴身躯甚小，面貌与人无异。 人捕之，全拔其毛，仅留颔毛、阴毛，已而听其干，剥而用洎夫蓝[戊]及他物染制，俾其类人。 然是为一种欺人之术，盖在全印度境中以及其他更较蛮野之地，从来未见如是之人也。

兹不复言此巴思马国，后此按次历言他国。

离此巴思马国后，即至一名须文答剌（Samudra）之国，[6]此国亦在同岛之中。 马可波罗阁下曾因风浪不能前行，留居此国五月。 在此亦不见有北极星及金牛宫星（bouvier）。 居民亦自称隶属大汗。 马可波罗阁下既因风浪停留此国五月，船员登陆建筑木寨以居。[己]盖土人食人，恐其来侵也。[7]其地鱼多，世界最良之鱼也。 无小麦，而恃米为食，亦无酒。 然饮一种酒，请言取酒之法如下：

应知此地有一种树，土人欲取酒时，断一树枝，置一大钵于断枝下，一日一夜，枝浆流出，钵为之满。 此酒味佳，有白色者，有朱色者。[8]此树颇类小海枣树。 土人断枝，仅限四枝，迨至诸枝不复出酒时，然后以水浇树根，及甫出嫩枝之处。 土产椰子甚多，大如人首，鲜食甚佳，盖其味甜而肉白如乳也。 肉内空处有浆，如同清鲜之水，然其味较美于酒及其他一切饮料。[庚]

既述此国毕，请言他国。

离此须文答剌后，入一别国，名称淡洋（Dagroian、Dangroian、Angrinan）。[9]是一独立国。 居民是偶像教徒，性甚野蛮，自称隶属大汗。 今请言其一种恶俗。

若有一人有疾，即招巫师来，询其病能愈与否。 巫者若言应愈，则听其愈。 然若巫者预卜其病不愈，则招集多人处此种病人死。 诸人以衣服堵病者口而死之。 病者死后，熟其肉，死者诸亲属共食之。 此辈吸其骨髓及其他脂肪罄尽，据云骨内若有余留之物，则将生虫，此虫则必饿死，由是死者负担虫死之责，故尽食之。 食后聚其骨，盛于美匣之中，然后携往山中禽兽不能至之大洞中悬之。 应知此辈若得俘虏，而此俘虏不能买赎时，立杀而食之。 此俗极恶也。[10]

既述此国毕，请言他国。

离此国后，入一别国，名称南巫里（Lambry、Lanbri）。[11]居民自称隶属大汗而为偶像教徒。 多有樟脑及其他种种香料，亦有苏木甚多。种植苏木，待其出小茎时，拔而移种他处，听其生长三年，然后连根拔之。 马可波罗阁下曾将苏木子实携归物搦齐亚，种之不出，殆因天气过寒所致。

尚应知者，南巫里国有生尾之人，尾长至少有一掌而无毛。 此种人居在山中，与野人无异，其尾巨如犬尾。[12]此国多有犀牛，亦有不少野味。

既述此南巫里国毕，入一别国，名称班卒儿（Fansour）。[13]国人是偶像教徒而自称隶属大汗。 此班卒儿国出产世界最良之樟脑，名称班卒儿樟脑，质极细，其量值等黄金。 无小麦，然有米，共乳肉而食。亦从树取酒，如前所述（见须文答剌条）。

尚有一异事，须为君等述者。 其国有一种树，出产面粉，颇适于食。 树巨而高，树皮极薄，皮内满盛面粉。 马可波罗阁下见此，曾言其数取此面，制成面包，其味甚佳。[辛]

此外无足言者，岛中八国，已将此方面之六国述讫，别有二国在岛之彼方，未能言之，盖马可波罗阁下未至其地也。 所以吾人叙述小爪哇岛事，仅止于此。 兹请述二小岛，一名加威尼思波剌（Gavénispola）岛，一名捏古朗（Nécouran）岛。

剌木学本第三卷第十至第十七章增订之文如下：

［甲］"其地饶有金银，一切香料、沉香、苏木、乌木等物，因道远而海行险，故未输入吾国，然运往蛮子、契丹诸州。"（十章）

［乙］"此八国马可阁下曾历六国，其所述者仅此六国，余二

国无缘可见，故略。"（十章）

［丙］"有时船至其国，国人乘便进奉珍异之物入朝，以为贡品，就中有一种苍鹰。"（十二章）

［丁］"此种独角兽较象甚小，……不用角伤人，仅用舌与蹄，……其攻击之法，踩敌于地，以舌裂之。喜处泥中，盖为粗野动物也。"（十二章）

［戊］"风干而后用樟脑及其他药物保存，用此法制造，使之完全具有小人形貌，然后用木匣盛之，售之商人，贩往世界各地。"（十二章）

［己］"既须久留此岛，马可阁下遂偕众约二千人登陆居住海岸。土居野人常捕人而食，防其来袭，在所居之处掘一大沟，两端通海。在此沟上用木建筑堡塞数所，土产木料甚多，足以供用。如是防守，因得安居五月。岛人慑服，乃如约供给粮食及其他必要物品。"（十三章）

［庚］"此浆功效甚大，可治水肿病及脾肺之疾。若见断枝不复流浆，则用小沟导溪水浇树，赖有此法，水浆重流如前。有蔷薇色者，有白色者。"（十三章）

［辛］"外皮甚薄，先剥去之，内有木厚三指，木内有粉如玉米粉。此树甚大，须两人始能合抱之。取粉置水器中，用杖搅之，俾糠及其他不洁之物浮出水面，净粉沉于器底。去水留粉，然后适用。以制种种饼饵，形味如同大麦面包，马可阁下常食之，并且携归物搁齐亚。此树之木重如铁，投于水，即沉底；可直劈如竹，盖取髓以后，尚有厚三指之木也。土人削此木作短矛，从不作长矛，盖矛长量重不能执也。将其一端削尖，然后用火烤之，其坚可洞任何甲冑，较优于铁矛也。"（十六章）

［1］小爪哇之名不见他种行纪著录，则未能断言波罗采自阿剌壁人之书。阿剌壁人行纪固有 Djaouah 及 Moul-Djaouah 两名，前者指苏门答剌（Sumatra），后者指越南半岛，然犹之中世纪时人名

称不里阿耳(Bulgarie)，发源地为大不里阿耳，而本书则为小大之分也。

苏门答剌名称源来未详，土人不知有此名，且不知其地是一岛，11世纪初年，中国载籍首著录之。16世纪初年，葡萄牙人至印度，始知"印度海中有两名岛，一为锡兰(Sayla)，更东一岛名曰苏门答剌(Samoterra)，距古里(Calechut)八月程。又东则为契丹人产丝甚饶之岛(中国)。"(见马儿斯登《苏门答剌史》第一册10页)

[2]此八国，波罗记述六国，首言东岸诸国，自南讫北；次言北岸诸国，自东讫西；终言西岸，自北讫南。

[3]此地即Parlak，阿剌壁人无f字母，故读若Ferlec，波罗从之。"此国因在极北，其境应抵于Cap Diamond岬，此岬土名Parlak，岬南五十公哩，Perla城及Perla水在焉，殆为古都之所在也。"(玉耳本第二册287页)

本书虽明白著录回教传布苏门答剌之事，马儿斯登仍不信此教在纪元1400年前在此岛有何进步，然玉耳(同本288页)据马来文之亚齐(Achem)纪年，证明13纪初年《可兰经》业已输入此岛也。

[4]此巴思马即葡萄牙人之Pacem。此地附近有陂堤里(Pédir)城，今废。1509年Lobez Sequeira曾率五舟在此登陆，1571年Albuquerque进攻满剌加时亦曾抵此。其后未久，邻城Pasey(即Pacem，今航海地图作Passier)代兴，此城遂废(钧案：南海中昔有波斯国，疑指此地)。

[5]9世纪时，商人苏来蛮(Soleyman)已言苏门答剌岛有象，据云："南巫里(Ramny)岛产象甚多，亦有苏木及竹。在此岛中见有一种食人之部落(拔沓，Battas)。"(Reinaud本第一册7及8页)

19世纪初年之情形已不复如是："除亚齐国王豢养少数象外，

岛中他处无象。……象害垦地，所过之处，蹂躏田麦；尤嗜甘蔗，故园圃受害尤烈。……"（马儿斯登书第一册257页）

独角犀已见本书一百二十三章著录。据中国古籍，双角犀较为普遍，此二种类安南、老挝两地尚存。（参看 H. Imbert 撰《中国之犀牛》，李明〔Lecomte〕书第二册406页〔钧案：沙氏引文常不著录书名，此李明书应是李明信札，题曰《中国近事记》者〕）

[6] 波罗书原写此国名作 Samara，伯希和（远东法国学校校刊1904年刊327页注四）写苏门答剌全岛名作 Sumatra，此须文答剌国名作 Samudra，兹从之。据玉耳说，此国在岛北岸，近在 Pasey 之西，有一停船处，不畏风浪，足为西南信风起时大汗船舶维舟之处。港之周围颇有高大树木，足供结寨之用。

斡朵里克曾言此处男女有用热铁烙面之奇习。伊本拔秃塔于1346年曾在此处停留十五日，记有云："此处人民买卖，用锡片及未熔化之中国金块为之。此岛香料产地多在异教徒所居地域之中。回教徒所居之地产量极少。……吾人入其都城，即 Somotrah 或 Sumutra 城是已。"由是观之，此岛即以此国名为全岛名，16世纪葡萄牙人莅此岛时，不复著录此国，殆已与 Pasey 并为一国矣。（玉耳说）

[7] 参看剌木学本注[己]。

[8] "此处所言出产椰糖椰酒之树，植物学名 Arenga saccharifera，马来语名 Gomut，葡萄牙语名 Saguer。近类海枣树，诚如波罗之说，然较皱软。颇有寄生植物寄生其上，爪哇有一树干，我曾数其寄生植物总类凡十三类，并属蕨科。"（玉耳本第二册297页）

[9] 此地名写法纷岐，尚未考订为何地，"但应在胘堤里（Pédir）附近。葡萄牙人莅此岛时，胘堤里为苏门答剌岛中最繁盛之国。考剌失德丁书著录马来群岛诸城名中有 Dalmian，得为此 Dagroian 之转。十九世纪前半叶中，岛北岸有一小港名称 Darian，

余所见之名，要以此名与 Dagroian 为最相近。"（玉耳本第二册 297 页）钧案：元、明人行纪中有淡洋，《元史》卷十八《成宗本纪》有毯阳，今作 Tamihan 或 Tamian 者，殆指此国。

[10] 食人之风已数见于 Hérodote 之书，各种民族皆不免有此也。斡朵里克曾言 Dondin 岛有同一恶俗。彼离锡兰后，向南航行，或已过满剌加海峡，于行抵蛮子国前，曾至此岛。吾人以为此地疑是中国载籍著录赤土婆利间之丹丹国或单单国也（戈尔迭本斡朵里克书 237 页）。

[11] 南巫里国境，起亚齐岬。沿西南岸至西岸，而止于班卒儿（Fansour）。《瀛涯胜览》南渤里（Lambri）国条云："自苏门答剌（指昔须文答剌国今亚齐）往正西，好风行三昼夜可到。其国边海，人民止有千家有余，皆是回回人，甚是朴实。地方东接黎代（Lidé）王界，西北皆临大海，南去是山，山之南又是大海。……国之西北海内有一大平顶峻山，半日可到，名帽山。其山之西，亦皆大海，正是西洋也，名那没嘿（Lambri）洋，西来过洋船只收帆，俱望此山为准。"（钧案：原引 1901 年《通报》353 至 355 页 Schlegel 译文，兹从拙注校勘本转录。）

[12] 此种有尾人故事，盖因苏门答剌岛内森林有两种土人散居其中，不与世接，因而讹传。兹二民族一名 Orang Kubu，一名 Orang Gugu。"相传前者人数甚少，大致居巴林冯（Palembang）及詹卑（Jambi）间。……自有其语言，林中百物皆食，不论其为象、犀、野猪、蛇、猴等物也。……后者人数更较前者为少，身有长毛，与婆罗洲（Bornéo）之猩猩（orang outang）无别，特此族知语言，而猩猩不知语言而已。"（马儿斯登书第一册 69 至 70 页）

[13] 班卒儿在岛之西南岸，赤道下，今巴东（Padang）、婆鲁师（Baros）两城间。关于此岛所产樟脑事，可参看玉耳本第二册 303 页。

第一六六章　加威尼思波剌岛及捏古朗岛

离前述之爪哇（小爪哇）岛及南巫里国后，若向北行一百五十哩，则见二岛，一名捏古朗（Nécouran），一名加威尼思波剌（Gavenispola）。居民无王无主，生活如同禽兽。其人裸体，男女皆无寸缕。并是偶像教徒。其林中只有贵重树木，出产檀香、椰子、丁香、苏木及其他数种香料。[1]

此外无足言者，是以仍前行，请言一名案加马难（Angamanain）之岛。

[1] 此岛名诸本亦有写作 Necuveran 者，与 d'Anville 地图著录之 Nicavery、英国地图之 Noncoury、Nancowrie、Noncavery 等写法颇相近，即今之 Nicobar 岛是已。别有二岛处北纬六度及十度间，与亚齐岬至小宴都蛮（Andaman）之距离相等，并火山岩质，大致出产椰树莩叶（bétel）等物。

至若加威尼思波剌岛，疑是阿剌壁人行纪中之 Landjabalous 岛。《苏来蛮行纪》云："此类岛屿养活人民甚众。男女皆裸体，惟女子以树叶掩其下体。若有船舶经过，男子则驾大小舟以椰子或龙涎香易铁物。天气不寒不热，彼等无须布帛。"（Reinaud 本 8 页及 16 至 17 页）

Ibn Khordadzbah 所志亦同，据云："Langabalus 岛民裸体往来，恃香蕉、鲜鱼或椰子为食。以铁为宝，常与外国商贾交易。"（Ferrand 书 26 页引文）

案：加威尼思波剌岛今地图已无著录，然见于十六七世纪之地图行纪。旋改名 Poulo Gommès 岛，移称亚齐岬附近之一小岛。

此种岛屿在斡朵里克书中写作 Vacumeran（Nychoneran），次在爪哇 Natem、占巴等地之后，位在占巴之南，距离不明。

玉耳(第二册 308 页)云："此岛居民形甚蛮野，臂极长，牙眼突出。"

《瀛涯胜览》云："自帽山南放洋，好风向东北行三日，见翠蓝山(Nicobar)在海中。其山三四座，惟一山最高大，番名桉笃蛮(Andaman)山。彼处之人巢居穴处，男女赤体，皆无寸丝，如兽畜之形。土不出米，惟食山芋、波萝蜜、芭蕉子之类，或海中捕鱼虾而食。"

《大唐西域记》卷十一名此岛为那罗稽罗洲(Narakira-dvipa)，"国(僧伽罗国即锡兰岛)南浮海数千里至那罗稽罗洲。洲人卑小，长余三尺，人身鸟喙，既无谷稼，惟食椰子"。

据伯希和说，翠蓝山之称原指 Nicobar 群岛，有时亦并将 Andaman 岛包括在内(远东法国学校校刊 1904 年刊 354 页注五)。

第一六七章　案加马难岛

案加马难(Angamanain)是一大岛，[1] 居民无国王，并是偶像教徒，生活如同禽兽。此案加马难岛民皆有头类狗，牙眼亦然，[2] 其面纯类番犬。彼等颇有香料，然甚残猛，每捕异族之人，辄杀而食之。彼等食米与肉乳，亦有果实，然与我辈地方所产者不同。

此族堪在本书著录，故为君等言之。兹请为君等叙述名称锡兰(Seilan、Seylam)之岛。

[1] 此岛名诸本有 Angaman、Angamanain、Angamanam、Angoriagam 种种写法，诸注释家皆考订是宴都蛮岛(Andaman)。宴都蛮岛有二：一是小宴都蛮岛，荒无人居；一是大宴都蛮岛，乃两小岛所构成，今尚有小黑人(Négritos)居住其中，虽与文明国家之海岸距离不远，然其人狉狉然无所知也。

此岛或即 Ptolémée 书中之"佳运岛"。9 世纪时，阿剌壁商人

志有云："Landjabalous 岛外有二岛名称宴都蛮。 此岛居民食生
人，色黑卷发，其面貌眼目可畏。 足长，中有一人足长约有一肘。
皆裸体而无舟。 设其有舟，将尽食经过邻近诸地之行人矣。 有时
船舶为风所阻，水手上岸取水而被土人所得，多被杀。"（Reinaud
书第一册8及9页）

　　此岛人食人事，诸旅行家常言之，迄于1858年英国人占领此
岛而后止。 自是以后，土人似不敢离其海岸，然裸体如故，仅有
居住英国人居宅附近之妇女，用树叶作裙掩其下体（玉耳本第二册
311页）。

　　[2]关于狗头人身之故事不少，有狗为民族元祖之说，有狗
面人身之说。 B. Laufer在1916年刊《通报》357页引《辞源》巳
集245页狗国条云："《五代史·四夷附录》，狗国，人身狗
首，长毛不衣，手搏猛兽，语为犬嗥。 其妻皆人，能汉语，生男
为狗，女为人，自相婚嫁，穴居食生，而妻女人食云（钧案： 此
条出胡峤《陷虏记》）。 按《淮南子·地形训》有狗国，是汉初
已有此传说。"

　　相类之传说，中世纪时，西方之撰述中亦有之。 Adam de
Brême位置狗国在波罗的海东北之女人国（Terra feminarum）中。
Ibn Said云："普鲁士人（Borus）是一不幸民族，……某书谓普鲁士
人有狗头，犹言其人甚勇也。"

　　1224至1269年君临阿美尼亚之海屯（Haython）国王，在其《蒙
古行纪》中著录眼见或耳闻之异事不少。 据云，亚洲东北有一
国，距契丹不远，"女子人形而有智，男子身巨有毛而蠢愚。 此种
狗人不容他人至其国，猎兽为食，其妇女亦同。 所生之子若为男
儿则具犬面，若为女儿则具人面。"（《通报》1906年刊357页
Laufer说，参看戈尔迭本110页，又斡朵里克书206至217页）

第一六八章　锡　兰　岛

若从案加马难岛首途，向西航行约千哩，不见一物；然若向西南行，则抵锡兰（Seilan、Seylam）岛。[1] 由其面积言，是诚为世界最良之岛。 应知其周围确有二千四百哩，然古昔面积更大，据富有经验之水手言，昔日此岛周围有三千哩。 然因北风强烈，致使此岛一大部分陆沉。 其面积不及昔日之大，理由如此。[2] 应知北风所吹之海岸甚低而平，船舶来自大海时，若不航近其处，不见陆地。

兹请言此岛足以注意之事。 岛民有一国王名称桑德满（Sandemain），[3] 而不隶属何人。 彼等是偶像教徒，裸体往来，仅掩盖其下体而已。 无麦而有米，亦有芝麻作油。 食肉乳，而饮前述之树酒。 饶有苏木，世界最良者也。

兹请不言此事，请言世界最贵重之物。 应知此岛所产之红宝石，他处无有，仅在此岛见之。 岛内亦有蓝宝石、黄宝石、紫晶及其他种种宝石。 岛中国王有一红宝石，为世界红宝石中之最大而最美者。 兹请言其状：其长有一大掌，其巨如同人臂。 是为世界最光辉之物，其红如火，毫无瑕疵，价值之大，颇难以货币计之。 大汗曾遣使臣礼求，请将此宝石售出，请之甚切，致愿以任何城市易之。 国王答言，此宝祖先传留，无论世界何物皆不足以易。[4]

人民不习武备，皆是孱弱怯懦之人，然若需要士卒，则募别一国之回教徒为之。

尚应知者，锡兰岛中有一高山矗立，除用下一法外，难登其巅：此岛之人系大而巨之链数条于此山上，行人攀链以登。[5] 回教徒自称此山乃是元祖阿聃（Adam）之墓。 然偶像教徒，又断言是为世界第一偶像教徒葬身之所，其名曰释迦牟尼不儿罕（Sagamoni Borcam），据称是一大圣人。[6]

据说其人是一富强国王之子，不染世俗浮华风习，不欲袭位为王。其父闻其不愿为王，不爱荣华，忧甚，曾以重大许诺饵之。然其子一无所欲，其父别无他子承袭王位，尤深忧痛。由是国王建一大宫以居其子，多置美丽侍女侍之。命诸美女日夜与其子游乐，歌舞以娱，俾之得染世俗浮华之习，然悉皆无效。

〔王子好学，从未出宫，从未见有死人及残废之人，盖其父不许旅人之微有残疾者入见其子也。一日王子骑而出游，见一死人，彼从未见此，颇以为异，询之侍从，知是死人。王子问曰凡人皆死欤，诸人答曰然。王子遂不复言，沉思仍前行。行若干时，见一老人，口中齿尽落，不能举步。王子又询此为何人，何以不行，侍者答言其人老朽齿落而不能行。王子回宫自思，不能再居此恶世，应往求永远不死之造化者。〕[7]

缘其既见此世之中老少皆死，遂于某夜秘密离宫，往大山中。在其地节欲习苦，俨若基督教徒。盖若其为基督教徒，则将共吾主耶稣成为大圣矣。

迨其死后，有人见之，舁往父所。国王见其爱子之尸，悲恸几至疯狂。命人范金作像，饰以宝石，令国人尽崇拜之。众人皆谓其成神，今日言尚如此，并言其曾死八十四次。第一次作人死，已而复生为牛，牛死为马，如是死八十四次，每次成一不同之兽畜，末次死后遂成为神，传说如此。彼等奉之为最大之神。据说此王子是偶像教徒亘古所无之第一偶像，其他偶像皆出于此，而此事在印度、锡兰岛中也。

尚应为君等言者，回教徒自远道来此巡礼，谓其是阿聃。偶像教徒亦自远道来此巡礼，如同基督教徒之赴加里思（Galice）朝拜圣雅各（St. Jacques）者无异，据云确是王子，如前所述，而今尚存山中之牙、发与钵，确是圣者释迦牟尼之物。何说为是，只有上帝知之，考吾教之《圣经》，阿聃墓不在斯处也。

嗣后大汗闻此山中有元祖阿聃之墓，而其所遗之牙、发、供食之钵尚存，于是欲得之，乃于1284年遣使臣往。使臣循海遵陆，抵锡兰岛，入谒

国王,求得齿二粒,甚巨;并得所遗之发及供食之钵,钵为绿色云斑石
(porphyre)质,甚美。大汗使臣获有诸物后,欣然回国复命。及至大汗驻
跸之汗八里城附近,命人请命于大汗,如何呈献诸物。大汗闻讯大喜,命
人往迎阿聃遗物。于是往迎并往致敬者人数甚众,大汗大礼庄严接受之。
相传此钵颇有功效,置一人之食肉于其中,其肉足食五人。大汗曾面试
之,果验。

大汗大耗费用取得此种遗物之事,君等已知之,土人传说关于王子遗
物之沿革,君等亦已知之。[8]

此外无足言者,所以离此请言马八儿(Maabar)州。

[1] 波罗之 Seilan、Seylam 等写法,与今之 Ceylan、Ceylon 同
波斯语之 Silan 等写法颇相近。据 Strabon 及 Pline 之记载,此岛在
亚历山大东征以前,西方人未悉其名,东征后,希腊人始知其名
Taprobane 岛。

昔日阿剌壁奥地书所志名称 Silan 之地不只一处,除此岛外,
别有一锡兰在 cap Negrais 北,东经一三九度二十分间;又有一锡兰
在马来半岛中,可对中国载籍之狼牙修;别有第四锡兰在高丽半
岛,第五锡兰在苏门答剌岛;似以锡兰之称为"天堂国"之别号,
故迁徙无常。

[2] 有一最古之传说谓此岛原甚大,纪元前 2387 年时海水淹
没大半,嗣后历经淹没,今其周围面积不过七百哩。波罗谓周二
千四百哩,与玄奘周七千余里之说合,至若斡朵里克谓周一万一千
余哩,未免言过其实也。

[3] 据戈尔迭说(第三册 111 页),1267 至 1301 年间君临锡兰
之王名班弟塔不剌葛麻巴忽二世(Pandita Prakama Bahu Ⅱ),都
Dambadenia,在高郎步(Colombo)东北北约六十五公里。据颇节
说,Sandemain 疑是国王别号。剌木学本写此名作 Sender-naz,马
儿斯登曾考订为 Chandra-nas 传写之误,此言"月晦"是已。

[4] 关于锡兰国王红宝石之异闻,历代似皆有之。6 世纪初

年，埃及人 Cosmas 记有云："一寺塔顶有一红宝石，甚光耀，大如松实，日光照之，灿烂异常。"海屯亦云："一名锡兰（Celan）之岛，最著名之宝石，名称 rubis（红宝石）及 saphir（蓝宝石），最大最美者，此岛国王藏之。国王加冕时，执此宝石乘马外出，游行城市一遍，自是时起，人民遂奉之为王而效忠顺。"（海屯书第六章）

斡朵里克位置此故事于翠蓝山（Nicobar），"此国国王项挂珠圈一串，杂以琥珀数珠，每日祈祷三百次，执此珠数之。国王手执大红宝石，长有一掌，灿烂如火。契丹之鞑靼大汗曾用力求货购，终未能得此宝石。"（戈尔迭本斡朵里克书 203 页）

[5] 1350 年顷，伊本拔秃塔亦言有巡礼人登山之链，据云："昔人凿岩为级而登，植铁桩悬链，俾登者得以攀附。链数有十，二在山下入门处，以上七链连接，第十链则为表示信心之所。缘人至此，下望山足，瞑眩恐坠，因致词曰，我证明上帝外无他上帝，摩诃末是其预言人。"

其地有佛足，波罗未曾著录，盖为慎重计。仅言有墓，并引二说：一说谓属释迦牟尼，一说谓属元祖阿聃。案：阿聃足迹故事，回教徒颇宣传之。9 世纪时，苏来蛮行纪云："锡兰（Serendyb）周围是海。岛中有山，名称 Al-Rohoun，乃阿聃流放之所。山巅石上有其足迹，深入石中。仅见一足之迹，相传别一足迹在海之内。世人且谓山巅足迹，长七十肘。此山周围出红、黄宝石。……岛大而宽，出产沉香、黄金、宝石。"（Reinaud 书第一册 5 及 6 页）

回教徒以为阿聃犯罪后，被谪于锡兰岛中高山之上，因是遂名此山曰阿聃峰。回教徒常至其地巡礼，诚如波罗之说。14 世纪时，伊本拔秃塔曾至此山，据云，巡礼之事始于 10 世纪上半叶（伊本拔秃塔书法文译本第四册 181 页）。

[6] 蒙古语名佛曰不儿罕（bourkan），故波罗名之曰释迦牟尼不儿罕，所志佛本行大致不差，惟位其事于锡兰则误。

[7] 括弧中文并出地理学会本，因其所志颇与释藏佛本行相近，故采录之（玉耳本第二册 323 页译有佛本行，可以参照）。 波罗谓"其死后有人见之界往父所"，误也。 案：释迦牟尼八十岁时死于拘尸那（Kucinagara）城之一树下。

[8] 观此足证波罗以此事为传说；求取佛齿事，未见中国载籍著录，波罗殆为奉使之人欤。

第一六九章　陆地名称大印度之马八儿大州

若离锡兰岛，向西航行可六十哩，则至名称大印度之马八儿（Maabar）大州，是为印度之良土而属大陆。[1]

应知此州之中有国王五人是亲兄弟，行将依次言之。 此州为世界最美而最名贵之州。

州之极端，五兄弟国王之一人君临其地，而称宋答儿班弟答瓦儿（Sonder Bandi Davar）。[2] 其国有珍珠，甚大而美，兹请言其采取之法。

应知锡兰岛与陆地之间有一海湾，沿湾之水，仅深十步至十二步，间有不逾两步者。 采珠之人在四月至五月半间，乘舟至此湾中名称别帖剌儿（Betelar）之地。 复由是在湾内航海六十哩。 及至其地，抛锚停船，离大船而驾小舟。

应知彼等有商贾数人偕行，并应在四月至五月半间，雇用数人与俱。 彼等纳什一之税于国王，并应视所得物额给二十分之一于咒镇大鱼之人，俾下水采珠之人不为大鱼所害。 此种咒鱼之人名称婆罗门（Brahmans），其咒镇仅一日，盖在夜间则解其咒，使鱼得任意为患。并应知此种婆罗门亦知咒镇禽兽及一切具有灵魂之物。

诸人下小舟后，投身水中深处，水深四步至十二步不等，留存水中至于力尽之时，采取产珠之贝。 此种贝形，如同牡蛎或海蟹一般。 贝中有大小珠结于贝中肉内。 采珠之法如此，所采甚多，因是其珠散布世界。 应知此国国土所课珠税甚高，而获有一种极大收入。 惟过五月半后，则不复见有产珠之贝。 但距此至少有三百哩之地，亦产贝珠，然仅在九月至十月半间采之。[3]

应知此马八儿全州之中，不见有一裁缝师或缝衣工人裁制衣服，缘居民皆裸体往来，仅以片布盖其下体，男女贫富皆然。[4]国王亦若是，惟带有若干物品，请为君等述之。

彼项上带环，全饰宝石，如红宝石、蓝宝石、绿宝石及其他宝石之类，由是此环价值甚巨。 胸前项下悬一丝线，串大珠一百〇四颗与红宝石数粒。 据说国王悬此一百〇四珠与宝石之线串者，盖因每日应对其偶像祷颂一百〇四次也。 其教俗如此，国王祖先皆悬之，所以留传后人，俾其悬挂。[5]

国王臂上亦带三金环，全以重价珍珠、宝石为饰，腿上甚至脚趾亦然。 因是国王所带之黄金、珍珠、宝石价值连城。 此事不足为异，盖其所藏甚多，兼为国中所出也。 并应知者，凡珍珠重半量（demi-poids）者，不许携出国外，除非密带出境。 国王欲一切珠宝属己，故有此禁，由是其所藏之多，言之无人能信。 每年数次宣告国中，凡有重价珍珠、宝石，必须呈献国王，国王倍给其价，由是人亦愿献，国王尽收之，而偿各人之价。

尚应知者，此国王有妻不下五百人，每闻有一美女，即娶以为妇。此王曾有恶行，请为君等述之。 其弟有一美妇，国王知之，强夺占为己有。 其弟贤明，不与之争。 此国王有子女甚众。[6]

国王并有侍臣数人，随侍左右，与之并骑而出，彼等在国中权势甚重，名称"君主之忠臣"。 国王若死，依俗应焚尸，焚时，诸侍臣皆自投入火而死。 据云彼等既随侍于生前，应亦随侍于死后。[7]国王既死，诸子无敢动其宝藏者。 据云父王既然聚此宝藏，我辈亦应为相类之聚集。 由是此国之中有一极大宝藏。

此国不养马，因是用其大部分财富以购马，兹请述其购取之法。

应知怯失（Kais）、忽鲁模思（Ormuz）、祖法儿（Dhafar）、琐哈儿（Sohar）、阿丹（Aden）诸城之商人屯聚多马，其他数国数州之人亦然，由是运输入此国王及其他四兄弟之国。一马售价至少值金五百量（poids），合银百马克（marc）有余，而每年所售甚众也。国王每年购入二千余匹，其四兄弟之为国王者购马之数称是。每年购马如是之众者，盖因所购之马不到年终即死，彼等不知养马，而且国中无蹄铁工人也。售马之商人不愿失其每年售马之利，运马来时，不携蹄铁工人俱来，缘是每年获利甚巨。其马皆用船舶从海上运载而来。[8]

此国有一习俗，请为君等言之。设有一人犯罪，被判死刑，其人若云愿为某神之牺牲而自杀，官辄许之。于是其亲友取其人置车上，给刀十二柄，游行全城，唱言曰：“此勇敢之人将为某神牺牲而自杀。”及至自杀之所，其人取一刀穿其臂，呼曰：“我为某神牺牲。”旋取第二刀穿别一臂，又取第三刀洞其腹，如是历取诸刀自刺而至于死。既死，诸亲属皆大欢喜，取其尸焚之。[9]脱其人多妻，死后火葬时，诸妻亦皆自投于火而死。凡妇女之为此者，皆受人称赞。[10]

彼等是偶像教徒，多崇拜牛，据云牛是有益之畜，彼等不食牛肉，亦不伤害之。但有某种阶级之人名果维（Govy）者愿食牛肉，然不敢杀之。牛之自死者或者因他故死者，彼等则食其肉。

应知土人皆用牛脂[11]涂其居宅，无问贵贱，甚至国王大臣，仅坐于此。据说地是最尊荣之物，盖吾人皆是以土做成，而死后应归于土，由是敬土而不敢慢。应知此果维族有一特征，无论如何，不敢入圣多玛斯（Saint Thomas）之墓室，盖此圣者遗体现在此马八儿州之一城中也。虽用二三十人强执一果维人往，仍不能强其留在此耶稣宗徒葬身之处。盖因此族之祖先曾杀圣多玛斯，而此圣者之神力不许果维人莅此，其事后此言之。[12]

应知此州除米之外不产他谷。尚有异事，即此州之人无论用何方法不能养马，屡试皆然。纵有良种与牝马配合，只产小狗，蹄曲而不能骑。

此国之人裸体而战，仅持一矛一盾，然其为战士而尚慈悲。彼等不杀禽兽，并不杀具有灵魂之物，至所食之畜，则由回教徒或非木教之人杀之。男女每日浴二次，不守此习者，视同无信心之人。犯罪者罚甚重，而禁饮酒，凡饮酒及航海者，不许为保证人，据说只有失望之人才作海行。彼等不以淫佚为罪恶。[13]

应知其地有时奇热。每年只有六月、七月、八月三个月有雨。脱此三月无雨使气候清凉，则其干燥将不可耐。[14]

此地颇有名称"相者"（physionomie）之术人，能知人之性情地位。脱有询之者，此辈立时可以答复，遇一鸟一兽，此辈可以解释其义，盖此国重视预兆，甚于他国也。设有一人出行闻一鸟鸣，如认为吉兆，则仍前行；如认为不吉，则或暂时停留，或遵来途而返。[15]婴儿诞生，此辈记录其年月日时。盖行为皆遵迷信，而此辈颇谙魔术、巫术及他种妖法也。[16]

此国及印度全境之鸟兽，种类颇异，与我国所产者完全不同，仅有鹑类（caille）相同，其他迥异。此国有鸟夜飞，名称蝙蝠，大如苍鹰（autour）。苍鹰色黑如乌，较吾国所产者为大，颇善猎捕。[17]尚应知者，彼等用饭和肉并其他熟食以饲马，此国之马尽死之故如此。

男女偶像皆有侍女，乃信仰此偶像之父母所献。某寺庙之僧众对于偶像举行庆贺之时，则召集一切献女。诸女既至，在神前歌舞，已而献馔神前。久之撤馔，谓偶像食毕，乃自食之。每年如是数次，诸女迄于婚后始止。[18]

马八儿州中此国之事既已备述如前，兹请暂不接述州中他国，盖其风俗应叙述者尚多也。

[1] 此国名，波罗书原写作 Maabar，兹代以 Carnatic，俾不致与后之 Malabar（Melibar）相混。案：十三四世纪之马八儿，即今日吾人之所称之注辇（Coromandel）沿岸。此名出阿剌壁语，此言"渡"，大致可当 Tinnevilli 及 Tanjore 之地，殆因大陆与锡兰岛间沙礁及珊瑚礁露出（故今人名此渡曰阿聃桥），抑因波斯湾之一切

船舶必须抵此，故得此名软。 马八儿与马剌八儿（Malabar）两地在戈莫陵（Comorin）岬分界，马八儿在岬东北、马剌八儿在岬西北，马可波罗将保藏圣多玛斯遗物之礼拜堂位置于此马八儿州中（见本书第一百七十章）。 瓦儿（Var）国王及其他马八儿之四国国王，每年购马万匹，乃自忽鲁模思、阿丹等港输入（见本书第一百七十三章）。 圣多玛斯遗物所在之城，今有回教徒甚众。

马八儿国，《元史》卷二一〇有传，传云："海外诸番国惟马八儿与俱蓝（今 Quilon，本书第一七四章写作 Coilum）足以纲领诸国，而俱蓝又为马八儿后障。 ……十八年（1281）……算弹（sultan）兄弟五人，皆聚加一之地，议与俱蓝交兵。 ……凡回回国金珠宝贝尽出本国，其余回回尽来商贾。 ……"

此马八儿在西方载籍中早已著录，视为印度最文明富庶之国。Strabon 书名之曰 Pandions 之国，Auguste 时曾遣使继中国使臣之后而来（参看颇节本 601 及 602 页）。 14 世纪初年曾受底里（Dehli）国王阿老瓦丁（Ala-eddin）军队之残破。 波斯某著作家志其 1311 年一役，底里统将 Melik Kapour 大获战利品，归献阿老瓦丁，计有象三百一十二头、马二万匹、金二十八万八千公斤，珍珠、宝石多匣。

［2］注莘（Tchola）诸王中有名孙陀罗（Sundara）者，未详何年在位，似即本书之 Sonder Bandi Davar。 不仅 Sundara 可对 Sonder，而 Bandi 亦可对 Pondions，盖君主尊号；至若 Davar（dévar），乃为梵语 déva-raja、dévarao、déwar 等称之转，此言"天王"，印度君主尽有之称也（颇节本 602 页）。

［3］今以采珠而著名之海岸，始于戈莫陵海岬。 其岸构成一种海湾，长延一百五十公里有余，起戈莫陵岬，迄 Manaar 湾内，锡兰岛几与大陆连接名称阿聃桥处。 咒禁鱼类之人，今不复为婆罗门；至其咒术，据 J. A. Dubois 神甫云："此辈除不能使月自天降而外，无所不能。"

［4］此事在 18 世纪时业经 Sonnerat（《东印度行纪》第一册 29

397

页)证其有之:"其衣服有时更为简单,印度人仅以片布遮其下体者颇不少见。"同一风俗在他处亦见有之,如日本若干下级社会之人处炎夏时,在道上所衣之服亦甚简单。

[5]剌木学之意大利文本增入此异文云:"每日念诵之词若曰Pacauca! Pacauca! Pacauca! 如是念一百〇四次。"案:Pacauca应是 Pacauta 之误,颇节曾考订其为梵文婆伽婆(Bhagavat、Bhagavata)传写之讹,犹言"世尊",盖为释迦牟尼之一称号。佛教徒数珠之数常为一百〇八(颇节本 611 页)。

[6]剌木学此条下云:"两兄弟数因失和而战,其母则出而调解,露其胸而语之曰: '儿辈如欲作此败名之战,我将割此哺养儿辈之乳。' 因是冲突辄止。"(剌木学本第三卷第二十章)

[7]此俗完全不类印度古风,盖印度昔日只有死者之妻自愿与夫尸共焚也。侍臣殉主之风,古代固不少见,Hérodote 书第四卷第七十一节著录粟特(Scythes)君主昔有用妃嫔、侍臣、马匹、财物殉葬之俗。凯撒(J. César)《战记》第三卷第二十二章著录 Aquitaine 之 Sotiates 人,生与其酋长共欢乐,死则殉之。玉耳、戈尔迭本第二册 348 页亦历载白匈奴(Huns)、斡罗思、日本等地臣殉其主之事。

[8]此五港并在波斯湾中阿剌壁沿岸,本书第二十四章业已著录怯失,第三十六章业已著录忽鲁模思,后此第一八八章及第一九〇章将言阿丹、祖法儿二港。至若琐哈儿,是瓮蛮(Oman)之古都,一富庶城市,世界各地商人常至之海港,阿剌壁著作家 Edrisi 谓赴中国之船舶发航于此。今日已成为不重要之地,位在忽鲁模思峡南约二百公里阿剌壁沿岸。

剌木学本改订之本云:"用肉和米及若干别物饲之,缘其地除米外不产他谷。用良马与牝马配合,所产之驹皆弱,蹄短,不能乘骑。我意以为气候不适于养马,故致于此。"(剌木学本第三卷第二十章)其事虽异,然确为事实,注辇沿岸用仅有之植物掺以肉

（常用熟羊头肉）捏为丸以饲马。 他处饲马更有异法。 Barbosa 记信度（Sind）沿岸事有云："此地人食干鱼，且用之以饲马及其他动物。"

[9] 9 世纪时，阿剌壁旅行家已言印度有此风习："如有一人愿自焚，则至长官门，请其许可，然后历行诸市。 当是时也，有数人聚干薪燃火以待，其人用铙钹前导，亲属伴随，历行市中。 别有人用罗勒（basilic）作冠，内置火炭，置其人首上，同时并以性类石油之一种植物（sandaraque）油浇其首，其人行时，头焦额烂，若毫无感觉者然。 至焚所，投身入薪炭之中，不久遂成灰烬。 别有一旅行家见有一人于投火时，取刀破腹，于腹中取肝出，割肝一片，掷付其弟，其人谈话如常，不觉痛苦，最后遂投身火内。"（Reinaud 书 121 页至 123 页）

[10] 寡妇赴火殉夫，名称 sati，印度古时已见有之，迄于 19 世纪中叶，英人始禁遏之。 玉耳记录 Tanjore 一城，1815 年寡妇殉夫者，其数尚有百余。

[11] 牛脂犹言牛粪，观此足证欲通波罗书之读，有时甚难。 考地学会之法文本初写作 losci dou buef，额注曰脂；地学会之拉丁文本亦为最古本，写作 binguedinem，训义亦同。 马儿斯登首先订正 l'osci 作 l'ossa 释为 cow-dumb，玉耳复据今意大利语之 uscito 而训其义曰粪。 Grose 又释曰："贵人因遗传之迷信，用牝牛溺净身。 彼等焚牛粪为灰，用涂额胸及腹，若粪尚新，则用以涂地板及其房屋全部。 ……"（Grose 书 267 页）

斡朵里克所志更详："此国之人奉一牛为神。 饲养此牛六年而使之耕作，至第七年某朝，牵牛出栏，敬奉终日。 看守者用一银瓶取牛溺，复用一银瓶盛牛粪，共献之于国主。 国主取溺洗面与手，取粪涂额与胸，礼极诚敬。 国中有能得此粪溺涂洗者，自视幸福无比。"

[12] 近代旅人在 Méliapour 城附近，见土人常患象皮疾

（elephantiasis），相传土人祖先曾害宗徒圣多玛斯，后裔因受此罚，故葡萄牙人名此疾曰 Pejo de Santo Toma。

［13］剌木学本增订之文如下：

"尚应知者，彼等进食仅用右手，从来不用左手取食。凡右手接触或作成者皆清洁，左手则专为粗野不洁而必须作为之事，如洗涤阴部等事之类是已。彼等饮时用杯，各人有杯，从来不饮他人之杯；饮时不以唇沾杯，持杯下倒，以口接饮。彼等无论如何不以口触杯，亦不以杯供外人饮。外人若无杯，则倾饮料于其掌饮之。"

"此国罚罪之法既严且速，而对债务人适用下法。如有债务人数经债权人催索，而常托词延期不付者，债权人脱遇其人，则在其周围画一圆圈，债务人未偿付抑未给予担保前，不敢出圈。设若出圈，则为犯法，罪至死。马可波罗阁下还国路经此地时，曾目睹其事。国王本人拖欠某外国商人之金，数经催讨而不偿还。一日国王乘马外出，商人见之，遂在国王及其坐骑周围画一圆圈。国王见之，即时停马不进，迄于偿付以后始行。路人见之者盛赞国王奉公守法，以身作则。"（剌木学本第三卷第二十章）

此处所言之酒，乃包括一切用发酵或蒸馏方法酿成之酒而言，不专指葡萄酒，且其地亦不知有葡萄酒也。

［14］马可波罗所言之雨季，非马八儿之雨季；凡在六、七、八月间降雨之所，概属西南信风能及之区，如马剌八儿、缅甸等地是已。至若马八儿所在之注辇沿岸，仅在东北信风起时有雨，而此东北信风须在十月始经过榜葛剌（Bengale）湾也。马可波罗殆误以马剌八儿之气候属马八儿。

［15］剌木学本增订之文云："此国注重鸟飞，甚于他国，而观此种预兆以断吉凶。有一种凶时名称 choiach 与每星期各日相应，例如星期一对半 3 时（mi-tierce），星期日对 3 时（tierce），星期三对 9 时（none）是已。处此种凶时之内，不作任何交易，以为作之必无成就。此外年中各日，亦有朕兆以占吉凶。至若每日各时，则视

人立日下影之长短为断。"（出处同前）

案：choiach 亦作 koiach，在南印度所用占星名词中，尚未发现有之，传写殆有讹误。教会计时之法，自辰 9 时至午，名称 3 时（hora tertia）；下午 3 时以后，名称 9 时；半 3 时未见著录，殆在 3 时（tierce）与 6 时（sexte）之间，质言之，在早 9 时至 12 时间矣。

［16］刺木学本增订之文云："幼童年满十三岁即自立，不复居家。盖达此年龄，则视其能作某种贸易，自谋生活，所以至是付给足当二十钱至二十四钱（gros）之货币而遣之。此种儿童由是终日奔走各处，在此地购物往远地售之。采珠之时，此辈待于岸旁，于采珠人或他人手，各量其力购珠五六粒，然后转售之于商人，盖天时炎热，商人居肆不外出也。商人购珠，微增此辈购入之价。此辈贩卖他物，亦复若是，遂获有不少经验。每日工作完毕，此辈携必要之粮归家，付母作食，盖例不许食家中片屑也。"（出处同前）

［17］前一种鸟或"无翼无羽之蝙蝠"（见地学会本 205 页），乃大蝙蝠（vespertilis vamp yrus）。后一种鸟是 Pondichéry 产之大秃鹰（vautour royal），腹背翼尾皆黑色（Sonnerat 书第二册 182 页）。

［18］刺木学增订之文云："聚集此种幼女祀神之理由如下：教师传说男神怒女神不与交合，且不与共语，若不用此法调合，则神不降福，庙产将败。所以召集神之女婢，仅系一带，裸体歌舞，由是男神、女神欢乐。"（出处同前）

阿剌壁人行纪有云："印度有娼妓名称佛娼。如有一妇发愿，产一美女，则献佛作娼。此妇为其女在市中租一屋，悬幔于门，延土人或外人入室，任何人皆得以一定金额与女交。积金有数，则付庙僧，以供庙中之用。"（Reinaud 书第一册 134 及 135 页）

刺木学尚有增订之文云："土人有一种床，用细芦编结，人卧其上，则用绳升床于屋顶。缘有毒蜘蛛及蚤虫等物，扰人眠，用此法可以避免，且可致凉爽，盖其地天时极热也。但此种便利仅富贵人得享，穷人则寝于道途。"（出处同前）

波罗奈(Benares)城及其他古城，街道甚狭，空气难于流通，天气炎热时，居民置床于屋外，仝家卧于街中之事颇不少见。

第一七〇章　使徒圣多玛斯遗体及其灵异

圣多玛斯(Saint Thomas)教长之遗体，在此马八儿(Maabar)州中一人烟甚少之小城内，其地偏僻，商人至此城者甚稀。　然基督教徒及回教徒常至此城巡礼，回教徒对之礼奉甚至，谓之为回教大预言人之一，而名之曰阿瓦连(Avarian)，法兰西语犹言圣人也。　基督教徒至此城巡礼者，在此圣者被害之处取土，使患四日热或三日热之病人服之，赖有天主及此圣者之佑，其疾立愈。　基督诞生后 1288 年时，此城有一极大灵异，请为君等述之。

此地有一藩主，屯米甚多，皆屯于礼拜堂周围之诸房屋中。　看守礼拜堂之基督教徒忧甚，盖诸房屋既尽屯积米粮，巡礼人不复有息宿之所，数请于藩主，请空屯米之屋，而藩主不从。　某夜，圣者见形，手持一杖置于藩主之口，而语之曰：“脱汝不空余屋，俾巡礼之人得以息宿，汝将不得善终。”

及曙，藩主畏死，立将所屯之米运出，并将圣者见形之事告人。基督教徒对此灵异大为庆幸，皆感天主及使徒圣多玛斯之恩。　尚有其他大灵异屡屡发生，如疾病、残废及种种病苦之获痊愈之类，尤以对于基督教徒最为灵验。

看守礼拜堂之基督教士所言圣者死事，兹为君等述之。　据说圣者昔在林中隐庐祷颂，周围孔雀甚多，盖他处孔雀之众无逾此地者也。此地有一偶像教徒，属于上述之果维(Govis)族者，持弓矢猎取圣者左右之孔雀，发矢射雀，误中圣者之身，圣者立死。　圣者死前曾传道奴比亚(Nubie)之地，土人皈依耶稣基督之教者，为数甚众。[1]

其地儿童产生，体色尽黑，色愈黑者，愈为人所重；产生以后，每星期中，人用芝麻油涂擦其身，因是色黑如同魔鬼。此辈之神亦黑色，魔鬼则为白色，故所绘圣像皆黑色也。

此辈奉牛如同圣物，其出战也，取野牛之毛系于马颈。若步战，则系毛于盾，或系毛于头发上，因是牛毛之价甚贵。出战之人无此牛毛则不自安，缘其人以为系有牛毛，战后必然安然无恙。[2]

既述此马八儿州之要事毕，请离此他适，而言木夫梯里（Muftili）国如下文。

［1］圣多玛斯赴印度事，Saint Jérôme 在其《书翰》第六十篇（Ad Marcellam）中业已隐喻有之，惟其事久已争持未决，世人视之如同一种故事而已。至 20 世纪初年，W. R. Philipps 始裒辑教会诸著作家所供给之材料，衍为下述之结论：

（一）圣多玛斯传教安息（Parthes）帝国之事，久有完全之证明；传教印度之事亦有佐证，惟其传教之地仅限于新头河（Indus）流域，而其足迹未逾此流域之东方或南方也。

（二）据《多玛行传》（Acta Thomoe），圣多玛斯受害之处，在一名称 Mazdai 国王之辖境中，并曾经行一名称 Gundaphar 国王之辖境始抵其国。

（三）圣多玛斯在南印度受害之事，毫无证据可以征引，诸证皆指明其地应在他方寻之。

自是以后，此问题遂发生一种历史兴趣，烈维（S. Lévi）、马迦儿特（Marquart）二学者皆有研求。烈维以为 Mazdai 是新头河东之一印度国王，马迦儿特又以其是新头河西之一伊兰（Iran）国王，L. Finot 在远东法国学校校刊 1904 年刊 457 至 460 页中，对此二说皆有说明。

烈维之印度说，及马迦儿特之伊兰说，皆有一共同之点，即将南印度屏除是已。故戈尔迭（第三册 116 页）云："如在一定观点上承认此使徒曾赴印度之西北（此地佛教兴盛，传布基督教似非易事），则不能承认圣多玛斯在南印度受害之一说矣。"

又据 Ph. Clément 神甫 1922 年十月刊《The Pilot》杂志中所持之说云:"案,据教会史中最古之传说,圣多玛斯传教印度之事,的确有之,惟古时印度之称,暧昧不明,颇有争议。昔日必有一名称印度之地,境内某处应有圣多玛斯之坟墓,盖在纪元 4 世纪时,徙此圣者遗体从印度运至 Edesse(Mésopotamie 境内)一事,乃为一种史实也。遗体既迁,坟墓尚保存其盛名,9 世纪时英国尚有人赍送供品赴印度。6 世纪时,有一旅行家曾见此墓。13 世纪以后,诸旅行家遂考订此墓在 Madras 附近之 Méliapour 城。"(参看玉耳本第二册 358 页,《北京公教报》第一三八、第一四四、第一四九等号)

[2] 用野牛毛或用牦牛毛为战争饰品之事,与波罗门奉牛之教毫无关系,盖为亚洲各地通行之俗也(参看 Della Valle 书第二册 661 至 662 页)。

第一七一章 木夫梯里国

若从马八儿发足,北行约千里,则至木夫梯里(Muftili)国。此国昔属一王,惟自王死后,四十年间,由其王后治理,王后爱王甚切,不愿改嫁他人。王后在此四十年间,善治其国,尤甚于国王在世之时,盖其爱好法律正义平和,人皆爱戴也。[1]

人民是偶像教徒,不纳贡赋于何国,食肉、米与乳。此国出产金刚石,采之之法如下:境内多有高山,冬降大雨,水自诸山流下,其声甚大,构成大溪。雨过山水流下之后,人往溪底寻求金刚石,所获甚多。及至夏季,日光甚烈,山中奇热,登山甚难,盖至是山无水也。人在此季登山者,可得金刚石无算。山中奇热,由是大蛇及其他毒虫颇众。人在山中见有世界最毒之蛇,往者屡为所食。

如是诸山尚有山谷,既深且大,无人能下。往取金刚石之人掷最瘦之肉块于谷中。山中颇有白鹫,以蛇为食,及见肉掷谷中,用爪攫取，飞上岩石食之。取金刚石之人伏于其处者，立即捕而取其所攫之肉，可见其上粘结谷中金刚石全满，盖深谷之中金刚石多至不可思议。然人不能降至谷底，且有蛇甚众，降者立被吞食。

尚有别法觅取金刚石。山中多有鹫巢，人往巢中鹫粪内觅之，亦可获取不少，盖鹫食人掷谷底之肉，粪石而出也。彼等捕鹫时，亦可破腹求之，可得石无算，其石甚巨。携来吾国之石乃是选择之余，盖金刚石之佳者以及大石、大珠，皆献大汗及世界各国之君王，而彼等独据有世界之大宝也。

应知世界诸国除此木夫梯里[2]国之外，皆不出产金刚石。此国亦制世界质最精良之硬布（bougran），其价甚巨。亦产世界最大之羊，生活必需之物悉皆丰饶。

此外无足言者，此后请言婆罗门所在之剌儿（Lar）州。

[1] 马可波罗时代，君临此国之王朝是 Kakateya 或 Ganapati 朝，以 Waroungoul 为都城，城在 Haiderabad 之东北。然波罗似以其所历或所闻此国之一地名为其国名。案：Muftili 为阿剌壁语传写之名，应指 Madras 城北二百七十二公里 Gungtur 区中之 Motupallé 港。此地虽不复见近代地图著录，然尚存在而经若干地理学家记录。W. Hamilton 云："Mutapali 城近 Circars 北部之南端，因沿岸土人船舶往来，且为其处最良之港，所以商业颇盛。"又据他说，此地仅存为一偏僻之渔村云。

Warangol 国境延至内地，然在波罗赴印度前，最后君临之国王名称 Kakateya Pratapa Ganapati Rudra Deva 者曾侵略沿海之地，自 Nellore 抵于 Orissa 边境皆隶版图。此国王死后无子，其王后 Rudrama Devi 乃 Devagiri 王女，遂君临其国，在位二十八年，一说在位三十八年，迄于外孙满丁年之时。其外孙名 Pratapa Vira Rudra Deva，乃 Ganapati 朝之末主，登极年一说是 1292 年，一说是 1295 年。后至 1320 年，被底里（Dehli）王阿老瓦丁（Ala-eddin）之军队所擒，并王族及宝货群象悉数送至底里。Warangol 城破后，印度人死者数千。 此 Rudrama Devi 显是本书所志 "人皆爱戴" 之女王（玉耳本第二册 362 页，颇节本 628 页）。

[2] Lar 即 Golconde，昔日此 Golconde 之矿在吾辈文学书中颇著名。 此国之古都 Telingana 在 1685 年时曾经 Aureng-Zeb 残破，今日仅余一堡而已（北纬十七度十五分，东经七十六度六分间）。昔日殆为削切金刚石之所，然金刚石矿则远在 Krichna 同 Pennar 流域一带；在巴西同南非金刚石矿发现以前，是为当时所知惟一采取金刚石之所（参看 Tavernier《印度行纪》第二册 346 页）。

第一七二章　婆罗门所在之剌儿州

剌儿（Lar）[1] 是延向西方之一州。 若从圣多玛斯遗体所在之地发足，即可立入此州，世界之一切婆罗门皆从此州而来。

应知此种婆罗门乃是世界最优良诚实之商人，盖其无论如何不作伪言也。 彼等不食肉，不饮酒，而持身正直；除与妻交外，不与其他妇女交；不窃他人物：法律欲其如此也。 彼等皆挂一棉线于胸前肩后，俾为人识。

彼等有一富强国王，乐购巨价之宝石大珠，王遣此种婆罗门商人赴全世界求取所能得之一切珠宝而归。 彼等以珠宝献王，王倍给其价，王用此法，遂有一极大宝藏。[2]

此种婆罗门是偶像教徒，重视先兆及命数甚于他地。 每星期中逐日有一特征。 婆罗门早穿衣时必视其影，若见日下之影有必须之长度，则立订交易；脱其影不及必须之长度，则在此日不作何等交易。若在一旅舍订结交易时，见一蜘蛛行于墙上，所行之方向若视为吉，则立订交易；方向视为不吉则否。 出门时若闻一人喷嚏，视若吉则行；视若凶兆则坐于地，过其认为必须之时始起。 若在道上见一燕飞，视飞向吉则行；否则归。 由是其迷信较之吾国异教徒为甚。 彼等食少而大有节制，故得长年。彼等从不放血，亦不任人取滴血出。[3]

有一种人名曰浊肌（Gioghid），亦属婆罗门，然构成一种祀神之教派。彼等寿甚长，有至一百五十至二百岁者。彼等食甚少，仅食良食，尤食肉、米及乳。此种浊肌尚服一种奇特饮料，合水银、硫黄而饮之。彼等以为饮此可以长寿，每月服二次，自童年时即如此也。[4]

此教持身严肃为世界最。彼等裸体而敬奉牛。其人多系一牛像于额，其质或用黄金，或用黄铜，或用青铜。[5]彼等焚牛粪成灰，用此灰作膏，涂擦身体。

其食也不用钵，亦不用盘，只用天堂果树（pommier de paradis）之叶，或其他大叶盛之，但须其叶为干叶而非青叶。据说色尚青者必有灵魂，用之必有罪过。彼等宁死而不愿违戒而用一犯过之物。或有询之者，缘何裸体而不顾羞耻，答曰："吾辈裸体出生，而不欲此世何物，是以裸体。加之吾辈正直无过，吾辈不以阴茎犯过，吾辈可以之示人与其他肢体同。然汝辈犯淫罪，汝辈引以为羞，故掩蔽之。"

彼等不杀生，虽虱、蝇及任何生物亦然，据说此种生物皆有灵魂，杀之有罪。彼等不食颜色尚青之物，必俟其干。裸卧于地，上不用被，下不用裤。彼等不尽死亡，其事甚奇。终日持斋，仅日日饮水。其收录徒弟时，纳之彼等庙宇中，使之持同一生活。然后试之，召前述祀神之室女来，命诸女触之，吻之，抚摩之。设其阴茎不动则留，茎动则逐出。据说彼等不愿与一淫人共处也。[6]

其为偶像教徒也，残忍不义，俨若鬼魔。据说彼等焚死者之尸者，盖若焚尸，则食尸之虫不生，脱任其生虫，虫终将缺食而死，由是死者之灵魂有大罪而受大罚。彼等焚尸之理由如此。

马八儿州人之事及其风习，今已言其多半，兹将叙述此马八儿州之他事，请言一名加异勒（Cail、Kayalpatnam）之城。

[1] 首先考见刺儿为 Mysore 者，盖为颇节，曾以阿剌壁人之记载与马可波罗书互相勘证，证明此国昔在马剌八儿（Malabar）沿岸，北起甘拜（Cambay，钧案：此名有考订作《明史》之坎巴夷者，然尚

有疑义)湾,南迄赛木儿(Seimour,今 Chaul)城。昔日阿剌壁名此瓮
蛮(Oman)海之一部曰剌儿海。然则本书应作西北向,盖其地在
Madras 之西北,不在正西也。

[2] 地学会法文本云:"此州有一丰于宝货之富强国王。此王
乐购珍珠及一切宝石,所以预告其国商人,凡自名称琐里(Soli)之马
八儿国,携所有珍珠来者,将倍给其价。此琐里国乃印度最优良之
州,良珠盖出于此。"

波罗在此处谓马八儿国名称琐里,乃前此(一六九章)所无之
文。此琐里(Soli)一作 Sola,亦作 Sora,可当今之注辇(Tchola)或
Soladesam,其重要城市是 Conjevedam。考《锡兰编年史》,昔从大
陆侵入之人常名琐里。此处所谓"最优良之州",似指 Tanjore 之饶
沃而受灌溉的平原。证以产珠之文,又似其境昔抵 Manaar 湾(颇节
本 535 页,玉耳本第二册 368 页)。

[3] 地学会法文本增订之文云:"彼等有咀嚼一种草叶之习惯,
故其齿甚坚,而使之貌美身健。"此处盖指土人用荖叶(bétel)槟榔,
合介壳焚化之灰咀嚼一事。

[4] 浊肌(Gioghis),诸本并有 Caiguy、cuigui 等写法,盖泛指印
度之苦行人,有时兼混回教之苦行人(fakir)而言。昔日波斯国王阿
鲁浑(Argoun)好方术,曾向此种印度苦行人求长年药,遂得硫黄、水
银配合之剂服之,服八月死。昔日东方及西方之方士,皆以为合硫
黄、水银可以产生其他金属,因是遂称水银为金属之母、硫黄为金属
之父(玉耳本第二册 369 页)。

[5] 湿婆(Siva)教徒奉牛最笃,其额载像并非牛像,盖为生殖器
像(lingam)。波罗殆因不愿以此语污读者目,抑不信其事,故不欲
述之。此种表示生殖效能之标章,或悬于颈,或系于臂,有时亦绘
于额。

本文及他本之文在此下并作牛骨,其误盖与本书第一六九章注
[11]所言之误同,皆为牛粪之讹也。

[6] 玉耳云："世界人类之异事见于此一地者，别一地得亦重见有之。此处所述之奇异试验，在古代克耳特（Celte）教会中已见有之，或者更古时在非洲教会中业经存在。"（玉耳本第二册370页）

第一七三章　加异勒城

加异勒（Cail、Kayal）[1]是一名贵大城，隶属阿恰儿（Aciar），[2]五兄弟国王中之长兄也。凡船舶自西方，质言之，自怯失（Kais）、忽鲁模思（Ormuz）、阿丹（Aden）及阿剌壁全境，运载马匹及其他货物而来者，皆停泊于此。职是之故，附近诸地之人皆辐辏于此，而使此加异勒城商业繁盛。

国王据有宝石甚众，身戴宝石不少。彼生活优裕，而善治其国。颇喜商贾及外国人，故人皆乐至此城。

国王有妻三百人，盖此国人男子妻愈多而声望愈重。

此马八儿州有国王五人是亲兄弟，前已言之，而此国王即是五兄弟之一人。彼等之母尚存。设若彼等失和，彼此争战时，其母即居中阻之，不听其斗。如仍欲斗，其母则手持一刀而语诸子曰：将割乳哺汝等之乳房，然后破腹而死于汝等之前。因是数使诸子言归于好。但在母死之后，彼等恐将互相残害也。[3]

兹置此国王不言，请言俱蓝（Coilum、Quilon）国。

[1] 波罗在本书第一六九章中叙述马八儿州一大国（指Carnatic）及其沿岸采珠事甚详，末云暂不接述州中他国。遂由此北向至 Madras，述圣多玛斯之灵迹（第一七〇章）。然后离马八儿，仍循注辇（Coromandel）沿岸北行，导吾人至 Masulipa'am，即吾人所称出产金刚石之 Golconde 国也。复从此西行述剌儿（Mysore）国，当时此国境包有 Dekkan 大部分之地，迄于马剌八儿（Malabar）沿岸。逮述此国居民之迷信与婆罗门之苦行毕，复导吾人至

Manaar 湾沿岸之发足点，南行绕 Comorin 岬。由此方向先至 Tamraparni 河口，其地微在 Kayalpatnam 之北，Tuticorin 之南。

加异勒（Cail）港久已著名于当时，剌失德丁书及阿剌壁人、葡萄牙人诸行纪皆有著录，是为往来波斯湾或红海与中国间之船舶必须停泊之所。此种船舶沿注辇沿岸行，历泊诸要港，如 Méliapour 之圣多玛斯墓，Masulipatam 之金刚石市场等处。此港又输入波斯湾及阿剌壁沿岸之马群（第一六九章注[8]），益以港近采珠之地，商业愈臻茂盛。

[2] 阿恰儿（Aciar）殆指 Asadia-deva 亦即碑文中之 Surya-deva。据地方传说，是为君临加异勒之末王，并为君临 Tinnevelli 五兄弟之一人而归依回教者也。

[3] 剌木学本增订之文云："此城之一切居民，与夫其余印度诸地之居民，皆有咀嚼一种名称荖叶的树叶之习惯，常嚼之而吐其津液。国王、贵人用樟脑及其他香料制此叶，复与生石灰掺合嚼之。人言此事颇宜于卫生。如有某人欲加辱于他人者，则于见面时唾此叶或其汁于其人之面。受此辱者立入谒国王，告以受辱之事，请执兵复仇。国王赐以剑盾使之斗，国人争往观之，迄于斗者一人死而后已。"（第三卷第二十四章）

第一七四章　俱　蓝　国

若从马八儿发足，西南行五百哩，则抵俱蓝（Coilum）国。居民是偶像教徒，基督教徒甚少。彼等自有其语言，自有其国王，而不纳贡赋于何国。[1]

出产苏木（brésil）甚多，名称俱蓝苏木，盖以产地名也，其质甚细。产姜甚良，名称俱蓝姜，亦以产地名也。全国出产胡椒甚多，土人种植胡椒树，五、六、七月中采之。亦饶有蓝靛甚细，太阳极烈，草受曝而产蓝。 盖此国热不可耐，若浸鸡蛋于溪水中，阳光曝之立熟。

蛮了、地中海东（Levant）、阿剌壁诸地之商人乘舟载货来此，获取大利。[2]

此国饶有种种牲畜，与他国种类迥异。 狮子尽黑色，其一例也。鹦鹉种类甚多，有身白如雪而爪喙红者，有朱色者，有监色者最为美观，有小者亦美，其他皆绿色。

亦有孔雀甚美，较吾人之孔雀为大，种类亦殊。 其鸡最美而最良，种类亦异。 其果实亦甚奇，斯皆因酷热使然。

彼等除米外无他谷。 用椰糖造酒，颇易醉人。 凡适于人身之物，悉皆丰饶，价值甚贱。 其星者甚良，医师亦然。 人皆黑色，妇孺亦然，尽裸体，仅以美丽之布一片遮其丑处。 不以淫乱为罪过，可以从姊妹为妻，兄弟死可以妻其嫂娣。 此俗遍及印度全境。

此外无足言者。 吾人离此，请言一名戈马利（Comary）之地。

[1] 诸本写此国名作 Colium、Coilun，剌木学本写此名作 Coulam，即今之 Quilon 也。 《元史》名此国曰俱蓝，曾称藩于忽必烈汗。 此城在马剌八儿沿岸，距戈莫陵（Comorin）岬约百公里。

1329 年时，教皇 Jean XXII d'Avignon 曾派 Jourdain de Sévérac 为此城首次创设之主教（拉丁语写此城名作 Columbum）。 斡朵里克书有 Polubum、Colonbio 等写法，谓"其为一极大之城，在胡椒树林之极端，世界最良之姜出产于此。 此城贵重商货之多，言之恐无人信"。 古阿剌壁人早从阿丹、西剌甫（Siraf）两港输入胡椒，竟名胡椒曰马剌八儿，足证马剌八儿胡椒之著名也。

1349 年时，Jean Marignolli 曾游俱蓝，谓此城胡椒供全世界之食。 同时伊本拔秃塔亦游俱蓝（Caoulem），谓其"为马剌八儿最美诸城之一。 市场甚大，商人甚富，中有一人购取全船之货物，改装本人货物。 ……俱蓝是马剌八儿距中国最近之城，而中国人多赴之"（伊本拔秃塔书第四册 99 页）。

俱蓝之盛迄于 16 世纪初年，自是以后遂衰（玉耳本第二册

377 页）。

［2］忽必烈数与俱蓝国通往来，曾三遣使臣杨庭璧往谕其降。
1282 年，俱蓝国遣使入贡。颇节悉将《元史》所载关于往来使臣
之文译，可资参考。

伊本拔秃塔书（第四册 103 页）云："我在俱蓝时，偕我辈俱来
之中国皇帝使臣，曾入此城中，此城中国商人赠以衣服。使臣寻
还本国，后此我又重见之。"

第一七五章　戈马利地方

戈马利（Comary）[1]是印度境内之一地，自苏门答剌至此，今不能
见之北极星，可在是处微见之。如欲见之，应在海中前行至少三十
哩，约可在一肘高度上见之。此地是一蛮野之地，有种种兽畜，尤有
猿甚奇，不知者误识为人。尚有名称加特保罗（Gat Paul）之猿，一种可
注意之种类也。

［1］戈马利即今之戈莫陵（Comorin），亦阿剌壁人诸地志中之
Komhary 也。

地学会法文本关于北极星之记载语意较明，其文作："自苏门
答剌至此，前未能见者。"观此足证运载波罗三人及阿鲁浑妃之中
国船舶直抵戈莫陵岬，然后循马剌八儿沿岸而赴波斯。然则本书
所志马八儿、加异勒等地，殆系前此奉命出使时目击耳闻之国，所
以此处诸章排比散乱无次（参看玉耳本第二册 403 页）。

第一七六章　下里国

下里（Ely）[1]是西向之一国，距戈马利约三百哩。居民是偶像教

徒，自有国王而不纳贡赋于何国，彼等自有其语言。 吾人至是进入较为熟识之地，行将确实叙述各国之民风、土产，而君等亦将闻之较审，盖吾人行抵更近之地也。

此州无港，然颇有大河，河口既宽且深，盖良河口也。 土产胡椒、生姜及其他香料甚饶。 其国王富于宝货，然尤强兵。 顾其国据有大险，无人可能侵入，所以有恃无恐。 应知船舶之赴他处而抵此国海港者，国人辄尽夺船中所载之物，而语之曰：“汝曹欲赴他处，然汝辈之神导汝辈至此，由是汝曹之物应属吾曹。”彼等视此钞暴不为过失。第若船舶径来此国，则以礼待而保护之。 此种恶习，遍及印度全境，脱有船舶赴他处而因风暴在途中被难者，辄受钞掠。

蛮子及他国船舶夏季来此，卸载货物六日或八日即行，盖此地除河口外无海港，质言之，仅有沙滩、沙礁可庇也。 蛮子船舶有木锚甚大，置之沙滩，颇多危险。[2]

其地颇有虎及其他猛兽甚恶，亦饶有披毛带羽之野味。

此外无足言者，请言马里八儿(Melibar)国。

[1] 案：下里在今 Cannanore 但应知者，吾人所考见之今地，不必尽为马可波罗所志之城国，盖城市位置不免变迁，此之考订，不过约略志其方位而已。

古下里城今已无存，仅在 Ghates 山系之一支脉西端有山，尚名下里。 此地角孤立，在 Cannanore 北二十五公里，远处可以见之。1498 年 8 月，Vasco da Gama 最初发现印度之地，即此山也。

[2] 此处记录之文有误，盖笔受者未解马可波罗之意，亦未识中国木锚维舟之力也。 中国锚昔用一种名称“铁木”之木为之，量极重，系结力甚强。

地学会法文本(223 页)云：“应知中国及他国船舶，夏季来此者，卸载货物四日或八日即行，盖其一无港，且有浅水沙礁，久泊甚危也。 中国船舶畏此固不若他国船舶之甚，盖其有大木锚可御一切风暴。……”

当时停船之港应在下里山东，或在 Nileshwaram 河口，或在稍南之 Madai 河口。惟此地陵谷大有变迁，此二河口不复能受船舶，而下里山因沙石冲积已与大陆接合矣（参看玉耳本第二册388页）。

第一七七章　马里八儿国

马里八儿（Melibar）[1]是一大国，国境延向西方。居民自有语言，而为偶像教徒，彼等自有国王而不纳贡赋于何国。在此国中，看见北极星更为清晰，可在水平面二肘上见之。[2]应知此马里八儿国及一名称胡茶辣（Guzarat）之别国，每年有盗船百余出海，钞掠船舶，全夏皆处海中，携带妇孺与俱。此种盗船每二三十船为一队，每距五六哩以一队守之，在海上致成一线，凡商船经过，无得脱者。[3]盗船每见一帆，即举火或烟为信号，由是诸船皆集，群向来船，捕之而尽夺商人之物。然后释之而语之曰："复往求利，将重为吾辈所得也。"然自是以后，诸商知自防，再赴海者必载大船，携兵器人员与俱，除有时遭难外，不复畏海盗也。

此国出产胡椒、生姜、肉桂、图儿比特（turbith）、[4]椰子甚多。纺织古里布（calicot）甚精美。船舶自极东来者，载铜以代沙石。运售之货有金锦、绸缎、金银、丁香及其他细货香料，售后就地购买所欲之物而归。此国输出之粗货香料，泰半多运往蛮子大州，别一部分则由商船西运至阿丹，复由阿丹转运至埃及之亚历山大（Alexandrie），然其额不及运往极东者十分之一，此事颇可注意也。[5]

既述马里八儿国毕，请接述胡茶辣国如下文。但应知者，如是诸国仅志都城，其他城堡甚众，言之冗长，故略。[6]

[1]马里八儿即阿剌壁、波斯诸撰述中之 Malibar、Manibar，亦今之马剌八儿也。伊本拔秃塔书（第四册71页）曾志其境界云：

"其地长延海岸有二月程，起 Sendabour（今卧亚 Goa），止俱蓝（Caoulem，今 Quilon）。 此长途中皆有树木可以庇荫，每半哩有一木房，内有台阶供回教及异教之旅人坐息。 木房附近有一井供给饮水，置一神像守之。"

由是观之，今称半岛西岸全部为马剌八儿，误也。 且据他说，古马剌八儿国境，北不逾下里（Ely、Cannanore），南不逾俱蓝。

［2］Nicolo di Conti 在 15 世纪中叶旅行印度，曾志有云："航行印度海者视南半球可见之南极星为准，盖其鲜见北极星，又不用罗盘，只恃所见南极星之高度以辨方位。"（Pl. Zurla 书第二册 196 页）

剌木学（行纪第一册 137 页）曾引一随同 Vasco de Gama 之弗洛郎司（Florence）人初次航行之说云："航行印度海中者不用罗盘，仅恃若干木制之四角规以辨方位，若有云雾而不能见星宿时，航行则甚难也。"

马可波罗时代航行之情形如此，故除中国船舶外，航行者尚未识磁石针之用途，而对于仪象器及罗盘亦知之未审。 颇节（《地志》第一册 203 页）引一传教师之说云："印度舵手测量高度之法，用一绳结数结，口衔其一端，绳中横贯一木，如是不难测得小熊星尾。 小熊星，即通称之北斗星或北极星也。"

［3］地学会本（224 页）云："盖其络绎布置海中，彼此相距约五哩，由是二十船舶，亘延海上百哩。 ……"

此种海岸，迄于最近时代，尚见海盗充斥。 每年常有船舶因避海风或岸风而作沿岸行者，岸上有高岩，海盗瞩见，即出海掠之。 马可波罗经行之后不久，伊本拔秃塔曾在马剌八儿北为海盗所擒，并衣裤亦被剥夺。

［4］图儿比特乃一种蔓草之根，花叶近类蜀葵，今在药剂中尚用以作泻剂或缓和剂。

［5］此段完全关系中国船舶。 剌木学本云："蛮子船舶用

铜作压舱之物。"此铜为中国南部及日本之普通产物，航行者载作重货，余货则为绸缎、金银、细香料之类，用此以易粗香料。 本书谓从印度出发之船舶，运货至阿丹、埃及、欧洲，不及总数百分之十，余船皆运货至东方及中国，足觇当时中国市场之重要。

伊本拔秃塔谓中国船舶常赴俱蓝、下里、古里（Calicut）三港，此外并赴梵答剌亦纳（Fandaraina，亦作 Pandarani，亦作 Pantalani，在古里北二十五公里）港，在印度过冬时，则维舟于后一港中。《元史》卷九四市舶门云："元贞二年（1296）禁海商以细货于马八儿、唄喃（俱蓝）、梵答剌亦纳三番国交易。"据伯希和之考订，此梵答剌亦纳即是伊本拔秃塔之梵答剌亦纳，亦是 14 世纪《岛夷志略》中之班达里（玉耳、戈尔迭本第三册 120 页）。

中国与马剌八儿沿岸诸国商业停顿之时，颇难断为何年，惟玉耳拟在 15 世纪初年。 据云："我所知著录此事之书，有 Joseph de Cranganore 之《Novus Orbis》，内云：此种契丹人是具有一种坚强毅力之人，昔与古里通商居第一位。 然古里国王虐遇之，彼等遂离此城，已而复至，大杀城中居民。 自是以后，遂不复来。 寻与东岸纳儿星哈（Narsingha）国中之 Mailapetam 城通贸易，迄今尚然。"

"Gaspar Correa 撰《Vasco de Gama 行纪》，引有四百年前之一故事。 相传有一大队商船自满剌加（Malacca）、中国、琉球等地来至马剌八儿。 此种新来侨民居留其地，留传后裔。 百年后其人无存，然其庄严庙宇，尚可见之。 古里国中有一部落，相传是中国人之后裔。 Abdurrazzak 书中有一节，谓古里国航海之人名称支那汉（Chini bachagan）。"

"上引二说殆隐喻有明永乐时下西洋之事。 Gonz. de Mendoca 书（57 页）云：所以今日在此国，在菲律宾群岛，在纳儿星哈国东之注辇（Coromondel）沿岸，暨在僧加剌（Cengala）海沿岸，尚忆及华人。 僧加剌海沿岸且有一地今名中国镇市，相传为华人所创也。 古里国中亦有相类纪念，此国有不少树木果实，土人相传是华人统治此地时所移植。 世人亦谓华人同时据有满剌加、暹（Siam）、占城（Cochinchine）及其他邻近诸国，且谓曾经占据日本诸岛。"

"Barros 谓著名之提㹝（Diu）城，昔为一胡茶辣王所建，用以追念昔在海上战胜中国船舶之武功者也。 此国王名称 Dariar Khan，一作 Peruxiah，虽相传为 Mahmoud Begara（1459 至 1511）之父，然颇难辨识为何人。 此外 Barros 引证中国人侵略占据印度之事甚多，然皆未能考证其事。 姑无论其来源为何，疑多关涉郑和下西洋事，其将禅那（Jaina）人与支那人之事混而为一者，亦间有之。"（玉耳本第二册 391 至 392 页）

[6] 马可波罗仅言都城，而不及其他城市，所以欧洲人熟识之古里及柯枝（Cochin）二城未见著录。 古里昔在剌儿国中（见本书第一七二章），时未以古里名，柯枝亦然。 葡萄牙人到达以后，始有 Samorin（古里国王名）国及柯枝国之称云。

第一七八章　胡茶辣国

胡茶辣（Guzarat）[1]是一大国，居民是偶像教徒，自有其语言。 彼等有一国王而不纳贡赋于何国。 国境延至西方，至是观北极星更审，盖其出现于约有六肘的高度之上也。

彼等是世界最大的海盗，有一恶俗，请为君等述之。 彼等夺一商船时，强使商人饮一种名称罗望子（tamarin）之汁，俾其尽泻腹中之物，盖商人被擒时得将重价的珍珠、宝石吞于腹中，用此方法，海盗可以尽得其物也。[2]

此胡茶辣州饶有胡椒、生姜、蓝靛，亦多有棉花。 产棉之树高有六步，生长可达二十年。 然若年岁如是之老，所产之棉则不适于纺织，只作他用。

此国制作种种皮革，如山羊、黄牛、水牛、野牛、犀牛及其他诸兽之皮是已。 所制甚多，故每年运载皮革赴阿剌壁及他国之船舶，为数甚众。 其国亦制最美之红皮，嵌极美之鸟兽于其中，用金银线巧缝之，其美不可思议，有值银六马克(marc)者。[3]

此外无足言者，故于此后接言一名塔纳(Tana)之国。

[1] 胡茶辣(Guzarat)亦作 Gocurat、Gozarat，剌木学本作 Guzzerat，今作 Gujarat。 今指坎拜(Cambay)、契吒(Katch)两海湾间之半岛，昔日国境甚大，西北抵 Radjpoutana，东抵 Meïwar 及 Kandech 等地，南抵恭建(Koukan)。

玉耳于此纠正马可波罗之一种地理错误云："本书谓胡茶辣是邻接马剌八儿之一州，而列在塔纳(Tana)、坎拜(Cambay)、须门那(Somnath，钧案：《元史》卷二一〇《马八儿传》末所列来降十国，中有须门那，次在马八儿后、僧急里前，应指此地)三城之前，其实此三城亦在胡茶辣境中，而坎拜为此国当时之大商场也。瓦撒夫(Wassaf)书所述之胡茶辣，通名曰坎巴夷替(Kambayat，即坎拜)。"(玉耳本第二册 394 页)

[2] "此种恶海盗擒得商人时，即以罗望子合海水饮之，由是商人尽泻其腹中之物。 海盗在商人所泻诸物中寻取珍珠、宝石。盖海盗云，商人被擒时吞珠宝于腹中，俾不为海盗所得，所以此种恶海盗以此水饮之。"(地学会法文本 225 页)

[3] "尚有言者，此国制造红皮美席，嵌以鸟兽，用金银线巧缝之。 此席美至不可思议，回教徒寝卧其上，盖为一种良卧具也；并制有椅褥，全以金线缝合，值银六马克，上述之席有值银至十马克者。 此国用皮制作王座(roiaux dereusse)，其巧世所不及，价值甚贵。"(地学会法文本 226 页)

第一七九章　塔　纳　国

塔纳（Tana）[1]是一大国，位置在西，面积与价值并大。居民是偶像教徒而自有其语言，自有国王而不纳贡赋于何国。国内不产胡椒或其他香料，然饶有乳香，其色褐，交易甚盛。制造皮革甚多，并纺织美丽毛布。

此国颇有海盗，与国王同谋钞掠商人。此种海盗与其国王约，得马则属国王，得他物则属彼等。国王无马而须运多马至印度，故其行为如此，凡船舶之赴此国者，莫不运马及其他不少货物。此种恶习颇足贻国王羞。

此外无足言者，此后请言一名坎巴夷替（Cambaet）之国。

[1] 此城迄今尚存，仍名塔纳，位在 Salsette 岛中，居孟买（Bombay）东北三十二公里，诸考订并以此城即马可波罗书著录之塔纳。

马可波罗所称之塔纳国，大致可当今之恭建（Konkan）州。Al-Birouny 书谓塔纳是恭建之都城，剌失德丁书名此国曰恭建塔纳（Konkan-Tana），Aboulféda 谓此国在马剌八儿之西、胡茶辣之东部，并引 Ibn-Saïd 书云："此城位在剌儿国（参看本书第一七二章）之北端，因商业而著名。沿岸居民尽属偶像教徒，其中杂有回教徒。……由此国名发生 tanasi 形容词，以称土产之布。……据所闻某旅行家之说，此城及其附郭皆有海水环之。"

诸本写法不一：地学会本作 Thana 及 Tana，颇节本作 Tanaim，其他诸法文本作 Tima、Thaman、Tanami、Canam，诸拉丁文本作 Canna、Tana、Chana，剌木学本作 Canam，此外诸本作 Toma、Caria，其中之 t 与 c 时常混用，似以 Tana 写法为不误。d'Anville（《印度古地志》100 页）云：此城位置距海不远，在一隔断大陆之河渠上，河口则在孟买湾中，据东方地理学者之记载，此城当时商业颇盛。 Al-Birouny 位置此城在北纬十九度三十三分，较之他说为可取，纳速剌丁（Nassir-eddin）及兀鲁伯（Ouloug-beg）之历表著录亦同。 历表中既著此城名而遗附近诸要城，足证此城曾见重于一时。 马可波罗谓其为一国，与坎巴夷替、须门那二国等，足证当时尚为一印度君主统治。 此印度君主必是 1294 年败于底里王侄阿老瓦丁之同一国王。 三十年后 Jourdain de Sévérac 及斡朵里克经行其地时，只见有一回教长官，而不复有国王矣。

剌木学本云：“吾人谓此国在西者，盖马可波罗当时来自东方，依其路途所经，历述之也。”（第三卷第三十章）然此语不足解说本书先言胡荼辣后言塔纳之理。 吾人以为此处记录之法与前此（第一六九至第一七三章）同。 前此首言马八儿全境，然后再述境内诸国，如木夫梯里（Telingana）、圣多玛斯（Madras）、马八儿本国（Tanjore）、加异勒（Tinnevelli）等国。 此处则视塔纳、坎巴夷替、须门那三国在胡荼辣境内，故首言偏在北方之胡荼辣，而后言诸国，与剌失德丁书体例同也。

第一八○章　坎巴夷替国

坎巴夷替（Cambaet）[1] 是一大国，位置更西，居民是偶像教徒，而自有其语言，自有国王而不纳贡赋于何国。 在此国中，所见北极星更明，盖愈向西行，星位更高也。 此国商业繁盛，蓝靛甚佳，出产甚饶，纺织细毛布甚多，亦饶有棉花，输往不少地域。 制作皮革甚佳，贸易亦盛。 此国无海盗，居民皆良民，恃工商为活。

此外无足言者，兹请言别一名称须门那（Semenat）之国。

[1] 案：坎巴夷替可当今之坎拜（Cambay）。 伊本拔秃塔曾继波罗之后至此城，而名之曰京巴牙（Kinbâyah）。 据云：“吾人自

Sâghar 行抵京巴牙，城在一海湾上，此湾颇类河流。船舶入湾而感潮汐。我曾见停泊之船，潮退时停在泥中，潮涨后浮于水上。京巴牙由其建筑之美，而回教礼拜寺之坚，可以位在最美城市之列。职是之故，居民多属外国商人，陆续在其地建筑华屋大寺。"

（伊本拔秃塔书第四册 53 页）

第一八一章　须门那国

须门那（Semenat）[1]是更西之一大国。居民是偶像教徒，自有其国王及语言，不纳贡赋于何国，而恃工商为活。国人中无作海盗者，工业茂盛。彼等洵为残忍的偶像教徒。

此外无足言者，兹请言一名称克思马可兰（Kesmacoran）之别国。

[1]须门那今作 Somnath，可当今胡荼辣半岛南岸之 Veraval（北纬二十度五十三分，东经六十八度九分）。此城名在阿刺壁人撰述中作 Soumanât、Semnât、Soumenat，今尚作 Somnath-Pattan，犹言月主之城也。昔以名称须门那（Soumenat）之神像而著名，像在庙中悬于虚空，受人崇奉。1024 年，吉慈尼朝（Gaznévide）著名算端马合木（Mahmoud）夺取此庙时，曾将庙顶之磁石取出，悬像遂坠。

据 Al-Birouny 书，像为一石，作圆锥形，代表湿婆（Siva）之阴部，由是人称之曰大自在天（Mahadeva）之灵像（linga）。"须门那石"之实况如此。其上部以黄金、宝石为饰。每日于月升降时两次，每月于月盈亏时两次，海水来浸此石，相传为海水朝贺。湿婆得须门那或月主之称者以此。

"湿婆教昔在新头河（Indus）之南方及西方颇流行，常见有不少灵像庙宇受民众崇拜。然须门那灵像受人信仰尤甚，逐日受恒河（Gange）水及客失迷儿（Kachmir）花之供献。印度人以为此像可以治愈痼疾及其他无药可医之疾。且因须门那城之位置，外国人赴之者甚众，凡船舶赴非洲沿岸之 Sofala 及中国者辄维舟于此。
吉慈尼（Ghazni）算端马合木夺取须门那时（1024 年）曾破此石，取
其上部归吉慈尼城（阿富汗都城），破之为二，一置吉慈尼马场中，
一置大礼拜寺门作为踏石。"（Reinaud 译《阿剌壁文及波斯文》残
卷 111 页）

马合木并将须门那庙门携归吉慈尼，此庙门颇著名，檀香木
质，刻饰极工，饰以金银，嗣后置于马合木墓门亘八百年。1842
年英兵败于阿富汗，退走可不里（Kaboul）时，印度总督
Ellenborough 命将此门还诸须门那古庙。已而变计，置此门于 Agra
堡中，今尚存在。

"波罗经过此城未久（1300 年），须门那之庙像又经阿老瓦丁
军队之残破，遂使人遗忘马合木第一次残破事迹。其庙今废，尚
存旧日改作回教礼拜堂之痕迹。Ibn-Asir 述马合木钞掠事，谓庙柱
五十有六，全用麻栗木（teck）为之，庙顶则用铅盖。然则庙宇原用
木建欤。"（玉耳本第二册 400 页）

第一八二章　克思马可兰国

克思马可兰（Kesmacoran）[1] 乃是一国，自有国王及语言。居民是
偶像教徒而恃工商为活，人多业商，而从海陆运输其商货于各地。食
肉、米及乳。

此外无足言者。但往西行及往西北行，此克思马可兰国则是印度
最末之一州。[2] 自马八儿（Maabar）迄于此州并属大印度境，而为世界
之良土。此大印度经吾人叙述者，仅为沿海之城国，至若内地城国概
未之及，盖言之殊冗长也。

兹从此地首途，请言尚属印度之若干岛屿。首言二岛，一名男
岛，一名女岛。

[1] 此克思马可兰写法盖出地学会本，而颇节本则作 Quesivacuran，核以玉耳所辑诸证，具见其误，兹为改正。 案：此地即指今波斯同卑路支斯坦（Baloutchistan）分领之麦克兰（Mekran），而在东方通称为克只麦克兰（Kedj-Mekran）者也。 克只是都城名。 都城名与国名合称之例，本书颇不少见，本书第一七九章注[1]所引剌失德丁书之恭建塔纳，其一例也。 此克只麦克兰名称并见伊本拔秃塔书及 Pietro Della Valle 书著录。

[2] 自古代迄于近代，印度境界逾新头河西甚广。 Pline l'ancien 书（第六卷 23 页）云："但世人之不以新头河（Indus）为印度西界者，颇不少见，彼等多以河外之 Gedrosi（Mekran）、Arachoti（Kandahar）、Arii（Hérat）、Parapomisadoe（Kaboul）四地尚属印度，而视其他诸地统称 Ariane。"考 Isodore de Charax 之说，安息人（Parthes）名称 Arachosie（Kandahar）曰白印度。 又考 Ibn Khordâdbeh 之说，印度与波斯接境之处，距忽鲁模思（Ormus）峡航行七日程，距新头河口航行八日程，质言之，大致在两发航点之中间。 ……时可不里（Kaboul）尚属印度。 信度（Sind）国之末一印度国王 Chach，昔曾率军进至麦克兰与起儿漫（Kirman）分界之河流，史载其在此河畔种植椰树，并建一碑，上勒文曰："此处是 Chach 时代信度国界。"

Marino Sanuto 地图上之印度境界，始于忽鲁模思。 波罗前离此城（参看本书第三十六章），核其语意，如循海行，下站似为印度（参看玉耳本第二册 402 页）。

第一八三章　独居男子之男岛及
独居女子之女岛

若从此陆地之克思马克兰国首途，向南海行约五百哩，则抵二岛，一名男岛，一名女岛。[1]两岛相距约三十哩。 居民皆是曾经受洗之基督教徒，然保存旧约书之风习：妻受孕时，其夫不与接触；妻若生女，产后四十日亦不与接触。

名称男岛之岛，一切男子居处其中。 每年第三月，诸男子尽赴女岛，居三月，是为每年之三、四、五月，在此三个月中与诸女欢处。 逾三月，诸男重回本岛，其余九个月中，则为种植工作贸易等事。

此岛有龙涎香甚佳。 居民食肉乳及米。 彼等善渔，获鱼甚多，干之以供全年之食，余者售之来岛之商人。 岛民无君主，服从一主教，而此主教隶属一大主教。 此大主教居在别岛，其岛名称速可亦剌（Scoira），别详后章。 彼等亦自有其语言。

彼等与诸妇所产之子女，女则属母，男则由母抚养至十四岁，然后遣归父所。 此二岛之风习如此。 诸妇除抚养子女、摘取本岛之果实外，不作他事，必须之物则由男子供给之。

此外无足言者，兹请言名称速可亦剌之别岛。

[1] 颇节对于此种传说，衷辑有兴趣甚浓之注释，然不及玉耳征引之详赡，兹采玉耳之注释，以证此种异闻乃是纯属荒渺无稽之物语。

据云："若继马儿斯登之后，寻求此种岛屿之所在，似无大益。 此说自太古以来流传迄今，迄无一人发现其处。 Coronelli 地图（1696 年刊）考证其岛在 Guardafui 岬附近，名称 Abdul Kuri 之岛，马儿斯登即采斯说。 若就波罗所志麦克兰南五百哩之方向寻之，海中实无一岛；第若证以后章章首之语，则此二岛应在麦克兰与速可脱剌（Socotora）两地之中间。 案：此两地之中，阿剌壁沿岸有 Kourgan-Mourian 诸岛似可当之，颇节即欲在此处发现本书之男岛及女岛也。 波罗又谓岛民隶一主教，而此主教又隶属速可脱剌之大主教，似乎此种传说系于一定地域。 修士 Jourdain 亦位置此种岛屿在大印度与东非州海岸间。 Nicolo di Conti 又谓其距速可脱剌仅五哩，然两岛相距则有百哩。 有时男赴女所，有时女来男处，六月期满，各归本岛，逾期不归则立死。 Fra Mauro 又徙此二岛于僧祇拔儿（Zanzibar）之南，而名之曰 Mangla 岛同 Nebila 岛。所可异者，前一名称似出于梵语之 Mangala，此言幸运者；后一名称似本于阿剌壁语之 Nabilah，此言美也。"

"葡萄牙人发现新地时代，此种故事尚存，当时系其事于速可脱剌岛中。"

"我意以为此故事应为最古而最流行的女人（Amazones）国故事之一枝说。 Palladius 引婆罗门说，男女分居恒河两岸，女子在六、七、八月间接待男子四十日，是为太阳偏北天时最寒之日，女生子其夫则不复至。"

"《大唐西域记》卷十一波剌斯（Perse）国条后云： 拂懔国西南海岛有西女国，皆是女人，略无男子，多诸珍宝货。 附拂懔国，故拂懔王岁遣丈夫配焉。 其俗产男皆不举也。"

"哥伦布（Christophe Colomb）第二次航海时，曾闻船中美洲土人言，有一岛名 Matityna 或 Matinino 岛者（应指 Martinique），仅有女人，每年一定时期接待 Caraibes 部男子，产子后男属父、女属母。 岛中有地窖，若有男子非时而至，女子则隐避窖中。"

Adam de Brême 又以为女人国在波罗的（Baltique）海中，盖因 Gwenland（芬兰）与 Gwend-land（女人地）二字形近致误。

Gonz. de Mendoca（299 页）又谓此种岛屿在东亚海中："距离日本不远，近顷发现有女人岛，岛中仅有女人，持弓矢，善射，为习射致烧其右乳房。 每年一定月份，有若干日本船舶，载货至其岛交易。 船至岛后，令二人登岸，以船中人数通知女王。 女王指定舟人登岸之日，至日，舟人未登岸前，岛中女子至港，女数如舟中男数，女各携绳鞋一双，鞋上皆有暗记，乱置沙上而退。 舟中男子然后登岸，各着绳鞋往就诸女，诸女各认鞋而延之归，其着女王之鞋者，虽丑陋而亦不拒。 迨至限期已满，各人以其住址告女居停而与之别。 告以住址者，如次年生子，男儿应送交其父也。

此事乃诸教士闻诸二年前曾至此岛之某人者，但日本之耶稣会士对于此事毫无记录，余尚疑而未信云。"

《天方夜谭》载有一事颇相类，据云：有一哈萨克（Casaques）部落，妇女皆居 Dniéper 河之若干岛中。颇节引《传教信札》载 1697年法国某传教师在 Manille 之致书，中有云："此种外人（假拟在 Mariannes 群岛南方某岛中之外人），谓彼等岛中有一岛，仅有女子住在其中，自成一国，不许男子厕入。女子多不婚，惟在年中某季许男子来会，聚数日，携其无须乳哺之男孩而归，女孩则留母所。"

颇节结论云："具见马可波罗之说非想象之言。"玉耳则答曰："我意以为在前提上已认此说之虚。"

有时此种故事又别生异闻，例如 Pomp. Mela 书（三卷九章一节54 页）云："女子独居，全身有毛，浴海而孕，其俗蛮野，为人所捕者，用绳缚之，尚虞其逃。"

中国载籍及斡朵里克书中亦著录有女人国，或受风而孕，或食某种果而孕，或望井而孕。马来人亦有此种传说，谓此事在苏门答剌外 Engano 岛中（参看玉耳本第二册 406 页）。

由是观之，女人国故事，时无分古今，地无分东西，悉皆有之。其惟一实在的女人国，盖在非洲 Dahomey 境内，然至法国侵略之后遂绝。

第一八四章　速可亦剌岛

从此二岛首途，南行约五百哩，则见速可亦剌（Scoira）岛。[1]居民皆是已受洗礼之基督教徒，而有一大主教。彼等多收龙涎香，饶有棉布，并有其他货物，尤多大而良之咸鱼。彼等食米、肉及乳，不获何种谷类。人尽裸体，与其他印度人同。[2]

岛中商业茂盛，盖各处船舶运载种种货物，来此售于岛民，在岛购买黄金，而获大利。凡船舶之赴阿丹(Aden)者皆泊此岛。

此大主教不属罗马教皇，而隶驻在报达(Bagdad)之聂思脱里派基督教徒之总主教。此总主教统辖此岛及其他数地之大主教，与我辈教皇同。

颇有海盗来此岛中，陈售其所掠之物，而售之极易，盖此岛之基督教徒明知物属回教徒或偶像教徒，乐为购取也。[3]

并应知者，世界最良之巫师即在此岛。大主教固尽其所能禁止此辈作术，然此辈辄言祖宗业已如此，我辈特效祖宗所为耳。此辈巫术，请言一事以例之。如有船舶乘顺风张帆而行者，此辈能咒起逆风，使船舶退后。彼等咒起风云，惟意所欲，可使天气晴和，亦可使风暴大起。有其他巫术，不宜在本书著录也。

此外无足言者，请前行，述一名称马达伽思迦儿(Madeisgascar)之岛。

[1] 速可亦剌(Scoira)即今之速可脱剌(Socotora)。6世纪时，Cosmas Indicopleustes 谓当时"印度海 Dioscorides(Socora)岛中主教圣职授自波斯。岛中居民自亚历山大后裔之 Ptolémées 朝时谪居于此，现尚操希腊语。岛中教会职员皆自波斯遣来，而岛中基督教徒颇众。我曾航抵此岛，然未登岸，与赴 Ethiopie 之岛民数人聚谈，闻其说如此。"

9世纪时阿剌壁旅行家之说云："同一海中有速可脱剌岛，出产速可脱剌沉香。此岛位置邻近僧祇(Zendj)人及阿剌壁人之国。居民多属基督教徒。先是亚历山大略取波斯时，曾将历经诸地之情形函告其师阿利斯多德(Aristote)，阿利斯多德答书嘱其降服一名速可脱剌之岛，岛产第一等药料名 sabi，无此则药剂不全。阿利斯多德并嘱其迁出岛中土人，徙希腊人守之，俾其输送此药至西利亚、希腊、埃及。亚历山大从之，同时并命诸州长吏监护此岛。由是居民获有安宁，迄于救世主(Messie)临世之日。岛中希腊人闻有耶稣，遂效罗马人归向基督之教。此种希腊人之遗族，留传至于今日（9 世纪），惟保守此岛者则为别一种族之人也。"（Reinaud 书第一册 139 至 140 页）

上引之说，盖因此岛有希腊商人，特想象此说而解说殖民之缘起。虽亦为一种寓言，然并见 Edrisi 书同 Nicéphore Calliste 书著录，后书有云，此种希腊人仍保其本国语言，但因阳光之烈，人体变成极黑颜色云。

玉耳云："根据若干指示，此种基督教的岛民系属雅各派（Jacobites）或阿比西尼亚（Abyssinie）教会，葡萄牙最先航海人曾见其举行割礼，足以证已。Barbosa 谓其人面橄榄色，仅具基督教徒之名，不知有洗礼，亦不明基督教义，一切福音观念，盖忘之久矣。其教堂颇类回教之礼拜寺，然其祭坛，则同基督教之祭坛。方济各沙勿略（Francois Xavier）曾至此岛，见有基督教之遗迹，土人崇拜十字架，或悬之于坛，或挂之于颈。用一种业经遗忘之语言祈祷，De Barros 谓是迦勒迭语（chaldéen）。彼等颇尊崇圣多玛斯，而举行斋节两次，禁食鱼肉乳甚严。其教师娶妻，然颇知节欲。"

"此古代教区，今已无迹可寻，岛中仅奉回教，居民似已堕落。岛中内地所居民族尚属他种，其人卷发，面目端正，体质类印度人。沿岸居民则为混杂阿剌壁人及他种人血统之人。古时情形必亦如是，希腊人及希腊文化只应在沿岸一带见之。"（玉耳本第二册 409 至 410 页）

[2] 剌木学本增订之文云："取龙涎香于鲸腹中，顾此香为一种重要商品，渔人设法捕鲸，其法用具有卷钩之铁叉，刺入鲸腹则不复能出。用长绳一端系卷钩，一端系小桶，桶浮海面，由是鲸死可以寻取，渔人曳之至岸，取龙涎香于腹，取油于头，可得多桶。"（第三卷第三十五章）

9 世纪时之阿剌壁人行纪所志亦同。据谓鲸类名 tâl 者（钧案：《元史》卷三七《宁宗纪》诸王不赛因偕使贡塔里牙，应指是物）见龙涎香即吞食然香至胃中，鲸即死，浮于水面。有人知鲸吞香之时期，届时伏于舟中以待，见鲸浮出，即用绳系铁钩钩鲸背，破腹而取龙涎香出（Reinaud 书第一册 145 页）。

相类之记载并见 Massoudi 书同 Kazwini 书，后书谓在鲸脑取多油，用以燃灯并粘合船隙。诸书所志之鲸盖为大头鲸（cachalot），赤道北印度洋中所见之惟一鲸类也。脑中有白色脂肪，名鲸脑油。

诸学者前此对于此事颇怀疑，今似已承认龙涎香出于大头鲸腹。盖为大头鲸肠中之一种病理分泌物，由胃液或胆液所构成，与胆结石同，水上所浮之香块，或是大头鲸所遗，或出于一腐坏尸体。

此龙涎香中国人久已识之，《本草纲目》谓出于西南海中，《明史》谓出非洲东岸及阿剌壁南岸（Bretschneider《中世纪寻究》第一册 152 页注四〇九）。

［3］迄于 10 世纪时，世人视速可脱剌岛为海盗巢穴。Massoudi 谓马剌八儿之海盗钞掠赴印度及中国之船舶者常停留于此。

伊本拔秃塔曾志其友人 Cheikh Said 遇海盗事，其人在底里（Dehli）官廷大获馈赠，"偕一同伴购取商货而归。至速可脱剌岛，有印度盗贼驾多舟来袭。双方战斗甚烈，死伤甚重。海盗尽掠舟中货物而释船员并其船具，由是其船得赴阿丹，此种海盗于战斗之后，例不杀害何人，只取乘客诸物，然后听其驾舟他驶。"（伊本拔秃塔书第一册 362 至 363 页）

第一八五章　马达伽思迦儿岛

马达伽思迦儿（Madeisgascar）是向南之一岛，距速可亦剌至少有千哩。居民是回教徒而崇拜摩诃末，人谓有四老人治理此岛。应知是岛伟美而为世界最大岛屿之一，盖其周围有四千哩也。居民恃工商为活。

我敢断言此岛象数之众,世界他州无能及者,后此叙述别一岛屿名僧祇拔儿(Zanquibar)者,情形亦同。 缘此二岛,象业贸易之盛,竟至不可思议。

此岛除骆驼肉外不食他肉,逐日宰驼之多,未目击者必不信有此事。据谓是为世上最良而最卫生之肉,是以日日食之。[1]

此岛紫檀树颇繁殖,致使林中无他木材,彼等多有龙涎香,盖其海中多鲸,而捕取者众;并多大头鲸,是为极大之鱼,饶有龙涎,与鲸鱼同。岛中有豹、熊、虎及其他野兽甚众。 商人载大舟来此贸易而获大利者,为数不少。[2]

应知此岛位置甚南,致使船舶不能在同一方向更作远行,而赴其他诸岛,只能止于此马达伽思迦儿岛及后此著录之僧祇拔儿岛。 其故则在海流永向南流,其流之急,船舶更作远行者,不复能归。

马八儿船舶之莅此马达伽思迦儿岛及僧祇拔儿岛者,航行奇速,路程虽远,二十日可至。 但在归途则须时三月,盖水向南流,归时须逆流而上。 年中无论何季,海水常向南流,其流之急,洵不可思议。

人言位置更南之他岛,因海流阻碍船舶之归,故船舶皆不敢往。 其地有巨鸟,每年一定季候中可以见之。 然闻人言,此种巨鸟与我辈史籍著录者异,据曾至其岛身亲目击者告马可波罗阁下之言,鸟形与鹫同,然其躯绝大,据说其翼广三十步,其羽长逾十二步。 此鸟力大,能以爪搏象高飞,然后掷象于地,飞下食之。 岛人名此鸟曰罗克(Rock),别无他名。 未识此鸟诚为鹫首狮身之鸟(griffon),抑是别种相类大鸟。 然我敢断言其形不类吾人传说半狮半鸟之形,其躯虽大,完全类鹫。[3]

大汗曾遣使至此山中采访异闻,往者以其事归报。 先是大汗遣使臣往,被久留岛中,此次遣使,亦为救前使归也。 使臣归后,将此异岛之诸异闻,陈告大汗,并及此鸟。 彼等并献野猪齿二枚,齿甚大,每枚重逾十四磅,则生长此齿之野猪,形体之大可知。 据称其体之大如大水牛。 其地亦有麒麟(girafe)、野驴甚众,奇形异状的野兽之多,竟至不可思议。[4]

430

此外无足言者，请接述僧祇拔儿岛。

［1］首先以马达伽思迦儿（Madeisgascar、Madagascar）岛之存在告之欧洲人者，应是马可波罗。第其叙述非亲览目击之说，致有不尽确实之点，如此岛既无象、驼，亦不产豹、熊及虎，即其误记之一端也。关于此点之记载，只能移属之于非洲东岸。半世纪后之伊本拔秃塔所闻较为确实，其记有云："离 Zeila 后航海十五日，抵木骨都束（Magadoxo），一极大之城也。土人豢养骆驼甚众，日杀数百头。"（第二册 181 页）案：今琐马里（Somali）人尚杀驼为食。木骨都束，《明史》卷三二六有传，1427 年曾遣使入贡中国。

G. Ferrand 在《马达伽思迦儿之回教徒》中，考究此岛名之起源，以为波罗所志者非木骨都束，而为非洲之大岛。

Elis Reclus 云："马达伽思迦儿最近大陆处相距有三百公里，然海流甚急，赴此岛者辄为南向之海流所阻，航行时日因之倍增。……此岛为古昔 Lémurie 大陆之一部，此大陆曾延至马来群岛也。"（Elis Reclus《地志》第十册 15 页）

［2］大头鲸在诸本中有 capdol、capados、capdoilz、capdoille、capadogloe 等写法，并是意大利语 capidoglio 传写之误，此言"脂肪头"，今尚以此名大头鲸也。

［3］案：此 Rock 巨鸟，印度人名曰 Garuda，古波斯人名曰 Simurgh，阿剌壁人名曰 Angka，古希腊人名曰 Gryps，中国人名曰大鹏。此物是否与男岛女岛并为世界最古之寓言，颇难言之。盖据近代学者之发现，此物世曾有之，空中之有巨鸟，亦如陆地之有古生大象（mastodonte），海中之有鲸鱼云。

1848 年、1851 年、1854 年，法国商人曾在马达伽思迦儿岛发现大卵，一卵容量逾十公升，世人遂不复疑此种罗克鸟之存在。Geoffroy St. Hilaire 名之曰 Spyornis，并云驼鸟高二公尺，所产之卵小于此鸟卵六倍，则此鸟之大可知。惟动物学者对于此鸟之分类，意见尚未一致云（参看北京《政闻报》1922 年刊第三十一号 733 至

734页 H. Imbert 撰文)。观马可波罗之语气，似得此说于大汗之使臣者。地学会本(233页)之文对于此点尤其著明："人谓此地有狮首鹫身之鸟……然据目击者之言……然我仅据目击者之说……兹据我所闻目击者之说述之……据说此鸟甚强大……见者又云……兹既将曾见此鸟者之言叙述于前，至我所亲见者则另在他处叙之，盖本书体裁应如是也。"

[4] 马达伽思迦儿岛无麒麟，然有野驴、花福鹿(zébre)。本书所言之非洲野猪，殆是河马，其齿诚大，有时重逾五六公斤，然为僧祇拔儿输出品，而非马达伽思伽儿之出品。

第一八六章　僧　祇　拔　儿　岛

僧祇拔儿(Zanquibar)是一大岛，周围约有两千哩。[1]居民是偶像教徒，自有国王及语言，而不纳贡赋于何国。其人长大肥硕，然长与肥不相称。其长大类似巨人，其力强可载四人负载之物，可兼五人之食。体皆黑色，裸无衣服，仅遮其丑处而已。卷发黑如胡椒。口大，鼻端上曲，唇厚，眼大而红，俨同鬼魔，丑恶之甚，世上可怖之物，似无逾于此者。

此地产象甚多，其多竟成奇观。有狮黑色，与我辈狮种异，亦有熊、豹不少。羊色皆同，头黑而体全白，别无他种。亦多有麒麟，颇美观。

兹请言关于象之一事。应知牡象与牝象交时，掘地作大坑，牝象仰卧坑中，牡象卧其上，与男女交合无异，是盖因牝象丑处生在腹下也。[2]

此岛之女子，是世上最丑陋之女子，其乳房大逾他处女子四倍。居民食米、肉、乳及海枣。彼等用海枣、米及若干好香料作酒，兼亦用糖。其地商业颇茂盛，商人及大舶来此者颇多。然岛中重要商品则为

432

象牙，岛中饶有之。 近海多鲸，故龙涎香亦甚饶。

尚应知者，彼等是良战士，勇于斗而不畏死。 彼等无马，然乘驼、象而斗。 象背置木楼，足容十人至十六人，人处其中持矛剑及石而斗；由是处象上者颇善斗，盖其有木楼也。 人无甲胄，仅有盾与矛、剑，由是互相屠杀。 当其率象而战之时，以酒饮象使之半醉，盖象饮酒后较傲勇，战时更为出力。[3]

此外无足言者，是以此后将言阿巴西（Abbasie）大州，是为中印度。[4]言此以前，请先概述关涉印度之事。

应知吾人所述印度诸岛，仅就其中最名贵之州国言之，盖能备述印度一切岛屿者，世无其人也。 故我之叙述，仅及精华，至所遗之其他岛屿，尽隶上述诸州国也。 据熟悉海行的水手所用之图籍，此大海中有已识之岛一万二千七百，而人不能至的未识之岛尚未计焉，此一万二千七百岛皆有人居。 诸岛之中，有面积广大无限者，如君等前此之所闻。 此海水手所言如此，彼等知之甚审，盖彼等日日只作航行也。

大印度境始马八儿迄克思马可兰，凡有大国十三，吾人仅述十国而遗其三，诸国尽在大陆。

小印度境始爪哇州迄木夫梯里国，凡八国，并在陆地。

应知此种国家尽在陆地，盖诸岛国为数甚多，不在此数之内，如前所述也。

[1] 僧祇拔儿（Zanquibar）即今之 Zanzibar，盖为阿剌壁文 Zangibar 译写之音，犹言僧祇之地。 僧祇，此言黑人，古写作 Zingis 或 Zingium。 地邻额梯斡皮（Ethiopie），直与耶门（Yémen）、起儿漫（Kirman）相对，南疆延及非洲东岸全岸贸易能达之地。

"波斯人名此民族曰黑印度（Siah Hindu），与希腊人名此地及额梯斡皮曰印度之旧称相符。"（D'Herbelot 书 929 页）

马可波罗叙述此种黑人含有厌恶之词，必曾亲见之；黑头羊及"颇美观"之麒麟，殆亦为亲览之物。 但有若干记载，例如关于此岛面积之类，应出耳闻之误。 然此亦不足为波罗病，盖阿剌壁人撰述并位置僧祇之地于大陆，而其所记此地之事，常属马达伽思迦儿或印度也（参看 Reinaud 书第二册 215 页）。

今日僧祇拔儿之称，固仅指一小岛及此岛对岸起麻林（Melinde 南纬三度）抵 Delgado 岬（南纬十一度）之一狭地，但在昔日包括之地甚广，殆兼阿剌壁人所称南非洲僧祇人所居之地而言。则本书之僧祇拔儿岛或兼今日僧祇拔儿本部以南之地而言，自非洲东岸达于非洲西岸，如是周围二千哩之说始圆。9 世纪时阿剌壁旅行家记载有云：“僧祇之地广大，……僧祇有数王互相争战，诸王所部之众穿鼻戴环，……阿剌壁人对于此族颇具势力，此族之人若见阿剌壁人，则跪伏于地而称之曰出产海枣之国之人，缘此族颇嗜海枣也。”（Reinaud 书 137 至 138 页）

其后 De Barros 所志之僧祇拔儿亦较广大。准是以观，马可波罗本章之叙述，似应适应于南非洲全部。

［2］此误昔日旅行家多有之。象虽知羞，然其交与其他四足动物无异（参看 Staunton 撰《Lord Macartney 行纪》法文译本第三册 188 页）。

Miiller 之拉丁文本（第三卷第四十一章）志有若干细节云：“彼等尚有一种兽名称麒麟（graffa、girafe），颈甚长，约长三步，前足较后足高。头小，皮红白色，杂有蔷薇色斑纹。此兽甚驯，而不伤人。”

［3］Massoudi 记载较为确实：“境内多野象，然无畜于家者。僧祇不用之作战，亦不用之作他事，至其猎之者，仅欲杀之而已。”然则马可波罗记载错误，颇难索解也。僧祇拔儿用以驮载之兽仅有驴，要在 Mozambique 以北情形如是。马可波罗所载诸细节，盖混离非洲各地之事言之。乘驼而战之事，可以令人思及红海沿岸之 Bejas 部落，当 Mossoudi 时代，此部有战士三万，即乘驼执矛盾而战。至关于象战之事，殆因阿巴西国王偶亦用象，故想象及之欤（参看玉耳本第二册 425 页）。

自有火器以来，军中不复用象。"当 Aurengzeb 时代，象在军中地位重要，但在今日用之者鲜。象虽驯，然象群易为火器之的，一旦负伤愤怒时，反致有害于本军。故在火器发明以后，用象作战之事遂稀。"（Grose 撰《东印度行纪》法文译本 247 页）

[4] 马可波罗名非洲一地曰印度，事诚可异，然"中"字之义似不应训作中间，殆犹言阿巴西国之面积次于大印度欤。当时世界各洲之形势尚未经地理学者明白绘出，此类错误，常有之也。

第一八七章　陆地名称中印度之阿巴西大州

阿巴西（Abbasie）是一大州，[1]君等应知其为中印度而属大陆。境内有六国国王，六国皆甚大，此六王中有基督教徒三人，回教徒三人，最大国王是基督教徒，余五王并隶属之。

此国之基督教徒面上并有三种记号，一自额达于鼻中，别二记在两颊。此种记号用铁烙于面，表示其已受洗，盖彼等受水洗后立烙此记，或表示其忠顺，或表示其洗礼之完成也。此国亦有犹太教徒，两颊各有记。至若回教徒之记号，仅自额达于鼻中。[2]

国之大王驻于国之中央，诸回教徒居近阿丹（Aden、Adel）。圣多玛斯曾在此州传教，俟其皈依后，乃赴马八儿州而殁于彼。其遗体即在彼处，前已言之也。

应知彼等是最良战士而乘马，盖国内多马也。彼等日与阿丹之算端（sultan）战，并与奴比亚（Nubie）人战，且与其他不少部落战，此诚有其必要也。兹请述一美事，事出基督降世之 1288 年。

此基督教国王而为阿巴西州之君主者，曾言欲赴耶路撒冷（Jérusalem）朝拜耶稣基督圣主之墓，诸男爵以道途危险，谏止之，劝其遣一主教或别一在教高级职员代往。国王从之，乃遣一持身如同圣者之主教某前往巡礼。此主教经行海陆而抵圣墓，礼之如一基督教徒之所应为，代其主呈献一极大供品。 诸事既毕，遂就归途，而抵阿丹。
阿丹算端闻其为基督教徒主教，兼是阿巴西大国王之使臣，拘之，询其
是否为基督教徒，主教据实以对。 于是算端命其改从回教，否则将使
其大受耻辱。 主教答言宁死而不背其造物主。

算端闻言甚恚，命人割其茎皮。 人遂依回教俗割之，割毕算端语
云："轻其王故辱其使臣。"已而释之归。

主教受耻辱后，心中大悲痛。 然私衷自慰，既为保持我辈救世主
耶稣基督之戒律而受辱，于灵魂之救赎必有大功。

创愈后，自此循海遵陆而还抵阿巴西国王所。 国王见之甚欢，大
款待之，然后询以圣墓之事，主教据实以对，国王因是信奉愈切。 主
教述耶路撒冷之事毕，然后述阿丹算端轻其王而加辱于彼事。 国王闻
之既恚且痛，痛恼之深，几濒于死，终呼曰："若不大复此仇，决不为
王治国。"呼声之大，左右尽闻。

国王立命其全军步骑备战，并遣多数负木楼之战象至军中。 诸事
筹备既毕，遂率此重大军队出发，进向阿丹国境。 算端闻此国王来
侵，亦率其极众之军队进至国境最坚固之要道上，以阻敌军之入。 国
王率众至坚固要道时，回教徒已待于此矣。 由是杀人流血之鏖战开
始，盖双方皆残忍也。 最后因我辈救世主耶稣基督之意，回教徒不能
抵抗基督教徒，盖其作战不及基督教徒之优也。 回教徒败走，死者无
算。 阿巴西国王率其全军攻入阿丹国内。 回教徒屡在狭道上拒之，迄
未成功，辄遭败亡。 国王留驻月余，残破其敌人之国，每见回教徒即
杀，毁其田亩，迨杀戮已众而其耻已雪，遂欲还国，盖其至是可载大誉
而归。 纵欲久留，亦不能再使敌人受创，盖因敌拒守险隘之地，道狭
颇难攻入。 由是国王自阿丹敌国率军出发，载荣誉欢心而还本国。 国
王及其主教所受之耻既雪，回教徒死伤之众，田亩毁坏之多，其事诚可
惊也。 此事颇为重大，盖基督教徒认为不应败于回教徒之手也。[3]

兹既述此事毕，对于此州尚有言者。 此州一切食粮皆甚富饶，居民
食肉、米、乳及芝麻。 多象，然不产于本地，而来自别印度之岛屿。[4]

亦多麒麟，产自此国。 又见有熊、豹、狮子及其他种种异兽甚众。 多有野驴，及最美观之母鸡，并有不少其他种类禽鸟。[5]有驼鸟，鲜有小于驴者，并有鹦鹉甚美，并颇有异猫及猴。

此阿巴西州中城村甚众，亦多有商人，盖其境内商业繁盛也。 其地制造极美之硬布及其他棉布。

此外无足言者，是以后此接述阿丹州。

［1］案：阿巴西（Abbasie）在诸本中亦有 Abase、Abasce、Basce、Albasie 种种写法，皆阿剌壁语名称阿比西尼亚（Abyssinie）之 Habsh 或 Habesh 传写之音。 前章末并称此国曰中印度，此称未见东方撰述著录，但西班牙、犹太教长 Benj. de Tudéle 亦志有之。 其文曰："中印度在陆地，名称 Aden，即《圣经》中之 Eden en Telassar。 境内有大山，有不少犹太人居于其中，从不受治于外人。 彼等在山巅据有城堡，下山则至 Maatoum 之国，此国亦称 Lybie，为 Ideméens 所统治，犹太人常与此辈战，大掠其物，归山以后，他人不能来攻。"（E. Charton 书第二册 208 页）

此西班牙、犹太教长撰此文时，在 12 世纪，复证以波罗之文，则皆谓有一阿丹国在红海西岸。 案：Zeila 一名 Adel，本书之 Aden 应是 Adel 传写之误，因后章有 Aden，故牵连及之。 据波罗以前之阿剌壁人地志，Zeila 是赴 Yémen 之通道，其地在 Al-Wardi 书中为 Habesh 之商场，时 Habesh 王驻在 Ankobar 城也。 可参看颇节本及玉耳本诸注释。

［2］此用烙铁举行洗礼之法，并见中世纪及近代撰述著录，其法有时为雅各派通行之法。 根据本书之记载，不仅基督教徒独用火烙之法，而其源来实甚古也（参看 Hérodote 书第四卷 187 页）。

［3］"葡萄牙人抵其地以前，战争延长有数百年之久，其故或在此也。 波罗之记载，完全与本地史书所志相符，史书 1228 年下著录之阿比西尼亚国王名 Amba-Sion。"（K. Ritter 撰《非洲志》法

文译本第一册 306 页，至关于年代之表面的差违，可参考颇节本
697 至 698 页附注）

[4]"在 Cosmas 旅行时代（6 世纪），阿比西尼亚人无战象，
然其后或者有之，盖据阿剌壁人史书，640 年时，阿比西尼亚人因
埃及基督教徒受回教徒之压制，曾遣战士五万人、象一千三百头进
至尼罗河（Nil）以援救之也。象数虽多，要足证军中有象。"
（Armandi 书 547 至 548 页）

[5]阿比西尼亚国中鸟类较其他动物为众。

第一八八章　阿　丹　州

应知在此阿丹（Aden）[1]州中，有一君主名称算端（sultan）。居民
是回教徒，崇拜摩诃末，极恨基督教徒。国中有环以墙垣之城村
甚众。

阿丹有海港，多有船舶自印度装载货物而抵于此。商人由此港用
小船运载货物，航行七日，起货登岸，用骆驼运载，陆行三十日，抵尼
罗（Nil）河，复由河运至亚历山大（Alexandrie）。由是亚历山大之回教
徒用此阿丹一道输入胡椒及其他香料，盖供给亚历山大物品之道途，别
无便利稳妥于此者也。[2]

阿丹算端对于运输种种货物往来印度之船舶，征收赋税甚巨。对
于输出货物亦征赋税，盖从阿丹运往印度之战马、常马及配以双鞍之巨
马，为数甚众也。印度马价甚贵，贩马而往者获利甚厚，缘印度不养
一马，前已言之也。

每一战马在印度售价可值银百马克（marc）有余。由是此阿丹算端
对于其海港运输之一切货物征取一种重大收入，人谓其为世界最富君主
之一。[3]

开罗（Caire）算端前此攻取阿迦（Acre）城时，阿丹算端曾以骑士三

万人、骆驼四万余匹往助，回教徒因获大益，基督教徒因受大害。 其为此者，与其谓向埃及算端表示友好，勿宁谓恨基督教徒有以致之，缘彼等亦互相怨恨也。

兹置此阿丹算端不言，请言隶属算端之一城，城名爱舍儿（Escier），位在西北，自有一王。

［1］前章曾混 Adel 与 Aden 为一，前一城指红海南非洲沿岸之Zeila，后一城指阿剌壁南岸，今之大港，本章所言者，确为后一阿丹也。

［2］颇节本此节改正之文，实较优于其他诸本之误以红海为一河流者。 姑引地学会本以例之："从此阿丹港用较小之舟运载货物，溯一河上行，亘七日。 行七日毕，卸货物出，改用骆驼运载，行三十日，抵亚历山大河，复由此河运往亚历山大城。"

剌木学本增订之文云："在此州中有一宏大海港，凡运输印度香料之船舶悉皆抵此。 购取香料转贩亚历山大之商人，先将货物卸出，用较小之船载之，渡一海湾，需时二十日，仰视天时，日期多寡不等。 抵某港后，复用骆驼载其货物，从陆地转运，行三十日，抵尼罗河，用名称 zerme 之小舟载之，循流而下，止于开罗，复由此循一名称 Calizene 之运河而抵亚历山大城。 凡商人之从阿丹运输印度货物而至亚历山大者，此为最便捷之道。"（第三卷第三十九章 58 至 59 页）

波罗在本书中习称开罗曰巴比伦（Babylone），而在本章中独名之曰开罗，殊不足证其为后人增入之文，盖彼归物搁齐亚以后，得将从前口述之文改正也。 诸本皆谓自红海西岸陆行至尼罗河须三十日，则应在 Souakim 或 Aidhab 境内寻求此港（玉耳说）。 其同时人 Marino Sanudo 之行纪，谓陆行抵尼罗河仅九日，则此人登陆之港，应在更北，殆在今之 Kosseir，抑在 Macouar 也（参看玉耳本第二册 439 页注一）。

据伯希和说，亚历山大城在《后汉书》卷一一八中写作犁靬。

[3]《明史》卷三二六《阿丹传》云："阿丹在古里（Calicut）之西，顺风二十二昼夜可至。……永乐十九年（1421），中官周姓者往市，得猫睛重二钱许，珊瑚树高二尺者数枝，又大珠、金珀、诸色雅姑、异宝、麒麟、狮子、花福鹿、金钱豹、驼鸡、白鸠以归，他国所不及也。……其地两山对峙，自为雌雄。……"此种记载完全与阿丹及其附近之情形相符。对峙之两山，应指红海入口处之 Bab el-Mandeb 峡。昔罗马人名阿丹曰 Athana，昔为通商要地，盖其居中国、印度及西方之间。迄于 15 世纪末年，尚保有此种专利，好望角发现以后，其势日衰。

第一八九章　爱舍儿城

爱舍儿（Escier）[1] 城甚大，位在阿丹港西北，相距四百哩。其王隶属阿丹算端，善治其地，辖有城堡数所。居民是回教徒。境内有一良港，由是自印度运载不少商货之船舶咸莅于此。饶有白色乳香，国主获利甚巨。土人只售之于国主，不敢售之于他人。国主每石（quintal）购价金镑十枚，而售价则为六十枚，因是获利甚巨。

所产海枣亦多。除米外不产他谷，所产之米且甚少，而由各处输入者多，输入者因获大利。饶有鱼类，就中有一种大鱼，产鱼之多，每物搦齐亚银钱一枚可购大鱼两尾。居民食肉、米、乳、鱼，无葡萄酒，然用糖、米、海枣酿酒，味甚佳。

应知其羊皆缺耳，生耳之处有一小角，是为美丽之小畜。

尚应言者，土产之一切牲畜，包括马、牛、骆驼在内，只食小鱼，不食他物。食物仅限于此，盖此地境内毫无青草，乃世界最干燥之地。牲畜所食之鱼甚小，每年三、四、五月捕取，所获奇多。然后干而藏之于家，以供牲畜全年之食。渔人且以活鱼饲牲畜，鱼出水时即以饲之。此外尚有他鱼，大而良，价甚贱，切之为块，曝干之，然后藏之于家，全年食之，如同饼饵。

此外无足言者，此后请言一名祖法儿（Dufar）之城。

[1] 本书中之 Escier 即今之 Chehr 或 Es-cher，位在阿剌壁沿岸，然在阿丹之东，而不在其西北。诸本著录之方向并误，不仅此本为然，一本谓在阿丹之北，一本谓在阿丹之南，剌木学川谓在其东南。

"今日阿剌壁南部兴盛不及昔日之理，殆因北方诸民族航业之发展。……昔日埃及人不敢赴印度，而印度人亦不敢赴埃及之时，阿剌壁盖为此两地货物屯聚之地。当时固已在阿剌壁湾中航行，顾昔人视此种航行甚险，商货多由商队转运，而通行阿剌壁全境。……自从欧洲人发现环绕非洲之道途以后，阿剌壁遂大受损失，欧洲人不特能自觅印度及中国之货物，且以供给于西方之阿剌壁人、埃及人及突厥人云。"（Niebuhr 撰《阿剌壁志》第二册128页）

第一九〇章　祖法儿城

祖法儿（Dufar、Zhafar）是一名贵大城，在爱舍儿之西北，相距有五百哩。[1] 居民是回教徒，有一国主隶属阿丹算端。[2] 城在海上，有一良港，位置甚佳，颇有船舶往来印度。商人运输多数战马于印度而获大利。此城辖有不少城堡。

此地有白乳香甚多，兹请言其出产之法。境内有树木颇类小杉，人用刀刺破数处，乳香从刺处流出。有时不用刀刺而自流出，盖因其地酷热所致也。[3]

此外无足言者，是以离此，请言哈剌图（Calatu）湾，并及哈剌图城。

[1] 本章及前后两章所志距离及方向各异，要以颇节之校勘本为最佳。

[2] 祖法儿尚属阿丹，至若后章之哈剌图，则属忽鲁模思。

祖法儿久为 Himyarites 帝国之都城，殆即《创世纪》之 Saphar，罗马时代之 Sapphar。14 世纪时尚为要港，然城市之因商业而兴者，即因商业之衰而废，故今仅存废迹。

《明史》卷三二六《祖法儿传》云："祖法儿自古里西北放舟，顺风十昼夜可至。永乐十九年（1421）遣使偕阿丹、剌撒诸国入贡。……其国东南大海，西北重山。……王及臣民悉奉回回教。……国人尽出乳香、血竭、芦荟、没药、苏合油、安息香诸物与华人交易。乳香乃树脂，其树似榆而叶尖长，土人砍树取其脂为香。有驼鸡，颈长类鹤。……"

[3]"昔日阿剌壁乳香之著名不下于黄金，然北方诸地得自阿剌壁之乳香，并不尽出本地。Arrien 等已称昔日阿比西尼亚（Habbesch）同印度运输不少香药至阿剌壁，而由此贩往更远之地。今日仅在阿剌壁东南岸如 Keschin、Dafar（Zhafar）、Merbât、Hasek 等地种植，要在 Schahhr（Chehr）州中为盛。……阿剌壁曾由阿比西尼亚、苏门答剌、暹、爪哇等地输入他种乳香不少，由是可见昔人所称之阿剌壁乳香，颇多来自远地。"（Niebuhr 书第一册 202 页，此外可参考颇节本 709 至 711 页，玉耳本第二册 445 页至 449 页诸注）

第一九一章　哈剌图湾及哈剌图城

哈剌图（Calatu）[1]是一大城，在一名哈剌图之海湾内。城在海岸，距祖法儿约六百哩，居其西北。居民是回教徒而隶忽鲁模思（Ormuz）。忽鲁模思国王每与别一势力更强之国王争战时，辄莅此哈剌图城，缘此城地势良而防守坚也。

不产谷食，而取之于他国，盖商人用船舶载谷而至也。海港大而良，船舶由印度运不少商货来此，然后由此城贩往环有墙垣的村城数处。亦从此港运输阿剌壁种良马至印度，其数甚众。应知此城及前此著录之其他诸城，每年运往诸岛之马匹多至不可思议，其故盖在诸岛之中不畜一马。此外马至诸岛后不久即死，缘诸岛之人不善养育马匹，以熟粮及其他诸物饲之，诚如前述，而且其地无蹄铁工人也。

此哈剌图城位在一湾口（Oman 湾），若无哈剌图国王之许可，凡船舶皆不能出入。此哈剌图国王同时为忽鲁模思国王，并为起儿漫（Kerman）算端之藩臣。若畏其主起儿漫算端时，则赴哈剌图，而不容湾中停留船舶，因是起儿漫算端受害甚巨，盖其丧失印度等国商人入境之税课也。平时载货之商船莅此者甚众，所课税额甚高，最后起儿漫算端势须顺从忽鲁模思国王之意。此国王尚有堡寨一所，更较哈剌图城为强，控制湾口尤力。[2]

此地人民以海枣、咸鱼为粮，所藏无算，然君主所食则较优也。

此外无足言者，吾人前行，请言前此业已叙述之忽鲁模思城。

[1] 案：Calatu 即 Kalhat，在瓮蛮（Oman）湾沿岸，处祖法儿东北，相距约九百公里，近在 Mascate 西南，则诸本此章著录之方向距离亦误。是即葡萄牙旧航海家之 Calaiate，而在 d'Anville 地图上写作 Kalhat 及 Kalajate 者也。据 Niebuhr 书（二册 145 页），是为瓮蛮湾中最古城市之一。

此城当 Albuquerque 来据时，尚由其废址表示其曾为一大城市。其毁也由于地震。其遗址所占面积甚广，毁灭时无一宅一寺得存。废址附近有一小渔村，村居之人于业余时常至此城发掘藏金。

本章所志忽鲁模思王危急时避居哈剌图事，与 Texeira《忽鲁模思史略》所志相符。每有变乱或他故发生，忽鲁模思诸王辄避祸于此（玉耳本第二册 451 页）。

[2] 地学会法文本（234 页）之文异，兹转录如下文："若起儿漫算端欲征忽鲁模思王或其他某藩王之课税，彼等不愿缴纳，算端遣军往讨时，彼等则自忽鲁模思登舟，赴此哈剌特（Kalath）城据守，不听

船舶通过。此事大有害于起儿漫算端，而迫之与忽鲁模思王和好，让出一部分课税。"

第一九二章　前已叙述之忽鲁模思城

若自哈剌图城首途，在北方及东北方中间行三百哩，则至忽鲁模思（Ormuz）[1]城，城在海边，一大而名贵之城也。其城有一蔑里（Melic），此言国王。居民臣属起儿漫（Kerman）算端，是回教徒，而辖有不少城堡。其地甚热，所以居宅皆置通风器以迎风。此种通风器置于风来处，使风入室而取凉，否则酷热，人不能耐。

此外别无所言，盖关于此忽鲁模思城并起儿漫之事，前已次第述之也。兹特因往来殊途，重回斯地，复再言及而已。

自是以后，吾人离此，将言大突厥国（Grande Turquie）。然尚有漏述之事，应补志于此。盖若从哈剌图城首途，在西方及西北方中间行五百哩，可抵怯失（Kaïs）城，然吾人无暇叙述此城，仅能在此作简单之记录，而接述大突厥如下文。

[1] 忽鲁模思城已见本书第一卷三十六章。汉人早识此港，盖中国海舶载使臣及赐妃至此港也。本书虽未记录其登岸之地，似可肯定即在此港。钧案：《诸史拾遗》卷五引黄潜撰《海运千户杨君墓志》称大德十一年（1307）"至其登陆处云忽鲁模思"，可以证明此说。

《明史》卷三二六《忽鲁谟斯传》记载甚详，兹录其文如下：

"忽鲁谟斯，西洋大国也，自古里西北行二十五日可至。永乐十年（1412），天子以西洋近国已航海贡琛，稽颡阙下，而远者犹未宾服，乃命郑和赍玺书往诸国，赐其王锦绮、彩帛、纱罗，妃及大臣皆有赐，王即遣陪臣已即丁（Izzu-d-Din）奉金叶表、贡马及方物。十二年（1414）至京师，命礼官宴赐，酬以马直，比还，赐王及妃以下有差。自是凡四贡，和亦再使，后朝使不往，其使亦不来。 宣德五年(1430)复遣和宣诏其国，其王赛弗丁(Saifu-'d-Din)乃遣使来贡，八年(1433)至京师，宴赐有加。 正统元年(1436)附爪哇舟还国，嗣后遂绝。 其国居西海之极，自东南诸蛮邦，及大西洋商舶、西域贾人，皆来贸易，故宝物填溢。 气候有寒暑，春发葩，秋陨叶，有霜无雪，多露少雨。 土瘠，谷麦寡，然他方转输者多，故价殊贱。 民富俗厚，或遭祸致贫，众皆遗以钱帛共振助之。人多白皙丰伟，妇女出则以纱蔽面。 市列廛肆，百物具备，惟禁酒，犯者罪至死。 医卜技艺皆类中华。 交易用银钱。 书用回回字。 王及臣下皆遵回教，婚丧悉用其礼，日斋戒沐浴虔拜者五。地多咸，不产草木，牛、羊、马、驼皆啖鱼腊。 叠石为屋，有三四层者，寝处庖厕而及待客之所咸在其上。 饶蔬果，有核桃、把聃、松子、石榴、葡萄、花红、万年枣之属。 境内有大山，四面异色：一红盐石，凿以为器盛食物，不加盐而味自和；一白土，可涂垣壁；一赤土、一黄土，皆适于用。 所贡有狮子、麒麟、驼鸡、福禄、灵羊，常贡则大珠、宝石之类。"

第四卷

君临亚洲之成吉思汗系诸鞑靼宗王之战，亚洲北地

第一九三章　大　突　厥

大突厥（Grande Turquie）[1]境内有　国干名称海都（Caidou）。 其人是大汗侄，盖其为察合台（Djagatai）子，而察合台为大汗之亲兄也。[2]彼是大君主而有城堡甚众，亦是鞑靼，与其部众同。 部众皆善战之士，缘其常在战中也。 此国王海都从未与其叔大汗和好，常与之战，曾与大汗军屡作大战。 失和之故盖因海都父之略地应属于海都者，海都曾索之于大汗，就中有契丹（Cathay）、蛮子（Mangi）诸州之分地。 大汗答曰愿以分地授之，但须大汗遣使召海都入朝时，海都即以藩臣之礼朝见。 海都疑叔意不诚，拒不入朝，仅言任在何时服从大汗命令而已。

盖其数为叛乱，恐大汗杀之，故不敢至。 由是叔侄失和，发生大战，国王海都军与大汗军大战已有数次。 大汗在此海都国境沿边屯驻军队以备海都。 然此不足防止海都侵入大汗境内，而海都常修武备与其敌人战斗也。

海都大王势力甚强，不难将十万骑以战，皆训练有素，勇于作战之师也。 彼并有帝系藩主数人与俱，兹数人者并系出成吉思汗，首应获有分地，并是曾经侵略世界一大部分土地之人，前在本书中已言之矣。

君辈应知此大突厥地位在忽鲁模思（Ormuz）之西北，起于只浑（Djihon，即阿母河〔Amou-daria〕）河外，北抵大汗国境。[3]

兹置此事不言，请言海都国王部众与大汗军之若干战事如下文。

[1] 钧案：本书之大突厥，即《元史》卷六三《地理志》西北地附录之途鲁吉（Turki），盖指察合台汗国。 海都分地在海押立（Qayaliq）及叶密立（Ämil）河流域一带，但在马可波罗居中国时，察合台汗国实已夷为海都之附庸也。

[2] 钧案：海都是成吉思汗子窝阔台子合失之子，忽必烈是成吉思汗子拖雷之子，于海都为从父行，本书谓为叔侄不误。 至谓海

都是察合台子者，殆因海都当时兼并察合台汗国地，而误以其系出察合台也。当时察合台汗是察合台子木阿秃干子也速笃哇子八剌子都哇。

[3] 钧案：当时人对于地理方位尚未详悉，大突厥地实在忽鲁模思之东北，东抵大汗国境，东北与海都辖境接。

第一九四章　海都国王攻击大汗军之数战

迨至基督降世后之 1276 年时，此海都国王同别一王即其从兄弟名也速答儿（Yesudar）[1]者，大集部众，编成一军，进击大汗之藩主二人。兹二藩主是海都之亲侄，盖彼等是察合台之后裔，而察合台是曾受洗礼之基督教徒，并是大汗忽必烈（Koubilai）之亲兄也。二藩主一名只伯（Djibai），一名只班（Djiban）。[2]

海都全军共有六万骑，海都率之进攻此二藩主，而此二藩主所将大军逾六万骑。战争甚烈，二藩主终败走，海都及其部众获胜。双方之众死者无算，然藩主兄弟二人赖骑捷，疾驰得脱走。于是海都国王欢然旋师本国，留两年，相安无事，不与大汗战。

然渡此两年毕，海都国王征集重军，所部骑士甚众。彼知大汗子名那木罕（Nomogan）者时镇哈剌和林（Karakoroum），而长老约翰（Prêre-Jean）孙阔里吉思（Georges）[3]与之共同镇守，此二王亦有战骑甚众。海都国王预备既毕，即率师出国，疾行，沿途无抗者，抵于哈剌和林附近。时大汗子与新长老约翰已率大军驻此以待，盖彼等已闻报海都率重军来侵，故为种种筹备，俾不受何种侵袭。及闻海都国王及其部众行抵附近，彼等奋勇迎敌。行至相距海都国王十哩之地卓帐结营。其敌逾六万骑，所为亦同。双方预备既毕，各分其军为六队。双方之众各持剑盾、骨朵、弓矢及种种习用武器。应知鞑靼人之赴战也，每人例携弓一张、箭六十枝，其中三十枝是轻箭，镞小而锐，用以远射追敌；三十枝是重箭，镞大而宽，用以破肤、穿臂、断敌弓弦，而使敌受大害。各人奉命携带如此，此外并持有骨朵、剑、矛，用以互相杀害。

两军备战既毕，开战之大角大鸣，每军有角一具，盖其俗大角未鸣时不许进战也。众军闻角鸣后，残忍激烈之血战开始，双方奋怒进击。双方死亡甚众，死者伤者遍地，马匹亦然。战中呼叱之声大起，雷霆之声不过是也。海都国王以身作则，大逞勇武以励士气。对方大汗子与长老约翰孙勇武亦不下于海都，常赴酣战之处驰突，以显武功而励将士。

我尚有何言欤？应知此战之久，为鞑靼人从来未经之酷战。各方奋勉，务求败敌，然皆不副所期，混战至于日暮，胜负未决。

战争至于日落之时，各人退还营帐。其未负伤者疲劳已甚，致于不能站立。伤者双方并众，各视伤之轻重而为呻吟。各人亟须休息，甚愿安度此夜而不欲战。及至黎明，海都国王闻谍报大汗遣来重军援助其子，自量久持无益，遂命退军，比曙，上马驰还本国。大汗子与长老约翰孙见海都国王率军而退，不事追逐，盖彼等亦甚疲劳，亟愿休息也。海都国王及其部众疾驰不停，至于大突厥国撒麻耳干（Samarkand）城，自是以后遂息战。

[1] 钧案：《元史》宗室世系表，窝阔台子合丹诸子中有名也迭儿及也孙脱者，疑属一人。考《元史》译例，也速亦作也孙，塔儿、苔儿、迭儿、带儿亦可互用，有时亦误为脱。也迭儿疑脱一字，原文似作也孙迭儿或也速迭儿，而也孙脱是同名异译，修史者不察，致判为二人也。就辈分言，其人与海都确为从兄弟行，此外似别无他人可以当之。《元史》卷二十二《武宗本纪》载："大德十年（1306）七月，自脱忽思圈（Toguz-čol）之地逾按台山（Altai），追叛王斡罗思（Oros），获其妻孥辎重，执叛王也孙秃阿（Yäsudar）等及驸马伯颜（Bayan）。"此也孙秃阿殆即本书之也速苔儿，马可波罗书虽多舛误，似不能臆造此人名也。

[2] 钧案：元代诸宗王中似无名只伯、只班者，考《元史》卷一二二《巴而术（Barčuq）传》：至元十二年（1275），都哇（Duwa）等

"率兵十二万围火州(Qočo、Qaraqojo),声言曰,阿只吉(Ačiji)、奥鲁只(Aqruqči)诸王以三十万之众犹不能抗我而自溃。"此只伯、只班似指阿只吉、奥鲁只二王。然考《元史》卷一二七《伯颜(Bayan)传》又云:至元二十二年(1285)秋,"宗王阿只吉失律,诏伯颜代总其军"。则此役又似为1285年事。《元史·巴而术传》所本者是《高昌王世勋碑》,此外无他证此至元十二年不误者。至若至元二十二年伯颜总西北军一说,《元史》有旁证可引。卷十三《世祖本纪》载:至元二十三年(1286)五月丁卯朔,"枢密院臣言,臣等与玉速帖木儿(Yäsutämur)议别十八里(Bešbailq)军事,凡军行并听伯颜节制,其留务委字栾带(Boroldai)及诸王阿只吉属统之为宜,从之。"马可波罗若非误记,本章第一段所言之战役,似非都哇等声言之役。更以音近之名考之,时诸王列戍西北者有出伯(Jubai)、合班(Qaban)二人,只伯、只班殆系出伯、合班之误欤?《元史》所载海都与大汗军之直接战事,仅最末大德五年(1301)一役较详,余皆隐约言之;瓦撒夫(Wassaf)书称海都身经四十一战,每战辄胜。败二王事究在何年,二王究为何人,颇难言也。1276年适当至元十三年,《元史》是年仅有脱帖木儿(Tuq-Tämur)劫质皇子那木罕阔阔出(Kököču)二人事,无海都胜大汗军之文,马可波罗殆有误记,抑《元史》有阙文也。

　　[3]钧案:阔里吉思事迹附见《元史》卷一一八《阿剌兀思剔吉忽里传》,传文多本《驸马高唐忠献王碑》(《元文类》卷二三)。

第一九五章　大汗言其侄海都为患事

　　应知大汗对于海都扰害其人民土地事颇愤患。曾云,海都脱非宗室,脱非其侄,而为亲属关系所妨阻,彼将并其身与土地灭之,虽亲征亦非所惜。 盖应知者，大汗脱欲之，海都势不能脱其叔之掌握，第大汗因其为宗属，释之不问。 由是海都国王得脱其叔大汗之手。

兹置此事不言，后此请言国王海都一女之神力。

第一九六章　国王海都女之勇力

国王海都有一女名称阿吉牙尼惕（Agianit），[1]鞑靼语犹言"光耀之月"。 此女甚美，甚强勇，其父国中无人能以力胜之。

其父数欲为之择配，女辄不允，尝言有人在角力中能胜我者则嫁之，否则永不适人。 其父许之，听其择嫁其所欲所喜之人（其俗如此）。 女身高大，近类巨人。 女尝致书诸国与人约，来较力者，胜我者则嫁之，否则输我百马。 由是来较力之贵人子甚众，皆不敌，女遂获马万有余匹。

基督降生后 1290 年时，有一贵胄，乃一富强国王之子，勇侠而力甚健，闻此女角觝事，欲与之角，俾能胜之，如约娶以为妻。 然欲之甚切，盖女姿容秀丽，仪态庄严，而彼亦是美男子，甚健强，在其父国中无人能敌也。

由是此王子携千马毅然莅此国，自度力强，胜女以后，并得千马，为注固甚大也。

国王海都及王后即女生母见而悦之，阴诫女无论如何必让王子胜，盖王子为贵胄，且为一大国王子，极愿以女妻之也。 然女答曰，脱彼力能敌之，决不任其胜我，脱力不能敌，则愿如约为彼妻，不甘伪败以让之也。

及期，人皆集于国王海都宫内，国王及王后亦亲临。 人众既集（盖来观角觝者人数甚众），女先出场，衣小绒袄，王子继出，衣锦袄，是诚美观也。 二人既至角场，相抱互扑，各欲仆角力者于地，然久持而胜负不决。 最后女仆王子于地。 王子既仆，引为大耻大辱，起后即率

其从者窜走，还其父国，彼自以从来无敌于国中，而竟为一女所败，耻
莫大焉，所携千马亦委之而去。

国王海都及王后甚怒，盖彼等皆以王子是富人，兼是勇健美男子，
意欲以女妻之，孰知不如所期。

今述王女之事如此。自是以后，其父远征辄携女与俱，盖扈从骑
尉中使用武器者无及其女者也。有时女自父军中出突敌阵，手擒一敌
人归献其父，其易如鹰之捕鸟，每战所为辄如是也。

兹置此事不言，请言国王海都与东鞑靼君主阿八哈（Abaga）子阿鲁
浑（Argoun）之一大战如下文。

[1]《海都女传记》见 Aboul-Kasem el-Kashani 撰《剌失德丁
（Rachid-eddin）史集续编》，女名忽都鲁察罕（Koutlough
Tchagan），常全身武装，在马上统率军队，据云其强毅过人（参看
Blochet 本 154 及 165 页）。

第一九七章　阿八哈遣其子往敌国王海都

东方君主阿八哈（Abaga）[1]所辖州郡，邻接国王海都之辖地者甚
众，是即位置在太阳树（Arbre Sol）附近之地，此太阳树即亚历山大
（Alexandre）书所称之"枯树"（Arbre sec），前已言之矣。[2]阿八哈防
备海都部众之侵扰，命其子阿鲁浑（Argoun）率领骑兵甚众，进驻枯树，
达于只浑（Djihon）河之地。[3]

阿鲁浑率军驻守于此。会国王海都大集部众，命其弟名八剌
（Barac）者统率，八剌为人颇慎重，故以军属之。已而遣此军与其弟往
攻阿鲁浑。[4]

八剌率众出发，久行抵于只浑河，距阿鲁浑约十哩。阿鲁浑闻八
剌来攻，立为种种预备，率军迎敌，已而卓帐于一营内。双方备战既
毕，大角齐鸣，战争立启，彼此发矢蔽空，犹如雨下，人马死者甚众，

遍地皆满。战争迄于八剌部众被阿鲁浑部众击败之时，彼等重渡河去，然阿鲁浑及其部众任意虐待溃兵。由是战争结果阿鲁浑胜而八剌败，八剌赖骑捷得脱走。

我既为君等言及阿鲁浑，兹置海都及其弟八剌不言，此后请言阿鲁浑，及其父死后如何得国之法。

[1] 钧案：阿八哈是拖雷子旭烈兀之长子，至元二年(1265)袭位为波斯汗，后殁于至元十七年(1282)。

[2] 钧案：枯树语见本书第三十九章注[2]，盖指里海东阿母河(Amou daria)西南之地。

[3] 钧案：只浑河即阿母河。当时阿母河西南地隶呼罗珊(Khorassan)，属波斯，而呼罗珊境较今地为广。

[4] 钧案：八剌是察合台子木阿秃干子也速笃哇子，于海都为从侄，非弟也。是战在至元七年(1270)，时海都分得察合台汗国地，欲以呼罗珊偿八剌之失，使八剌将三路兵渡阿母河以取呼罗珊。时镇呼罗珊者是阿八哈弟铁失(TäqŠi)，非阿鲁浑。铁失初败退，阿八哈诱敌于也里(Heri)河畔，突击败之，八剌即于是年得疾死。马可波罗谓将兵者是阿鲁浑，殆以阿鲁浑后镇呼罗珊，误以此役属之也。

第一九八章　阿鲁浑战后闻父死而往承袭义应属己之大位

阿鲁浑战胜海都弟八剌及其部众以后，越时未久，闻父死，甚悲痛。[1]命其军就归途，往取义应属己之大位，但须行四十日始达。

会其叔名算端阿合马(Sultan Ahmed，盖其皈依回教，故有是称)[2]者，闻兄阿八哈死，而其侄阿鲁浑在远不能即归，意谋得国。遂率领所部甚众，赴其兄阿八哈宫廷，攫取大位。自立以后，见宝藏充满，其为人也颇狡智，遂尽以宝藏散给诸藩主战士等，用以收揽人心。 诸藩主及战士等既受重赏，皆颂其为良君，愿爱戴之而不愿事别主。 惟嗣后彼有一恶行而不免众人之谴责者，即尽纳其兄阿八哈之诸妻一事是已。

彼夺据大权以后，越时未久，闻其侄阿鲁浑率大军归，彼遂乘时召集诸藩主部众，在一星期中派遣战骑甚众往拒阿鲁浑。 彼自信不难取胜，故亲将以行，不虞有失也。

[1] 钧案：也里河之战在 1270 年，阿八哈之死在 1282 年，事隔已久，此谓越时未久误。

[2] 钧案： 阿合马名塔忽苔儿（Taqudar），是阿八哈异母弟，于 1282 年夏即位，1284 年秋被杀。 阿八哈死，诸宗王大臣议立嗣君，塔忽苔儿年长，众意属之，则其得国非僭立也。 马可波罗抵波斯时，适阿鲁浑弟乞合都（Qiqatu）在位，所闻之说自异。 俵散阿八哈遗财，事诚有之，阿鲁浑亦得黄金二十锭。

第一九九章　算端阿合马率军往敌义应承袭君位之侄

算端阿合马聚众六万骑，率以进讨，行十日，闻敌军已迫而其众与本军相等。 阿合马结帐于一美丽大平原中，待阿鲁浑至，与之决战。筹备既毕，聚诸藩主骑尉战士，与议进取，盖其为人狡智，欲知人心之从违，因致如下之词曰：

"诸君应知我与兄阿八哈为同父子，我曾助之侵略现有之一切土地州郡，则我兄旧有之物，义应兄终弟及。 阿鲁浑固为我兄之子，容有人主张其应袭父地。 然我以为此意不公，缘我父终身治理此国，君等之所知也，父死义应由我终身治理；况父在生时，我应有国之半，而曾因柔弱让与欤。 今我言如此，请君等共同防卫吾人之权利以拒阿鲁浑，俾国土仍属吾辈众人所有，盖我所欲者仅为荣誉，而一切土地州郡并权柄利益，概归君等得之也。 此外别无他言，盖我知君等侠义贤明，爱好公道，必将为有利于众人之福利与光荣也。"

语毕遂默不复言。 诸藩主骑尉闻言皆众口一词答曰："有生之年，决不奉戴他主，将助其抵抗世界一切人类，尤愿抵抗阿鲁浑，请勿疑。阿鲁浑生或死必执以献。"阿合马鼓励其众，而藉识人心之法如此。[1]

兹置阿合马及其部众不言，请言阿鲁浑及其军队。

[1]钧案： 阿鲁浑之叛在 1283 年，时其以呼罗珊封地为未足，请以法儿思(Fars)、伊剌黑(Iraq)两地益其封，阿合马召之入朝，不至。 是冬阿合马以弟弘吉剌台(Qongiratai)与阿鲁浑同谋，杀之，并拘阿鲁浑之党。 1284 年 1 月，命阿里纳黑(Alinaq)率军万五千人先行，4 月，自率军八万骑往讨，别遣使者往召阿鲁浑来见，阿鲁浑亦发呼罗珊、祃桵荅而(Maza | daran)两地军进至担寒(Damǧan)以拒(参看《多桑蒙古史》第五卷第五章)。

第二〇〇章 阿鲁浑与诸将议往攻僭位之叔算端阿合马事

阿鲁浑既确知阿合马率众待于营中，因甚愤恚。 然故作镇定之状，盖其不欲部众信其畏慑致乱军心。 所以伪若无事者然，反示其无所畏以励士气。

由是召集诸藩主及最贤明之人甚众议于帐中(盖其结帐于一最美之地)，致如下之词曰：

"兄弟友朋齐听我言。 汝曹应知我父爱汝曹之切，待汝曹如同亲子弟。 汝曹昔曾偕之数作大战，助之侵略所辖之全土，汝曹应知我为切爱汝曹之人之子，而我亦爱汝曹甚切。 我既以实言告汝曹，论理汝曹应助我以讨僭夺吾曹之国之人。 汝曹并知其不守吾曹教理，皈依回教而崇拜摩诃末。 一回教徒君临鞑靼之国，其事非宜。 据此种种理由，汝曹应增加勇气决心，俾免此辱。 所以我祈汝曹各尽其力，勇战务求必胜，俾国属吾曹，不致沦于回教之徒。 权利既属吾曹，罪恶既属敌人，各人应抱必胜之信心。 此外我别无所言，汝曹各熟思之。"

阿鲁浑语毕遂默不复言。

第二〇一章　诸藩主答阿鲁浑之词

诸藩主骑尉聆悉阿鲁浑之词以后，各人自励，宁死不让敌胜。 众人如是沉思之时，其中一大藩主起而答曰：

"阿鲁浑殿下，吾曹皆知谕众之言皆是实言。 是以我代表众人致此答词：吾曹有生之年决不奉戴他主，宁死而不愿败。 抑况权利属吾曹，而罪恶属敌人，尤应自信此战必胜。 用是请殿下从速率领我曹赴敌，而我祈同辈力战自效，俾扬名于世。"

藩主语毕，遂不复言。 众人意皆与之同，只欲与敌战，故无继之发言者。 翌日，阿鲁浑率其众早起出发，决与敌战。 骑行至于敌人卓帐之平原中，距阿合马帐十哩结营。 阿鲁浑结营毕，遣其亲信二人赴其叔所，致下述之词。

第二〇二章　阿鲁浑遣使者至阿合马所

此二贤明之人并是高年之人，奉命以后，立与主别，登骑而行。彼等径赴阿合马营，在其帐前下马，会见藩主甚众。 诸人皆识之，彼等亦识诸人。 彼等见阿合马致敬毕，阿合马好颜厚待之，命其坐于前，未几，两使者中之一人起而致词曰：

"阿合马殿下，君之侄阿鲁浑对于君之所为，惊异甚至：君既夺其封地，而又率军进讨，与之作殊死战，叔对其侄行为不宜如是也。 所

458

以彼命吾辈善言以请，彼既视君如叔如父，君应放弃此种企图，彼此罢战；彼言始终奉君如长如父，而愿君为彼之全土之主。 君侄命我等口传之言如是。"[1]

此藩主语至此，遂默不复言。

[1] 钧案：阿鲁浑在阿黑火者（Aq-Quja）战后，阿合马使者至，召之往见。 阿鲁浑命那颜忽都鲁沙（Qutluqšah）等二人代往致词曰："我何敢以兵抗我长王，只因阿里纳黑夺我营帐部众，特来救之。"则使者之见阿合马在战后，而马可波罗谓在战前，疑误（参看《多桑蒙古史》第五卷第五章）。

第二〇三章　阿合马答阿鲁浑使者之词

算端阿合马聆使者代达其侄阿鲁浑之词毕，乃作下述之答词曰：

"使者阁下，吾侄所言，毫无根据，盖土地属我而不属彼，我与其父并得之也。 可往告吾侄，我将使之为大诸侯，授以多地，待之如子，而使之为一人之下之最大藩主。 如若不从，我必将其处死。 我欲告吾侄之言如此，汝等别无其他条件或退让可图也。"

阿合马语至此，遂默不复言。 使者聆算端之词毕，复问曰："此外无他言欤？"答曰："我在生时别无他言。"使者闻言立行，赴其主营帐，在帐前下马，入谒阿鲁浑转达其叔之言。 阿鲁浑甚恚，大声发言，左右皆闻，其词曰：

"我叔有大过，而加我以大辱，我不报此仇，誓不复生此世，亦不复管理土地。"语毕告诸藩主骑尉曰：

"今已无复踌躇者，只须从速讨诛此种不义叛人，自明朝始，可进击而歼灭之。"于是终夜筹备战事。 算端阿合马闻谍报阿鲁浑将于明朝进攻，亦备战，命其众奋勇进击。

第二〇四章　阿鲁浑与阿合马之战

比及翌日，阿鲁浑部勒全军甚善，号令既毕，率之迎敌。算端阿合马所为亦同，亦部勒行列，不待阿鲁浑行抵其营，即率其众前进。行未久，即遇阿鲁浑及其所部军。两军既接，双方皆急欲战，冲突遂起。至是见飞矢蔽天如同雨下，战争酷烈，见骑士坠马仆地，闻仆地者及受致命伤者号痛悲泣之声。矢尽，执剑与骨朵以战，断手断臂者有之，丧躯丧首者有之，喧噪之声大如雷霆。

此一战也，双方死者甚众，而妇女之服丧号泣终身者颇多。是日阿鲁浑颇尽其职，大示勇武，以励士气，然其结果终不免于失利，其众不能御敌，皆溃走恐后。阿合马及其众追击，斩杀甚众，而阿鲁浑即在追逐中被擒。彼等擒获阿鲁浑后，不复再追溃众，欢欣还其营幕。阿合马索绁其侄，命人严加看守，已而归其后宫与诸美妇娱乐，盖其为人好声色也。命一大藩主代总全军，并嘱之看守其绁，缓缓归师，以免将卒疲劳。阿合马离军而命此藩主代总其军之经过如此，阿鲁浑既被擒，悲伤欲死。[1]

[1] 钧案：阿鲁浑之东进，自率五千人先行，遇敌于可疾云（Kazvin）城附近之阿黑火者（Aq-Qoja）平原。时敌军统将是阿里纳黑，所将部众有万五千人，阿鲁浑以众寡不敌败退，至徒思（Tus）城附近被俘。阿合马本军共八万骑未与阿鲁浑军战。时阿合马新纳阿八哈妃秃黑帖尼（Tuqtäni），颇宠之，既得阿鲁浑，即命阿里纳黑监守，以军付诸宗王，而自还秃黑帖尼所（参看《多桑蒙古史》第五卷第五章）。秃黑帖尼，多桑书误作秃里台，兹从1932年刊《通报》伯希和撰《莎儿合黑塔泥考》改正。

460

第二〇五章　阿鲁浑之被擒及遇救

　　会有一鞑靼大藩主，年事甚高，颇怜阿鲁浑，以为囚禁主人，既犯大恶，而又不义，遂谋救之。因即与其他诸藩主谋，而语之曰："因其委质之主，是为大恶，应救出而奉之为主，且彼于义应承大位也。"其他诸藩主视此藩主为最贤明之人，觉其所言盖属实情，遂共愿与之同谋。诸同谋者为不花（Buga，是为谋主）、宴只歹（Elcidai）、脱欢（Togan）、忒罕纳（Tegana）、塔哈（Taga）、梯牙儿乌剌台（Tiar Oulatai）、撒马合儿（Samagar）[1] 等，同谋后共赴阿鲁浑囚居之帐。入帐后，不花年最长，且为主谋，遂致词曰："阿鲁浑殿下，我曹拘禁殿下，诚为有过。今特来改过，救殿下出此。请殿下为吾曹之主，且亦殿下义所当为也。"

　　不花语至此，遂默不复言。

　　［1］钧案：当时首谋洵为不花，其余诸名微有讹误。塔哈梯牙儿乌剌台，点断似误，乌剌台疑是秃剌台（Tulatai）之误，塔哈梯牙儿疑是秃哈帖木儿（Tuqa-Tämur）之误，兹二人一为统将、一为宗王，先曾奉阿合马命偕不花等往召阿鲁浑者也。忒罕纳一名应亦有误，然未详为何人（参看《多桑蒙古史》第五卷第五章）。

第二〇六章　阿鲁浑之得国

　　阿鲁浑闻不花言，以其嘲己，愤而答曰：

　　"汝之揶揄，诚犯大过，汝曹应奉我为主，而反加以银铛，已为大恶，然尚以为未足欤？犯大恶而为大不义，汝曹应自知之，请他适，勿再嘲弄也。"

　　不花又致词曰："阿鲁浑殿下，我辈诚心为此，并非揶揄，愿誓以明此心。"诸藩主等遂共发誓，承认阿鲁浑为主。阿鲁浑亦对诸人誓，不复咎彼等擒已之旧恶，将厚待之如其父阿八哈之恩遇。誓毕，彼等解阿鲁浑之索而奉之为主。阿鲁浑立命向代总军队之藩主帐发矢，迄于其人死而后已。已而阿鲁浑即位，统率奉彼为主之人，时国人皆已服从矣。应知吾人所称藩主者，名称琐勒聃（Soldam），其人为次于阿合马之最大藩主。阿鲁浑得国之经过如上所述。[1]

[1] 钧案：不花等弒阿鲁浑后，赴阿里纳黑营，醢阿里纳黑，本章之琐勒聃殆系阿里纳黑之误。其后诸宗王统将等共议推戴新君，有主立阿鲁浑之二叔者，久议未决，阿合马死，议始定（参看《多桑蒙古史》第五卷第五章同第六卷第一章）。

第二○七章　阿鲁浑杀其叔阿合马

阿鲁浑受众人推戴以后，即命进向宫廷。会阿合马在其最大宫内大宴，有使臣来报曰："今有恶耗报闻，诚非所愿。诸藩主已杀君之爱友琐勒聃，已将阿鲁浑救出，奉之为主，彼等已向此处急进，而谋杀君，请速为计。"使者言至此遂默不复言。阿合马知使臣忠诚可恃，闻言之下，惊惧异常，不知所措，但其为人豪迈勇武，亟为镇定，而告使臣不得以此恶耗吐露于人。使臣许之。阿合马立与亲信可恃者上马，欲奔投埃及算端而逃死，除偕行者外，无人能知其赴何地也。

行六日，至一狭道，乃其所必经之道途，守关者识其为阿合马，见其逃，决捕之，缘阿合马之随从甚少也。守关者遂捕阿合马，阿合马乞怜请释，并许以重宝赂之。守关者爱阿鲁浑甚切，拒不允，且谓虽尽以世界宝藏赂之，亦不能阻其献俘于其主阿鲁浑。守关者因多发护卒挈阿合马赴宫廷，并严加监守，俾其不能遁逃。沿途不停，直抵宫廷，时阿鲁浑至已三日，正怒阿合马之得脱走也。

第四卷

第二〇八章　诸藩主之委质于阿鲁浑[1]

守关者絷阿合马至，以献，阿鲁浑大喜，而语其叔将依法惩之。刪时遽命引之去，杀而灭其尸。奉命执行者引阿合马至行刑之所，杀阿合马而投其尸于一无人能识之处。阿鲁浑与其叔阿合马争位之经过如此。[2]

[1] 钧案：前章及本章标题与内容不尽相合，疑有脱文。

[2] 钧案：阿合马闻变后，往投其母忽秃（Qutu）之斡耳朵，欲出亡打耳班（Darband），其母阻之，已而诸宗王大将叛离，为人擒献阿鲁浑。阿鲁浑欲宥之，弘吉剌台之母与其诸子欲为弘吉剌台复仇，遂于是年8月10日，断其脊骨杀之。先是君位未定，至是诸宗王大将等遂一致推戴阿鲁浑为汗（参看《多桑蒙古史》第五卷第五章及第六卷第一章）。

第二〇九章　阿 鲁 浑 之 死

阿鲁浑既为前述诸事以后，遂赴主要宫殿，君临全国。各方藩主前隶阿八哈者皆来朝贺而尽臣职。至是阿鲁浑军权已固，遂命其子合赞（Gazan）率三万骑往枯树之地，防卫土地人民，以御敌侵。阿鲁浑得国之经过如此，时在耶稣基督降世后之1286年也。[1]阿合马在位仅二年，阿鲁浑君临六年，得疾死，一说中毒死。[2]

[1] 钧案：阿鲁浑即位事在1284年。

[2] 钧案：阿鲁浑在位始1284年8月11日，终1291年3月7日，共六年又七阅月。生前好方士，命印度方士用硫黄、水银合药服之，服八月得疾，疾甫愈又服之，遂致不起（参看《多桑蒙古

463

史》第六卷第二章)。

第二一〇章　阿鲁浑死后乞合都之得国

阿鲁浑死后,其一叔即其父阿八哈之亲弟名乞合都(Kaikhatou)者,立时夺据大位,盖合赞远在枯树之地,不能与之争也。[1]合赞闻其父死耗,甚痛,同时又闻其父之叔夺据大位之讯,甚怒。然恐敌侵,不敢遽离此地,曾云将俟机往复此仇,如其父之擒阿合马也。乞合都既得国,国人皆服从,惟合赞之党不奉命。乞合都颇好色,遂沉溺于女色之中。在位二年死,盖为人所毒杀也。[2]

[1]钧案:乞合都一名亦怜真朵儿只(Ričin Dorje),名见《元史·宗室世系表》,乃阿八哈子而阿鲁浑弟。此处阿八哈应是阿鲁浑之误。

[2]钧案:乞合都于1291年7月22日即位,1295年3月同祖弟伯都(Baidu)举兵,大将秃哈察儿(Tuqačar)应之,乞合都逃,4月23日为人杀于道。此言中毒而死者,殆误以阿鲁浑死事属之也(参看《多桑蒙古史》第六卷第三章)。

第二一一章　乞合都死后伯都之得国

乞合都死后,其诸父伯都(Baidou)是基督教徒,据有大位,事在基督降世后之1294年也。[1]伯都既居君位,国人皆服从,惟合赞及其军不奉命。合赞闻乞合都死而伯都得国,甚愤悒,盖其未能及乞合都之生而报仇也。然有言曰,将对伯都报此仇,必使众人皆传其事。由是决定不再俟机,即兴兵往讨伯都。决定以后,与所部回师,谋复故国。伯都知合赞进兵,亦大集其众往敌,行十日结营,而待合赞军至。结营不及二日，合赞军至。 是日残忍战争即见开始，然伯都不能久敌合赞，盖战争甫开之时，伯都部众多投合赞，倒戈而向伯都，所以伯都败，且被杀。[2]合赞既胜，遂为全国之主。 合赞既胜而杀伯都后，即赴宫廷即位，诸藩主皆对之委质称臣。 基督降世后之1294年，合赞开始君临其国之经过如此。

此国自阿八哈迄合赞之史事如前所述。 并应知者，侵略报达（Bagdad）之旭烈兀（Houlagou），乃是大汗忽必烈之弟，而前述诸人之共祖，缘其为阿八哈之父，阿八哈为阿鲁浑之父，而阿鲁浑为今日君临其国的合赞之父也。

东方鞑靼既已备述于前，兹请复还大突厥国。 顾大突厥国及其国王海都前已言及，则可不复再述，请离此而述较北之州郡人民。

[1] 钧案：乞合都是旭烈兀子阿八哈之子，伯都是旭烈兀子塔剌海（Taraqai）之子，则乞合都与伯都为从兄弟。 此言诸父，殆因原文谓为合赞诸父，而传写脱误欤。

[2] 钧案：乞合都死事在1295年4月23日，同月伯都即汗位，合赞举兵与之争位，伯都部众离贰，伯都被擒，10月5日合赞遣使杀之于道，在位不及六月。 同年11月3日，合赞即汗位，因己归向回教，故号算端而名马合某（Mahmud，参看《多桑蒙古史》第六卷第五、六两章）。

《新元史》及《蒙兀儿史记·宗室世系表》皆误塔剌海为客儿来哥，《蒙兀儿史记》谓伯都即是《元史·宗室世系表》之亦怜真八的，亦为牵合附会之说。

第二一二章　北方之国王宽彻

应知北方有一国王名称宽彻（Kauntchi），[1]彼是鞑靼，而其臣民皆是鞑靼，彼等遵守极强暴之鞑靼法规，然守之如成吉思汗及其他真正鞑鞑无异，兹请略述其事。

应知彼等有一毡制之神，名曰纳赤该（Nacigai），[2]神有一妻，土人相传兹二神，质言之，纳赤该与其妇，是保佑其牲畜收获并一切土产之地神。彼等崇奉之，每有盛馔，必以油涂神口。彼等生活绝对如同禽兽。

其国王不隶何人，确为成吉思汗裔，质言之，属帝室而为大汗之近亲也。此国王无城无堡，与其人民居于广大平原之中，或处大谷高山之内。彼等食牲畜之乳与肉，而无谷类。国王统治人民甚众，然不与他族争战，而维持平和。饶有牲畜，如驼、马、牛、羊及其他动物。

其地多有白熊，熊长逾二十掌，亦多有大狐，全身黑色，并有野驴及貂甚众。用貂皮作裘，男袍一袭值千别桑（basant）。饶有灰鼠，并多夏生甚肥之土鼠（rats de Pharaon）。且饶有种种野兽，盖其生活于极荒野而无人居之区也。

更应知者，此国王辖有某地，马不能至，盖其地多湖泽水泉，多冰与泥，马不能行。此恶地广十三日程，每一日程设一驿站，以供往来使臣顿止之所。每站有犬四十头，犬大如驴，载使臣自此站达彼站，质言之，行一日程，兹请言其状。

应知在此旅行全程之中，冰泥阻止马行，盖在此十三日中行于两山间之大深谷内，冰泥沉陷马蹄也。职是之故，马不能前，有轮之车亦不能进。所以土人制无轮之橇，行于冰泥之上，俾其不致深陷于其中。每橇置一熊皮，使臣坐其上，用上述之大犬六头驾之，不用人驭，径至下站，安行冰泥之上，每站皆然。驿站之人，别乘一橇，用犬驾之，取捷道径赴下站。两橇既至，使臣又见有业已预备之犬橇，送之前行，至若原乘之橇则回后站。十三日行程之中，皆如是也。

更有言者，此十三日行程中，沿途山谷中居民皆为猎人，猎取价值贵重之罕见动物而获大利，是为貂、银鼠、灰鼠、黑狐及不少皮价甚贵之罕见动物。其人有猎具，猎物无得脱者。其地酷寒，土人居于土窟，而常处土窟之中。

此外无足言者，是以离此，请言一常年黑暗之地。

[1] 钧案：成吉思汗长子术赤，子女四十余人，分地最大者三人：曰拔都（Batu），是为金帐汗国，一称西钦察（Qipčaq）；曰昔班（Šiban），是为青帐汗国；曰斡鲁朵（Ordo），是为白帐汗国，一称东钦察。斡鲁朵《元史·宗室世系表》阙，《太宗本纪》八年，分赐诸王贵戚民户，分有平阳府民户者，是斡鲁朵拔都，此斡鲁朵应是术赤子东钦察汗。本书写白帐汗名作 Kauntchi，多桑书第三卷第三章著录有术赤孙火赤斡兀立（CotchiOgoul），应指此人，则其为斡鲁朵之子矣。顾多桑书译写颇多讹误，兹从《蒙兀儿史记》世系表作宽彻。

[2] 钧案：Nacigai 一作 Natigai，已见本书第一卷第六十九章注[1]引 Plan Carpin 行纪又作 Itoga，核以蒙古语名，本书之纳赤该或纳迪该，传写应有讹误。考《元秘史》卷三（叶本 22 页），地神曰额客额秃格捏（äkäätugän-i），额客此言母，足证其为女神，除去接尾词之—i，此名单写应作额秃坚 ätugän，与今蒙古语名合，又与 Plan Carpin 之写法相近，波罗原写似作 atigan 也。《周书·突厥传》有于都斤山，似为此名之所本（参看 1928 及 1929 年合刊《通报》伯希和撰《中亚问题考证九篇》第二篇《于都斤山考》，汉译文改题曰《中亚史地译丛》，见民国二十一年刊《辅仁学志》）。

第二一三章　黑　暗　之　州

此国境外偏北有一州名称黑暗，盖其地终年阴黑，无日月星光，常年如是，与吾辈之黄昏同。居民无君主，生活如同禽兽而不隶属于何人。

鞑靼人偶亦侵入其国如下所述。彼等欲确识归途，选牝马之有驹者乘之，入其地前，放驹境外，盖牝马较人易识路途，将重循来途回觅其驹也。 由是鞑靼人留驹于境外，乘牝马入其地，尽盗其所见之物。饱载以后，任牝马重循来路往觅其驹，盖其常识归途也。

其地之人饶有贵重毛皮，盖其境内多有贵重之貂，如前所述，又有银鼠、北极兽（glouton）、灰鼠、黑狐，及其他不少贵重毛皮。 人皆善猎，聚积此种毛皮，多至不可思议。 居处边境之人，而认识光亮者，向此辈购买一切毛皮，盖此黑暗州人携之以售于光亮地界之人，而光亮地界之人首先购取而获大利。

其人身体魁伟，四肢相称，然颜色黯淡而无色。 大斡罗思（Russie）境界一端与此州相接。 此外无足言者，兹离此，请首言斡罗思州。

第二一四章　斡罗思州及其居民

斡罗思（Russie）[1]是北方一广大之州。 居民是基督教徒而从希腊教。 有国王数人，而自有其语言。 其人风仪纯朴，男女皆甚美，皮白而发呈金褐色。 不纳贡赋于何国，仅纳贡于西鞑靼国王脱脱（Toktai），[2]然其数甚微。 此非业商之国，但有不少希有之贵重毛皮，如貂、狐、银鼠、灰鼠、北极兽等毛皮之类，世界毛皮中之最美而最大者也。 又有银矿不少，采银甚多。

此外无足言者，兹离斡罗思，请言大海，列述其沿岸诸州及其居民，首述孔士坦丁堡。

然我将先言北方及西北方间之一州。 应知此地有一州，名称瓦剌乞（Valachie），[3]与斡罗思接境，自有其国王，居民是基督教徒及回教徒。彼等颇有贵重毛皮，由商人运售诸国，彼等恃工商为活。

此外无足言者，所以离去此国，而言他国。 然尚有关系斡罗思之事前忘言之，应补述于此。 须知斡罗思国酷寒为世界最，居民颇难御之。此州甚大，延至海洋。 此海之中有若干岛屿，出产鹰鹞甚多，输往世界数地。 尚有言者，自斡罗思至挪威（Norvège），里程不远，如非酷寒，旅行甚易，但因严寒之故，往来甚难。

今置此不言，请言前此欲言之大海。虽有不少商贾、旅客曾至其地，然尚有世人未识之处甚多，兹略为叙述，首言孔士坦丁堡之海口与海峡。

[1]钧案：今之俄罗斯，原称 Ros 或 Rus，故《元史》译名曰斡罗思、曰兀鲁思、曰阿罗思，《元秘史》加蒙古语多数作斡鲁速惕。

[2]钧案：宁肃王脱脱（Toqtáa）见《元史》之《宗室世系表》、《诸王表》、《武宗本纪》，是忙哥帖木儿（Monka-Tämur）子，以1291年君临金帐汗国，其事详后。

[3]钧案：瓦剌乞地今属罗马尼亚。

第二一五章　黑　海　口

从西方入大海之海峡中，有一山名称发罗（Faro）。但言及大海以后，吾人颇悔将其笔之于书，盖世人熟识此海者为数甚众也。是故记述仅止于此，别言他事，请述西方鞑靼及其君主。

第二一六章　西鞑靼君主

西鞑靼第一君主即是赛因（Sain），强大国王也。此赛因国王曾略取斡罗思（Russie）、钦察（Kiptchak）、阿兰（Alains）、瓦剌乞（Valachie）、匈牙利（Hongrie）、撒耳柯思（Circassie）、克里米亚（Crimèe）、陶利德（Tauride）等州。如是诸州，侵略以前皆属钦察，然未统一，构成一国，所以其居民失其土地而散处各方，其尚留居者皆沦为国王赛因之奴。

国王赛因之后在位者是国王拔都(Batou),[1] 拔都之后是国王别儿哥(Barka),别儿哥之后是国王忙哥帖木儿(Mongou Timour),忙哥帖木儿之后是国王脱脱蒙哥(Toudai-Mongou),最后是脱脱(Tokai),今日君临其国。[2]

兹既列举西鞑靼之君主毕,后此请述东鞑靼君主旭烈兀(Houlagou)与西鞑靼君主别儿哥之一大战,并言战争之原因与夫战争之状况及结果。

[1] 赛因为赛因汗(Sain Khan)之简称,此言好王,盖即侵略西欧(1240—1242)的拔都之别号,非另一人也。

[2] 钧案:金帐汗国诸汗袭位之世次,首为术赤,次为术赤子拔都,三为拔都子撒里答,四为拔都子兀剌赤,五为术赤子别儿哥,六为拔都子忽秃罕子忙哥帖木儿,七为拔都子忽秃罕子脱脱蒙哥,八为忙哥帖木儿子脱脱,以1291年即位。撒里答、兀剌赤在位年甚促,故不见于马可波罗书。脱脱蒙哥后,脱脱未即位前,中有四年是宗王秃剌不花等四人执政时代,事具多桑书第六卷第七章。

第二一七章　旭烈兀别儿哥之战

基督降世后1260年时,[1] 东鞑靼国王旭烈兀与西鞑靼国王别儿哥发生一种大战。其故盖在彼此境界间有一州地,各欲攘为己有,自度势力强盛,皆相持不让。[2] 彼等皆作挑战之词,谓将往取此州,看何人敢抗。挑衅以后,各集战士,大筹从来未见之军备,各为其过度之努力,务期必胜。挑衅以后,未逾六月,各集兵三十万骑,一切习用战具皆备。备战既毕,东鞑靼君主旭烈兀率众出发。骑行多日,无事可述,久之,抵于铁门及里海间之一大平原。[3] 在此平原中结营,观其帐幕之富丽奢华,俨同一富豪营幕。旭烈兀谓待别儿哥及其众于此,应知其结营之地在两国边境之上。

兹置旭烈兀与其军不言。请言别儿哥与其部众。

[1]钧案：1260年旭烈兀有事于西利亚，应是1262年之误。1262年夏，别儿哥命其从侄那海率军三万逾打耳班（Darband），屯设里汪（Šīrvan）境内，8月，旭烈兀率军往御。

[2]钧案：是战之原因有二，旭烈兀之西征，术赤系三宗王以兵从，一宗王有罪伏诛，别二宗王相继死，别儿哥疑此二人皆被毒杀，其原因一；旭烈兀属境中之阿朗（Arran）、阿匝儿拜章（Azerbaijan）两地，术赤系诸王以应属己，旭烈兀拒而不与，其原因二。

[3]钧案：铁门，打耳班之意译也。里海，《元史》作宽田吉思海。两军会战地在铁门南设里汪境内（参看《多桑蒙古史》第四卷第七章）。

第二一八章　别儿哥率军进攻旭烈兀

国王别儿哥筹备战事，调集全军既毕，闻旭烈兀率军进迫，遂不再待，亦率其军出发。骑行久之，进至敌人所驻之大平原，距旭烈兀营十里结营，其营帐之富丽，亦不下于旭烈兀营。我敢断言曾见此种金锦帐者，将必谓从来未见营帐之富丽有逾此者。别儿哥部众较多于旭烈兀军，盖其确有三十五万骑也。卓帐以后，休息二整日。别儿哥至是集众与议，而语之云：

"汝曹知我得国以后，爱汝曹如同亲子弟，汝辈多曾偕我屡经大战，吾人现有之土地，多由汝曹助我得之，汝曹又知我之所有亦属汝曹，既然如此，各人必须奋勉保存今兹以前未坠之名誉。汝曹知此强大国王旭烈兀非理进兵，彼既无理，而吾人有理，则各人应自信将来必操胜券，况且吾人兵多于敌，其事尤无可疑。盖彼等仅有三十万骑，而吾人则有三十五万骑，将士优良此亦不下于彼也。职是之故，具见吾人确操胜券。 吾人远来此地，惟在作战，兹限战期于三日后，望汝曹努力为之，战争之日，务必奋勇进击，俾人皆畏我。 现在除求汝曹各人预备及期奋勇作战外，别无他言。"

别儿哥言至此遂默不复言。 兹暂置别儿哥军不言，请言旭烈兀军在别儿哥军进迫后，如何应战之事。

第二一九章　旭烈兀谕众之词

史载旭烈兀确闻别儿哥率领众军行抵其地之时，复又大集其优良将士而语之云：

"兄弟友朋，汝曹皆知我一生时皆赖汝曹之助，迄于今兹，汝曹在不少战中助我，每战必胜。 吾人今抵此地与别儿哥大王战，固知其众与我军等，或且过之，但其数虽众，其战士不及我军之良，吾人将不难使之败亡。 今闻谍报，三日后敌军将来进攻，吾闻此讯甚欢，所以请汝曹届期勇战犹昔。 仅有一事汝曹不应忘者，则宁死于疆场保其令名，不可败于敌，应使敌人败亡也。"

旭烈兀语至此遂默不复言。 此两大君主砥励其众之词如此，其藩主等则作种种预备而待战期之至。

第二二○章　旭烈兀别儿哥之大战

预定之战期既届，旭烈兀黎明即起，命全军尽执武器，然后发令慎重进战。 分其军为三十队，每队万骑，盖其军有三十万骑，前已言之矣。 每队良将一人统之。 布置既毕，命诸队进击敌军。 其众立即奉命前行，进至两军营帐中间之地，静止以待敌至。

对方国王别儿哥亦偕其部众早起，命各执兵备战，分其军为三十五队，每队万骑，各以良将一人统之，与旭烈兀军部勒相同。 预备既毕，别儿哥命诸队前行，行列甚整，进至距敌人半哩之地，稍停，复前进。

两军进至相距两箭之地，皆停止预备作战。 战场在一平原中，最广大美丽，足容无数战骑驰突。 此广大美丽平原恰为两军之所必须，盖从来未有一大战场能容战士如是之众者也。 应知两军共有六十五万骑，旭烈兀、别儿哥并是世界最强大国王，尚应附带言及者，彼等谊属近亲，二人皆系出成吉思汗也。

第二二一章　重言旭烈兀别儿哥之战

两大国王及其部众对峙片刻，皆待战号，惟盼大角之鸣。 未久战号起，战角鸣，两军即开始作战，皆引弓发矢射敌。 双方发矢蔽空，不见天日。 至是见死者仆地甚众，马匹亦然，盖发矢既多，死者无算也。

应知彼等菔中矢不尽，射击不止，由是死伤遍地。 及发矢已尽，遂执剑与骨朵，彼此交矸。 此战杀人流血之甚，观之可悯，有断手者，有断臂者，有断头者，人马仆地，其数之众至堪惨恻。 从来战事，死亡无逾此役之多。 呼噪之声大起，如闻雷震。 满地伏尸流血，人不能进，势须踏尸前行。

战中死亡之众，如是役者，久未见之。 死者之多，受致命伤而仆地者号泣之惨，诚不忍闻。 妇女因之而寡者，子女因之而孤者，其数未可胜计。 彼等战斗之烈，表示其仇怨之深。

国王旭烈兀勇武善战，于是日以身作则，以证其无愧于冠王冠而治国土。 彼大逞武功，以励其众，凡友与敌见之者莫不惊异，盖其有类雷霆暴雨，非同凡人也。

旭烈兀在此战中之行为如此。

第二二二章　别儿哥之勇武

国王别儿哥亦甚勇武，善于作战。然在是日部众几尽死，勇亦徒然，伤者仆地之多，余众不复能抗。所以战至晚祷之时，国王别儿哥及其部众不能支持，势须奔逃。彼等疾驰，旭烈兀及其众追蹑其后，凡被追及者皆被杀。追杀之惨，观之诚可悯也。追杀久之，始收兵还其营帐，释其兵械，其受伤者，洗裹其伤。彼等疲劳之极，已不复能战，安寝终夜。次日黎明，旭烈兀命尽焚战亡者之尸，不分友与敌也。

诸事既毕，国王旭烈兀率其余众还国，盖虽战胜，亡损已多。然其敌亡损尤众，在此战中死亡之多，虽言其数，恐亦无人信也。旭烈兀在此役获胜之经过如此。[1]

兹置旭烈兀及此战不言，请言西鞑靼之一战事，详情别见后章。

[1]钧案：那海屯军设里汪时，旭烈兀率军往御，以绰儿马罕(Čormaǧan)子失烈门(Širämön)为前锋，1262年11月15日遇敌于沙马吉(Šamaqi)，战不胜，败走。同月21日阿八台(Abatai)以援军至，败敌于设里汪附近之地。旭烈兀乘胜进兵，驱敌于打耳班城北，破之，那海败走。12月8日旭烈兀追逐逾帖莱(Terek)水，据敌营，宴劳士卒，不意那海还袭，12月16日旭烈兀军大败，溺死者无算。则此一役初各有胜负，最后波斯军败绩，波罗记中之言，殆为波斯人讳饰之词也(参看《多桑蒙古史》第四卷第七章)。

第二二三章　脱脱蒙哥取得西鞑靼君位事

应知西鞑靼君主忙哥帖木儿(Mangou Timour)死后，君权属一幼王秃剌不花(Tolobouga)，然有脱脱蒙哥(Toudai Mongou)者，一强有力之人也，与别一鞑靼国王名那海(Nogai)[1]者结合，共杀秃剌不花。 脱脱蒙哥既得那海助，夺据君位，在位不久死。 至是君权遂属脱脱(Toktai)，其人甚贤勇，既得脱脱蒙哥之国，遂执有大权。[2]会是时秃剌不花之二子，渐长成为可以执兵之人。

兹二弟兄，质言之，秃剌不花之二子，颇贤慎，携带护卫甚盛，往役脱脱衙。 既至，二人跪谒脱脱，脱脱厚遇之，命之起。 二人起立后，年较长者致如下之词曰：

"大王脱脱，兹请一述我辈来谒之故。 我辈为秃剌不花子而父为脱脱蒙哥、那海二人所害，王之所知也。 脱脱蒙哥已死，我辈无所言，然那海尚在，特来求我辈正主为我辈正杀父者罪。 我辈来谒原因在此。"

此王子语毕，遂默不复言。

[1]钧案：那海是术赤曾孙，父名塔塔儿(Tatar)，祖名，多桑书一作不合勒(Boucal)，一作莫豁勒(Mogol)。 案：蒙古语名中 b 与 m 常互用，此人名似应作孛豁勒(Bogol)；畏吾儿字常脱 g 声，则应省写作 Bo'ol，《元秘史》对音作孛斡勒，此言奴也。 蒙古人以此为名者颇不少见，木华黎子名孛鲁，即其同名异译。 据此考订，《蒙兀儿史记》与《新元史》著录之土斡耳并误。

[2]波罗所记与波斯、埃及史书迥异。 1280 年，忙哥帖木儿死，遗子九人(一作十人)，不以位传之子，而以位传之弟脱脱蒙哥。 1287 年，忙哥帖木儿子阿鲁忽(Alqu)、脱忽邻察(Togrilčaq)、答烈图(Darǎtu)子宽彻不花(Qončuq-Buqa)、秃剌不花(Tula-Buqa)以脱脱蒙哥痴，废之，四人共摄国政。 那海与秃剌不花有隙，1291 年诱执秃剌不花以付脱脱，杀之，脱脱废诸摄政而自立。 则杀秃剌不花者乃脱脱而非脱脱蒙哥，波罗殆有误记(参看《多桑蒙古史》第六卷第七章又第七卷后附录)。

第二二四章　脱脱遣使至那海所 质问秃剌不花死状

脱脱闻此童儿言，知为实情，乃答之云："好友，汝求我治那海罪，我甚愿为之。我将召之至衙，按理治之。"脱脱于是遣使者二人至那海所，召之来衙，对秃剌不花之子服罪。使者语那海毕，那海揶揄之，答言不愿赴衙。使者得复，立行，还主所复命，告以那海决不来衙。脱脱闻言大恚怒，呼曰："天若助我，必使那海来此对秃剌不花诸子服罪，抑使我率军往讨灭之。"呼声甚大，左右皆闻。由是立时别遣二使者以下述之词往告那海。

第二二五章　脱脱遣使至那海所

脱脱二使者奉命立行，骑行久之，至那海衙。入见，以礼谒之，那海厚遇使者。使者中之一人致词曰："大王，脱脱有谕，如王不赴衙向秃剌不花之子服罪，彼将尽率其众进讨，而使王之财产及王之身大受损害。请决从违，俾吾曹归报。"

那海闻使者转达脱脱之词毕，大恚怒，答使者曰："使者请立时还告汝主，谓我不畏战争，如彼以兵来，我将不待其入境，而迎之于半道。"语毕遂默不复言。

使者闻那海言，遂不复留，立行，还其主所。既至，转达那海言，谓其不畏战争，将迎之于半道。

脱脱闻言，见战争不可复免，立遣使者四出赴诸辖地，征集部众，进讨国王那海。彼大筹军备，那海一方既知脱脱将以重军来讨，亦筹战备，然不及脱脱之大，缘其部众及兵力不及脱脱之强，但所部亦甚众也。

第二二六章　脱脱往讨那海

国王脱脱一切战备既毕,率众出发,应知其众逾二十万骑也。沿途无事可述,已而抵于广大美丽之赖儿吉(Nerghi)平原,脱脱结营于此以待那海,缘其知那海率其众来敌也。秃剌不花之二子亦率骑士一队至此,冀报父仇。

兹置脱脱及其众不言,请言那海及其部众。应知那海闻脱脱进兵之讯,立即率众出发,所部有十五万骑皆勇健之士,较优于脱脱所部之战士也。

脱脱抵此平原未及二日,那海率全军至,距敌十哩结营。结营以后,则见金锦美丽帐幕无数,俨若富强国王之营垒。脱脱营帐富丽亦同,然且过之,盖其帐幕奇富丽也。

两王既抵此赖儿吉平原,皆休息以待战日之至。

第二二七章　脱脱谕众之词

国王脱脱大会部众而致如下之词曰:

"我辈至此与国王那海及其军队战,而理在我方,盖应知者,怨恨之结,乃因那海不欲向秃剌不花诸子服罪也。彼既无理,则在此战之中吾人必胜而那海败亡。是以吾辈应勇战胜敌,我知汝曹皆勇士,务必灭敌而置之死地。"语毕遂默不复言。

国王那海亦会部众致如下之词曰:

"兄弟友朋齐听我言,汝曹皆知吾辈在诸大战中战胜敌人,诸敌且强于此敌也。况且理在我方,曲在彼方,汝曹尤应自信此战必胜,盖脱脱非我主,不能召我赴衙向他人服罪也。 我今求汝曹各尽其职,俾世人皆知吾曹善战,而使吾曹与吾曹之后裔永为人所畏慑,此外别无他言也。"国王那海语至此遂不复言。

兹二国王励众既毕,翌日即预备作战。 国王脱脱分其众为二十队,每队以良将一人统之。 国王那海仅分其众为十五队,每队万骑,各以良将一人统之。 兹二国王部勒既毕,双方进兵,彼此进至一箭之地,止而不进。 越时未久,战角始鸣。 战角鸣后,双方发矢,发矢之多,人马死伤坠地者甚众,到处皆闻呼叱呻吟之声。 矢尽,两军之众各持剑与骨朵斫敌,由是杀人流血之混战遂启,互断身首手臂。 至是则见骑士死伤仆地,呼噪之声、兵刃交接之声,其响有如雷霆,死亡之众,前此诸战久未见之。 然脱脱军死较多于那海军,盖那海之众作战较优也。 秃剌不花二子奋勇杀敌,冀复父仇,然皆徒劳,盖欲致国王那海于死地,其事甚难也。

此战残酷,有无数战士是最健全者,在此战中多遭杀害,此战以后,妇女因而寡居者为数不少。 国王脱脱竭力鼓励其众保其令名,且以身作则,大逞勇武,驰突于敌中,视死若无事,所过之处,见人则杀。 其作战之勇,友敌并受其害,盖敌人被其手杀者甚众,而友人受其鼓励亦作殊死战,因而阵亡也。

第二二八章　国王那海之勇武

国王那海作战之勇,两军中人无人能与比者,此战之誉,尽属于彼,良非伪言。 彼驰突敌阵之中,勇如狮子之搏野兽。 往来格杀,使敌人大受损害,每见敌众群集之处辄赴之,击散敌人如驱小畜。 部众见其主之勇武,亦效之,奋勇杀敌,使敌大受损害。 脱脱之众虽努力保其战誉,然徒劳而无功,盖势不敌也。 损伤既重,不能久持,遂败逃。 国王那海及其部众追逐,杀人无算。

那海获胜，诚如上述。 此一役也，死者至少六万人，然国王脱脱暨秃剌不花之二子皆得脱走。[1]

[1] 钧案：波斯、埃及史书记录脱脱、那海之战有二，第一战在 1298 年，战于牙黑夕（Yacssi）之地，那海军二十万骑，脱脱战不胜，败走董（Don）江；第二战在两年后，战于忽罕里（Couganlik）之地，那海败，殁于阵中。 马可波罗所言者应指第一战，然此第一战在波罗还国之后，殆为出狱后续有所闻补述之语也（参看《多桑蒙古史》第六卷第七章又第七卷附录）。

第二二九章 结　言

关于鞑靼人、回教徒暨其风习，与夫世界其他诸国之事，兹已据所闻见述之如前。 惟独遗黑海沿岸诸州，缘其地时有人往游，物搦齐亚人、吉那哇人、皮撒人之航行此海者甚众，述之似乎累赘，人尽识之，故遗而不述。

至若吾人得以离开大汗宫廷之情形，业已在本书卷首言之，玛窦、尼古剌、马可阁下等因求大汗许可，所经之忧虑困难与夫得还本国之良好机缘，并具此章。 吾人若无此良好机缘，殆恐永远难回本国。 我以为吾人之得还，盖出天主之意，俾使吾人得以闻见之事传播于世人也。 盖据本书卷首引言所云，世人不论为基督教徒或回教徒、鞑靼人或偶像教徒，经历世界之广，无有逾此物搦齐亚城之名贵市民尼古剌阁下之子马可阁下者也。 恩宠的上帝，阿门（Deo Gratias. Amen）。

跋

凡书未脱稿不应作序，本书考订之困难，刊行之仓猝，致有不少舛误，兹只能在跋语中纠正之。

兹请先言"蒙古军大元帅"之官号，是盖枢密副使之讹译，吾人执笔之始，以为中国某注释家之考证可恃，因从而著录此官号于本书标题之中。然考元代载籍诸文，皆无证据可以征引。则若无确证证明马可波罗即是《元史》之枢密副使孛罗，不能主张是说。伯希和曾在 1927 年《通报》156 至 164 页中严驳此说之误，今吾人尚有补允伯希和之说者，1311 年及 1312 年受封之孛罗，不得为殁于 1324 年之马可波罗也。考《元史》卷二十四《仁宗本纪》至大四年（1311）"封枢密使勃罗为泽国公"，同卷又云，皇庆元年（1312）"封孛罗为永丰郡王"，卷二十九《泰定本纪》（1323）云"同知枢密院事孛罗为宣徽院使"。[1] 若谓波罗在中国遗有后人皆至大官，而波罗默无一言，未免厚诬波罗矣。

由是观之，吾人今从伯希和之说，将本书标题中之"大元帅"官号删去。对于此点，吾人自承错误，但愿以后纠误之事不常见之。

吾人之研究为忠实的，而非确定的，中有若干问题，如波罗之奉使甘州留居一年，尚未得其解。其他如 1272 至 1273 年间波罗等身亲襄阳围城一役，虽能及时供给一种解说，然为时已晚，未能使其与《引言》中著录之期限适应于波罗兄弟二人历次旅行之时间，兹请试为说明于后。

波罗兄弟行抵别儿哥衙之时（第二章），应位置在 1261 年秋，盖别儿哥、旭烈兀之战发生于彼等居留汗衙后之一年；又据多桑书，此战发生在 1262 年 11 月，[2] 则波罗等决定东行应在是时矣。二人沿孚勒伽河下行，在兀迦克地方渡河，已而经行沙漠十有七日，终抵不花剌。据此种种记载，可以推定其抵不花剌城事在 1263 年初。彼等留居此城三年，然后随旭烈兀之使臣入朝大汗（第三章），准是观之，其从不花剌出发时，疑在 1266 年初。自不花剌赴大汗廷，在途约有一年，入谒忽必烈时或在 1267 年初也。

应注意者，彼等纵然立时西还，在途不及三年（第八章），与第九章所言 1269 年 4 月抵阿迦城之说不合。由是观之，此"三年"应别有所指，吾人以为其计算盖始于 1266 年之发自不花剌，止于 1269 年春之抵阿迦城也。

又如第十三章著录之"三年有半"，非单指归程，亦合计往来之行程言之。此"三年有半"终于 1272 年夏，波罗等于是时到上都，则尚有谋攻襄阳之时也。由是观之，波罗兄弟第一次从上都或大都出发时，应在 1268 年秋间，在道 6 月至 8 月，遂于 1269 年 4 月抵阿迦城。

若此解释不误，则第十三章之"三年有半"不应与第八章之"三年"合并计算，而应重叠记算。盖第八章所著录者，乃 1266 年自不花剌东行至 1269 年抵阿迦之行期；第十三章所著录者，乃 1268 年自忽必烈汗所西行至 1272 年夏重还汗所之行期。谜之解答殆在斯欤？

由此枝节的考证，势须承认关于马可波罗之研究，表示两种不同之面目：其一关系外表，别言之，本文是也；其一关系内容，别目之，本文之解释是也。别奈代脱（Benedetto）教授对于前者曾为一种威权的研究，其 Il Milione 书将必辟一新纪元。吾人颇惜手边无此本，盖其不仅鸠集各章中诸本之异文，而且从迄今未见的古钞本中发现完全簇新的章节也。比较吾人博达者对此极堪注意之鸿编将必有所分析，然吾人必须声明者，此本与剌木学本多合，此吾人引为愉快者也。此本虽刊行于 16 世纪时，然其所采之钞本，较古于 1824 年巴黎地学会刊布之钞本。其文较地学会本及其他诸后刊本为完全，盖诸后钞本并非马可波罗本人校订之本，仅为一不幸佚而不传的原本之节钞本，经人意为删削者也。

问题之别一方面若本文之解释者，吾人较易措手，至少对于远东为然，尤其是行纪中不少汉名之考订，特别引起吾人之注意，盖只有昔日耶稣会士之考订为较优也。后人不采其说，辄致舛误，如第一四四章之南京，经刘应（C. Visdelou）[3]神甫考订是开封，本来不误，后人妄改

481

致误之例是也。 不幸行纪中之一切汉名未经耶稣会士完全认识，不免疏误，故吾人常不取其说。 吾人所提出之新考订，甚愿其成为定说，就中有坚固者，如哈寒府之为正定（第一三○章）、中定府之为大名（第一三三章）等例是已，然有其他考订如大爪哇为安南、南坦之类（第一六二章），将来尚须大费笔墨也。

吾人前拟撰之附录两篇，一为成吉思汗系之世系表，顾《元史》与《新元史》著录各异，故删；一为马可波罗在中国之政治任务，然元代载籍无证可引，已成定谳，亦删。

吾人读马可波罗书所感之愉快，甚愿与读者共之，并随马可波罗之后而申言曰：恩宠的上帝，阿门。

［1］钧案：《元史》孛罗不止一人，参加阿合马案件之枢密副使孛罗，即是后使波斯共剌失德丁修史之丞相孛罗，其人留波斯未归，语见《拂菻忠献王碑》，则此 1311 及 1312 年受封之孛罗不得为同一人也。 沙氏又以为此二年下著录之泽国公及永丰郡王为死后赠官，故有"不得为殁于 1324 年之马可孛罗"之语，亦误。案：《续通鉴》（卷一八四）至元十六年（1279）文天祥至大都，丞相孛罗等召见于枢密院，此孛罗应是至元十四年（1277）拜枢密副使之孛罗，惟在何年授丞相，史有阙文，至元二十年（1283）奉使至波斯不归者，应亦指其人。

［2］钧案：事具多桑书第四卷第七章。

［3］钧案：刘应，法国人，以 1656 年生，1687 年至中国，1737 年殁于印度。 此处所引者乃其所撰之《大鞑靼史》，1780 年出版，刊于《东方丛刊》附编。

附录

马可波罗行纪
沙海昂译注正误

钧案：本书头二册出版后，伯希和教授曾在 1927 同 1928 年合刊的《通报》156 至 169 页中撰有评论，汉译文见《西域南海史地考证译丛》83 至 99 页。兹将此文附录于全书之后，以供参稽。前译文中舛误之处悉为改正，其译名与本书不同者亦为画一。

二十四年十二月二十日校记

此书[1]在一些困难境况里面，表示一种很大的努力。我未始不想作些好评，可是首先免不了说：他的成绩好像不能适应他所费的辛苦。一个住在北京有志研究的人，而以颇节（Pauthier）刊本为研究之起点者，虽然加增了剌木学（Ramusio）本的若干专章，我们当然不能期待他在法文方面成为一种有鉴识的刊本，也不能期待他在西方材料里面采取一种新异的注释。可是中国史料在不少章节里面，可以供给一种丰富而簇新的注解。看沙海昂（Charignon）君此本的标题，好像他想在此方面着手，不过细审此书，颇令人失望。现在姑不问将来出版而研究中国东南部同印度洋的第三册内容如何，暂就已出版的头两册说，[2]他对于马可波罗（Marco Polo）在忽必烈（Khubilai）宫廷所执之任务，我以为其见解错误。

1865 年时，颇节以为马可波罗就是 1277 年 4 月 2 日见诸任命的枢密副使孛罗(《元史》卷九),也就是 1282 年阿合马(Ahmad)被杀后奉命讨乱的枢密副使孛罗(《元史》卷二○五)。 他以此为起点,遂将此人的汉义名字官位题在他的刊本封面。[3] 玉耳(玉耳、戈尔迭本第一册21 页及 422 页)曾经采用颇节的考订,可是巴克尔(Parker)在 1904 年曾说 1277 年的孛罗不得为马可波罗。 我曾引剌失德丁(Rasidu-d-Din)《蒙古史》的一段,证明中国史书所志参加阿合马案件的孛罗,也不是马可波罗。 巴克尔同我的考证,业由戈尔迭转载于他在 1920 年刊布的《马可波罗行纪补考》(Ser Marco Polo,Notes and Addenda)5 页至 8 页之中。

虽然如此,沙海昂君仍旧援用颇节所采用的对称,并且根据张星烺君的一篇研究,加了不少。 张君的研究在一杂志里面,而此杂志在巴黎未能觅得一本,可是按照沙海昂君所引的那些条看起来,好像此君没有使人信任的价值。 现在置此不言,姑就沙海昂君本人的立论来说,取其绪说(3 至 4 页)的一段审之,可以见其一斑。

据说:"比方世人读剌失德丁的序文一段,说他修史之时,很得一个名Polo 的辅助,此人来自中国(Cathay),曾作大元帅(généralissime)同丞相。世人对于这段记载很迷离不明。 ……案马可波罗居留西方之时,曾留住波斯宫廷,必曾见过剌失德丁。 只取其所记东方鞑靼历史诸篇看起来,其细节同剌失德丁所记很符,他二人必曾相见无疑;由年代的比较,似又可参证 Polo 曾为剌失德丁合撰人之说。 ……总之,剌失德丁所志此 Polo 丞相之大元帅的官号,尤足使人想到他是《元史》枢密副使的对称,元朝只有皇太子能作枢密使。 若是再考此人参与阿合马案件的情形,同马可波罗自承参与此事的记载,颇节所考马可波罗即是《元史》枢密副使孛罗之说,尤可证明其为事实。"

"又若马可波罗所记忽必烈讨伐蒙古诸叛王的事迹,同诸叛王之互相争战,表示他完全知悉他们的争端、他们的兵额。 要是说他在军职中未占一种重要位置,而能得到这些消息,未免甚奇。 若是说他在预备远征日本一役里面未曾划策,日本人决不能将他视作忽必烈征伐日本计划的主谋。 现在只说事实，当马可波罗被任为扬州总管(gouverneur général)继续在职三年之时，就在忽必烈远征日本失败预备报复之际。 ……马可波罗在建设近代地理一方面，已经是他的母国(Venise)自豪的人，并是西方的光荣，将来恐渐为中国所争夺。 ……等待数百年后，他的名字殆将与 Homére、Hérodote、孔子诸大恩于人类之人并垂不朽。"

沙海昂君后在第二册(67 至 70 页)里面，重提 1277 年同 1282 年的孛罗就是马可波罗之考订，可是他忘记了从前在绪说里面所持相反之说，而主张剌失德丁的 Polo 丞相，不是马可波罗。

上面这一段话里面的一些理论，无一可取。 关于告诉剌失德丁《蒙古史》事的人者，其事完全明了。 沙海昂必是从洪钧(1839 至 1893)节译文中，才知道剌失德丁的《蒙古史》，甚至多桑(d'Ohsson)的译文，也是从中国译文中认识的。 所以他以为剌失德丁所记帮他撰《蒙古史》的人名叫 Polo 丞相，其实剌失德丁的原文是 Chingsang Pulad。 前一字固是"丞相"二字的对音，后一字是波斯文的写法，他的意义就是钢，蒙古文的写法作 Bolod。 爱薛('Isa、Jesus)本传[4]所言 1285 年出使波斯不回中国的丞相孛罗，必是剌失德丁的 Pulad(Bolod)无疑。 这个 Bolod 是一个纯粹蒙古人，是一个朵鲁班(Dörbän)，就是现在的杜尔伯特(Dörbet 或 Dorbot)部落的人。[5] 如此看来，此人与马可波罗毫无关系，由是沙海昂君以为所谓 Polo 的大元帅官号，而经他列入标题之内者，不成问题。[6]

关于 1277 年 4 月 2 日任为枢密副使的孛罗，证以巴克尔所引诸文，可见他就是 1270 年同 1275 年春天见诸任命的同一人。 这个 1270 年，就可以证明其非马可波罗。

剩下来的，就是参加阿合马案件的枢密副使孛罗。 诸钞本中说阿合马被杀时，马可波罗适在大都者，只有剌木学死后在 1559 年刊布的那部钞本，可是此语不能证明他参加此案。 巴克尔在 1904 年曾说，虽然没有绝对反证 1282 年的枢密副使孛罗同马可波罗同为一人的证据，

惟看官号之相同，可以假定这个孛罗就是 1277 年的孛罗，而这个 1277
年的孛罗，决不是马可波罗。 我交给戈尔迭那段考证，而经他在 1290
年载入他的《补考》之内者，我曾为更进一步的说明。 因为根据剌失
德丁的记载（布洛赛 Blochet 刊本第二册 518 页），忽必烈派往大都平乱
的二人中之一人，名称 Pulad aqa，别言之，此人所执之任务，同《元
史》中枢密副使孛罗所执的任务一样。 我从前曾说这个 Pulad aqa 就是
Pulad（Bolod）丞相；如此看来，这个以蒙古事告诉剌失德丁的 Bolod，
就是颇节误考订为马可波罗之 1282 年的孛罗。

　　沙海昂君看见过戈尔迭补考中我的考证，以为就算剌失德丁说 Polo
丞相参加过阿合马案件，也要将 1285 年到波斯的 Pulad（Bolod）同中国
史文中 1282 年的孛罗判为两人。 这种判别我实在难解，若是他以为剌
失德丁所著录参加阿合马案件的 Pulad aqa，不是《元史》中执有同一任
务的枢密副使孛罗，而此孛罗即是马可波罗，我以为这种判别太不近
真。 其惟一可能提出的问题，就是要知道这个 1282 年的 Pulad aqa，是
否就是我在 1920 年承认之 1285 年来到波斯的 Pulad 丞相。 我们要晓得
这个 1282 年的 Pulad aqa，同《元史》中 1282 年的孛罗显是一人；纵将
Pulad aqa 同 Pulad 丞相分为两人，也不能说他是马可波罗。 因为 1282
年的孛罗，应是 1270 年、1275 年、1277 等年的孛罗，[7] 而此人不得是
马可波罗。

　　现在我们应该将 1282 年的 Pulad aqa，同 1285 年的 Pulad 丞相分为
两人，或是将他们视为一人呢？ 在此处，我承认可以提出问题，因为
我在 1920 年考证中，并未说明考订此二人即为一人的理由。 沙海昂君
曾注意到此 1282 年的孛罗（就是我确认为剌失德丁的 Pulad aqa）是一枢
密院官，但据布洛赛君之说（绪说 230 页），1285 年到波斯的 Pulad，是
一中书省官。 按元朝的官制，中央两个最高机关，一个是掌政事的中
书省，一个是掌兵事的枢密院，在各地则有行中书省同行枢密院。 可
是在中国历史中，不仅在有元一代为然，官吏时常兼任几种职务，其言
1285 年来到波斯的 Pulad 是中书省官者，只有布洛赛君一人，剌失德丁

只说他是丞相。 这个丞相官号，就严格说，固然可以说是中书省同行省的左右丞相，可是在波斯撰述里面用的中国官号，恐怕无此严格。这个 1282 年的 Pulad aqa，同 1285 年的 Pulad 丞相两种写法，在剌失德丁书中两号并用，固有其可能。 可是还有点难题，aqa 与其说是一种官号，不如说是一种荣衔；然而最重要的，程钜夫（1249 至 1318）所撰爱薛（殁于 1308 年）神道碑[8]所著录 1285 年孛罗的官号，就是丞相。 还有一证，固然不是一种绝对同时的文件，可是《元史》卷十二曾说当时有一孛罗丞相之存在。 据说 1282 年 4 月 6 日，"安州张拗驴以诈敕及伪为丞相孛罗署印伏诛"。 案阿合马之被杀，事在 1282 年 4 月 10 日，奉命平乱的孛罗是枢密副使，好像这个 4 月 6 日的孛罗丞相，同 4 月 10 日的孛罗枢密副使，不能同为一人。 在此处解说这件问题，也不能说不可能，在现在河北保定诈为敕印的人，可以伪造一个行省丞相孛罗的署印，这个行省丞相孛罗同中央枢密副使孛罗，可以说毫无关系。[9] 又一方面，1282 年的枢密副使孛罗，可以在 1282 年至 1285 年奉使之时被命为丞相（疑是中央中书省的丞相）。[10]

但是无论如何，1282 年的 Pulad aqa，同 1285 年的 Pulad 丞相，确为一人。 可以剌失德丁所撰的《朵鲁班部落传》之文证之（见 Trudy Vost. Otd. R. I. Arkh. Obšč.，V，194；VII，194；Berezin 的译文，朵鲁班部落的 Pulad aqa，并见 XV，133 著录）。 其文云：朵鲁班 "那些有令名而受人尊敬的别乞（beg）之中，有 Pulad aqa，他是忽必烈的丞相同献酒的人（baurči），奉使来到此国"。 依此看来，这个参加阿合马案件的 Pulad aqa，就是 1285 年奉使到波斯的 Pulad 丞相，无论如何，不能说是马可波罗。

沙海昂君所言马可波罗在扬州所执之任务，也不确实。 首先应该屏除的，就是日本尚记得有马可波罗一说，因为日本人在 19 世纪末年翻译欧洲书以前，从未知有此人。 此外好像马可波罗从未做过扬州总管，沙海昂君还未注到马可波罗居留扬州的那一章，我现在不知道他将来是否仍旧维持他在绪说中所持之说，暂时我先谈谈这个扬州问题。

地理学会所刊布的法文本（160 页）说到这个"高贵的扬州城"，曾云："扬州壮大，所属商业大城有二十七所，大汗十二诸侯之一人驻在此城中，因为他是十二治所之一治所。……撰此书的马可波罗君，本人领有此城三年。"上引之文第二句，只有颇节三钞本中之丙本独有相对的全文，其文云："大汗十二诸侯之一人驻在此城，因为他已升为十二治所之一。"甲本同乙本皆无"在此城中因为他已升为十二治所之一"[11]等语。 至若最后一句，颇节甲、乙两本作"马可波罗在此城中有领土三年"，然而丙本则作"本书所言的马可波罗君，奉大汗之命，居留此扬州城三整年"。 这本丙本，玉耳（第二册 157 页）曾注意到其文钞写较善，可是"居留"一字只见此本（Berne 钞本也有，其实是钞自丙本的）。 至若其他法文钞本、拉丁文钞本同剌木学的钞本，皆作"领土"或"有领土"。 如此看来，我并不说马可波罗居留扬州三年无其可能，可是在未详细调查以前，对于"有领土"三年的话，似乎要推究一下。

这个领土究竟何所指呢？ 颇节曾将《元史·地理志》卷五九扬州路条翻译，以为可以证明扬州在 1276 年同 1277 年初，曾为一个行中书省的所在，[12]而马可波罗做总管的时代，应位之于此时。 但是马可波罗说他的"领土"延续三年，颇节乃又说扬州新设的官府，在后几年中仍旧保持他的重要。 沙海昂君一遵颇节之文，无所鉴别，可是玉耳（第二册 157 页）早经注意到颇节的推想并不坚固。 而且颇节在后面又将扬州行省移置杭州之年位置在 1284 年，玉耳以为在 1275 年中到中国的马可波罗，在 1276 至 1277 年时，最多不过有二十三岁，不信他在此时能为一省的长官，就是做一路一府的长官，恐怕亦无其事。 又一方面，马可波罗之文说扬州为诸省治所之一，玉耳乃假定马可波罗曾在扬州城为官，可不是总管，而其时代则在他尚在大都的 1282 年，同好像初次派往印度的 1287 至 1288 年之间。

这个 1282 年的年代，是根据参加阿合马案件的枢密副使孛罗即是马可波罗，一种错误考订而来的，可以不必注意。 至若扬州行省建置的沿革，因有颇节的矛盾说明，遂使此问题不复杂而复杂。 案扬州初建行省之年是在1276并宋以前，其后数年又设置了若干其他官府，然与行省并置。 到了1284年，行省移杭州，可是在1285年，扬州仍为行省。 《元史·地理志》有一段，好像说在1285年后，又以扬州改隶河南、江北等处行中书省，此省治所就是从前的汴梁，现在的开封。 但考《元史·地理志》卷五九汴梁路条，好像河南、江北行省建置之时在1291年。 如此看来，扬州之为行省治所，似在1276至1291年之间，则位置马可波罗居留扬州的时间更长。 同时剌失德丁能将扬州列在蒙古帝国十二省中之理，也可解了。

至若马可波罗在1276至1291年间在扬州任职三年的话，只有马可波罗本人之语可凭。 可是说他做过总管，我同玉耳一样怀疑。 按照马可波罗之文，推想固然如此，而剌木学的本子尤为确定，可是中国史书同扬州方志皆无著录，未免甚奇。 或者他曾做过省路达鲁花赤（darughači）的副贰，容或有之，但是现在不能作何推定。 就将史书、方志、碑文所著录的官吏详细审查，恐怕也不能有所取舍。

沙海昂君所采材料虽多，可少鉴别，无论关于在中国的马可波罗，或在别处的马可波罗，情形皆是一样，兹仅举数例，以见一般。

第一册30页，沙海昂君说马可波罗曾于1296年在Layas湾（质言之Alexandrette湾，昔属小亚美尼亚Arménie）海战中为Génes国人所擒，是一种勿庸讨论的事实。 可是此战在1294年5月，质言之，在马可波罗回到Venise的前一年，其为Génes人所擒，或者是1298年Curzola海战的结果。

第二册13页，我从来未说我在教廷见过Nicolas & Matteo携回忽必烈致教皇的国书。

第二册31页，沙海昂君根据《新元史》翻译《爱薛传》，此人是1227至1308年间人，这个叙利亚基督教徒父祖名称（Paoli & Polonias）之还原，纯粹出于臆想。 沙海昂君说爱薛与阿答同列，译文大误，原文实在说列边阿答（Rabban-ata，关于此人者，参考1924年《基督东方杂志》中我的《蒙古人同教皇》一文，尤应注意的，此文单行本 53 页）荐爱薛于定宗（贵由〔Güyük〕），后三行的在潜邸，又后三行的教坊，译义皆误。

我的评论止于此处，不幸可以指摘的地方还有很多。可是我不愿读者有所误会，沙海昂君在中国载籍中所采材料极为丰富，足供不能直接检阅东方文字的读者之参考者很多。沙海昂君之错误，则在信任近代的中国编辑家太过，这些人不尽是饱学之人，而其所认识的蒙古、波斯、阿剌壁、阿美尼亚、欧洲的材料，是些节译本，而其译文常不忠实。我时常说我们对于中国的考证家应该表示钦佩，可是仅限其所考证者是中国一方面的材料，蒙古时代的历史，必须加以许多训练，这是中国考据家极感不便的一种考证，乃又加以沙海昂君本人的不少错误，甚盼利用此书的人必须慎重将事。

现阅 1926 年刊 Archivio Veneto-Tridentino 第十七同第十八号合刊（1 至 68 页），G. Orlandini 君所撰《马可波罗及其家族》（Marco Polo e la sua famiglia）一文所引迄今为人所未见的文证甚富。此外听说 F. Benedetto 教授行将刊布一种《马可波罗行纪》新本，闻其所根据的钞本，不特有些宝贵的写法，而且添了若干完全簇新的章节，这件消息颇为重要，应该等待将来之证实。

［1］钧案：此本马可波罗书（Le livre de Marco Polo）标题很长。在北平那世宝（Nachbaur）书店出版，伯希和当时仅见头二册，评文仅以第一二九章为限。

［2］第二册止于玉耳、戈尔迭（Yule-Cordier）刊本第二册 131 页，至若争持未决的襄阳围城问题，同记述杭州的注释，沙海昂君皆在第三册里面研究。

［3］颇节写作博罗，可是《元史》皆作孛罗。乾隆改作博啰。

［4］钧案：程钜夫《雪楼集》卷五《拂林忠献王神道碑》所言比较《元史》卷一三四《爱薛传》为详。

［5］我在 1914 年《通报》640 页业已略言此事。

[6] 且此大元帅官号并未为此波斯史家所著录，沙海昂君必系取材于现代中国译文。此外还有若干误会，比方他在第二册 69 页说，Haitum 曾云"孛罗丞相未详为何许人"，其实此人记载中无此语，此类误会不是出于中国译者，必是出于沙海昂君本人。

[7] 尚应附带言及者，孛罗鞠审阿合马的案件不止一次，1279 年时，有人言阿合马不法，忽必烈曾命相威及知枢密院孛罗共鞠之，既引伏，有旨释免（《元史》卷一二八）。又考《辍耕录》卷二，1274 年后（或者就是 1279 年）有人条奏阿合马罪二十有四。

[8] 钧案：即是《拂林忠献王神道碑》，其文见《雪楼集》卷五。

[9] 此外还有几个孛罗丞相，比方《元史》卷一二五中 1260 年下的孛罗丞相，必是《元史》卷一五三中 1263 年下的孛罗丞相。还有一个 Pulad 丞相，在 1314 年奉使到波斯，后在归途与他同行的人皆被杀害（见布洛赛本绪说 234 至 235 页，可是在索引里面误以奉使事在忽必烈时，其实在铁木耳完泽笃 Tämür-Öljäitü 时）。这个 1260 至 1263 年间的孛罗丞相，同 1282 至 1285 年间的一个或两个孛罗丞相，以及 1314 年的孛罗丞相，皆不见于《元史·宰相表》（只见有一个 1330 至 1340 年间的孛罗丞相）。如此看来，或者是《元史·宰相表》所著录者不全，或者我们认识的孛罗丞相是行中书省的丞相。复次，这个 1285 年的孛罗丞相，同《元史》卷一二三所言的不罗那颜（Bolod Noyan），恐有同为一人之可能（并参考 Bretschneider，《Mediaeval Researches》，Ⅱ，89）。

[10] 这件任命，可以位置在 1282 年春至 1283 年夏之间，因为孛罗同爱薛行抵波斯之时，虽在 1285 年或 1284 年终，他们奉使之时则在 1283 年阴历四月（阳历 4 月 29 日至 5 月 28 日），奉命后应该不久出发，过此时间的任命，恐无其事。沙海昂君（第二册 30 页）根据《新元史》卷一九九，位置奉使之年在 1271 年（至元八

年），可是《新元史·爱薛传》所本的，是《爱薛神道碑》，碑文明言癸未夏四月，质言之，1283 年夏四月，最近撰《新元史》的人，误以癸未作辛未，所以有至元八年之误。《元史》卷一三四明说其事在至元十三年（1276）以后。《新元史》这部书所载之事，比旧《元史》多，可是他所采的西方材料，已变原文之意，就是所采的中国材料，也时常不免疏误。

［11］此本中之升（Eslevée），显是地理学会本选字（esleue）之误。

［12］剌失德丁只说十二省（šing），世人假定马可波罗所言的治所指的是省，也不能说无理由。有一省名，经人还原作 Sukchu（Yule-Cordier，Cathay，Ⅲ，126）或 Sukcu（布洛赛《蒙古史》二册488 至 489 页）者，以应改作扬州（Yangju）。按照剌失德丁列举的次序，同此省在契丹（中国北部）南境的事实（因为杭州是中国南部的第一省），可以作此假定。

图书在版编目（CIP）数据

马可波罗行纪 /（意）马可·波罗著；沙海昂注；
冯承钧译. -- 上海：上海书店出版社，2021.4
（经典力量）
ISBN 978-7-5458-2027-0

Ⅰ.①马… Ⅱ.①马… ②沙… ③冯… Ⅲ.①游记–
世界–中世纪 Ⅳ.①K919

中国版本图书馆CIP数据核字（2021）第063586号

责任编辑 顾　佳
封面设计 郦书径

马可波罗行纪

［意］马可·波罗　著

沙海昂　注

冯承钧　译

出　　版　上海书店出版社
　　　　　（200001　上海福建中路193号）
发　　行　上海人民出版社发行中心
印　　刷　江阴市机关印刷服务有限公司
开　　本　640×965　1/16
印　　张　33
字　　数　450,000
版　　次　2021年4月第1版
印　　次　2021年4月第1次印刷
ISBN 978-7-5458-2027-0/K·400
定　　价　138.00元